1 MONTH OF
FREE
READING

at

www.ForgottenBooks.com

By purchasing this book you are eligible for one month membership to ForgottenBooks.com, giving you unlimited access to our entire collection of over 1,000,000 titles via our web site and mobile apps.

To claim your free month visit:

www.forgottenbooks.com/free955363

ISBN 978-0-260-54704-0
PIBN 10955363

REVUE BELGE,

PUBLIÉE PAR

L'ASSOCIATION NATIONALE

POUR L'ENCOURAGEMENT ET LE DÉVELOPPEMENT

DE LA LITTÉRATURE

EN BELGIQUE.

Tome Cinquième.

LIÉGE,

IMPRIMERIE DE JEUNEHOMME FRÈRES,

DERRIÈRE LE PALAIS, N° 334.

—

1837.

H. Jassin

Imp. de Carette, rue vinave d'île N° 663 à Liège

Biographie Belge.

N. H. J. DE FASSIN.

Le chevalier Nicolas Henri Joseph De Fassin, fils de Jean Jacques De Fassin et de Marie Catherine De Latour, naquit à Liége le 20 avril 1728.

Son père, descendant d'une famille patricienne, bourgmestre, échevin de Liége, premier ministre du prince-évêque Georges Louis de Berghes (1), destinait son fils à la haute magistrature. Il commença donc par exiger que le jeune Henri fît ses *humanités*, et l'envoya, à cet effet, dans un collége des Ardennes (2), plus renommé par la simplicité des mœurs que par l'habileté de son enseignement. Le jeune écolier ne prit aucun goût aux commentaires empesés qu'on lui faisait régulièrement sur *Despautères;* mais, comme il jouissait là d'une liberté locomotive beaucoup plus étendue qu'elle ne l'était d'ordinaire dans les colléges, il avait assez souvent l'occasion d'aller aux champs et prenait un plaisir, extraordinaire pour son âge, à parcourir les sites variés du pays, à contempler le coucher du soleil, à étudier ses divers effets de lumière, s'arrêtant avec intérêt devant les animaux qu'il rencontrait, ob-

(1) Voyez Notice nécrologique sur Fassin, dans les opuscules de P. J. Henkart, 2e vol. des *Loisirs des trois amis*, page 119.
(2) A Laheys.

servant leurs formes, leurs mouvemens, leurs habitudes, et les charbonnant sur les murailles, les crayonnant sur les marges de son rudiment ou de ses cahiers qu'il étudiait très-mal et soignait fort peu. Comme il était, du reste, d'un caractère doux, on prit cet instinct méditatif et observateur de peintre, qui se révélait dès-lors en lui, à son insu et à celui de ses maîtres, pour une affection mélancolique qu'on essaya de dissiper en le rappelant à la maison paternelle. De retour à Liége, il dut suivre encore les classes de latin, et quoique la vivacité naturelle à cet âge se fût développée en lui, de manière à faire cesser les inquiétudes qu'on avait d'abord conçues pour sa santé, il faisait toujours très-peu de progrès dans ses études, parce qu'il rêvait sans cesse chevaux, ânes ou moutons, et les dessinait en dépit des remontrances et des férules. Son père, homme sage, obtint à la fin qu'il fît quelques efforts pour s'instruire, en faisant avec lui une sorte de transaction. Le jeune Fassin promit formellement d'étudier désormais pendant les heures de leçon et d'exercices, moyennant la permission qu'on lui donna d'avoir deux chèvres et quelques moutons, qu'il soignait et dessinait au sortir des classes. Voyant que ce moyen avait mieux réussi que les autres, et que le consciencieux enfant redoublait de zèle pour voir s'étendre la mesure des innocens plaisirs qu'on lui accordait en récompense, son père souffrit enfin qu'il allât passer ses heures de récréation et ses jours de congé chez le peintre Coclers, qui fut aussi depuis le premier maître de De France.

D'après le jugement de De France (1), Coclers pressé de

(1) De France a laissé de nombreuses notes manuscrites pleines

fournir aux dépenses assez élevées d'un ménage considérable avait contracté une vitesse de *faire* incompatible avec l'exactitude du dessin et le fini des détails ; mais, malgré les défauts inséparables de cette manière de travailler, il n'en avait pas moins conservé pour son art un enthousiasme et un feu, dont on reconnaît les éclairs dans presque toutes ses productions. Un tel maître devait nécessairement accroître le goût irrésistible du jeune Fassin pour la peinture ; mais un autre goût non moins ardent s'était développé en lui avec les années, c'était le goût des armes. Soit que cette passion l'emportât en ce moment sur ses premières et ses plus constantes inclinations, soit qu'à cet âge où rien ne paraît impossible, il crût pouvoir concilier le métier de la guerre avec les travaux du peintre, il entra, à vingt ans, dans les mousquetaires gris du roi de France.

Nous n'avons aucuns détails sur les dix années environ qu'il passa dans ce corps ; il en sortit pour organiser une compagnie de cavalerie, dans un régiment que le maréchal de Belle-Isle avait créé peu après son entrée au ministère (en 1757) (1).

La connaissance qu'il avait du service, son exactitude rigoureuse dans l'observation des règles de la discipline, mais surtout son incorruptible droiture amassèrent bientôt sur sa tête un épouvantable orage. Il ne dut son salut qu'à un concours de circonstances sur lesquelles on ne pouvait guère compter, à cette époque d'arbi-

d'intérêt, dont l'auteur de cette notice espère profiter un jour, pour faire aussi l'esquisse de la biographie de cet habile peintre qui a été le premier directeur de l'Académie de peinture de Liége.

(1) Voyez à l'article Belle-Isle, *Biographie universelle*, tom. 4, page 107.

traire, et qui auraient encore été insuffisantes pour le sauver, s'il n'avait montré une fermeté inébranlable et un courage supérieur à tous les évènemens.

Fassin avait suscité contre lui des haines implacables, en mettant obstacle aux dilapidations, aux concussions qui s'exerçaient dans l'administration du régiment, au profit même de la plupart des officiers. D'après les notes manuscrites que nous avons sous les yeux et qui nous semblent mériter une entière confiance (1), l'animosité, ou plutôt la rage de ces indignes officiers, se manifesta par une véritable tentative d'assassinat. A un signal convenu, en plein champ de manœuvre, ils abandonnent leurs rangs et se ruent tout-à-coup sur leur camarade ; mais voulant donner à ce crime l'apparence d'une exécution légale, ils commencent par le dépouiller violemment de son uniforme. C'est ce qui sauva Fassin : un autre régiment, qui était à portée, étonné d'abord du premier mouvement des assaillans, courut sur eux bride abattue, quand il les vit se disposer à arracher l'uniforme d'un officier estimé des soldats, et vint le soustraire à leur fureur.

Voyant leur coup manqué et redoutant pour eux-mêmes les conséquences de leur odieuse entreprise, ils recourent à des moyens plus odieux encore, pour perdre Fassin et se mettre à l'abri du châtiment qu'ils ont encouru. Ils prennent la résolution d'étouffer sous le poids de la calomnie l'homme qu'ils ne sont point parvenus à assassiner par le glaive. Quelque nombreux qu'ils soient, ils sentent pourtant que les mœurs et le

(1) Ce sont des notes écrites de la propre main du frère de Fassin, qui ont été soigneusement recueillies et conservées par Henkart.

service du capitaine Fassin sont trop évidemment irréprochables pour qu'ils osent tenter de l'attaquer de ce côté ; mais cette rigide observance des lois de la discipline, cette bravoure qui commande l'admiration et la confiance du soldat, cette régularité de conduite qu'on ne peut jamais prendre en défaut ont souvent servi de masque aux ambitieux, pour cacher des projets de trahison : il ne leur en faut pas davantage : ils se mettent à broder sur ce texte un volumineux mémoire qu'ils adressent au ministre de la guerre, et dans lequel ils accusent formellement Fassin d'avoir voulu passer à l'ennemi, et d'avoir tenté d'embaucher plusieurs d'entre eux pour les entraîner dans sa trahison.

Le maréchal de Belle-Isle était d'autant plus disposé à croire à leurs calomnies, que la plupart des signataires lui devaient leurs gradès et que le ministre qui s'était rendu célèbre par la cassation des *colonels à la bavette* (1) n'avait pas coutume d'accorder légèrement sa confiance. Le commandant du corps lui-même figurait en tête de cette effroyable dénonciation.

L'accusé ne perdit cependant ni le courage, ni la présence d'esprit dont il avait besoin pour faire tête à l'orage. Il s'occupa lui-même de sa justification avec tant de calme et adressa son mémoire à la cour avec tant d'assurance, que le maréchal De Biron, colonel des gardes françaises, aussi renommé que le ministre lui-même par l'admirable discipline qu'il avait introduite

(1) Jusqu'au temps de son ministère, on mettait encore assez souvent à la tête d'un corps le fils d'un duc et pair, et même d'un homme de la cour un peu favorisé, lorsqu'il n'avait encore que douze ans. Ce sont ces chefs de corps qu'on appelait des *colonels à la bavette*. V. *Biographie universelle*, loco citato.

dans son corps (1), n'hésita pas à épouser les intérêts de l'ancien mousquetaire et le protégea ouvertement contre les préventions du maréchal de Belle-Isle. Biron obtint du Roi la création d'une commission spéciale, qui ne porta son jugement qu'après une longue et minutieuse enquête. Ensuite de cette sentence, qui fut lue en face du corps, entouré de quatre autres régimens, le marquis de Saint-Pern ordonna, au nom du Roi, à tous et un chacun de réputer et tenir Fassin pour un homme d'honneur et incapable des crimes dont on l'accusait; cassa le régiment qui mit bas les armes, et condamna colonel, major, capitaines et autres officiers signataires du mémoire comme calomniateurs, à vingt, à quinze et à douze ans de détention.

On fit à Fassin l'offre d'une autre compagnie de cavalerie; mais, comme elle était incomplète, que les hommes et les chevaux étaient à la charge du capitaine, et qu'il avait épuisé ses ressources par l'acquisition et la formation de sa première compagnie, il refusa celle dont on lui offrait le commandement, et la paix étant faite peu de temps après, las d'un service ingrat, il revint dans son pays.

De retour à Liége, il sentit renaître son premier goût pour la peinture, et se hâta de prendre quelques arrangemens avec sa famille, pour aller étudier de près les nombreux chefs-d'œuvre qui abondaient alors surtout, dans la ville célèbre où Rubens avait fondé son école (2). Fassin avait trente-quatre ans : quand il eut admiré quelques Van Dyck, quelques Rubens, quand il eut

(1) V. la *Biographie universelle*, tom. 4, p. 522.
(2) V. Notice nécrologique par Henkart.

surtout examiné en détail quelques tableaux du genre
qu'il affectionnait particulièrement, des Berghem, des
Teniers, des Both, des Wouvermans, il avoua naïve-
ment qu'il ne savait rien, recommença à dessiner
comme un jeune écolier, suivit assidûment les leçons
des académies, et se mit à copier les ouvrages des
grands maîtres de l'école flamande, jusqu'à l'âge d'environ quarante ans.

À tout autre que lui un pareil apprentissage eût
semblé suffisant ; mais Fassin était jaloux d'ajouter à un
talent déjà mûri par des exercices si longs et si multipliés, ce que l'on peut puiser d'inspiration dans l'étude
d'une autre école, sous le plus beau ciel de l'Europe. A
quarante ans il part donc, en modeste écolier, pour
l'immortelle cité qui seule rassemble les chefs-d'œuvre
des différens âges, les vases étrusques et les fresques de
Raphaël, les Hercules et les gladiateurs de l'antiquité, à
côté des gracieux amours de l'Albane et des vigoureuses
compositions de Michel-Ange. Après avoir dessiné, à
Rome, une multitude de statues antiques, il se rend
à Naples à pied, accompagné seulement d'un élève,
copiant, sur son passage, les animaux, les arbres, les
ciels qu'il trouve dignes d'exercer son infatigable pinceau ; poussant le zèle au point de se faire descendre
dans des grottes abandonnées et réputées dangereuses
par leur insalubrité ou parce qu'elles servaient de retraite à des reptiles, mais où il espérait pouvoir étudier
des effets de lumière qu'on ne rencontre pas ailleurs.
De là il revient à Rome qui le retient quelques mois
encore par l'irrésistible attrait des innombrables chefs-
d'œuvre qu'elle renferme, parcourt ensuite les montagnes de la Savoie et de la Suisse, et va se fixer quelque

temps à Genève, d'où sa réputation d'habile peintre de paysage ne tarde pas à s'étendre au loin.

C'est pendant son séjour dans la patrie de Jean Jacques Rousseau qu'il fit, pour l'impératrice de Russie, l'un de ses plus jolis paysages, au jugement de De France. La puissante souveraine des Russies savait apprécier le mérite des artistes et relever le prix des rémunérations qu'elle leur accordait; elle lui écrivit, de sa main, pour le remercier de son beau tableau, accompagnant ses éloges d'une superbe tabatière d'or enrichie de son portrait (1).

Dans le voisinage de Genève siégeait alors une autre puissance, non moins influente que les autocrates, sur toutes les parties du domaine de l'intelligence et des arts. Fassin s'empressa d'aller visiter le *Patriarche* de Ferney qui l'accueillit avec bonté et lui permit même de faire son portrait dans le négligé le plus vulgaire. Ce petit monument, qui réveille tant d'intéressans souvenirs, est encore dans la ville de Liége (2).

Au premier aspect, on est presque blessé de voir qu'un grand artiste ait choisi un costume si trivial, pour reproduire les traits et l'attitude de l'homme qui dominait de si haut, et dont le génie prodigieux exerce tant d'empire sur tout ce qui pense! Cet ignoble bonnet de nuit, enfoncé jusque sur les sourcils et qui dérobe aux regards le front large et élevé d'où ont jailli tant

_____

(1) Notes manuscrites du frère de Fassin.

(2) Ce portrait peint sur bois, de 12 pouces et 1/2 de hauteur sur un pied de largeur est dans le cabinet de Henkart qui le tenait de son ami Fassin. Je lis dans la 5e note du joli petit poème de M. Rouveroy, intitulé : *Promenade à la Boverie*, que quelques années après, Voltaire chargea Tronchin, qui passait par Liége, d'y venir voir Fassin de sa part.

de chefs-d'œuvre, ce vieil habit étriqué, d'un rouge cramoisi sans fraîcheur, ce fauteuil à bras d'un velours du même rouge et d'une forme lourde : tout cela produirait d'abord sur un amateur peu attentif une impression bien différente de celle qu'on attend d'un pareil sujet : examinons donc les détails de cette composition. Le vieillard est assis, les bras croisés ; mais il ne s'appuie pas dans son fauteuil. Son attitude est celle de la méditation plutôt que du repos. Son œil étincelant semble plonger au loin un regard pénétrant. Une sorte de grace spirituelle règne encore au milieu des rides de cette figure amaigrie par l'âge et les longues veilles ; une teinte de bonté se démêle aisément à côté de ces lèvres minces qu'un malin sourire a légèrement contractées. De si brillans effets, obtenus par des procédés qui semblaient si propres à les détruire, ne vous rappellent-ils pas l'art avec lequel Rubens est parvenu à faire briller la fraicheur et l'éclat du teint d'une jeune femme dans l'ombre d'un feutre immense (1) ?

Après s'être fait, à Genève, un nom par ses ouvrages, Fassin revint à Liége précédé de sa réputation. « Tous »les peintres et *peinturiers* du pays, dit De France, »tous les connaisseurs, amateurs ou soi-disant tels »accoururent le saluer à l'envi. Fassin avait de l'esprit,

---

(1) Dans le tableau qu'on appelle vulgairement le *Chapeau de paille*. L'auteur de cette notice n'a jamais eu l'occasion de voir ce chef-d'œuvre, mais il a vu, et beaucoup de Belges ont pu voir, comme lui, un effet semblable rendu avec un bonheur rare dans une miniature de M. Johns, peintre, né à Bruxelles. Il a placé les trois quarts de sa jolie figure de femme sous l'ombre très-prononcée d'un vaste chapeau de paille, qui n'empêche aucunement de reconnaître la finesse et la blancheur de la plus belle peau.

»était enthousiaste de son art et en parlait avec feu : il
»échauffa tellement toutes les têtes que l'on se cotisa
»pour établir chez lui une académie dans laquelle on
»pût apprendre à dessiner d'après le modèle vivant.
»Fassin fournit le local : il y avait réellement alors de
»l'émulation à Liége ; mais ce n'était malheureusement
»pas les plus riches qui étaient les plus zélés : ce beau
»feu s'éteignit insensiblement, les souscriptions taris-
»saient et l'académie allait tomber à rien, avant d'avoir
»été complètement organisée. Un doyen, quatre pro-
»fesseurs et quatre adjoints devaient composer le per-
»sonnel de l'enseignement. Des académiciens honoraires,
»présidés par le prince Velbruck, devaient subvenir aux
»frais. La liste d'abord assez nombreuse de ces derniers
»diminuait à mesure qu'il s'agissait de financer. Il y eut
»aussi une défection parmi les artistes dont six aspi-
»raient à la première place. Velbruck laissa aux mé-
»contens la liberté de se plaindre, et se chargea seul
»des frais de l'académie, en y affectant une partie des
»biens des Jésuites qu'on venait de supprimer (1). »

L'académie réorganisée sur les plans concertés entre
De France et Fassin réunit l'enseignement de la peinture, de la sculpture et de la gravure et une école gratuite de dessin pour les arts mécaniques (2). Les places
furent assignées à la suite d'un *concours* (3); et quoique
De France en fût nommé le directeur, l'amitié qui
l'unissait à Fassin n'en souffrit pas la plus légère altération. « D'autres en murmurèrent, dit De France,

(1) Extrait des notes manuscrites de De France.

(2) V. l'éloge du prince Velbruck, par Reynier. *Loisirs des trois amis*, tom. 1er, p. 141.

(3) V. la notice nécrologique de Fassin par Henkart.

»mais il n'en fut pas de même de Fassin : nous devînmes,
»*intimes*, et la peinture était pourtant toujours le sujet
»de nos entretiens. Ce fut même lui qui me donna le,
»bon conseil de faire des tableaux de cabinet (1). »

Les deux amis firent ensemble un voyage en Flandre
et en Hollande. Fassin avait à cœur de détruire le préjugé défavorable que De France avait rapporté d'Italie
contre les productions de l'école flamande qu'il ne connaissait pas. On vendait à cette époque le cabinet du
bourgmestre Vander Marck (2) : De France eut ainsi
l'occasion d'apprendre à connaître la valeur vénale
des ouvrages des diverses écoles, en même temps qu'il
apprit à donner plus de vivacité à son coloris, et il
avoua ingénument qu'il en était surtout redevable à
son ami.

L'impératrice de Russie fit alors les offres les plus
brillantes à Fassin pour l'attirer à sa cour. Il reçut des
sollicitations plus pressantes encore du prince et de la
princesse d'Anhalt, qui auraient voulu l'emmener à
Dessaw, et de plusieurs riches anglais qui lui garan-
tissaient une fortune rapide s'il consentait à passer le
détroit. Fassin résista à toutes ces séductions pour
rester en Belgique, et après avoir habité tour-à-tour
Bruxelles et Liége, il alla se fixer à Spa.

« L'air pur de ce séjour, l'indépendance qu'il y
»trouva, son site agreste, ses belles eaux, ses cascades,
»ses environs délicieux, faits pour l'ami des arts et le
»peintre de la nature, inspirèrent à Fassin des composi-

(1) Notes manuscrites de De France.
(2) Le cabinet du bourgmestre Vander Marck de Léyde fut
vendu à Amsterdam. (Notes manuscr. de Henkart sur De France).

»tions que Berghem n'aurait point désavouées (1). »

Parmi les illustres et riches étrangers que la saison des eaux attirait à Spa, c'était à qui obtiendrait le premier une *pastorale* du peintre; mais cet empressement, favorable au rétablissement de sa fortune, nuisit un peu au fini de ses compositions, surtout dans les détails des figures humaines, dont il animait ses paysages avec une délicatesse de choix, qui rappelle parfois la manière du Poussin. C'est ce qui fait aussi qu'il y a beaucoup plus de ses tableaux en Allemagne et en Angleterre qu'en Belgique. Le prince de Kaunitz, ministre de l'empereur, obtint l'un des plus beaux, et témoigna sa reconnaissance à l'artiste par l'envoi d'une superbe montre d'or enrichie de brillans (2).

« La révolution de Liége interrompit un instant ses »heureux travaux. A l'arrivée des troupes françaises le »commandement militaire fut confié à notre ancien »capitaine; il quitta de nouveau la palette pour l'épée, »maintint l'ordre et la discipline dans le bourg de »Spa, et se signala dans les rangs de ces patriotes »humains et purs, dont la révolution liégeoise gardera »le souvenir.

»A l'époque de la réunion du pays de Liége à la »France, il rentra pour toujours dans le sein de sa »patrie : C'est aussi l'époque de ses meilleurs ouvrages. »Ils plaisent aux connaisseurs par un *faire* facile, un »dessin correct, un coloris naturel et pur; ses com- »positions originales sont riches et variées; ses copies »de Both, de Berghem, etc., trompent les plus habiles :

(1) Notice nécrologique de Fassin par Henkart.
(2) Notes manuscrites de Fassin, frère.

»ce sont des chefs-d'œuvre. Ces grands maîtres eussent
»été fiers sans doute de le reconnaître pour leur élève ;
»peut-être lui eussent-ils ordonné de s'en fier davan-
»tage à son talent, et de s'élever seul de ses propres
»ailes (1). »

C'est alors que Fassin, conservant une imagination
riante et pleine de fraîcheur et une gaîté juvénile, a
fait les charmans tableaux qu'il a laissés à son ami
Henkart, et la plupart de ceux qui sont restés à Liége
ou dans les environs.

La famille de M. Joseph Desoer en a trois, au château de Solières, qui sont peints sur toile et d'environ
trois pieds de hauteur sur quatre de largeur (2). Les
connaisseurs admirent surtout un paysage avec figures
et des animaux, parmi lesquels on distingue une vache
blanche couchée, d'une vérité qui atteint, dit-on, la
limite du pouvoir de l'art dans l'imitation de la nature.
Le pendant est un soleil couchant, aussi avec des figures
et des animaux, composition pleine de naturel et de
charme, mais qui perd par la comparaison, ainsi que
le troisième (paysage avec des animaux), à côté de la
perfection remarquable du premier.

Melle Keppenne, de Liége, possède aussi plusieurs

<hr>

(1) Extrait de la notice nécrologique de Henkart. — Nous n'a-
vons cité nulle part la *Biographie des Pays-Bas* de Delvenne,
quoiqu'elle renferme également ces détails, parce qu'elle n'est, à
l'article de Fassin, que la reproduction littérale de la petite notice
de Henkart.

(2) Je dois à l'obligeance de M. Ferdinand Desoer qui a, dans
son cabinet, quelques-uns des plus jolis tableaux de De France,
les renseignemens d'après lesquels j'ai pu parler des tableaux de
Fassin, qui sont échus à son frère.

tableaux et études de Fassin qui sont dignes de fixer l'attention des amateurs. Nous ne dirons rien des études (1), qui témoignent néanmoins de la variété des genres dans lesquels il s'était exercé et offriraient matière à des éloges mérités au moins autant qu'à la critique, mais ne pouvant tout indiquer, nous avons hâte d'en venir à ses plus belles productions.

Signalons d'abord deux petits tableaux, l'un dans le genre de Both, l'autre dans le genre de Wouvermans, tous deux pleins de vie, quoique de coloris très-divers et sentant un peu l'imitation. Le premier (de 13 pouces de large sur 10 de haut) représente sur la gauche une chaumière masquée en partie par des arbres dont le pied est baigné par l'eau d'un lac qui s'étend au fond et sur la droite. Trois vaches et un mouton s'abreuvent dans le lac, une paysanne agenouillée est inclinée au bord pour laver du linge : tout cela est vrai, naturel bien groupé, mais moins fini que les grands tableaux dont nous parlerons bientôt. Le second (13 pouces 1/2 de haut sur 10 1/2 de large) représente un voyageur descendu de cheval et arrêté auprès d'un puits, d'où une femme tire de l'eau pour le cheval : les figures de la femme et du voyageur sont médiocres ; mais au cheval et au chien qui est auprès on reconnaît le faire d'un véritable artiste.

Examinons maintenant avec plus d'attention les deux tableaux de plus grande dimension (trois pieds sept pouces de largeur sur deux pieds huit pouces de hau-

_____

(1) « Ses porte-feuilles d'études devraient être conservés comme »le feu sacré. Fassin les créa dans les sites les plus pittoresques »et dans les principales écoles de l'Europe. » *Le Troubadour liégeois*, année 1807, p. 4.

teur). Ce riche paysage est tout plein des poétiques souvenirs de l'Italie; mais, avant de les détailler, remarquez sur le premier plan, ces deux vaches couchées, l'une blanche, l'autre rousse, et un peu plus loin la noire qui s'avance vers l'eau de ce vaste étang qui occupe le centre du tableau : regardez l'un après l'autre ces moutons et ces chèvres, les uns couchés, les autres debout et ce bouc superbe qui semble fier d'attirer vos regards. Comparez entr'eux pour la variété, et considérez séparément pour la vérité, toutes ces manières de peindre le repos des animaux. Voyez toutes ces jambes étendues ou infléchies, plus ou moins ramenées sous les corps de ces insoucians quadrupèdes : comme elles sont naturelles et comme tout l'extérieur de chacun d'eux est en parfait rapport avec la tension ou le relâchement des muscles indiqués par leur attitude! Admirez encore le beau feuillage de ces grands arbres qui les couvre de leur ombre et ces souches dont vous croiriez pouvoir enlever l'écorce, les mousses et les lichens; puis, traversant de l'œil la largeur de l'étang, voyez sur le second plan, un peu vers la droite, cette riante presqu'île qui a aussi ses arbres et son troupeau au pied d'une belle ruine : cette ruine est celle d'un temple de Minerve. Sur la côte en remontant toujours vers la droite, ce petit bourg, presque en ruine lui-même, c'est Terracine, et ces arcades qui y conduisent sont un reste des magnifiques aqueducs que les Romains avaient jadis répandus avec profusion dans toute la campagne de Rome. Un peu plus près de vous, en-deçà des arbres de la presqu'île, mais dans la demi-teinte, accordez un coup-d'œil à ces arches d'une autre forme et à l'eau qui coule en-dessous : comme l'air et la lumière pénètrent au travers de ces arches et aident à vous faire voir, mais encore beaucoup plus loin et plus confusément, cette grande ville qui est dans la plaine et dont les hauts édifices sont dorés par les rayons du soleil couchant !

Le pendant est un lever du soleil auprès du Colysée. Au pied de cette ruine qui sert de refuge à une pauvre famille, considérez ce jeune pâtre debout, mais appuyant le coude sur le dos de cet âne débonnaire que rien ne retient et qui reste néanmoins soumis et comme fixé au sol, baissant humblement la tête, et attendant qu'il plaise à son maître de le laisser paître avec les vaches et les moutons qui l'entourent. Le pâtre écoute, avec assez peu d'attention ce que lui dit cette jeune femme assise qui allaite un enfant ; mais quoique cette femme ait la tête tournée vers le pâtre, il me semble qu'il y a dans son maintien quelque chose qui décèle la sollicitude d'une mère réclamant quelque objet dont elle a besoin pour son enfant. Voyez, un peu plus loin, parmi les animaux, vous retrouverez aussi l'expression de la tendresse maternelle. Un agneau tête sa mère. Le corps de la brebis est droit et en quelque sorte tendu dans toute sa longueur, elle craint de gêner son enfant en se pliant, mais elle allonge la tête et le col avec effort pour regarder de côté son tendre nourrisson.

Les principaux tableaux de Fassin, qui sont chez Mme Henkart, sont aussi quatre *pastorales* de grande dimension, sur toile (quatre pieds sept pouces de largeur sur trois pieds cinq pouces de hauteur).

Commençons par *la matinée*. La ménagère prépare des provisions dans un panier. Le paysan bride son pauvre cheval de somme qui est déjà tout chargé : un mouton et un veau, mal empaquetés dans les paniers trop étroits qui pendent aux deux côtés du cheval, s'agitent pour sortir de la cruelle contrainte qu'on leur a imposée. Une longue file de vaches qui traversent un gué assez large, présente par la variété et la vérité de leurs attitudes et par leurs proportions successivement moindres, un des plus beaux modèles de la perspective dans les paysages.

La seconde est une de ces gracieuses compositions, dans lesquelles on retrouve quelque chose de la sensibilité philosophique qui donne tant à penser dans les ouvrages du Poussin. Le calme qui règne dans toute la scène, l'immobilité d'un ciel pur et chaud, l'attitude des animaux qui se reposent, tout annonce que c'est le moment qui suit le milieu du jour. Sur le premier plan, une jeune vachère coud, négligemment assise au pied d'un fragment de colonnade. Son frère, encore enfant, est couché sur l'herbe et joue nonchalamment avec un chien. Auprès de la colonnade, une belle urne antique, brisée en plusieurs endroits, est encore restée debout et contraste admirablement, par les idées de grandeur déchue qu'elle rappelle, avec toute cette scène de repos et d'insouciance.

La troisième *pastorale* représente le retour du marché à l'approche de la soirée. Elle sert de pendant à la première dont nous avons parlé et en reproduit aussi en partie les effets de perspective avec d'autres combinaisons.

La quatrième est encore, je l'avoue, une de celles qui me plaisent le plus, par les réflexions qu'elle inspire. C'est un clair de lune d'un grand effet. La journée est finie, les animaux agités semblent inquiets d'avoir été oubliés si longtemps, et se précipitent pour rentrer à l'étable. A côté de l'asile rustique vers lequel ils se dirigent tous avec tant de hâte, sont les ruines d'un vieux château. Les débris de l'une des tours servent de supplément à la modeste chaumière; c'est ce que l'on reconnaît à la fumée qui s'élève au-dessus de la tour et à la lueur d'un feu de bois allumé dans l'intérieur : cette lueur s'échappe avec une vérité étonnante par une lucarne pratiquée dans la tour, du côté opposé à celui qui est éclairé par les rayons de la lune, et il est impossible à l'œil le moins exercé, de ne pas distinguer au premier aspect ces deux genres de lumières déjà si difficiles à rendre séparément et que notre artiste s'est plu à mettre en opposition, comme pour se jouer de la difficulté (1).

Deux autres tableaux de beaucoup plus petite dimension, l'un représentant deux chevaux de paysan et un âne (2), dans le genre de Wouvermans, et l'autre qui est une copie de Berghem (3), sont, dit-on, d'une ressemblance à tromper les plus habiles connaisseurs.

(1) M. Frédéric Rouveroy, dans la note que nous avons déjà citée plus haut (page 12), estime ces quatre tableaux les meilleurs de Fassin, et donne aussi la préférence au dernier. Il ajoutait en parlant des ouvrages du peintre : « L'homme n'est jugé »que dans la tombe ! lorsque Fassin ne sera plus, la postérité ne »tardera pas à imprimer à ses productions, non le sceau du génie, »il y est déjà, mais celui de l'immortalité que le temps seul peut »assurer.» (*Promenade à la Boverie.* Liége, de l'imprimerie de J. A. Latour, 1809, in-12 de 24 pages).

(2) De 14 pouces et demi de hauteur sur 12 de largeur.

(3) 15 pouces et demi de largeur sur 12 pouces de hauteur. Fassin faisait tant de cas de ce petit tableau de Berghem qu'il le fit aussi copier par De France. Je dois ce dernier renseignement,

Dans les compositions originales de Fassin, ce qui frappe le plus au premier abord, c'est la disposition de l'ensemble et son admirable entente de la perspective. Ses arbres et ses premiers plans sont toujours soignés, ses figures vivantes et bien groupées, les attitudes extrêmement variées de ses animaux parfaitement vraies, leurs poses faciles, molles et *disinvolles* à la fois, comme diraient les Italiens, en un mot, pleines de vie et de naturel. Ce qu'on peut lui reprocher, ce sont des teintes un peu uniformes et la négligence des détails dans ses figures. Parfois ces groupes, si vrais dans leur ensemble, vous invitent à les regarder de plus près; et vous êtes péniblement affecté en voyant des mains, des pieds, qui n'ont pas d'existence réelle. Vous êtes forcé de reculer pour faire renaître l'illusion; mais vous êtes privé ainsi du plaisir d'admirer le fini de son feuillage et la beauté de ses ciels vaporeux, presque toujours empruntés à l'Italie.

Quittons maintenant l'artiste pour suivre l'homme dans son intérieur. Fassin était fort aimable en société et très-agréable conteur. Pendant son séjour à Genève, il avait vu souvent D'Alembert dont il avait fait la connaissance dans ses voyages. Tous les amateurs de détails biographiques savent que ce grand géomètre, l'un des fondateurs de l'Encyclopédie, était dans l'intimité ou d'une gaîté folle, ou d'une simplicité et d'une bonhomie enfantines. Il possédait aussi le talent de l'imitation mimique à un degré étonnant, et s'amusait volontiers

ainsi que plusieurs autres dont j'ai profité, à un artiste liégeois, digne appréciateur du talent de Fassin et de De France, à M. Dartois dont les ciselures sur bronze sont justement estimées par les connaisseurs.

avec ses amis, à contrefaire les gestes, la tournure et
le langage et jusqu'au son de la voix des originaux
qu'il rencontrait dans la société. C'étaient autant de
points de contact et de causes de sympathie pour Fassin,
qui avait d'ailleurs la plus haute admiration pour ses
éloges et pour sa magnifique *introduction* de l'Encyclopédie. Entr'autres plaisanteries de D'Alembert, Fassin
aimait à raconter le trait suivant : Une dame de Genève
distinguée par son esprit, avait prié notre peintre de
lui amener l'illustre académicien dont elle désirait vivement faire la connaissance ; Fassin l'y conduisit, en
effet, mais, à la prière de D'Alembert, il le présenta
comme un de ses compatriotes et se hâta de dire tout
bas à la dame : « C'est un bien pauvre homme ; mais
»vous me pardonnerez de vous l'avoir amené : c'est un
»ancien camarade de collége : tout stupide qu'il est, il
»m'en voudrait si je lui faisais mauvais accueil et pour-
»rait me nuire pour s'en venger. » Pendant tout le
repas, l'aimable Genevoise, pour obliger Fassin, s'éver-
tua à faire des politesses à D'Alembert qui n'y répondait
que par des gaucheries ou par les propos les plus
niais, se plaignant amèrement de l'excessive chaleur du
climat, de la transpiration incommode qu'elle occa-
sionnait, et débitant mille autres fadaises de ce genre
avec le plus lourd sang-froid, et sans avoir l'air d'apercevoir le moins du monde les efforts que chacun faisait
pour dissimuler une envie de rire.

Quand on servit le café, il dit, sans changer encore
de ton, que cette liqueur produisait sur lui l'effet d'ai-
guiser singulièrement la finesse de son esprit. Personne
n'y put plus tenir. à ces mots : chacun partit d'un éclat
de rire inextinguible, et prit la résolution de cesser de

se contraindre pour un imbécile de cette force. Mais
D'Alembert reprenant son ton habituel excita une nouvelle surprise, en adressant à la dame les choses les
plus gracieuses et à chacun des convives les saillies les
plus spirituelles avec une verve intarissable. On interroge Fassin, on le presse de faire connaître enfin le
nom de l'aimable convive qui sait si bien prendre tous
les tons, et comme on ne le connaissait que par ses
travaux littéraires et philosophiques, la surprise fut
presque aussi grande qu'elle l'avait été d'abord, quand
Fassin déclina le nom de D'Alembert.

Comme il avait vu d'assez près beaucoup d'autres
célébrités, il connaissait et racontait avec un charme
particulier une multitude d'anecdotes qu'on lui rede-
mandait souvent. Mais, malgré les succès qu'il aurait
pu obtenir dans la société, il réservait ordinairement
ses récits pour quelques amis qu'il voyait habituellement, pour De France, pour Henkart surtout, chez
qui il se rendait presque chaque jour, même avant que
ce magistrat fût levé, allant l'éveiller par le récit de
quelque joyeuse aventure ou par la répétition bruyante
de quelques-uns des couplets malins, dont sa mémoire
était abondamment pourvue.

Cet homme si gai, si jovial même, était pourtant
susceptible d'éprouver les émotions les plus vives quand
il y allait des intérêts de l'art. Le moindre accident
arrivé à un beau tableau était pour lui le sujet d'une
affliction profonde : il avait formé, avec Henkart et
De France, une association pour l'acquisition d'un petit
musée commun. Aucune des pièces qui le composaient
ne pouvait être vendue que du consentement de tous.
Les trois amis s'étaient rendus un jour à Tirlemont où

Ils avaient acheté une collection de tableaux, parmi lesquels s'en trouvait un surtout du plus grand mérite, mais point sur bois. Les tableaux étaient entassés dans la voiture qui ramenait les trois associés bien joyeux de leur acquisition, lorsqu'arrivé à St.-Trond, Fassin qui se distinguait, selon sa coutume, par la vivacité de sa gaîté, interrompt tout-à-coup un récit facétieux, pâlit, tremble et, la bouche entr'ouverte, fixe un œil stupide au fond de la voiture. Ses amis lui demandent avec inquiétude ce qu'il éprouve et renouvellent deux ou trois fois leur question, avant d'en obtenir une réponse. — « Notre chef-d'œuvre..... est perdu ! » s'écrie enfin Fassin, après une longue aspiration. Et, en effet, le bois du tableau, vermoulu par l'injure du temps et les attaques des insectes, avait cédé au frottement des autres tableaux et aux mouvemens du transport, et Fassin, en proie à la première impression de son amour passionné pour les chefs-d'œuvre de l'art, était tombé en une sorte de défaillance à l'aspect de la fatale poussière qu'il avait reconnue au fond de la voiture.

Il avait conservé du reste en vieillissant la fraîcheur de mémoire et d'imagination, la vivacité et l'originalité d'esprit qui l'avaient fait accueillir avec distinction par Voltaire et par l'impératrice de Russie, qui lui avaient concilié la familiarité de D'Alembert, de Raynal et de plusieurs autres hommes de mérite.

Comme nous l'avons déjà dit plus haut, à propos de l'anecdote sur la présentation de D'Alembert à Genève, il s'amusait beaucoup lui-même à imiter le langage et les manières des étrangers qu'il rencontrait, et assaisonnait d'ordinaire ces petites représentations de quelque trait inattendu qui faisait d'autant plus rire, qu'il savait conserver le plus beau sang-froid quand il le voulait.

Se trouvant un jour avec des amis dans la société d'une très-jolie femme qui ne l'avait jamais vu, on lui demanda, en sa qualité de peintre observateur, s'il avait jamais rencontré d'aussi beaux yeux que ceux de la dame. Fassin, prenant le ton et l'accent d'un Allemand qui sait à peine quelques mots de français, répondit avec assurance qu'il avait certainement vu d'aussi beaux yeux. Ses amis surpris d'une plaisanterie qui cadrait si mal avec sa galanterie ordinaire, le sommèrent de dire où il avait vu d'aussi beaux yeux? — « Jamais ensemble, »reprend Fassin avec le plus grand sérieux : j'en ai »vu un à Londres et l'autre aux eaux de Bade. »

A l'âge de plus de quatre-vingts ans, il maniait encore le pinceau d'une main légère et assurée.

C'est ce qu'expriment avec grace les vers que son ami Henkart inscrivit au bas d'un charmant petit portrait de Fassin, dessiné à la mine de plomb par Godeau :

A son plumet de mousquetaire
Il joignit à vingt ans le myrte et le laurier,
Et de Both, de Berghem fortuné légataire,
Il voit encore, octogénaire,
La palme des beaux-arts croître en son atelier.

Fassin avait aussi presque toujours joui de la plus belle santé : « Elle semblait lui assurer un siècle de vie » disait son ami Henkart. Le 16 janvier 1811, il était encore à la table de ce dernier entouré de quelques vrais amis, à qui il redisait ses anecdotes et ses chansons. Il en sortit indisposé. Le lendemain, le mal empira et il sentit, sans perdre sa sérénité, qu'il n'avait plus longtemps à vivre. Il fit même encore en ce moment

une plaisanterie qui achèvera de le caractériser. Quelques mois auparavant il avait vendu sa maison pour
une rente viagère : en songeant à sa fin prochaine : « Il
»faut avouer, dit-il, à ses amis, que j'aurai vendu ma
»maison à bien bon marché; » et il continua à s'entretenir avec eux avec la plus grande liberté d'esprit.

Il mourut, en serrant la main de ses amis, le 21 janvier 1811, à l'âge de quatre-vingt trois ans (1).

F. A. V. H.

(1) Le portrait qui accompagne cette notice, lithographié par
M. Cremetti, a été dessiné par M. Colleye, d'après le portrait de
Fassin peint par lui-même, qui est dans le cabinet de Mme Henkart. Le fac-simile de sa signature est tiré du contrat qu'il avait
fait avec Henkart et De France pour l'acquisition des tableaux de
leur petit musée.

Fragmens d'un Ouvrage

SUR L'ÉTAT DE L'INSTRUCTION PRIMAIRE EN BELGIQUE ET SUR LES MOYENS DE L'AMÉLIORER.

I. *De l'instruction publique.*

Jusqu'ici l'instruction et l'éducation n'ont guère eu de base solide et positive ; cette base varie d'après les vues et les préjugés des parens , d'après la capacité des instituteurs et les circonstances locales. Ici on se contente de faire apprendre aux enfans la lecture , l'écriture et les élémens du calcul ; là on joint à ces premières notions l'enseignement du catéchisme ; ailleurs on ajoute quelque chose à la culture intellectuelle, mais on néglige absolument l'éducation morale et religieuse. De sorte qu'en résumé on peut, sans courir risque d'être démenti, affirmer que l'instruction est tout-à-fait insuffisante chez nous comme dans beaucoup d'autres pays ; que l'ignorance prévaut encore à un degré effrayant, et que les maux qu'elle entraîne après elle continuent à peser de tout leur poids sur la classe la plus nombreuse de la société.

Le but principal de l'instruction doit être d'augmenter le bonheur général. Mais en quoi consiste ce bonheur ? Voilà ce qu'il importe de déterminer à l'avance. Peut-il exister à la condition du bien-être physique seul ? Lorsque le bon roi Henri IV formait le vœu que chaque paysan de son royaume pût mettre la poule au pot, il ne songeait pas sans doute que la réalisation de ce vœu dépassait sa puissance. Le bien-être matériel est entièrement subordonné au degré de culture morale et intellectuelle. Le paysan doit être mis à même de se procurer la poule par lui-même et à l'aide de ses propres efforts, si l'on veut qu'elle figure souvent sur sa table. Le monarque bienveillant aurait donné lui-même la poule, s'il l'avait pu, et fréquemment il aurait répété ce don; mais il aurait en même temps dégradé le caractère de son peuple, et en l'accoutumant à se reposer sur autrui, il l'aurait mis hors d'état d'atteindre au véritable bonheur en se créant une position indépendante.

Non, le bien-être matériel seul ne peut constituer le bonheur. Il y a dans l'homme autre chose que des appétits physiques à satisfaire; ses besoins moraux et intellectuels ne sont pas moins impérieux. Les jouissances des sens paraissent bien bornées lorsqu'on les compare à celles qui résultent de l'acquisition des connaissances utiles, des rapports de société, de la pratique des vertus, du sentiment religieux. Des dernières aux premières il y a toute la distance qui sépare l'homme de la brute. Et cependant combien notre éducation populaire n'est-elle pas incomplète sous ce rapport! Combien d'hommes, nos concitoyens et nos frères, ne sont-ils pas exclus de ces nobles et pures jouissances, par suite de l'insuffisance ou même du défaut absolu des moyens d'instruction! Le Dieu créateur, dans sa bonté infinie, a réparti entre tous les hommes les trésors de l'intelligence, du sentiment moral; il les a mis ainsi à même non-seulement de contrôler leurs appétits, de réprimer leurs penchans, mais encore d'aspirer à des destinées plus élevées et de perfectionner leur nature par des efforts incessans. Or, Dieu ne fait rien en vain; s'il a doué ses créatures des mêmes facultés, c'est qu'il a voulu que ces facultés fussent également développées; s'il les a toutes également conviées au partage de ces qualités qui sont comme un reflet de la nature divine, c'est qu'il a voulu que ces qualités fussent cultivées, qu'on en fît usage, qu'elles devinssent la source de nobles jouissances. Nier cette conséquence rigoureuse, ce serait accuser Dieu lui-même, ce serait condamner son œuvre; et cependant nous agissons comme si cette grande vérité n'était qu'un mensonge, comme si l'espèce humaine était partagée en deux races distinctes, l'une supérieure, l'autre inférieure en intelligence et en capacité native! Nous livrons l'imprévoyant à son imprévoyance, le pauvre à la pauvreté, l'ignorant à son ignorance, comme si la société n'avait à leur égard aucun devoir à remplir! Nous méconnaissons l'appel fait par Dieu lui-même en faveur de tous ses enfans, et nous croisons les bras après avoir pourvu à nos propres besoins, comme si la grande majorité de nos concitoyens n'avait pas à invoquer notre aide dans l'abandon où elle gémit et se débat péniblement!

Il est temps enfin d'abjurer cette insouciance ou cette erreur, de poser les bases et les principes définitifs en matière d'instruction, et de préciser son but en le définissant avec soin.

Le but principal de l'instruction doit être d'augmenter le bonheur général en améliorant la condition physique, intellectuelle et morale de la population, abstraction faite de toute distinction de castes, de classes ou d'individus. Il est évident, d'après cette définition, que je comprends sous cette qualification générale, *instruction*, l'éducation et tous ses attributs ; en effet, je ne conçois pas plus l'instruction sans éducation que l'éducation sans instruction : l'instruction sans éducation est nécessairement incomplète, elle est plus souvent un mal qu'un bienfait ; elle ne tend qu'à rendre les hommes plus orgueilleux ou plus rusés sans les rendre meilleurs. L'éducation sans instruction est, je ne dirai pas seulement incomplète, mais encore impossible. Il ne peut y avoir de vertus utiles et fécondes si l'intelligence ne vient seconder leur action, ni de religion véritable et solide si la raison ne vient appuyer les croyances et éclairer la foi. On a malheureusement distingué et séparé ce qui devait demeurer uni. On a exclusivement abandonné aux parens le soin de l'éducation, sans songer à interroger leur aptitude à cet égard et leur moralité, et on a borné la mission des écoles à la seule propagation de l'instruction, sans s'inquiéter de leur insuffisance dans le plus grand nombre de cas. Ce système a porté ses fruits : l'éducation de la famille, ici féconde et bienfaisante, a été là stérile et funeste ; l'instruction de l'école a concouru à assurer le bien-être de tel enfant, mais elle a provoqué la ruine de tel autre individu. Il y a eu mélange de bien et de mal ; tandis que l'union intime de l'instruction et de l'éducation ne pourrait jamais avoir que des résultats satisfaisans.

Tous les hommes sont doués des mêmes facultés ; s'il est vrai de dire que leur capacité, sous ce rapport, n'est pas égale et uniforme, il n'est pas moins certain

que ces facultés sont généralement susceptibles de perfectionnement. Telle doit être l'œuvre de l'éducation ,
et elle sera plus ou moins parfaite suivant qu'elle approchera plus ou moins du but proposé. Dans son acception la plus large, l'éducation est destinée à rendre
les hommes plus sages et meilleurs, ou, comme je
l'ai déjà dit, à les améliorer tant sous le rapport
intellectuel que sous le rapport moral. Mais cette généralité est trop vague pour qu'elle puisse guider dans
la pratique; il importe, avant tout, de rechercher attentivement les facultés sur lesquelles il faut agir; et lorsque cette recherche aura conduit à un résultat positif,
il sera facile de déterminer le mode d'action nécessaire
pour diriger les hommes vers ce double but, la sagesse
et la vertu.

Pour rendre les hommes plus sages il faut les instruire et leur inculquer l'habitude de la réflexion;
pour les rendre meilleurs, il faut cultiver leurs sentimens moraux. On perfectionne les *facultés d'observation* en facilitant la perception et en exerçant la mémoire;
on étend le domaine de la *réflexion* en habituant celle-ci
à comparer et à déduire des conséquences logiques de
ses comparaisons. De même la capacité industrielle
dépend de l'activité que l'on imprime aux facultés
physiques et du développement que l'on donne à l'aptitude spéciale qui mène à la connaissance de la matière,
de ses qualités et de ses conditions. La culture des sentimens moraux comprend tous les moyens susceptibles
de perfectionner l'éducation morale et religieuse de l'individu. C'est en parlant à la *conscience* que l'on conduit
à la notion de la justice; c'est en faisant des appels
réitérés à la *bienveillance* que l'on fait naître l'amour

de l'humanité et que l'on crée cette impulsion, en quelque sorte irrésistible, qui porte l'homme à se dévouer pour son semblable, à sympathiser à ses peines comme à ses joies; c'est en excitant la *vénération* que l'on rend l'homme pieux, qu'on ouvre son cœur à l'amour de Dieu et qu'on le prépare aux importantes vérités de la religion. L'éducation résulte en définitive du développement et du perfectionnement de toutes ces facultés, de tous ces sentimens; elle ne peut exister qu'à la condition de ce long travail qui embrasse pour ainsi dire toute l'existence de l'homme, depuis son berceau jusqu'à l'époque où, devenu sage et vertueux, il peut être abandonné à lui-même sans inconvénient et sans danger.

Chaque faculté, pour être perfectionnée, doit être exercée avec soin et persévérance. La théorie sans l'aide de la pratique est insuffisante pour rendre l'homme habile aux arts mécaniques; cette habileté ne peut résulter que d'un apprentissage plus ou moins prolongé. Il en est de même pour les facultés d'observation et de réflexion : il faut de longs efforts et un travail soutenu, pour qu'elles nous fassent recueillir les fruits du talent. L'exercice n'est pas moins essentiel pour les facultés morales. Il ne suffit pas de dire à l'enfant : « Soyez bon et vertueux ; soyez juste et vrai ; soyez pieux ; » ces paroles retentiraient en vain à son oreille, si on ne lui enseignait en même temps la pratique de la bonté, de la justice, de la piété : autant vaudrait se contenter de dire à l'infortuné couvert de haillons et mourant de faim : « Va manger et te vêtir, » sans lui en donner les moyens ! La loi du perfectionnement par l'exercice est d'une application universelle ; c'est une loi fondamen-

tale de la nature que toutes les capacités de l'homme
grandissent et se fortifient en raison de l'usage qu'on
en fait ; et l'action de cette loi influe également sur
l'état du moindre des muscles et sur la faculté intellectuelle la plus élevée, sur le plus noble des sentimens
moraux. Le forgeron lui doit la force et la dextérité de
son bras, de même que le philosophe lui doit l'énergie
et la puissance de son cerveau. On l'a dit avec raison :
l'habitude est une seconde nature ; or, l'habitude
résulte de l'exercice ; l'exercice est donc la condition
essentielle de tout développement, de tout bon système d'éducation.

Indiquer cette condition, c'est révéler la lacune principale de nos moyens d'instruction ; ces moyens sont
encore presqu'exclusivement matériels ; on s'occupe plus
du corps que de l'esprit, plus de l'esprit que de l'ame.
La nature physique est l'objet d'une culture plus assidue
que la nature morale. L'apprentissage d'un métier,
d'une profession, est pour ainsi dire universel, mais
l'apprentissage, si je puis m'exprimer ainsi, de la
sagesse et de la vertu, est tout aussi rare que l'autre
est fréquent. Pourvu que l'ouvrier soit habile et qu'il
puisse suffire par son travail à ses besoins et à ceux de sa
famille, peu importe le reste : qu'il soit d'ailleurs
imprévoyant, grossier, ivrogne, querelleur, débauché,
s'il n'enfreint pas la loi pénale, il est ce qu'on appelle
dans son droit, il n'a de compte à rendre à personne,
et la société n'a pas à s'inquiéter de ses écarts et de ses
fautes. Tel est le fruit de l'instruction de nos écoles ;
incomplète elle ne peut produire que des résultats
incomplets ; généralement limitée à l'enseignement
mécanique des connaissances élémentaires, elle ne peut

guère exercer d'influence sur les facultés intellectuelles et morales : l'instituteur abandonne le soin de l'éducation proprement dite aux parens, et les parens l'attribuent à l'instituteur; nul ne s'en occupe en définitive; et l'enfant livré à ses penchans bons ou mauvais, à ses passions viles ou généreuses, croît en liberté comme le jeune arbre qui, négligé par le jardinier, s'élève droit vers le ciel ou se tord et se contourne suivant le caprice de la nature. Un peu d'aide et de soins l'auraient préservé de toute déviation.

Pour être complète, il importe donc que l'éducation embrasse en même temps les trois ordres de facultés, physiques, morales et intellectuelles : il s'en suit qu'on peut la diviser elle-même en trois catégories distinctes, l'éducation physique, l'éducation morale et l'éducation intellectuelle.

1° Par *éducation physique* on entend le développement et le perfectionnement des forces et des fonctions corporelles. C'est une erreur de croire que tout ce qui tient à l'hygiène est exclusivemeut du domaine du médecin ; l'assistance du médecin est nécessaire pour opérer la cure des maladies ; mais la conservation de la santé dépend surtout de nous et de la connaissance que nous acquérons des conditions et des soins nécessaires à cet effet. Il importe donc d'inculquer de bonne heure ces notions aux enfans, et de leur enseigner nonseulement à préserver leur propre santé en ayant égard aux conditions indispensables d'air, de température, d'habillement, de régime, de sommeil, de propreté, d'exercice, etc., mais encore à étendre le bénéfice de ces utiles indications aux autres et particulièrement aux enfans qu'ils pourront avoir eux-mêmes par la suite.

Cette dernière recommandation concerne surtout les personnes de l'autre sexe. L'éducation physique de l'enfant commence nécessairement à sa naissance; et sa mère et tous ceux qui l'entourent doivent non-seulement être désabusés de ces pratiques absurdes et ridicules, telles que le maillot, le bercement, etc., mais encore connaître et être à même d'appliquer certaines règles spéciales, relatives à la température, à l'habillement, aux fonctions de la peau, aux ablutions, au mode de nourriture, à l'exercice, à la dentition, etc.

Ces premiers soins occuperont deux années environ, jusqu'à ce que l'enfant, capable de marcher seul, commence à son tour une série d'expériences pendant lesquelles il agira plus par lui-même qu'en ayant recours à l'aide d'autrui. Cependant il importe plus que jamais que ses habitudes soient attentivement surveillées durant cette période, et dirigées de telle sorte que les préceptes de l'hygiène deviennent insensiblement la règle de ses fonctions corporelles, qu'elles deviennent pour lui une sorte de *manière d'être* dont il ne puisse dévier, sans s'exposer à un malaise ou souffrir une privation. Il importe de le former à la tempérance, à la modération; de faire succéder à une occupation sédentaire un exercice régulier et quotidien en plein air, et de choisir les exercices gymnastiques de manière à augmenter la souplesse des membres, en même temps que la force des muscles. En résumé, l'éducation physique sera basée sur la connaissance de la physiologie, de la nature et des fonctions du corps humain, connaissance qui, comme j'aurai encore l'occasion de le dire plus tard, doit faire partie de l'éducation générale des écoles.

3

2° *L'éducation morale* embrasse également les penchans matériels et moraux ; elle régularise et refrène les premiers en fortifiant les seconds. La gourmandise, l'indélicatesse, le mensonge, la violence, la cruauté, l'avarice, la lâcheté, l'orgueil, l'insolence, la vanité, l'égoïsme, tous les défauts, tous les vices, de quelque voile qu'ils se recouvrent, doivent être poursuivis et combattus sans relâche. D'abord on devra peut-être avoir recours à la sévérité ; mais l'instituteur éclairé ne tardera pas à substituer au système répressif le système préventif, en éveillant les sentimens de bienveillance, en faisant appel à la conscience et en provoquant l'action de la réflexion. Bienveillant lui-même à l'égard de ses élèves, par le seul exemple et la seule autorité de ses propres vertus, il exercera sur eux cette influence salutaire, plus puissante et plus efficace que celle des punitions et des moyens de rigueur. En cultivant et en exerçant les facultés d'un ordre supérieur, les sentimens nobles et généreux, il restreindra, par une conséquence nécessaire, l'action des penchans matériels ; la tempérance prendra insensiblement la place de la gourmandise, l'amour de la vérité celle du mensonge, la douceur celle de la violence, la bienveillance celle de l'égoïsme.

3° *L'éducation intellectuelle* comprend l'instruction proprement dite et le perfectionnement de la réflexion, en exerçant chaque faculté et en l'appliquant spécialement à l'objet auquel elle se rapporte. L'éducation morale, dans son acception la plus restreinte, ne s'adresse qu'aux sentimens moraux et aux actes qui en sont la conséquence ; cependant, il résulte de la nature des facultés que cette dernière éducation doit marcher de pair avec l'éducation intellectuelle, car leur but est commun, car leur résultat final est le même : l'union de l'intelligence et la moralité, le bonheur dans cette vie et la préparation à la vie future.

II. *Du mode de transmettre l'instruction.*

Nous avons indiqué et défini dans le chapitre précédent le but de l'instruction; nous allons dans celui-ci rechercher quel doit être son mode de transmission et de propagation.

L'instruction et l'éducation des enfans doivent assurément être rangées parmi les devoirs les plus sacrés des parens. La vie ne serait le plus souvent qu'un don funeste, si la mission du père et de la mère ne s'étendait au-delà du berceau et n'embrassait également les trois ordres de besoins moraux, intellectuels et physiques. Il ne suffit pas de vêtir et de nourrir son enfant, il faut encore le former à sa destinée ici bas en cultivant son intelligence, en lui faisant connaître et aimer la vertu; il faut le préparer à sa destinée future en l'élevant à la notion de Dieu et en l'initiant aux saintes vérités, aux consolations ineffables de la religion. L'éducation, envisagée sous ce rapport, peut être regardée comme le lien le plus puissant de la famille; l'enfant doit à ses parens plus que l'existence, il leur doit le bonheur; et sa piété filiale, sa reconnaissance à leur égard, grandissent et puisent leur aliment dans les bienfaits dont on le comble, dans la sollicitude dont il est l'objet.

Mais malheureusement tous les parens ne sont pas également aptes à remplir ces devoirs importans, tous ne sont pas appelés à guider leurs enfans dans la voie de la vertu et du bonheur : les uns sont trop ignorans eux-mêmes pour comprendre l'utilité de l'instruction; les autres ne sont pas assez moraux, assez religieux, pour qu'on se repose exclusivement sur eux du soin que réclame l'éducation morale et religieuse; un grand nombre, condamnés à vivre dans un travail prolongé et continu, ne peuvent, quelles que soient d'ailleurs leur aptitude et leur bonne volonté, consacrer le temps nécessaire à l'instruction et à l'éducation de leur jeune famille; plusieurs enfin, frappés par une mort prématurée, emportent le regret de n'avoir pu accomplir tout entière la mission que leur avait imposée la providence. De là la nécessité des écoles, où les parens trouvent dans les instituteurs les auxiliaires ou les suppléans dont ils ont besoin.

Mais ces écoles, quelle doit être leur nature, leur organisation? sur quelles bases doivent elles reposer? Ces institutions sont-elles du domaine de la législation? Le gouvernement peut-il intervenir dans l'éducation du peuple? ou bien ne doit-on pas établir une division tranchée entre l'Etat et les écoles, et laisser l'enseignement à la libre activité des citoyens, à l'industrie individuelle, à la philanthropie privée? Quelques publicistes n'ont pas hésité à défendre cette cause, en la rattachant aux grands intérêts de la liberté des peuples. En effet, si l'on doit s'efforcer de restreindre autant que possible l'action du gouvernement, pour donner à la liberté individuelle toute l'extension dont elle est susceptible, l'instruction publique sera placée en dehors des attributions de l'autorité. La mission de l'Etat consiste à protéger les droits des citoyens, en les maintenant dans un juste équilibre; les formes extérieures de la société,

la tranquillité et l'ordre public, voilà son domaine ;
mais les pensées, les sentimens, l'intérieur de l'homme
sont le domaine de la liberté ; s'il y intervient, il envahit,
il tyrannise les consciences.

On ne saurait nier, dit M. Gindroz dans son excellent exposé des motifs de la loi sur les écoles primaires
dans le canton de Vaud, on ne saurait nier que cette
opinion ne soit une déduction assez rigoureuse des
idées abstraites d'état, de peuple constitué, de gouvernement et de liberté, telles qu'elles sont conçues
aujourd'hui par des publicistes distingués, et l'on doit
reconnaître que, d'après ces principes, la séparation
de l'Etat et des écoles est le régime le plus rationnel.

Mais ce système place-t-il l'Etat, c'est-à-dire le pouvoir social organisé et personnifié, dans la position qui
lui appartient ? La notion de l'Etat sur laquelle repose
cette théorie est-elle complète et suffisante ? Nous ne
saurions le penser. L'Etat, il nous semble, a une mission
plus élevée à remplir que le rôle passif de protecteur
des droits et des formes extérieures de la société :
associé aux destinées d'un peuple, ou plutôt acteur et
puissance dans ses destinées, il doit concourir au développement de la vie nationale dans toutes les directions
conformes à la loi du progrès qui domine l'humanité.
Ce n'est pas la peur seulement qui a formé les associations humaines ; ce ne sont pas seulement des protec-
teurs et des défenseurs que les hommes ont cherchés en
se rapprochant les uns des autres, et en constituant
un état politique ; ils ont voulu aussi des amis et des
coopérateurs.

Ce principe de la sociabilité, qui est un des élémens
primitifs de la nature humaine, se lie à toutes nos fa-

cultés ; il leur donne, il leur demande, et il en reçoit force, mouvement et direction. L'Etat qui est le résumé, la concentration sommaire de la société, et comme l'expression la plus élevée du principe social, doit, à ce titre, porter dans toutes les parties de l'ensemble, l'action et la vie dont il est doué. Les pensées d'amélioration, les vues d'avenir cherchent dans l'Etat sympathie et encouragement ; elles s'élèvent à lui par un élan naturel, et attendent de lui la puissance qui doit les réaliser. L'Etat ne rendra-t-il pas aux citoyens ce qu'il en reçoit ? se bornera-t-il à leur offrir protection et liberté pour le progrès, sans leur accorder aussi l'impulsion et les moyens du progrès ?

Si l'on adoptait la notion de l'Etat sur laquelle on fait reposer le système de la séparation des écoles, il faudrait admettre que l'Etat doit rester étranger à toutes les institutions qui n'ont pas pour objet exclusif la conservation et la défense des droits : l'amélioration du sort des peuples serait placée en dehors de ses attributions, et abandonnée à l'activité spontanée des citoyens, bienfaisante ou intéressée. L'Etat, par exemple, n'aurait à s'occuper des routes que sous le point de vue militaire, où dans les convenances de sa police ; mais le commerce, l'agriculture, les avantages des communications nombreuses et faciles ne seraient nullement pris en considération d'une manière directe. Protéger et défendre deviendrait la loi unique de l'Etat ; on lui interdirait de créer et de perfectionner. Livré à cette tendance, un gouvernement se convertirait bientôt en police ; tout au plus se présenterait-il comme un tribunal criminel et correctionnel, rejeté en dehors du mouvement intellectuel et moral de la nation. Et cependant où sont les garanties de l'ordre et de la paix, sinon dans les convictions et les sentimens des citoyens ? N'y aurait-il pas une singulière incohérence à dire à l'État : vous conserverez les droits, vous protégerez l'ordre et la tranquillité extérieure de la société ; mais vous n'interviendrez point dans la direction des pensées et des sentimens qui sont les seules bases solides du respect des droits, de l'ordre et de la paix publique ? La forme extérieure de la société vous appartient ; mais le fond des sociétés, dont la forme n'est que la manifestation et comme le moule, laissez-le, n'y touchez point, ni de près, ni de loin !

On parle souvent de la nécessité de donner à l'éducation primaire un caractère national : or, la nationalité d'un peuple consiste principalement dans une harmonieuse unité de pensées et d'affections, qui, sans asservir ni entraver l'activité individuelle, la dirige sur les intérêts de la patrie, et donne au caractère des citoyens une empreinte particulière que l'on ne saurait définir, mais qui est bien connue des hommes libres qui ont une patrie, et mieux encore peut-être des Infortunés qui n'ont plus de patrie.

Une impulsion émanée d'un gouvernement qui est la représentation des intérêts, des idées et des affections de la nation tout entière, pourra seule donner à l'Instruction publique une direction nationale, forte par son unité en même temps que par son origine. Les progrès d'un peuple ont deux points de départ : l'un se trouve dans les écoles, parce qu'elles renferment la génération progressive; l'autre appartient au gouvernement, parce qu'il a mission d'encourager tous les mouvemens qui se concilient avec la liberté, avec les lois et la moralité publique. Lorsque les écoles sont placées sous la surveillance et la direction active de l'Etat, il y a développement harmonique et équilibre dans les progrès, parce que l'instruction populaire graduellement améliorée prépare pour les hautes fonctions du gouvernement des hommes de plus en plus habiles et honnêtes ; et ceux-ci, sentant plus vivement le prix des lumières et de la moralité, font, par un juste retour, servir leur influence au perfectionnement de toutes les institutions publiques. « Le »mot d'éducation nationale serait dérisoire, appliqué à »la foule des établissemens particuliers, où chaque instituteur emploie ses propres doctrines. Cette sorte »d'éducation n'offre qu'un amas de connaissances inco- »hérentes, qui, n'ayant d'ailleurs point de lien intime »avec la vie pratique, ne mérite vraiment pas le nom »d'éducation. Une éducation nationale doit relier et »harmoniser la société, en lui offrant un code uniforme »de doctrines morales et politiques ; une éducation na- »tionale doit faire participer la société entière au pro- »grès des sciences et des lumières (1). »

Le système qui place la direction de l'instruction publique dans les attributions de l'Etat, repose donc sur des considérations rationnelles qui peuvent balancer la théorie opposée.

Mais cette direction, en quoi consistera-t-elle ? Quelles seront ses limites ? Embrassera-t-elle également tous les enseignemens, celui de la famille, comme celui des écoles ? Pourra-t-elle aller jusqu'à se transformer en monopole en excluant toute concurrence, toute liberté ?

(1) De la condition des femmes au xix⁰ siècle, par Mᵐᵉ Gatti de Gamond.

La réponse à ces questions est dans l'article 17 de notre Constitution : « L'enseignement est libre; toute mesure »préventive est interdite; la répression des délits n'est »réglée que par la loi. — L'instruction publique donnée »aux frais de l'Etat est également réglée par la loi. » Cette double disposition est l'expression la plus juste et la plus large des besoins du pays en matière d'instruction. Elle consacre la mission de l'individu en même temps que celle de la société; à côté de l'enseignement privé, elle établit la nécessité d'un enseignement public. Les parens ont un devoir sacré à remplir à l'égard de leurs enfans, c'est celui de leur donner une éducation convenable; mais à ce devoir correspond un droit, celui de choisir les moyens qui leur paraissent les plus propres à atteindre ce but. Sous l'empire des réglemens hollandais, ils n'étaient pas libres à cet égard, ils ne pouvaient opter; il fallait nécessairement qu'ils envoyassent leurs enfans aux écoles placées sous l'influence immédiate du gouvernement, ou qu'ils les condamnassent à demeurer privés d'instruction. Sous l'empire de la législation nouvelle il importe que, tout en laissant la liberté la plus entière sous ce rapport aux parens, on facilite cependant l'accomplissement de leurs devoirs en établissant des écoles publiques dans chaque province, dans chaque commune. L'instruction donnée en vertu de la loi doit être considérée comme le complément indispensable de l'instruction libre; elle suppléera à ses lacunes, elle viendra au secours de son insuffisance; en créant la concurrence, elle provoquera l'émulation; en provoquant l'émulation, elle ramènera à l'unité et rétablira l'harmonie si désirable en matière d'éducation.

Cependant en attribuant à l'Etat la direction de l'instruction publique, nous ne prétendons pas constituer une sorte de privilége en faveur du pouvoir central ; il est bien entendu que la province et la commune doivent participer chacune pour leur part à cette direction. Ainsi la loi consacrera l'établissement d'écoles publiques communales, provinciales et centrales qui se rapporteront aux divers degrés d'instruction populaire. Les écoles primaires proprement dites appartiendront aux communes, les écoles modèles aux provinces, les écoles normales au gouvernement. En un mot, le système de l'instruction publique doit être calqué sur le système provincial et communal qui attribue certains droits au gouvernement, en en réservant d'autres aux provinces et aux communes, mais qui relie ces dernières au centre commun, l'Etat, par l'unité du but et la communauté des intérêts.

III. *L'instruction peut-elle être facultative ou doit-elle être obligatoire?*

Nous avons successivement examiné deux importantes questions : Quel doit être le but de l'instruction? quel doit être son mode de transmission? Celle qui nous reste à traiter n'est guère moins essentielle, et sa solution complétera l'exposition du système qui devrait, suivant nous, présider à la réorganisation de l'instruction en Belgique.

La fréquentation des écoles doit-elle être facultative et libre? ou bien doit-elle être imposée par la loi?

La liberté de l'instruction primaire paraît entrer comme un élément essentiel dans le système constitutionnel et légal d'un peuple libre, chez lequel tout est permis, si ce n'est la violation des droits d'autrui. L'éducation est un devoir de la famille et des individus ; elle est du domaine de la pensée et de la conscience, en un mot, de l'homme intérieur sur lequel la loi est sans puissance. L'ignorance en elle-même n'est pas un délit : elle est sans doute une triste et féconde source de fautes ; mais on ne peut pas s'armer juridiquement contre elle de mesures préventives, et les délits enfantés par l'ignorance sont punis comme délits, et non comme ignorance. Laissez donc l'instruction libre : les progrès des lumières et l'amélioration des mœurs amèneront peu-à-peu dans vos écoles des élèves avides d'instruction, qui répondront mieux aux soins des instituteurs que les petits prisonniers traînés et attachés sur les bancs par l'autorité de la loi. Tel est le système de la liberté.

« Le système de l'instruction obligatoire, » répond l'honorable rapporteur du projet de loi sur les écoles primaires dans le canton de Vaud, dont nous sommes heureux de pouvoir de nouveau invoquer le témoignage à l'appui de notre opinion ; « le système de l'instruction »obligatoire repose aussi sur une base d'une grande soli-»dité, puisqu'il invoque les principes d'ordre et de né-»cessité sociale. L'éducation des citoyens se présente dans »ce système comme une loi d'ordre public et de sûreté »générale ; c'est une garantie de cette moralité publique »sans laquelle un Etat ne peut subsister. Lorsque l'Etat »ordonne la fréquentation de l'école, il fait un acte non-»seulement de gouvernement extérieur et formel, mais »aussi de gouvernement intérieur et moral ; il imprime »une impulsion nécessaire vers les objets qui intéressent »l'humanité, dans ce qu'elle a de plus élevé et de plus »précieux ; il proclame que sa destination l'appelle à

»diriger des hommes, et non des êtres soumis aux lois
»d'un organisme aveugle, ou d'un instinct qui s'ignore
»lui-même.

»L'intérêt individuel est subordonné à l'intérêt de
»l'ensemble. La destinée de l'homme étant la sociabilité
»et la civilisation, l'Etat, qui est institué pour marcher
»vers le but de l'humanité, est en droit d'exiger que les
»individus qui le composent, et dont il protège la per-
»sonne, la liberté, la propriété, tous les biens, en un
»mot, se mettent en état de lui faire atteindre son but,
»tout de même qu'il est en droit d'exiger des individus
»des contributions pécuniaires, un service militaire et
»les sacrifices de tout genre nécessaires à son existence et
»à son progrès. C'est qu'en réalité les individus, aussi
»éminens qu'on le voudra, ne sont quelque chose qu'au-
»tant qu'ils font partie d'un Etat; et quand on fait partie
»d'un tout, on doit ou se subordonner à ce tout, ou s'en
»retirer si l'on peut.

»L'opinion publique, dans notre canton, s'est atta-
»chée à un système qui concilie assez bien les deux
»théories, et qui est une expression heureuse du carac-
»tère vaudois appliqué à l'éducation. Le grand conseil a
»consacré dans la législation les idées et les mœurs po-
»pulaires, il ne s'est point cru appelé à prononcer entre
»les deux systèmes exclusifs.

»En général, la nécessité de l'éducation primaire ne
»trouve pas de contradicteurs chez nous; on apprécie
»l'utilité des écoles; les citoyens vaudois sont disposés
»à y envoyer leurs enfans. Voilà le principe du système
»de la liberté, le concours de la volonté des citoyens.
»Mais on ne saurait nier aussi que ces dispositions heu-
»reuses ne soient quelquefois trop faibles, et qu'elles

»ne cèdent trop facilement aux difficultés que la fré-
»quentation de l'école peut présenter. Il faut donc les
»corroborer; il faut leur donner un appui et comme une
»sanction. Voilà la part du système de l'instruction
»obligée. On peut affirmer que l'obligation légale de
»fréquenter l'école existe dans nos opinions , dans nos
»habitudes , dans nos mœurs; elle a contribué puissam-
»ment , ainsi que dans tous les pays où elle est consa-
»crée, comme la plupart des Etats de l'Allemagne, à
»propager et à égaliser l'instruction. Nous n'en doutons
»pas : *si l'on proclamait aujourd'hui la liberté scolaire*
»pleine et entière, les hommes qui apprécient le mieux les
»avantages des institutions libérales, éprouveraient un
»sentiment pénible, et trembleraient pour l'avenir de notre
»pays. La loi ordonne donc la fréquentation de l'école;
»mais fidèle aux principes de la liberté qui doivent res-
»pirer dans toutes nos institutions, elle ne l'ordonne
»que pour les enfans qui ne reçoivent point au sein de
»leurs familles, ou dans les écoles libres et privées,
»l'instruction nécessaire à un citoyen vaudois. Ainsi, la
»loi ne contraint point les parens à donner à leurs
»enfans une éducation exclusive, telle que le gouverne-
»ment ou la municipalité la comprennent. La loi, seu-
»lement, commande l'éducation. »

« En Prusse, dit M. V. Cousin, dans son rapport sur
»l'état de l'instruction publique en Allemagne (p. 164),
»le devoir des parens d'envoyer leurs enfans aux écoles
»primaires est tellement national et enraciné dans
»toutes les habitudes légales et morales du pays , qu'il
»est consacré dans un seul mot, *schulpflichtigkeit* (de-
»voir d'école); il répond , dans l'ordre intellectuel , au
»service militaire, *dienstpflichtigkeit.* Ces deux mots sont

»la Prusse tout entière : ils contiennent le secret de son
»originalité comme nation, de sa puissance comme
»Etat, et le germe de son avenir; ils expriment, à mon
»gré, les deux bases de la vraie civilisation, qui se
»compose à la fois de lumières et de force. La conscrip-
»tion militaire, au lieu des enrôlemens volontaires, a
»trouvé d'abord bien des adversaires parmi nous : elle
»est aujourd'hui considérée comme une condition et un
»moyen de civilisation et d'ordre public. Je suis con-
»vaincu qu'un temps viendra où l'instruction populaire
»sera également reconnue comme un devoir social im-
»posé à tous, dans l'intérêt général. En Prusse, il y a
»déjà longtemps que l'Etat a imposé à tous les parens le
»devoir strict d'envoyer tous leurs enfans à l'école, sauf
»à faire là preuve qu'ils leur donnent à la maison une
»instruction suffisante. Ce devoir a été successivement
»déterminé et réglé avec précision pour les différentes
»saisons de l'année ; il a été soumis à une surveillance
»sévère ; enfin dans la grande codification qui eut lieu
»en 1794, il prit place de nouveau dans la loi fonda-
»mentale de l'Etat. Voici les deux articles du Code gé-
»néral qui se rapportent à ce devoir : *Allgemeiner land-
»recht*, IIᵉ partie, titre XIIᵉ :

»ART. 43. Tout habitant qui ne peut pas ou ne veut
»pas faire donner à la maison à ses enfans l'instruction
»nécessaire, est obligé de les envoyer à l'école dès l'âge
»de cinq ans révolus.

»ART. 44. A partir de cet âge, nul enfant ne peut
»manquer à l'école ou s'en absenter pendant quelque
»temps, sinon pour des circonstances particulières, et
»avec le consentement de l'autorité civile et ecclésias-
»tique. »

Enfin le projet de loi de 1819, qui a force de loi et qui forme partout l'état présent des choses, consacre un titre entier (le titre iv) à cette obligation, qu'il poursuit dans ses moindres applications.

Ainsi donc on retrouve le système de l'instruction obligatoire chez les peuples les plus éclairés, quelle que soit d'ailleurs la forme de leur gouvernement, dans la Suisse républicaine, dans la Prusse monarchique, dans l'Allemagne constitutionnelle. Il forme également l'un des principaux élémens de la civilisation autrichienne ; et en Ecosse, dès l'année 1494, on trouve une loi remarquable du roi Jacques IV, qui impose, sous menace de châtiment, à tout franc tenancier l'obligation d'envoyer son fils aîné d'abord aux écoles grammaticales pour y recevoir l'instruction classique, et ensuite aux colléges d'un ordre supérieur pour y acquérir la connaissance des lois du pays. Cette loi, bien que tombée aujourd'hui en désuétude, n'en a pas moins porté ses fruits ; son application est passée dans les mœurs ; et c'est encore aux antiques bases sur lesquelles fut fondée l'organisation de son instruction populaire que l'Ecosse doit le degré de moralité et de civilisation auquel elle s'est élevée.

Etendre à la Belgique le bienfait de l'instruction obligée, dont l'efficacité a été si unanimement reconnue et proclamée dans d'autres pays, ce serait lui faire faire un pas immense vers le but que doivent se proposer tous les peuples ; la liberté serait fécondée par l'instruction, et l'instruction à son tour recevrait son impulsion et son aliment de la liberté. La moralité toujours croissante des classes ouvrières commanderait et rendrait possibles leur émancipation complète et leur admission successive au partage des droits et des prérogatives des classes supérieures. La nation, au lieu de demeurer divisée comme aujourd'hui, verrait insensiblement disparaître les nuances si tranchées qui distinguent encore ses diverses classes, pour se transformer et se fondre en un tout harmonieux, pour ne plus présenter qu'une unité compacte, où la communauté des intérêts, jointe à la communauté des lumières et de la moralité, conduirait nécessairement à la consolidation du mode d'association le plus noble, le plus généreux, le mieux approprié à la nature et à la destinée de tous et de chacun de ses membres.

Suffirait-il pour condamner le système capable de conduire à des résultats si désirables, d'arguer de la gêne et de la contrainte que pourrait entraîner son adoption? Mais, en admettant même que cette gêne et cette contrainte fussent réelles, de deux maux ne faudrait-il pas choisir le moindre, et ne vaudrait-il pas mille fois mieux, après tout, imposer aux mauvais parens l'obligation de faire participer leurs enfans aux bénéfices de l'instruction, que d'exposer les bons citoyens, la société tout entière aux conséquences funestes de l'ignorance? Qu'on se rassure cependant; le système de l'instruction obligatoire ne repose que sur des principes de tolérance et de liberté. En effet, le législateur ne peut et ne doit prescrire d'une manière positive autre chose que l'éducation des jeunes citoyens; il impose cette obligation, parce que l'Etat duquel émane la loi, a le droit et le devoir de veiller à sa propre conservation, à la sûreté générale, à l'ordre public; mais il n'a pas le droit de rien exiger de plus; aussi doit-il laisser à chaque citoyen le soin de décider comment ses enfans recevront cette éducation obligée. Les écoles publiques paraissent-elles dignes de confiance, le père de famille y conduit ses enfans. Estime-t-il au contraire qu'elles ne remplissent pas ses vues, il recourt à d'autres moyens.

Tels sont les principes que nous avons développés. L'institution des écoles publiques n'est point prohibitive, exclusive des écoles privées; elle se concilie parfaitement avec les écoles libres, ou plutôt *extra-légales*. Les instituteurs brévetés, nommés par l'autorité, ne seront point investis d'un droit exclusif, d'un privilége; tous les citoyens continueront à pouvoir entrer dans la carrière de l'enseignement primaire, et seront libres d'ouvrir des écoles, à leurs risques et périls. Cette liberté, c'est la *liberté d'enseignement*, telle que la définit la Constitution. Ces mots, dont on a tant abusé, ont donc une signification claire, précise et surtout innocente : ils ne signifient point que les citoyens sont libres de ne pas donner quelque éducation à leurs enfans ; l'éducation, nous le répétons encore, est une obligation fondamentale et dont rien ne peut dispenser; ils ne signifient pas que les personnes attachées aux institutions publiques et qui reçoivent un traitement, ont la faculté arbitraire d'enseigner comme bon leur semble, ni qu'elles sont affranchies de toute inspection et de toute responsabilité. Le salaire qu'elles reçoivent, leur impose l'obligation de se soumettre à l'ordre et aux règles établies. Ces mots, *liberté d'enseignement*, expriment donc simplement le droit dont chaque citoyen jouit d'ouvrir une école. Il est impossible de s'en prévaloir pour interdire à l'État et à la législature l'emploi des moyens jugés nécessaires pour étendre les bienfaits de l'instruction à tous les citoyens, sans distinction de rang, de fortune, de profession.   4

IV. *De l'instruction dans ses rapports avec la prévention des offenses.*

On l'a dit souvent et avec raison : *l'ignorance est la mère des crimes.* Et ici nous entendons par ignorance non-seulement le défaut de culture intellectuelle, mais encore et surtout l'absence de religion et de moralité. Il s'ensuit que l'établissement de bonnes écoles et la diffusion de l'instruction, sont les moyens les plus sûrs de prévenir les offenses. Mais tout le monde n'attribue pas la même efficacité à l'instruction ; les peines et les peines sévères sont regardées comme des moyens bien plus puissans ; on attribue au geolier la mission de l'instituteur ; et pour achever l'œuvre commencée, c'est au bourreau qu'on confie le soin de mettre le sceau à l'éducation préventive.

A-t-on, au reste, bien réfléchi au mode d'action des châtimens et à la nature de l'influence qu'ils exercent? Il est permis d'en douter. On pose généralement en fait que l'individu qui médite le crime, qui est sur le point de le commettre, est un être raisonnable et prévoyant. On part de la supposition que le meurtrier, au moment de frapper sa victime, envisage froidement la chance de périr sur l'échafaud; que le voleur, que le faussaire, connaissent parfaitement le châtiment qui les menace et se résignent éventuellement à le subir. On croit que le criminel calcule d'avance les conséquences de ses actes, de même que le marchand estime, avant de spéculer, ses chances de profits et de pertes ; de même que le fermier calcule les chances que lui offrent l'aspect de la récolte, les marchés, les saisons. Voilà la première erreur; mais l'argument dont elle découle en entraîne encore une autre non moins préjudiciable. On suppose en effet que l'individu, au moment où il s'occupe à peser les suites du crime qu'il médite, est tout-à-fait libre d'esprit; qu'il envisage sa position avec calme et sang-froid; qu'en un mot sa raison est aussi saine, aussi entière que la nôtre, lorsque nous jugeons sa conduite et que nous appelons le châtiment sur sa tête; tandis qu'en réalité il est tout entier sous l'influence des tentations les plus vives ou des passions les plus violentes. Il a fait des pertes au jeu ou compromis sa fortune dans de fausses spéculations; son honneur est flétri, sa ruine est imminente s'il ne parvient à déguiser sa situation; il aurait certes dû réfléchir et il aurait pu raisonner, avant de s'engager dans la voie dangereuse qui le conduit au bord de l'abîme; mais ce n'est pas à ce moment que s'adresse la menace pénale; il n'a en vue que les chances favorables, jusqu'à ce qu'il ressente les conséquences de son imprudence, jusqu'à ce qu'il puisse calculer ses pertes; alors l'image d'une famille qui dépend entièrement de lui, d'une position jusqu'alors honorable qu'il importe de préserver, se présente à lui dans toute sa force; alors seulement il s'adresse cette terrible question : que faire? que devenir? — Et c'est alors aussi que l'on suppose qu'il suppute froidement les risques d'être découvert, poursuivi, condamné et puni, s'il a recours aux seuls moyens qu'il croit susceptibles de le soustraire aux embarras qui le pressent, au danger qui le menace! Dans de pareilles circonstances, je pense au contraire qu'il ne calcule guère; car l'idée de sa ruine imminente occupe son ame tout entière; ses sensations sont pénibles, ses craintes sont poignantes ; et son jugement peut à peine se faire jour , tant il est fortement préoccupé du désir d'échapper aux difficultés inextricables, au milieu desquelles son imprudence l'a placé. Mais admettons un instant qu'il jouisse de la plénitude de sa raison, qu'il conserve le calme nécessaire pour réfléchir aux conséquences de l'acte qu'il médite : qui peut douter que l'espoir d'échapper au déshonneur, à une ruine imminente, ne l'emporte le plus souvent sur le danger éloigné de la découverte de son offense ? — Il n'est que trop vrai que l'homme se porte aux actes les plus désespérés, aux crimes les plus graves, sous l'influence de passions qui enlèvent à la raison son empire. Si c'est le démon de la luxure qui l'agite, il commet le viol ; s'il est poussé par la furie de la vengeance, il devient meurtrier ; il agite la torche de l'incendie, dominé par une haine frénétique ; et si le cri de la conscience se fait entendre à son ame, ce n'est le plus souvent qu'après avoir consommé le crime, et dans l'espèce de calme qui succède à la passion. Les offenses mêmes qui n'ont d'autre mobile que l'intérêt, celles contre la propriété, et qui se rapprochent le plus de la spéculation, sont méditées et préparées avec un tel désir d'obtenir l'objet que l'on a en vue, de satisfaire à tels besoins ou tels penchans, qu'en avisant aux moyens de se mettre à l'abri des poursuites, on donne à peine une pensée à la possibilité d'une condamnation. — Mais si la crainte du châtiment est presque toujours impuissante, il n'en est pas de même de l'influence de la prévention. L'éducation des écoles primaires et particulièrement des écoles gardiennes, lorsqu'elle sera convenablement appropriée à la nature, aux habitudes, aux besoins de

l'enfance, fera plus sous ce rapport que toutes les
menaces du Code pénal. En effet, que n'aura-t-on pas
à espérer d'un système où l'enfant, dès l'âge le plus
tendre, sera confié aux soins d'un instituteur bienveillant et plein de vigilance; où l'on s'attachera à combattre les penchans vicieux en inculquant les principes
de la sagesse et de la vertu ; où l'on déposera les germes
de la culture morale en même temps que de la culture
intellectuelle; où l'on fera enfin contracter des habitudes
de prudence, d'activité, à cette époque de la vie où les
impressions sont les plus durables et exercent une si
grande influence sur l'avenir? Que l'on étende également ce système à tous les enfans, sans que nul puisse
se soustraire à ses bienfaits, et il leur sera tout aussi
impossible de commettre le mal qui répugnera à
leur nature, qu'il leur est souvent difficile aujourd'hui
de faire le bien; l'idée du crime demeurera tout aussi
étrangère à leurs esprits, qu'elle l'est à l'esprit des
magistrats appelés à juger les coupables. L'éducation,
l'éducation commencée pour ainsi dire dès le berceau,
tel est, je le répète, le moyen le plus sûr et le meilleur
de garantir la société contre les atteintes des criminels
et de diminuer le nombre des délits. J'ai toute confiance dans l'empire de l'habitude, de l'habitude qui
dans tous les âges a été le grand mobile du législateur
comme du maître d'école, qui rend toutes choses
faciles, et qui rejette toutes les difficultés dans la catégorie des exceptions. Faites de la sobriété une habitude,
et l'intempérance deviendra pénible et odieuse ; trans-
formez la prudence en habitude, et l'imprévoyance et
les vices qu'elle entraîne à sa suite, seront aussi anti-
pathiques à la nature de l'enfant devenu adulte que les

crimes les plus atroces le sont à la plupart d'entre nous. Inculquez à l'enfant l'habitude de dire religieusement la vérité, de respecter scrupuleusement la propriété d'autrui, de s'abstenir prudemment de tout acte susceptible d'entraîner sa ruine, et il songera tout aussi peu à mentir, à tromper, à voler ou à contracter des dettes, qu'à se précipiter dans un élément dans lequel il ne pourrait respirer.

Quelle est la classe qui fournit proportionnellement le plus grand nombre de coupables? C'est la plus pauvre et la plus ignorante. D'après des calculs que j'ai lieu de croire exacts, cette classe peut comprendre un cinquième de la population dans les grandes villes, un sixième dans les villes de moyenne grandeur, et un septième dans les plus petites. Elle se compose, non pas de ces nombreuses familles d'ouvriers qui par leurs capacités, leur intelligence, leurs habitudes paisibles et leur moralité, commandent l'estime et le respect, mais bien de ces infortunés qui vivent au jour le jour, dont l'éducation a toujours été négligée, et qui, presque constamment sollicités par des besoins impérieux, n'ont jamais été garantis contre les conséquences de leurs passions. Eh bien! comment parviendra-t-on à arracher cette classe au vice et à l'imprévoyance, pour lui faire contracter des habitudes d'ordre et lui faire connaître et aimer la vertu? En multipliant, en perfectionnant les écoles, et en y appelant les enfans dès l'âge le plus tendre; en imposant aux parens, assez insoucians ou assez aveugles pour ne pas comprendre l'utilité de cette première éducation, l'obligation de les y envoyer. Voilà le seul mode de prévention dont l'efficacité ne puisse être douteuse.

Le négliger, comme on fait, c'est abdiquer en quelque sorte le droit de punir les fautes qui résultent du défaut d'instruction et de moralité. — La société s'arroge, et avec raison, la mission de prévenir et de réprimer les crimes, et de préserver sa sécurité; c'est non-seulement pour elle un droit, mais encore un devoir : suffit-il donc pour remplir cette mission de promulguer un Code pénal, d'ériger des tribunaux, de construire des prisons? Non, mille fois non; et le pauvre ignorant vis-à-vis de ses juges, au pied de l'échafaud, ne pourra manquer d'exciter une universelle sympathie en accusant la société d'avoir, en quelque sorte, provoqué elle-même l'acte qu'elle s'apprête à punir-avec tant de sévérité. Que fallait-il, en effet, pour mettre ce malheureux à l'abri de la tentation ou du besoin qui l'a porté à commettre le crime ? Rien qu'une éducation convenable. Cette éducation, pourquoi, dira-t-on, ses parens ne la lui ont-ils pas donnée? Parce qu'ignorans eux-mêmes ils en méconnaissaient l'importance; parce que le nombre des écoles publiques et gratuites est loin de satisfaire aux besoins, et que leur misère ne leur permettait pas de payer la rétribution exigée dans les écoles particulières. Sous l'empire d'un système où l'instruction serait à la fois gratuite pour les pauvres et obligatoire pour tous, la responsabilité des actes pèserait tout entière sur les agens; aujourd'hui elle est déplacée, elle pèse surtout sur la société ; et c'est là un de ces vices radicaux qui déposent le plus énergiquement contre cette prétendue civilisation dont nous sommes si fiers, et qui dédaigne, dans son coupable orgueil, de dispenser ses bienfaits sur ceux qui en auraient le plus besoin.

Ces réflexions me viennent fréquemment à l'esprit,
lorsque je visite les prisons et les dépôts où les mendians
et les indigens trouvent un refuge et du pain en échange
de la liberté. Il y a là des centaines d'enfans qui ont
à peine attendu l'âge de raison pour se précipiter dans
la carrière du vice et du crime. On les châtie sévèrement, mais on absout leurs parens; on ne peut méconnaître que c'est surtout le défaut d'éducation qui les
a poussés vers l'abîme, mais on s'abstient de rappeler
aux parens les obligations qu'ils ont à remplir sous ce
rapport et de les contraindre au besoin à observer le
plus saint des devoirs; ce serait porter atteinte à leur
liberté : ils ont le droit, en effet, de condamner leurs
enfans à l'ignorance et à la dégradation, et la société
n'a pas le droit de prendre ces derniers sous sa protection; elle n'a que le droit de les frapper et de les
punir lorsqu'ils ont failli. La responsabilité des parens
est toute morale; celle des enfans est à la fois morale
et matérielle; ils sont même responsables de fautes
qu'ils ne peuvent ni prévoir ni prévenir, entraînés
qu'ils sont par les pernicieux exemples et les leçons de
ceux qui auraient dû les guider dans le chemin de la
vertu. Quel renversement de tout principe ! Quelle
amère dérision !

Mais ces jeunes infortunés, à leur entrée dans la
prison ou le dépôt, ne sont encore que des novices; ils
ne sont pas encore endurcis dans le vice; ce n'est pour
ainsi dire qu'accidentellement et sans le savoir qu'ils ont
violé la loi : la société profite-t-elle au moins de leur
captivité pour leur inculquer de bons principes et effectuer l'œuvre de leur réformation? Hélas! non. Leur
séjour dans les établissemens de correction ne sert le

plus souvent qu'à achever leur noviciat, qu'à les endurcir, qu'à leur faire contracter de funestes liaisons et de honteuses habitudes qui exercent une influence fatale sur leur avenir. Si l'on se donnait la peine de prévenir les crimes, on ne se verrait pas obligé de les punir aussi sévèrement ; si l'on multipliait les écoles et surtout les bonnes écoles, on pourrait réduire d'autant la population des prisons et des dépôts de mendicité ; si l'on imposait aux parens l'obligation de veiller à l'instruction de leurs enfans, on ne serait plus aussi souvent dans la cruelle nécessité de sévir contre ces derniers. Et quand bien même ce résultat si désirable ne pourrait s'obtenir qu'à la condition d'une certaine restriction apportée au pouvoir du père de famille, cette restriction ne serait-elle pas amplement compensée par le bienfait d'une éducation également et généralement étendue à toutes les classes de la société ?

Singulière contradiction ! On craint de porter atteinte aux droits de l'homme ignorant et pervers qui, abusant de son autorité, condamne en quelque sorte ses enfans à l'ignorance et à la perversité en leur refusant l'instruction ; et si cet homme devient pauvre, sans qu'il ait commis aucun crime, on méconnaît soudainement ces droits si sacrés jusques-là, en le livrant au pouvoir discrétionnaire du gouvernement qui peut le priver à jamais de sa liberté ; on s'abstient de proclamer l'obligation de fréquenter les écoles, et on laisse subsister la violation la plus flagrante de la liberté individuelle ; on frappe sans pitié l'infortuné, mais on se garde bien de prévenir la misère ; la loi s'appesantit sur l'ignorant, mais l'ignorance n'en demeure pas moins l'expression d'un droit ; l'entrée des écoles est facultative, mais celle des dépôts de mendicité est obligatoire. De grace, si l'on ne peut être juste, que l'on soit au moins conséquent; et si l'on ne veut rien faire pour tarir les sources d'où découlent incessamment la misère et le vice, qu'on soit au moins un peu plus indulgent à l'égard du pauvre et de l'ignorant.

Les droits! la liberté! ces mots sont beaux et pompeux; mais, en définitive, quel sens ont-ils pour la classe la plus nombreuse? Quels sont les droits de cette classe? Elle est également exclue des assemblées électorales, des bancs du jury, des rangs de la garde civique; elle est tacitement exclue des emplois; au budget elle ne figure que pour les charges, jamais pour les bénéfices. Et quelle raison allègue-t-on, à l'appui de cette exclusion? Le défaut de lumières, de moralité. Le peuple n'est pas apte, dit-on, à l'exercice des droits de citoyen; on a raison peut-être. Mais que fait-on pour écarter cette incapacité? Rien ou presque rien. On affirme d'une part que la classe ouvrière manque d'instruction et de moralité, et de l'autre on l'abandonne à elle-même, à ses penchans, à ses habitudes, à ses passions, comme si elle n'avait besoin ni de tutelle, ni de patronage; d'une part, on fait peser sur elle toutes les conséquences de l'incapacité politique, et de l'autre on lui octroie libéralement je ne sais quel droit de mésuser de la liberté, de l'autorité paternelle, pour perpétuer son abaissement. Mais ne voit-on pas que l'on tourne dans un cercle vicieux? que si l'ouvrier, comme on le dit, n'a pas encore acquis le sentiment de sa dignité et de ses devoirs tant à l'égard de sa famille qu'à l'égard de la société dont il fait partie, il est tout au moins absurde de s'en reposer exclusivement sur

lui du soin de son émancipation ? La rigueur du principe doit évidemment plier ici devant les exigences du
fait. Si le peuple manque d'instruction et de moralité ,
il importe de l'instruire et de le moraliser ; si le père
de famille néglige à l'égard de son enfant l'accomplissement du plus saint des devoirs , c'est à la société à se
mettre à sa place et à arracher l'enfant aux funestes
conséquences de l'insouciance, ou des préjugés de ses
parens. Et après tout, qui pourrait se plaindre de ce
légitime patronage ? Certes ce ne sont pas les bons
citoyens ; les mauvais se récrieront peut-être, mais
qu'importe ! L'importance du but à atteindre justifiera
les moyens ; et les résultats que l'on obtiendra tourne-
ront en définitive à l'avantage de ceux-là mêmes qui
auraient répudié avec le plus d'obstination une mesure
toute de justice et de bienveillance. Nous ne sommes
plus au temps où l'on disait : *périssent les peuples plutôt
que les principes ;* l'absolutisme libéral est devenu un
non-sens; l'avenir des classes ouvrières réside , non dans
la proclamation de tels ou tels droits , mais dans les
lumières et la moralité; la lettre vivante doit remplacer
la lettre morte; l'esprit doit succéder à la matière ; et
en définitive le peuple le plus moral et le plus éclairé
sera également le plus libre et le plus indépendant.

Mais il est un obstacle à ce que les vérités soient
admises par ceux qui sont appelés à gouverner les
nations et à préparer leurs destinées. Ils ignorent la
condition des classes pauvres , ils ignorent ses besoins;
ils méconnaissent ses vertus et s'exagèrent ses vices ;
pour se précautionner contre ces derniers , ils com-
minent des peines sévères, ils construisent des prisons;
des prisons , il y en a pour tous les coupables et mieux

encore pour tous les accusés , voire même pour de simples prévenus ; mais quant aux écoles , c'est autre chose : y en a-t-il pour tous ceux qui devraient recevoir l'instruction ? Hélas non ! mais on a fait mieux : le Code pénal n'est-il pas promulgué pour suppléer aux lacunes du Code de l'instruction publique ? Et si le pauvre , dans son ignorance , s'abandonne à la voix de la passion ou du besoin , le gendarme , le juge , le geolier et finalement le bourreau ne sont-ils pas-là pour nous en débarrasser ?

Les législateurs sont assemblés ; ils s'apprêtent à décréter la loi relative à l'organisation de l'instruction publique ; ils ont préparé d'admirables discours : mais demandez-leur si , descendant parfois de leur chaise curule , ils ont daigné visiter les écoles existantes ; s'ils se sont crus obligés de constater par eux-mêmes les vices , les lacunes et les besoins du système qu'ils sont appelés à réformer ; s'ils ont frappé à la porte du pauvre ouvrier pour interroger l'état moral de sa jeune famille ? Leur réponse ne pourra être que négative. Que leur importe , en effet, ces soins minutieux ! ce serait déroger à leur dignité , perdre un temps précieux ; mieux vaut assurément construire , dans le silence du cabinet , au coin d'un bon feu , une superbe théorie, que de descendre à ces détails de pratique dont ils n'ont que faire. Vienne la discussion ; ils liront leurs discours, ils développeront leurs théories, ils voteront une loi nécessairement incomplète, puis ils se reposeront, comme s'ils avaient accompli une œuvre de régénération sociale et de haute civilisation.

ED. DUCPETIAUX,

Assassinat de Charles-le-Bon,

COMTE DE FLANDRE.

SCÈNE DU XIIᵉ SIÈCLE.

De tous les événements du XIIᵉ siècle, aucun ne produisit peut-être une impression aussi générale et aussi profonde que l'assassinat de Charles-le-Bon, comte de Flandre, dans l'église de Saint-Donat à Bruges ; aucun ne devint le sujet d'histoires plus dramatiques et plus populaires. C'est qu'à une époque de troubles et de violences, ce prince avait su faire régner l'ordre et la paix dans ses états, et qu'il se montra constamment le protecteur des petits contre les grands, lorsque, ailleurs, le peuple était encore foulé aux pieds par l'aristocratie féodale. Nous allons, à notre tour, essayer de redire les différentes circonstances de ce forfait et la vengeance terrible qui le suivit (1).

(1) Nous suivrons dans notre narration la chronique que nous a laissée *Gualbert*, syndic de Bruges, témoin oculaire de cet événement. MM. *Guizot* et *Delepierre* ont publié des traductions de ce monument historique, l'un des plus remarquables du moyen âge, le premier, dans sa *Collection de chroniques françaises*, 8ᵉ volume; le second, dans le volume intitulé: *Histoire du règne de Charles-le-Bon*, *précédée d'un résumé de l'histoire des Flandres*, etc. Bruxelles 1831, in-8º. Les Bollandistes ont inséré le travail de Gualbert dans leur recueil au 1ᵉʳ vol. de mars.

Le comte Baudouin-à-la-Hache était mort en 1119, après avoir fait inaugurer par les grands du pays, comme son successeur dans le comté de Flandre, Charles, son cousin, fils de Canut, roi de Danemarck (1).

Charles, élevé à la cour de Flandre, s'était de bonne heure concilié la bienveillance des Flamands, et la suite de son règne ne démentit point les espérances que le peuple conçut à son avénement. Le jeune prince marcha sur les traces de Baudouin; il rendait justice à tous, nobles ou vilains, et s'occupait surtout d'empêcher par de sages ordonnances, et, au besoin, par des mesures énergiques, les rapines et les guerres privées des seigneurs. Pour prévenir les occasions de troubles, il défendit même l'usage des armes ailleurs que dans les camps, et décréta des peines sévères contre tous perturbateurs du repos public (2). Ces moyens de répression furent couronnés d'un plein succès; mais si par-là le comte s'attirait l'amour des petits, d'un autre côté, beaucoup de nobles le haïssaient et nourrissaient des projets de vengeance contre un chef si sévère dans la punition de leurs délits et de leurs brigandages.

Une horrible famine qui survint pendant l'hiver de 1125 à 1126, en donnant au comte l'occasion de manifester sa bienfaisance, accrut encore le nombre de ses ennemis et précipita la catastrophe qui termina

(1) *Warnkœnig*, Histoire de la Flandre, et les autres historiens de ce pays.

(2) Indixit per terminos regni, ut sub quiete et securitate absque armorum usu communiter degerent, quicumque aut in foro aut infrà castra manerent et conversarentur : alioquin ipsis plecterentur armis quæ ferrent. *Galbertus*, Caroli, comitis Flandriæ, vita, apud *Acta sanctorum* 2 martii, p. 179.

ses jours. La disette était vraiment affreuse ; on voyait les habitans des campagnes se diriger vers les villes et les châteaux , afin de s'y procurer quelque nourriture ; mais, trop faibles, ils tombaient épuisés et mouraient en chemin. Les pauvres se traînaient avec peine autour des métairies pour y mendier un peu de pain; sur tous les visages était empreinte une pâleur mortelle (1).

Charles rechercha activement les moyens de soulager ces populations souffrantes ; il distribuait lui-même et par ses serviteurs de généreuses aumônes , nourrissait chaque jour cent pauvres à Bruges et exerçait les mêmes actes de charité dans ses autres villes. Il prit en même temps des mesures rigides contre les acca-pareurs de grains , enleva de vive force à plusieurs riches bourgeois les céréales qu'ils possédaient et les fit vendre à vil prix ou distribuer gratuitement aux pauvres. Il agit ainsi , entre autres , à l'égard des membres opulents de la famille des châtelains de Bruges, dont l'un , nommé Berthulf était prévôt de Saint-Donat et chancelier de Flandre. Ces hommes puissants , vouèrent à Charles une haine profonde , et ce n'était malheureusement point la seule cause d'animosité qui existât entre eux et lui : déjà, dans une discussion qu'ils avaient eue avec Tancmar, chef

(1) Quidam verò ipso itinere cùm transitum faoerent ad civi-tates et castra, in quibus panem sibi compararent, nondùm semi-perfecto transitu suffocati fame perierunt : circà villas et curtes divitum, et castra seu munitiones, pauperes cùm ad elemosynas misero gressu devoluti venissent, mendicando mortui sunt. Mira-bile dictu nulli in terrà nostrâ manserat naturalis color, sed talis palor affinis et proprius mortis inerat universis. *Galbertus,* ibid., page 180.

de la famille des Van der Straeten, le comte leur avait été hostile ; il avait ordonné à une nièce du prévôt de prouver, par l'attestation de douze témoins assermentés (*compurgatores*), que sa famille était de condition libre ; une enquête avait même été commencée à ce sujet et voici à quelle occasion (1).

Charles, depuis son avénement au comté de Flandre, avait constamment recherché avec soin, dans ses terres, quels étaient les hommes libres et les esclaves. Il assistait en personne aux plaids où se traitaient ces affaires, écoutant avec attention les débats et s'occupant de faire rentrer dans son domaine les individus qu'il jugeait lui appartenir. Berthulf, son frère Désiré Haket et d'autres attendaient avec inquiétude le résultat des recherches du comte ; nés serfs, ces hommes étaient parvenus au milieu des troubles à se faire considérer comme libres, et de puissans seigneurs venaient même de s'allier à leur famille. Mais, il arriva qu'un des chevaliers qui avait épousé une nièce du prévôt, offrit le combat singulier en présence du comte, à un autre chevalier de race libre ; celui-ci, connaissant la basse origine de Berthulf, répondit par un refus injurieux : « Je ne suis point un serf, dit-il, »mais un homme libre, et tu n'es pas mon égal, puis- »que d'après le droit établi par notre seigneur Charles, »quiconque épouse une esclave, cesse d'être libre un an »et un jour après son mariage et rentre dans la même »condition que sa femme (2). » Le comte voulut éclaircir

---

(1) *Gualbert.* — *Warnkœnig*, Histoire de la Flandre, et autres historiens.

(2) At appellatus indignationis sibi repulsâ viliter respondit : Scilicet se non fuisse de servili conditione imò liberæ dignitatis,

l'affaire; il s'assura d'abord auprès des anciens du pays, que le prévôt et les siens étaient en effet d'origine servile; et lorsqu'il en eut la preuve, il chercha à les faire rentrer sous sa domination; mais Berthulf avait de nombreux amis et refusait de se soumettre : « Ce »Charles de la Dacie, s'écriait-il, ne serait jamais par-»venu à la dignité de comte, si je ne l'avais voulu, et »maintenant il ne se rappelle plus le bien que je lui ai »fait; loin de là, il veut me réduire en esclavage avec »toute ma famille, s'informant des anciens si nous »sommes ses serfs; mais qu'il cherche tant qu'il voudra : »nous sommes et nous serons toujours libres, et il n'est »personne au monde qui puisse nous rendre es-»claves (1). »

Malgré ces paroles orgueilleuses, le prévôt redoutait l'enquête ordonnée par le comte : « Il en adviendra ce »qui pourra, dit-il enfin, mais j'aime mieux mourir »que d'être soumis à son servage, ou plutôt, il périra »lui-même. » Il réunit alors ses parens, ses nombreux alliés, et résolut avec eux la mort du prince. Tous

secundùm lineas sui generis propagatum, et ob hoc ad bellum singulare non se fore parem appellanti congressurum. Quicumque enim secundùm jus comitis ancillam liber in uxorem duxisset, postquàm annuatim eam obtinuisset, non erat liber : sed ejusdem conditionis erat effectus, cujus et uxor ejus. *Galbertus*, ibid., page 182.

(1) Iste Carolus de Daciâ nunquàm ad comitatum conscendisset, si ego voluissem. Nunc ergò, cùm per me sit comes effectus, non recordatur quod benè sibi fecerim, imò laborat prorsùs me cum toto genere meo retorquere in servum : sed quærat quantùm velit, et non est homo super terram qui possit nos constituere servos. *Ibidem.*

n'attendaient plus qu'une occasion ; elle se présenta
bientôt.

L'un des neveux du prévôt, nommé Bouchard, ayant
exercé des rapines contre les paysans de Charles,
celui-ci convoqua sur le champ ses conseillers, et, de
leur avis, fit détruire et incendier la maison du coupable. Berthulf, Isaac, Bouchard, Guillaume de Wervi,
Ingram et d'autres conjurés crurent le moment favorable ; ils s'assemblèrent la nuit suivante, et se pressant
les mains en signe d'alliance, jurèrent la mort du
prince. Ils remirent au lendemain, 2 mars, l'exécution
du meurtre, et choisirent pour l'accomplir les plus
intrépides et les plus audacieux de la maison de Bouchard. Ceux qui tueraient le comte devaient avoir, les
chevaliers quatre marcs, et les valets deux marcs (1).

Le jour parut bientôt, sombre et nébuleux au point
qu'on ne pouvait discerner aucun objet à la distance de
la longueur d'une pique (2). Bouchard envoya secrètement quelques-uns de ses serviteurs pour épier l'instant où le comte irait à l'église. Charles s'était levé
de grand matin, et après avoir, selon sa coutume,
distribué dans son propre palais des secours aux indigens, il se rendit à Saint-Donat, en traversant un passage voûté qui se trouvait au dessus de la porte du
Bourg et qui conduisait à une galerie élevée, placée
dans le chœur de l'église. Cette galerie, fermée de

(1) Militibus verò qui interficerent comitem marcas quatuor,
et servientibus qui idem agerent marcas duas obtulerunt. *Galbertus*, ibid., p. 183.

(2) Igitur cùm dies obvenisset obscura valdè et nebulosa, ità
ut hastæ longitudine nullus à se discernere posset rem aliquam.
Ibidem.

toutes parts, excepté du côté de l'autel, avait une
seconde porte, par laquelle on pouvait descendre dans
le temple. A peine arrivé, le prince s'agenouilla humblement; il était accompagné de Thémard, châtelain de
Brudburch, de Gautier de Locres et de quelques autres;
le comte avait les yeux fixés sur un livre de psaumes,
car il savait lire, et la main droite étendue pour distribuer ses aumônes; son chapelain lui apprêtait des
deniers que, tout en priant, il jetait aux pauvres
assemblés sous la galerie.

Lorsque les conjurés apprirent que Charles, suivi
de peu de monde, venait d'arriver à l'église, Bouchard,
ses chevaliers et ses serviteurs, cachant des épées
nues sous leurs manteaux, s'y rendirent à leur tour. Ils
se divisent en deux bandes, occupent les deux entrées
de la galerie, afin que personne ne puisse s'échapper
par l'une ou l'autre issue : puis se ruant sur le comte
qui récitait en ce moment le *Pater Noster* à haute
voix, ils le percent de plusieurs coups (1). Charles ne
proféra aucun cri; en se sentant frappé, il tourna ses
regards vers le ciel et expira sur-le-champ. Les conjurés se jettent en même temps sur Thémard et lui
font plusieurs blessures !!!. Le plus affreux tumulte
règne dans le temple et dans la galerie ; tous les assis-
tants cherchent à s'évader ou se réfugient dans les
chapelles ; les meurtriers se dispersent de différents
côtés : les uns parcourent la ville, frappant ceux qu'ils

_____

(1) Homicidæ et traditores pessimi comitem devotè orantem et
elemosynas dantem, divinæ majestati suppliciter prostratum,
gladiis confossum et sæpiùs transverberatum, mortuum dimisère.
Ibidem, p. 184.

savent être dévoués au prince; les autres se précipitent
dans le Bourg et y massacrent les serviteurs du comte
qui n'ont pas eu le temps de prendre la fuite ou de se
préparer à la résistance; les citoyens de Bruges, effrayés
du vacarme et des cris lamentables qu'on entend de
toutes parts, courent éperdus vers le Bourg et y
apprennent ce qui vient de se passer; mais les conjurés sont nombreux, bien armés, et les bourgeois
n'osent manifester la douleur qu'ils ressentent de cet
attentat impie.

Cependant les principaux chefs du complot étaient
rentrés dans l'église, cherchant partout Gautier de
Locres, l'un des conseillers de Charles et l'ennemi juré
de la famille du prévôt. Au milieu du tumulte, Gautier
était parvenu à se soustraire aux assassins, en se glissant derrière les orgues où un gardien de l'église l'avait
couvert de son manteau (1). Bouchard et ses complices
parcouraient les nefs, criant avec force : Gautier!
Gautier (2)!... Ils trouvent dans la galerie, à côté du
corps sanglant de Charles, le châtelain de Brudburch
qui respirait encore et que des prêtres venaient de confesser; ils le traînent aussitôt par les pieds et vont
l'achever aux portes du temple (3). Troublé alors par la
crainte de la mort, effrayé du bruit des armes qui re-
tentissent sur les dalles, le seigneur de Locres abandonne
le lieu où il se tenait blotti, et cherche à atteindre l'autel,
espérant y être plus en sûreté; mais il est trop tard; on

(1) Unus verò ex custodibus templi occultaverat illum, cui et
ipse pallium dimiserat. *Ibidem*, p. 185.

(2) Walterum ex nomine vociferantes, etc. *Ibidem*.

(3) Hunc per pedes abstractum, tunc tandem in januis ecclesiæ
occiderunt. *Ibidem*.

le reconnaît !.. Il est poursuivi par ces furieux dont les épées sont dégoutantes de sang et qui répondent par d'horribles paroles aux supplications du malheureux!.. Bouchard le saisit par la chevelure; il brandit son glaive et va le frapper au pied même du sanctuaire; mais il recule à l'idée d'ensanglanter de nouveau le lieu saint. La victime est traînée au dehors et jetée aux esclaves de Bouchard qui mutilent son corps à coups d'épées, de bâtons, de clous et de pierres (1).

Le prévôt ne s'était pas montré pendant cette horrible boucherie; il était resté enfermé dans sa demeure et n'en sortit que sur les instances des religieux de Saint-Donat qui le suppliaient d'intercéder auprès de ses parens, en faveur des autres malheureux restés vivants entre leurs mains. Tout en acquiesçant à ces sollicitations, Berthulf protestait de son innocence et feignait de déplorer amèrement un attentat qui ravissait le comte à ses sujets; mais personne ne croyait à ces hypocrites doléances.

Cette journée orageuse avait déjà fait place à une nuit profonde, et le cadavre de Charles restait toujours gisant dans la galerie; les chanoines, inquiets et tremblants, se décident enfin à rendre quelques honneurs à sa dépouille mortelle; ils enveloppent le corps d'un linceul, le déposent dans une bière au milieu du chœur, placent à côté quatre cierges et se retirent, après avoir accompli à la hâte les autres cérémonies usitées en pareil cas. Quelques femmes éplorées res-

(1) ..... Et à se propulso cùm in curte castri eduxissent, illam servis suis interficiendam projecerunt. At servi quàm citissimè morti tradiderant gladiis et fustibus et clavis et lapidibus obrutum, *Ibidem.*

tent seules à veiller; tout est devenu silence dans ce
lieu naguères témoin d'un si affreux tumulte; c'est
le moment fixé par les conjurés pour accomplir un
nouveau projet; ils s'introduisent secrètement dans
le temple, en chassent les femmes, marchent droit
au cercueil qu'ils environnent de toutes parts et y
placent une coupe remplie de pain et de cervoise;
chacun d'eux vient alors y mouiller ses lèvres; c'était
un usage superstiteux assez généralement répandu en
Flandre quand on voulait s'assurer l'impunité d'un
crime (1). Ils témoignaient d'ailleurs par-là que tous
assumaient une responsabilité égale et que leur sort
devait être le même. Après s'être ensuite juré aide et secours, ils songent aux moyens de salut, et font porter
des vivres et des armes dans l'église de Saint-Donat;
puis ils fortifient le Bourg, vaste enceinte que le comte
Baudouin Ier avait entourée de murs et projettent de s'y
enfermer, en cas d'attaque de la part des bourgeois.

Deux ou trois jours se passèrent de la sorte; les partisans du comte s'étaient répandus dans les villes et les
contrées voisines, et s'y préparaient à la vengeance.
Le 6, Godescalk Thaihals vint en message d'Ypres à
Bruges vers le prévôt, et lui parla en ces termes:
« Salut et amitié de la part de mon maître et votre
»ami Guillaume d'Ypres qui vous promet publique-

(1) Notandum quod, occiso comite Carolo, Borsiardus et sui
sceleris participes, more paganorum et incantatorum, nocte quâ
primò sepultus erat comes Carolus, acceperunt scyphum plenum
cerevisiæ et panem, considentes circà sepulcrum, posuerunt
potum illum et panem in mensâ sepulcri, edentes et libentes super
comitis corpus, eâ fide ut nullo modo illum quis vindicaret.
Galbertus, p. 210.

»ment , autant qu'il est en lui , une très-prompte assis-
»tance à vous et aux vôtres (1). » Cette nouvelle réjouit
fort les conjurés et leur inspira une telle confiance
en Guillaume qu'ils résolurent de le nommer comte
de Flandre ; ils l'engagèrent donc à recevoir le serment
et l'hommage des Flamands qu'il pourrait attirer dans
son parti par l'appât des récompenses ou de toute
autre manière. Guillaume d'Ypres était déjà soupçonné
d'avoir eu quelque part aux machinations qui avaient
amené l'assassinat du prince Charles , et cette opinion
devint plus générale encore, quand on sut qu'il avait
offert des secours au prévôt.

Ce fut le chevalier Gervais, l'un des amis les plus
dévoués de Charles qui entra le premier en campagne
pour venger la mort de son maître. Le 7 mars , il
assiégea et incendia Ravenschot , et s'approchant de
Bruges , il résolut d'attaquer cette ville le lendemain ;
mais , pendant la nuit , les habitants l'introduisirent
secrètement , et , au point du jour , les révoltés virent
avec surprise et terreur l'ennemi dans la place ; con-
traints de céder devant les forces considérables de leurs
adversaires auxquels s'étaient joints bon nombre de
bourgeois , ils se réfugient dans le Bourg , entassent
sous les portes , de la terre , des pierres , du fumier,
et barricadent avec soin l'entrée et jusqu'aux fenêtres
de Saint-Donat. Cette église était bâtie en forme de
rotonde ; à sa partie occidentale se dressait une forte
tour très haute, qui se divisait à son extrémité en deux

(1) ..... Dominus meus et intimus amicus, vester Willelmus ex
Iprâ salutem et amicitiam , atque in omnibus promptissimum
anxilium, quantum in se est, vobis et vestris apertè demandat.
Ibidem.

aiguilles, ou tours plus étroites ; une vaste muraille bien fortifiée par des tourelles et des machines de guerre entourait la maison du prévôt, le cloître ainsi que tout le Bourg (1). Rassurés par la force de cette position, les assassins comptent y fatiguer leurs ennemis par une longue résistance ; mais les troupes de Gervais, fières du succès qu'elles ont obtenu, se préparent à les attaquer ; les nombreux renforts qui arrivent à chaque instant dans Bruges, viennent encore accroître cette ardeur ; c'étaient Damien de Termonde, l'un des barons de la Flandre, Richard de Woldman, Thierry, châtelain de Dixmude et Gautier, bouteiller du comte.

Les assiégés se maintinrent pendant plusieurs jours dans le Bourg ; les troupes de Gervais et des autres chefs, affaiblies par la discorde qui s'était glissée dans leurs rangs, avaient plus d'une fois tenté l'assaut, mais elles avaient été vigoureusement repoussées ; on était arrivé au 18 mars, et rien ne présageait encore l'issue prochaine du siége, lorsqu'une entreprise hardie, exécutée avec bonheur, livra le Bourg aux assiégeants : au point du jour, et pendant que la plupart des meurtriers, endormis dans une fausse sécurité, reposaient leurs membres affaiblis par les fatigues de la veille, quelques soldats de Gervais escaladent les murs du côté méridional du Bourg et y attendent en silence qu'un grand

(1) In parte quoqne ejusdem templi occidentem versùs, turris fortissima in eâdem templi essentiâ altiore staturâ eminebat, in supremis dividens se in duas turres acutiores. Murus quidem circumcinxerat et domum præpositi et dormitorium fratrum et claustrum et pariter omne illud castrum, atque ille murus, propugnaculis et circumcursu ad extrà pugnandum altior et fortior stabat. *Ibidem*, p. 193.

nombre des leurs ait suivi cet exemple (1); ils poussent
alors d'affreuses clameurs, se dispersent de différents
côtés et égorgent le petit nombre d'ennemis qu'ils
trouvent sur leur passage. Réveillés par les cris et les
hurlements qui s'élèvent de toutes parts, Bouchard et
ses complices se précipitent sur leurs armes et opposent
une vigoureuse résistance; mais le nombre des ennemis
augmente à chaque instant; on poursuit les meurtriers
de chambre en chambre, jusqu'à l'étroit passage par où
le comte avait coutume de se rendre de sa maison à
l'église de Saint-Donat; le combat y devient plus terrible encore : le bruit des épées et des haches d'armes
qui s'entrechoquent retentit sourdement; Bouchard,
doué d'une force prodigieuse, est au premier rang et
s'y maintient quelque temps, sans que la foule qui se
précipite vers le passage, parvienne à l'en chasser; il
abat à coups d'épée tous ceux qui osent se mesurer
avec lui; mais pour chaque homme qui tombe, dix
autres se présentent aussitôt, et la multitude, se ruant
enfin d'un commun effort, repousse Bouchard et les
siens jusque dans la galerie de l'église, où ils s'enfer-
ment et parviennent à se barricader. Les vengeurs du
comte ne poursuivent point leur succès; ils envahis-
sent les habitations situées dans l'enceinte du Bourg,
et en emportent tout ce qui a quelque valeur; les tapis,
le linge, les portes en fer, et jusqu'au plomb des toits,
les viandes, le vin, les riches habits des clercs, deviennent la proie de cette multitude furieuse, excitée par
l'appât du butin (2). Les assassins ne cessent pourtant

(1) Intùs quippè sinè sonitu et clamore sese collegerunt in
magnas acies et præmunitas ad pugnandum. *Ibidem*, p. 194.

(2) *Galbertus*, p. 194 et 195.

point de combattre ; du haut de la tour de l'église , ils lancent des pierres et des traits sur la foule qui court çà et là dans le Bourg ; ils écrasent et tuent de la sorte beaucoup de pillards.

La nuit vint enfin mettre, pour quelques instants, un terme à cette sanglante tragédie ; mais la lutte se renouvelle le lendemain plus terrible encore : le temple est envahi ; retranchés en partie dans la galerie, en partie dans la tour , les assiégés arrachent les armoires , les tables, les autels , les bancs ; ils brisent les cloches , coupent en morceaux le plomb des toits, et en écrasent leurs ennemis ; le carnage est horrible ; les morts et les blessés couvrent le pavé du temple; mais il faut bien céder au nombre : Bouchard et les siens abandonnent l'église , se retirent dans la tour , leur dernier asyle , et s'y préparent de nouveau à la résistance ; pendant la nuit ils ne cessent d'inquiéter leurs adversaires en faisant retentir l'air des sons prolongés du cor , et en lançant des torches enflammées sur les maisons avoisinantes (1).

Berthulf n'était plus au milieu de ses complices ; trois jours avant la prise du Bourg , il avait séduit l'un des chefs du siége et était parvenu à s'évader. Après s'être caché quelque temps sur le territoire d'Ardenbourg , il atteignit Kaihem , en-deça de Dixmude , puis il se dirigea vers Furnes , où il n'osa s'arrêter , car la nouvelle de sa fuite avait été promptement répandue , et des hommes d'armes étaient à sa poursuite. Epuisé de lassitude, le prévôt se remit en marche; ses chaussures

---

(1) Obsessi flammas injecerant in tectum scholarum , quod templo adjacuerat. *Ibidem* , p. 195.

étaient déchirées, le sang découlait de ses pieds meurtris ; il fut bientôt découvert et livré à Guillaume
d'Ypres, à celui qui, s'il n'avait point participé au
crime, avait du moins offert ses secours aux coupables,
et qui voulait, à présent, faire croire à son innocence,
en se chargeant du châtiment ! !...

Ce fut donc à Ypres que le prévôt fut conduit : une
multitude innombrable suivait et précédait l'ex-chan-
celier de Flandre, jadis si puissant et maintenant accablé
sous le poids de toutes les misères humaines ; une po-
pulace frénétique le tiraillait de droite et de gauche au
moyen de longues cordes ; il était presque nu ; de la
boue, des pierres le frappaient au visage ; pas un regard de pitié pour le meurtrier ! il se traînait mourant,
les yeux levés vers le ciel et priant Dieu d'abréger ses
souffrances (1).

Arrivé sur la place du marché, le prévôt fut mis à
nu, et, comme un larron, attaché à un gibet ; par un
raffinement de cruauté, on lui passa la tête dans une
ouverture pratiquée à la partie supérieure de l'instrument du supplice, afin que le reste du corps y de-
meurât suspendu, et que le coupable expirât suffoqué
sans l'aide de cordes (2). Au moment de l'exécution,
Guillaume d'Ypres fendit la foule, et s'approchant du
patient lui adressa ces mots : « Prévôt Berthulf, sur
» le salut de ton ame, dis-nous quels sont les autres

(1) Trahentes eum funibus longioribus à dextris ejus et sinis-
tris..... Nudus prorsùs præter braccas, luto et lapidibus obrutus
trahebatur *Ibidem*, p. 200.

(2) Et caput transjectum per foramen ejusdem patibuli, ità ut
reliquum corpus viri prædictis suis membris suspensum quasi
alienis laqueis suffocatum moreretur. *Ibidem*.

»coupables dont les noms sont encore ignorés (1). — »Tu les connais aussi bien que moi, bâtard d'Ypres, »s'écria Berthulf d'une voix forte !... » — Guillaume furieux ordonna de l'achever ; les marchands de poisson, saisissant aussitôt leurs longs crocs de fer, s'acharnèrent sur le corps de la victime et lui firent éprouver une foule de cruautés ignominieuses. Ainsi mourut Berthulf, prévôt de Saint-Donat et chancelier de Flandre !!...

Sur ces entrefaites, un nouveau comte avait été nommé, et voici comment s'était faite l'élection.

Le 27 mars, les bourgeois de Bruges, après avoir convoqué les Flamands des environs, s'assemblèrent en grand nombre dans une plaine voisine du faubourg, et les principaux citoyens y prêtèrent serment sur les reliques des saints en ces termes : «Nous jurons de »n'élire pour comte de ce pays que celui qui pourra »bien gouverner les domaines de ses prédécesseurs, et »soutenir ses droits contre les ennemis de la patrie, »celui qui sera doux et bienfaisant envers les pauvres, »religieux, marchant dans le chemin de la justice et de »la droiture; un homme tel, enfin, qu'il puisse ou »veuille être utile au bien général (2). » On résolut

(1) Dic mihi, ô præposite, per salutem animæ tuæ, te obtestor, dic, inquam, quæso, qui sunt præter te et Isaac, et præter apertos traditores adhùc latenter nocentes et culpabiles in morte domini mei Caroli comitis. *Ibidem.*

(2) ..... Juro me talem electurum comitem terræ hujus, qui utiliter recturus est regnum prædecessorum suorum comitum, jura potenter contrà hostes patriæ obtinere poterit : affectuosus et pius in pauperes, deo devotus, semitam gradiens rectitudinis, et talis fuerit qui utilità communiter patriæ velit et possit prodesse. *Galbertus*, p. 198.

ensuite d'envoyer des députés au roi de France qui se disposait à venir à Bruges et se trouvait alors à Arras, afin de le consulter sur le choix d'un comte. Le 30, les députés étaient de retour ; ils montrèrent aux bourgeois assemblés de nouveau, des lettres marquées du sceau de Louis-le-Gros, ensuite Gautier le bouteiller s'écria : « Ecoutez, ô mes concitoyens, ce qui s'est passé auprès »du roi et de ses barons, et ce qui a été décidé après »un mûr examen ; les seigneurs du pays de France et »les premiers citoyens de la Flandre ont choisi pour »comte de ce pays, le jeune Guillaume de Normandie, »noble de race et élevé depuis son enfance au milieu de »vous ; il lui sera facile de s'habituer à vos usages, et »vous pourrez avec de l'adresse, le plier comme vous »voudrez aux mœurs et aux coutumes établies. Nous »lui avons donné notre voix, et lui avons aussi prêté »hommage. Je vous invite donc tous à recevoir Guil- »laume de Normandie pour votre seigneur ; et s'il est »quelque chose qu'il puisse vous offrir en don, tel que »le droit de péage et le cens des terres, je pense qu'il le »fera volontiers (1). » Les bourgeois applaudirent aux paroles de Gautier, mais ne voulurent rien décider sur ce sujet important, avant d'avoir consulté les autres villes flamandes. Elles résolurent enfin d'admettre Guillaume, et après avoir juré la confirmation des différentes chartes qui lui furent présentées, celui-ci reçut l'hommage de foi et de fidélité de ses nouveaux sujets.

Le roi de France avait quitté Arras et venait d'arriver

---

(1) ..... Et si quid est quod suæ potestatis jure donari poterit, sicut teloneum et census terræ, libenter vobis condonabit..... *Ibidem.*

à Bruges; le trouble et la confusion continuaient de
régner dans cette ville; enfermés depuis près de trois semaines dans la tour de St-Donat, les assassins du prince
Charles ne parlaient point encore de se rendre, et s'y
défendaient au contraire avec toute l'énergie du désespoir. Louis-le-Gros dirigea en personne les opérations
de ce siége vraiment extraordinaire; il fit saper les fon-
dements de la tour au moyen d'énormes béliers, et ce
ne fut qu'au moment où elle allait s'écrouler sur leur
tête que les coupables implorèrent merci; ils sortirent
un à un, pâles, livides, défigurés par la faim et des
fatigues si nombreuses; ils n'étaient plus que vingt-sept.
On a peine à concevoir une résistance aussi opiniâtre,
et malgré le crime de ces hommes, dont leur siècle
sauvage était peut-être aussi coupable qu'eux-mêmes,
on se surprend quelquefois à admirer tant de vaillance.
Ils avaient soutenu pendant cinq semaines les efforts
d'une multitude nombreuse, aguerrie, et pour les
dompter, il avait fallu la présence des plus puissants
seigneurs de la Flandre et du roi de France lui-même.
Tous les conjurés furent précipités du haut de la maison
du comte, et ceux qui eurent le malheur de survivre
quelques instants à cette horrible chute, périrent au
milieu des plus atroces douleurs.

De la mort de Charles-le-Bon, date le développement
de la démocratie en Flandre. Un peu plus tard, Guillaume de Normandie est chassé parce qu'il foule aux
pieds les franchises qu'il avait juré de maintenir, et le
seigneur français fait place à Thierry d'Alsace, au fondateur des libertés flamandes.

M. L. Polain.

Des Sociétés Anonymes.

DU CARACTÈRE PARTICULIER DES SOCIÉTÉS ANONYMES. DES BORNES
DANS LESQUELLES IL CONVIENT QU'ELLES SOIENT RESTREINTES.

Après tout ce qui a été écrit récemment sur les sociétés anonymes, il semblera peut-être téméraire d'aborder un pareil sujet. Que pouvons-nous dire que d'autres n'aient dit beaucoup mieux avant nous? N'y a-t-il pas dans notre fait une sorte de présomption qui, pour se faire pardonner, aurait besoin d'être justifiée, ou par la nouveauté des idées, ou par ce talent d'exécution qui sait rajeunir celles qui ont vieilli?

Cette objection, nous avons été le premier à nous la faire, et certes, nous eussions reculé devant elle s'il se fût agi de quelque sujet propre seulement à exercer l'imagination de l'écrivain, et à exciter la curiosité du lecteur. Mais il y a ici une question grave, qui intéresse au plus haut point la prospérité du pays, et sur laquelle l'opinion publique cherche à se fixer. Il est donc bon que tous les sentimens individuels se produisent au jour avec leurs nuances diverses, que toutes les voix se fassent entendre et puissent être recueillies. Emettre hautement son avis, c'est, à nos yeux, faire acte de citoyen. Tout ce qu'on peut exiger de celui qui se décide à prendre part à ce débat, c'est d'exprimer une opinion consciencieuse, réfléchie, impartiale, dictée par le seul amour de ce qui est juste, par le seul senti- ment de ce qui est utile. Voilà tout ce que nous vou- lons; voilà aussi tout ce que nous promettons.

La nature du recueil dans lequel nous écrivons nous permettra d'ailleurs et nous imposera même l'obligation de consacrer entièrement aux questions de principe une attention que les journaux quotidiens doivent porter avant tout sur les faits particuliers. Ce n'est pas à dire cependant que nous voulions écrire uniquement pour les savans : ceux-là rencontreront dans notre travail bien des éclaircissemens qui leur sembleront superflus, et qui pour eux le seront en effet. Mais dans une ma- tière qui touche à tous les intérêts, nous ne croyons pas pouvoir nous dispenser de nous rendre intelligibles pour tous, dussions-nous encourir par là les reproches de quelques-uns.

Nous ne nous arrêterons point à faire ressortir la puissance bienfaisante de l'esprit d'association, à mon- trer tout ce que la civilisation lui doit dans le passé, tout ce qu'elle en attend dans l'avenir. Pourquoi en faire l'éloge, quand personne ne s'avise de le blâmer? pourquoi le défendre, lorsque personne ne l'attaque? Mais l'association, toujours salutaire, immuable dans son principe, se manifeste sous des formes différentes, qui varient selon les temps, selon les lieux, et qui peuvent ne pas être toutes également heureuses. L'une de ces formes, d'origine assez récente, soulève aujour- d'hui des réclamations nombreuses, elle seule est mise en question dans le débat qui s'agite ; elle seule sera l'objet de l'examen que nous allons entreprendre. Quel que soit donc le résultat auquel cet examen puisse nous conduire, on ne saurait sans injustice en inférer que nous soyons opposé en rien au principe de l'association en lui-même : nous protestons d'avance, et de toutes nos forces, contre une pareille accusation.

La loi reconnaît trois espèces de sociétés commerciales : la société *en nom collectif*, la société *en commandite*, la société *anonyme* (1). Elle consacre aussi l'association *en participation*, union passagère, sans existence à l'égard du public, et dont nous n'avons pas à nous occuper (2).

Ce n'est point par la nature des opérations qu'elles peuvent avoir pour objet que ces trois espèces de sociétés diffèrent entr'elles. Toutes sont légalement admises à se livrer aux divers genres de spéculations qui n'ont rien d'illicite, bien que la constitution particulière de chacune d'elles la rende plus spécialement propre à certaines entreprises.

Le trait caractéristique qui les distingue, se trouve dans la manière différente dont les associés sont responsables, à l'égard des tiers, des engagemens sociaux.

Dans la société en nom collectif, tous les associés sans exception sont tenus des dettes solidairement ; ils en sont tenus sur tous leurs biens présens et futurs. La garantie des tiers ne se restreint pas ici au fonds social, c'est-à-dire, au total des mises : elle embrasse la fortune entière de tous les associés. Tout créancier de la société

(1) Code de commerce, art. 19.
(2) Code de commerce, art. 47.

est en même temps créancier personnel de tous les associés et de chacun d'eux en particulier. Cette société est la société ordinaire dans le commerce; elle forme le droit commun, elle se suppose aussi longtemps qu'il n'est pas clairement établi que les contractans ont voulu faire et ont fait réellement une société d'une nature différente.

La société en commandite s'offre avec un caractère mixte, sous le rapport de la responsabilité. Le personnel en est complexe. Elle se compose d'un ou de plusieurs associés solidairement et indéfiniment responsables, comme le sont les membres d'une société en nom collectif, et en outre d'un ou de plusieurs associés simples bailleurs de fonds, qui s'engagent seulement à apporter une mise déterminée, et qui sont dégagés de toute responsabilité, lorsqu'ils ont effectué leur apport. Ces associés qui ne sont passibles des pertes et des dettes qu'à concurrence de leur mise, et que l'on appelle *commanditaires*, restent inconnus au public. La garantie des tiers consiste donc ici, dans la fortune entière des associés responsables à qui l'on donne le nom de *complimentaires* ou de *commandités*, et dans le montant des sommes apportées par les simples commanditaires.

La société anonyme enfin ne comprend que des bailleurs de fonds. Personne n'y est responsable solidairement. Chacun y apporte une mise déterminée, et n'est tenu des pertes et des dettes qu'à concurrence de sa mise. La garantie du public est donc ici tout entière dans le fonds social, dans le montant des apports. C'est ce qui a fait dire que la société anonyme n'est pas une association de personnes, mais une association de capitaux.

Avant le code de commerce, c'est-à-dire avant le 1er janvier 1808, les sociétés anonymes n'avaient point reçu la sanction de la loi. L'ordonnance de 1673 qui formait la législation antérieure au code ne consacrait que deux espèces de sociétés ; la société générale, la même que notre société en nom collectif, et la société en commandite (1).

Les commentateurs reconnaissaient cependant une troisième espèce de société qu'ils appelaient société *anonyme;* mais ce nom ne doit pas induire en erreur. La société qu'ils qualifiaient ainsi n'était pas autre que celle à laquelle le code de commerce donne le nom d'association en participation (2), qui en effet est anonyme en ce sens qu'elle n'a pas et ne peut avoir de raison ou signature sociale.

Toutefois les sociétés anonymes proprement dites, ou sociétés par actions, ne sont pas une création du code de commerce. En fait de conventions, les lois ne créent pas : elles régularisent ce que les besoins ou les convenances ont inventé. Avant le code, avant même l'ordonnance de 1673, de véritables sociétés anonymes avaient existé en France et dans d'autres pays. Toutes ces compagnies, qui se formèrent en si grand nombre pendant le cours du 17e siècle et une partie du 18e pour les voyages de long cours, étaient des sociétés par actions (3). Si la loi, si les jurisconsultes ne s'en occu-

(1) Ord. de 1673; titre IV, art. 1er.

(2) V. entr'autres *Jousse*, Commentaire sur l'ordonnance de 1673, titre IV. — *Pothier*, Traité du contrat de société, n. 61 - 53.

(3) Dans son *Dictionnaire du commerce*, au mot *compagnie*, *Savary* donne l'historique de 22 compagnies, créées en France

paient point, c'est, je pense, parce qu'elles appartenaient alors au droit public et non au droit privé.
Chacune d'elles faisait l'objet d'une espèce de traité

pour les voyages de long cours, depuis 1604 jusqu'à 1720.
Dans les clauses des statuts de la *Compagnie d'Occident*, établie
en 1717, je trouve l'article suivant : « Les actions sont regardées
»comme marchandises, et en cette qualité pourront être ven-
»dues, achetées et négociées ainsi que bon semblera aux pro-
»priétaires. » C'est bien là le caractère de nos sociétés par actions au porteur. — Du reste il s'était formé en France et surtout
en Angleterre de nombreuses compagnies, ayant un tout autre
objet que les voyages de long cours. Je ne puis résister au désir
de citer un passage du *Dictionnaire du commerce* de Savary qui,
lu aujourd'hui, ne laisse pas d'être assez piquant : « On ne peut
»s'empêcher de remarquer que le goût des compagnies et des
»actions avait tellement fait des progrès en Angleterre, depuis les
»fortunes immenses que les actionnaires de la compagnie du Sud
»semblaient y avoir faite, que tout y était devenu propre à former
»des compagnies. Voici les plus considérables de celles dont on
»y a ouvert des registres pour recevoir les souscriptions.
    »La compagnie de la mutuelle assurance.
    »La nouvelle compagnie d'Afrique.
    »La compagnie pour acheter les effets de ceux qui ont fait
»banqueroute.
    »La compagnie pour la pêche britannique.
    »La compagnie des lames d'épées.
    »Enfin, pour faire voir jusqu'où a été poussée cette manie,
»une compagnie pour assurer les maisons contre les accidens du
»feu ; et une autre pour assurer la vie des personnes.
    »Si on ne l'avait vu de ses yeux, on ne croirait jamais que tant
»de visions eussent pu entrer dans l'esprit d'une nation si éclairée
»sur ses intérêts et qui connaît si bien les fondemens d'un bon et
»solide commerce. »
    Ce passage me semble remarquable d'abord en ce que la fièvre
des actions n'est pas une maladie nouvelle ; ensuite parce que l'on

entre le gouvernement et ceux qui l'établissaient, de sorte que les conditions de son existence se trouvaient réglées par le traité même, par la charte qui la constituait. La politique, le désir d'étendre au loin la domination nationale présidaient toujours à la formation de ces sociétés. Aussi le gouvernement ne manquait-il jamais de leur concéder le privilége exclusif d'exploiter le genre de commerce qu'elles avaient pour objet ; il y ajoutait d'autres avantages proportionnés à l'intérêt qu'il croyait avoir à ce que la compagnie atteignit le but proposé.

La révolution française, hostile à toute espèce de priviléges, confondit d'abord les sociétés anonymes avec les faveurs exclusives dont elles avaient toujours été dotées, et elle en prononça l'abolition (1). Plus tard on les rétablit, purement et simplement (2); mais on ne détermina ni leur nature ni leurs effets. Chacune d'elles n'avait pour règles que ses propres statuts et les conditions que le gouvernement mettait à son autorisation.

Le code de commerce vint enfin et consacra quelques dispositions, formula quelques principes sur les sociétés anonymes. C'était une heureuse innovation, mais elle fut timide comme le sont en général les innovations. Cette partie du code est évidemment incomplète, insuffisante,

y voit que certaines applications des sociétés anonymes regardées aujourd'hui comme extrêmement utiles, passaient à leur origine, aux yeux d'hommes éclairés, pour de pures visions. C'est ainsi, par exemple, que Savary considérait les compagnies d'assurances contre incendies.

(1) Loi du 30 brumaire an iv.
(2) Loi du 26 germinal an xi.

sans proportion avec l'importance des vastes associations qu'elle est appelée à régir. Presque tout y est abandonné aux statuts, et à la discrétion du gouvernement qui les approuve. En cela, on a sacrifié au régime qui existait antérieurement. C'est beaucoup néanmoins d'avoir consacré l'intervention de la loi dans une matière où tout était arbitraire. Le moment n'est peut-être pas éloigné où l'on sentira le besoin de donner plus de force et d'étendue à cette intervention, en restreignant le cercle dans lequel se débattent les prétentions des fondateurs de toute société anonyme et les exigences du gouvernement dont l'autorisation est demandée.

La nécessité de cette autorisation supplée aujourd'hui à l'insuffisance des prescriptions de la loi. Le gouvernement, maître de refuser son approbation, peut y mettre des conditions. Il peut déterminer d'avance les clauses garantissantes que les statuts devront renfermer pour être approuvés. C'est ce qui a été fait en France par des instructions ministérielles. Chez nous, un projet d'arrêté royal sur le même objet a été élaboré et soumis à l'examen des chambres de commerce, mais n'a pas encore été sanctionné. Il formera le complément du code de commerce sur cet important sujet.

Abordons maintenant de plus près l'examen des sociétés anonymes.

Dans l'appréciation que l'on veut faire de ces associations et du degré de faveur qu'il convient de leur accorder, il est une considération qui domine selon moi tout le sujet, qui circonscrit la question dans ses véritables termes, et que l'on ne peut négliger sans se jeter dans des débats sans fin.

Aujourd'hui, et surtout en Belgique, tout problème

social doit d'abord être rapproché de la grande idée qui forme le symbole politique, de notre époque, et qui est l'ame de notre constitution, celle de la liberté. Une solution qui serait en contradiction avec cette idée, ne saurait être une solution juste.

C'est de ce point de vue aussi que la question des sociétés anonymes doit être envisagée avant tout.

Tous ceux qui, comme nous, adoptent franchement le principe de la liberté pour tous, doivent se sentir portés à opposer une espèce de fin de non recevoir aux attaques dirigées contre les sociétés anonymes et à prendre leur défense, sinon pour elles-mêmes, du moins pour l'honneur du principe. — Ces sociétés ne sont-elles pas une des mille manifestations de la libre activité de l'homme? Ne sont-elles pas une application toute naturelle de la liberté d'association consacrée par notre constitution? Si cela est, de quoi sert-il d'en rechercher péniblement les inconvéniens et d'en dissimuler les avantages? Qu'espère-t-on d'un pareil labeur et quelle conclusion pratique peut-on en tirer? Les dangers des sociétés anonymes fussent-ils plus grands encore, ne sauraient être une raison de les exclure de la loi commune; c'est à nous à employer toute notre prudence pour nous en préserver. Dès qu'elles sont placées sous la sauve-garde de la liberté, ces associations ont droit à l'existence et elles existeront quoi qu'on dise et qu'on fasse, car elles sont une nécessité légale. Dans ce système, l'autorisation royale à laquelle on les soumet encore, n'est qu'une entrave qui ne se concilie pas avec l'esprit de nos institutions, une anomalie qu'il faut faire disparaître au plus tôt. En attendant, le gouvernement devrait laisser reposer cette arme, restée par oubli entre ses mains, et ne pas refuser une autorisation dont on saurait bien se passer.

—Ces idées peuvent d'abord paraître plausibles; mais la réflexion montre bientôt qu'elles sont une fausse application d'un principe vrai, et que la cause des sociétés anonymes n'est nullement celle de la liberté.

La raison en est que les sociétés anonymes ne sont pas de droit commun, mais de droit exceptionnel. Elles ne sont pas sous la tutelle de la loi commune, en ce qu'elles se placent elles-mêmes en dehors de cette loi. Si elles existent, ce n'est point parce que le principe de la liberté le veut; c'est au contraire parce que des raisons d'utilité semblent demander qu'il soit fait exception à ce principe, en tolérant des associations qui ne se soumettent point aux charges et à la responsabilité qu'entraîne la jouissance de la liberté.

Cette assertion est facile à justifier.

En droit commun, tout débiteur est tenu d'acquitter ses engagemens sur tous ses biens présens et à venir : sa fortune entière est le gage de ses créanciers (1). La circonstance que des engagemens ont été contractés par plusieurs en société, ne modifie pas cette responsabilité. Elle lui donne même plus de force dans les affaires de commerce. En effet, la solidarité qui, dans les matières civiles, ne se présume pas, est au contraire la règle dans les affaires commerciales : toute obligation contractée par plusieurs est solidaire, telle est la coutume constante du commerce (2). Delà vient que dans

(1) Code civil, art. 2092 et 2093.
(2) La doctrine et la jurisprudence s'accordent sur ce point. Voyez particulièrement FRÉMERY, *Études du droit commercial;* chap. III.

les sociétés commerciales ordinaires, tous les associés sont tenus solidairement des dettes sociales.

Rapprochons de ces principes la condition des actionnaires d'une société anonyme. Pour eux, point de solidarité, et ils échappent sous ce rapport à la loi générale du commerce. Il y a plus : ils sont même affranchis de la responsabilité établie par la loi civile. Dans les sociétés étrangères au commerce, les associés ne sont pas solidaires, il est vrai, mais quand un engagement a été contracté pour le compte de la société et en vertu des pouvoirs qu'elle a conférés, chaque associé en est tenu pour sa part, et la somme à laquelle cette part peut s'élever est indéfinie; elle ne se restreint pas au montant de la mise, elle s'étend selon que le passif social est plus considérable (1). Dans les sociétés anonymes au contraire, chaque actionnaire n'est tenu qu'à concurrence de sa mise; il ne peut être poursuivi au-delà, quelles que soient les dettes de la société. Ainsi, en cas de faillite d'une société anonyme, les créanciers ne sont pas payés, et ceux qui ont fait partie de l'association, qui se sont partagé les bénéfices antérieurs, conservent intactes et leur fortune et leur liberté personnelle.

. Evidemment les sociétés anonymes sont une exception au droit commun. Ce qu'elles demandent, ce n'est pas la liberté accordée à tous; c'est un privilége qui n'est accordé à personne.

S'il en est ainsi, pourquoi les tolérer? pourquoi ne pas en purger notre législation ?

C'est que ces sociétés, quand elles sont bien organisées

(1) Code civil, art. 1863 et 1864.

et appliquées avec discernement, offrent des avantages
dont on aurait tort de se priver. Elles remplissent alors,
dans le mécanisme social, un office qu'aucune autre
combinaison ne saurait accomplir, et payent par des
services importans le privilége qui leur est concédé.
Sans elles, il est, comme on le verra bientôt, des
entreprises utiles qui ne seraient point exécutées ou
qui le seraient moins bien. Appliquées à des entreprises
de cette espèce, elles sont en outre un moyen ingénieux
de tirer du capital national tout le parti possible, d'en
utiliser les moindres parcelles, de n'en laisser jamais
reposer aucune partie. Après que les efforts individuels
ont exprimé de ce capital tout ce qu'ils peuvent en
attendre, les sociétés anonymes viennent le pressurer
encore et réussissent à en faire sortir assez de substance
pour alimenter des travaux dont la nation retire le
plus grand fruit. Ce que ces associations ont de propre
est en effet d'appeler par l'appât des bénéfices une foule
de petits capitaux appartenant souvent à des personnes
étrangères aux affaires, dont chacun est trop faible
pour opérer isolément, dont la plupart resteraient
oisifs, de les concentrer en une masse qui excède de
beaucoup les forces des particuliers les plus riches, et
qui rendra possible l'exécution des plus grandes choses.
Elles sont peut-être un moyen de remédier à ce que
pourrait avoir de désavantageux sous le rapport économique l'extrême morcellement des fortunes ; résultat
de nos institutions. La transmissibilité des actions
permet en outre aux capitaux momentanément oisifs
de venir s'employer dans les opérations que la société
a pour objet, et de s'en retirer ensuite, pour y être
immédiatement remplacés par d'autres capitaux que le

mouvement des affaires laisse actuellement inactifs.
Ainsi de grandes et utiles entreprises pourront être
exécutées à l'aide de parcelles du capital national que
leur exiguité laisserait sans application, et par le secours
que d'autres parties plus considérables viendront leur
prêter, pour ainsi dire, à temps perdu.

Un autre avantage de ce mode d'association est de
répartir entre un très-grand nombre des chances qui
autrement pèseraient de tout leur poids sur quelques-
uns qu'elles écraseraient souvent. Cela me paraît être
l'idée mère des sociétés anonymes. Ainsi, une entreprise est à exécuter. Trois individus, je suppose,
pourraient former une société en nom collectif dont
cette entreprise serait l'objet. Ces trois associés répondent des engagemens sociaux d'une manière indéfinie, en ce sens qu'ils en sont tenus sur leur fortune
entière; mais cette fortune a cependant ses bornes. Si
chaque associé a un avoir d'un million, la garantie
réelle du public n'est, en définitive, que de trois millions.
C'est là tout ce que les tiers peuvent saisir, et par cette
saisie, ils consomment la ruine des trois associés. Supposez maintenant que pour la même entreprise il s'éta-
blisse une société anonyme au capital de trois millions
divisé en 3,000 actions de mille francs. La garantie
réelle, le gage du public est le même que dans le cas
précédent; mais comme ce gage est fourni par plusieurs
milliers de personnes, il pourra être saisi par les créanciers, sans que la fortune d'aucune d'elles en soit ébranlée.
Il y a là une sorte d'assurance mutuelle. Le point important est que le capital annoncé soit en rapport avec
l'étendue de l'entreprise, et surtout qu'il existe véritablement.

Ajoutons néanmoins que la réalité et la suffisance présumée du capital ne sont pas une raison de prétendre que les sociétés anonymes ne jouissent d'aucun privilége. Une foule d'accidens peuvent les faire faillir et alors les actionnaires n'acquitteront pas des dettes qu'il leur serait cependant possible de payer sur leurs biens personnels. C'est là que le privilége se trouve. Quant aux associés en nom collectif, il faut qu'ils abandonnent tous leurs biens; c'est tout ce qu'ils peuvent faire et il n'y a pas de privilége à ne point exiger d'eux l'impossible.

Nous avons indiqué les principaux avantages que les sociétés anonymes peuvent présenter et qui s'opposent à ce qu'on les exclue de notre législation. Mais ces avantages ne sont pas une suite naturelle et nécessaire de toute société de ce genre. Ils dépendent de certaines conditions de fait, indispensables, et qui pourtant peuvent souvent ne pas exister. En l'absence de ces conditions, les sociétés anonymes, non-seulement seront dépourvues d'utilité, mais deviendront dangereuses et funestes. Il n'est pas étonnant que l'on ait tant écrit pour et contre ces associations. Il est peu de choses en effet, dont il soit possible de dire autant de bien comme autant de mal. Ce sont vraiment les langues d'Esope. Supposez-les organisées de manière à donner les garanties suffisantes, appliquées à des entreprises auxquelles elles soient propres, et vous pourrez en faire le plus bel éloge, et vous pourrez justifier cet éloge par de nombreux exemples. Placez-vous dans la supposition contraire, et il n'est pas d'attaques si violentes, de reproches si amers, de craintes si vives, qui ne puissent s'appuyer sur le raisonnement et sur les faits.

C'est que les sociétés anonymes ne sauraient étré appréciées en elles-mêmes et d'une manière absolue; mais seulement dans un sens relatif, eu égard aux circonstances dans lesquelles elles se constituent et à l'application particulière que l'on en fait.

Puisque ces associations peuvent être tantôt un bien, tantôt un mal, selon les conditions de fait dans lesquelles elles se forment, on ne peut nier qu'il ne soit *utile* de soumettre les statuts de chacune d'elles à l'investigation de la puissance publique, avant qu'il leur soit permis de se constituer.

Et puisqu'elles sortent du droit commun, puisqu'elles veulent jouir d'un privilége, on ne peut nier qu'il ne soit *légitime* de les astreindre à la nécessité de l'autorisation. La nation a le droit de leur demander compte des garanties réelles qu'elles se proposent de mettre à la place de la responsabilité personnelle à laquelle elles échappent; elle a le droit ¡de leur demander quels avantages elles lui procureront en échange du privilége qu'elles réclament.

J'ai insisté sur ces considérations, parce qu'elles montrent la véritable position des sociétés anonymes vis-à-vis de la loi, vis-à-vis de la grande société et du gouvernement qui la représente. Je le répète, elles existent, non point comme des émanations de la loi commune que l'on doive respecter *quand même* et quels que soient leurs avantages ou leurs inconvéniens, mais comme des exceptions à cette loi commune, que l'on tolère quand elles sont reconnues avantageuses au public, mais que l'on repousse lorsqu'elles ne peuvent se justifier par le principe de l'utilité.

La nécessité et la légitimité de l'autorisation publique

ressort aussi de ces prémisses. La disposition du code de commerce qui exige cette autorisation n'est point, comme on l'a prétendu (1), abolie par l'article de la constitution qui consacre le droit d'association et l'affranchit de toute mesure préventive. L'autorisation royale n'est pas préventive à l'exercice du droit d'association, mais préventive au privilége de ne pas répondre personnellement de ses dettes : or, ce privilége, ce n'est point la constitution, c'est la loi secondaire qui l'accorde, et elle peut certes prescrire les conditions auxquelles elle entend l'octroyer.

Enfin, la position du gouvernement se dessine nettement, du point de vue où nous nous sommes placés. Puisque les sociétés anonymes sont des exceptions au droit commun, elles ne devront être autorisées qu'avec une grande réserve. Le gouvernement, dans l'exercice du pouvoir qui lui est confié, pourra bien mériter le reproche de partialité, de faiblesse, de légèreté; mais quelle que soit sa sévérité, on ne saurait l'accuser d'avoir par ses refus, ou par les conditions mises à son consentement, agi contrairement à l'esprit de liberté de nos institutions.

Cette sévérité doit cependant être éclairée et exercée avec discernement. Quels sont les principes d'après lesquels le gouvernement se dirigera? En d'autres termes, dans quels cas et sous quelles conditions les sociétés anonymes méritent-elles approbation? quand au contraire doivent-elles être réprouvées? Il me semble

_____

(1) Dans la séance de la Chambre des représentans du 20 janvier 1835 (*Moniteur* du 21 janvier 1835). Plusieurs chambres de commerce ont émis la même opinion.

que c'est là le véritable point de la question. Puisque ces associations sont tantôt un bien, tantôt un mal, selon les circonstances dans lesquelles elles se forment, le seul moyen d'arriver à un résultat est d'étudier ces circonstances qui ont la puissance de rendre avantageuses ou funestes les sociétés auxquelles elles s'attachent.

Sans doute, il ne faut point penser à épuiser un pareil sujet, et à déterminer toutes les éventualités. Chaque société nouvelle présentera des faits imprévus et qui auront besoin d'être appréciés. Néanmoins il est possible de poser quelques principes généraux, sauf à tenir compte ensuite des circonstances particulières à chaque cas.

Toute société anonyme doit, je pense, être examinée sous un triple rapport : quant aux intérêts, ou plutôt quant aux droits des tiers qui contractent avec la société; quant à l'intérêt public; enfin quant aux intérêts des associés, ou actionnaires eux-mêmes.

Je place en première ligne, et avant l'intérêt public lui-même, les droits des tiers. Ce qui est juste d'abord, ce qui est utile ensuite, tel est l'ordre naturel.

Puisque les membres de la société anonyme échappent, en vertu de leur privilége, à la responsabilité solidaire, il faut que la garantie personnelle qui manque ici aux tiers, soit suppléée par une garantie réelle, celle du fonds social. Les créanciers n'ont point à compter sur la solvabilité des associés, ils doivent pouvoir compter sur la solvabilité du capital. Dès lors point de société anonyme, à moins qu'elle ne présente un capital proportionné à l'étendue de l'entreprise, et suffisant pour répondre de tous les engagemens et de toutes les éventualités qu'il est possible de prévoir. Sans cela où serait, je le demande, le gage des créanciers ? La société ne serait plus qu'une banqueroute organisée et préméditée de longue main.

C'est sur ce point que doit se porter avant tout l'attention du gouvernement : il ne saurait se montrer ici ni trop vigilant, ni trop sévère. C'est pour cela que la loi lui confie le pouvoir dont il est investi. Le premier de ses devoirs est donc de rechercher si le capital annoncé est proportionné à l'entreprise, si ce capital existe ou doit exister réellement, si les rapports, en immeubles ou en marchandises, n'ont pas été évalués trop haut, enfin de ne point se faire faute de vérifications et d'expertises. Si ses investigations ne le conduisent pas à une complète sécurité sous ce rapport, il doit refuser impitoyablement son autorisation, sans s'occuper aucunement des avantages de l'entreprise que la société avait pour objet.

L'existence d'un capital, assez fort pour répondre constamment des engagemens de la société, est tellement réclamée par la raison et l'équité, que des hommes de talent, des auteurs même dont le nom fait autorité en jurisprudence, ont soutenu que toute société anonyme qui ne présente pas cette garantie, demeure sous la loi commune de la responsabilité personnelle et solidaire, malgré l'autorisation royale qui en a permis l'établissement. Elle ne jouit, selon eux, de son privilége qu'à condition de ne point faillir. La faillite de la société, ont-ils dit, prouve l'insuffisance du gage; elle prouve que la condition sous laquelle seulement le privilége de l'irresponsabilité a pu être accordé, n'a pas été remplie; elle prouve enfin que l'autorisation du gouvernement a été surprise : les actionnaires doivent dès-lors retomber sous la loi commune de la responsabilité solidaire et par corps, dans toute la rigueur du droit commercial (1).

Cette opinion, qui peut être fondée en raison, n'est pas selon moi conforme aux dispositions du code de commerce. Lorsque la société anonyme a rempli les conditions prescrites par la loi, lorsqu'elle a obtenu l'autorisation royale, elle jouit du privilége de l'irresponsabilité personnelle (2). Mais ce qui est vrai, ce que la doctrine dont je viens de parler confirme encore, c'est que le gouvernement ne peut, sans commettre la plus grande faute, approuver la formation d'une société anonyme, lorsqu'il n'a pas la certitude que cette société possède un capital réel, proportionné à l'entreprise à laquelle elle veut se livrer.

Non-seulement il faut que le capital reconnu suffisant existe au commencement des opérations; mais il est nécessaire qu'il se maintienne pendant toute la durée de la société. Dès l'instant où il se trouverait réduit, la raison qui a fait autoriser la société cesserait et elle devrait immédiatement se dissoudre. Il faut que les statuts offrent des garanties à cet égard. Une retenue

(1) Cette doctrine a été défendue avec assez de force dans deux articles du *Journal du commerce* de Paris, des 15 et 16 mai 1817. Elle a pris de l'importance en passant dans l'un de nos plus graves recueils de jurisprudence. Sirey l'a faite sienne, en quelque sorte, en reproduisant dans son *Recueil des lois et arrêts* (xvii. 2. 213.) les articles du *Journal du commerce*, et en les faisant précéder d'une annotation où il en donne un résumé comme un point de doctrine.

(2) Voyez sur ce point Vincens, *Législation commerciale*, tom. 1, pag. 339 - 345.

7

devra être faite sur les bénéfices pour former un fonds
de réserve; lorsque ce fonds sera épuisé et le capital
primitif entamé, aucun partage de dividendes ne
pourra se faire qu'après le rétablissement du capital;
enfin, si, malgré ces précautions, le capital venait à
être diminué d'une certaine quotité qui devra être déterminée, la dissolution de la société aura lieu nécessairement.

Il faut que le capital soit et reste proportionné à l'entreprise. En conséquence, l'étendue de cette entreprise
devra être nettement définie. La société ne pourra se
livrer à de nouvelles opérations, sans obtenir de nouveau l'autorisation et sans augmenter son capital.

Telles sont les principales conditions que toute société
anonyme doit réunir, pour que les droits des créanciers
soient convenablement garantis. Ces conditions forment
ordinairement l'objet des instructions ou arrêtés, par
lesquels le gouvernement règle la manière dont l'autorisation royale pourra être demandée et obtenue. Je
les crois assez importantes pour être consacrées par la
loi, si un jour cette partie de la législation venait à
être revisée. Sans doute le gouvernement seul peut
apprécier, dans chaque cas particulier, le mérite et
l'opportunité de l'entreprise projetée; lui seul peut fixer
la somme à laquelle le capital devra s'élever; mais cette
somme une fois déterminée, c'est à la loi à assurer la
conservation du capital, seul gage des créanciers. Il
s'agit ici de l'exécution des contrats, de l'accomplissement des obligations, et cette matière me paraît tomber
exclusivement sous l'action de la loi. Il n'est point d'ailleurs question d'apprécier des circonstances de fait,
variables de leur nature; mais bien de porter des dis-

positions générales déterminant les conditions que toute
société anonyme doit nécessairement remplir, et dont
aucune considération ne saurait la dispenser. Il n'y a
donc là aucune entrave à l'action législative. La loi a
bien cru devoir ordonner que les statuts de la société
anonyme soient rédigés en forme authentique, qu'ils
soient enregistrés et affichés en entier : est-il moins
important d'exiger la formation d'un fonds de réserve,
de défendre toute distribution de prétendus bénéfices,
lorsque le capital est entamé, de prononcer la dissolution de la société, lorsque l'unique gage des créanciers
est réduit au dessous d'une certaine quotité, ou lorsque la société, sans nouvelle mise de fonds, se livre à
des opérations auxquelles elle n'avait pas été autorisée ?

Nous avons envisagé les sociétés anonymes dans leurs
rapports avec les droits des tiers, et à cet égard notre
examen a dû porter sur la seule garantie qu'elles offrent
au public, celle du capital social. Lorsque cette garantie
est imparfaite, toute recherche ultérieure devient inutile : la société doit être réprouvée. Lorsque le capital
est reconnu suffisant ; lorsque les précautions sont prises
pour en assurer la conservation, alors on a à se
demander si la société anonyme qui veut se former se
concilie avec l'intérêt public d'abord, et ensuite avec
l'intérêt des actionnaires.

C'est par la nature de l'entreprise à laquelle la société
veut se livrer que ce double intérêt peut être affecté,
et il n'est pas inutile de faire remarquer qu'il peut
l'être en sens opposé. Une société anonyme, à raison
de l'entreprise qu'elle a pour objet, peut être utile au
pays, et préjudiciable aux actionnaires; elle peut aussi
donner aux actionnaires des bénéfices considérables, et
compromettre l'intérêt général.

Il est donc nécessaire de distinguer ici l'intérêt public et l'intérêt privé des membres de l'association.

Quelles sont, sous un point de vue général, les entreprises auxquelles les sociétés anonymes conviennent particuliérement, à raison de leur nature, et auxquelles l'intérêt public demandent qu'elles se livrent?

Pour répondre à cette question, on doit, ce me semble, analyser la société anonyme et rechercher les caractères par lesquels elle se distingue, soit des autres sociétés, soit des entrepreneurs particuliers. Cette analyse peut seule nous montrer quelles sont les opérations pour lesquelles cette espèce de société a des avantages et des facilités qui n'appartiennent qu'à elle seule.

La particularité que l'on remarque d'abord dans les sociétés anonymes, c'est la force du capital dont elles disposent et qui peut s'étendre presque indéfiniment. Sous ce rapport, tout le monde conçoit que ce mode d'association convient aux grandes entreprises qui exèdent les forces des particuliers ; à celles surtout qui, étant simples dans leur but, ne peuvent pas se fractionner. De ce genre sont les constructions de grandes voies de communication qui ne sont pas exécutées par le gouvernement, les banques publiques : on peut, je crois, y joindre aujourd'hui les assurances maritimes ou terrestres, et dans certains cas l'exploitation des mines.

Mais je dois immédiatement ajouter que cette grande puissance de capital qui, dans certaines entreprises est un bien et même un instrument indispensable, peut, dans d'autres, devenir un mal sous le rapport de l'intérêt général. C'est ce qui aura lieu, lorsque l'entreprise appartiendra à une branche d'industrie déjà en pleine activité dans le pays, qui suffit à toutes les demandes, à tous les besoins, dont le débouché est restreint dans des bornes naturelles que l'on ne peut reculer. Dans ce cas, puisque le capital employé dans cette branche fournissait complètement à l'approvisionnement, le gros capital de la société anonyme venant subitement se jeter dans la même voie, amènera une production surabondante, un engorgement dans le débouché. L'équilibre sera rompu entre les différentes branches d'industrie. L'encombrement qui se manifestera dans un genre, aura pour résultat infaillible la dépréciation du produit et le découragement de la production, ce qui est toujours un grand mal. Une baisse de prix, provenant d'une diminution dans les frais de production, est la chose la plus désirable : les consommateurs y gagnent, sans que le producteur y perde. Mais une baisse de prix, qui n'est point précédée d'une diminution des frais de production, qui est l'effet de mauvaises combinaisons, qui a lieu au détriment du producteur et du capital, est toujours funeste et amène souvent des crises commerciales qui compromettent la fortune de toute une nation.

Dans un pareil cas, l'intérêt public demande évidemment que la société anonyme qui veut se former, et appliquer si mal une partie du capital national, ne soit point autorisée.

Il est presque inutile de faire remarquer que quelque soit le capital social, le danger que je viens de signaler n'existe pas, quand il s'agit d'une branche de production nouvelle, ou qui n'a donné lieu dans le pays qu'à de timides essais, ou bien de travaux et d'opérations qui ne doivent pas ajouter à la masse des produits déjà en circulation, comme les grandes constructions, les banques, les assurances.

Un autre caractère distinctif des sociétés anonymes, c'est que le capital dont elles disposent est formé par la réunion d'un grand nombre de petits capitaux, appartenant à des associés différens et qui ne répondent des pertes qu'à concurrence de leur mise. De là ce mode d'association sera un bien et méritera encouragement, dans l'intérêt public, lorsqu'il aura pour objet des entreprises qui exposent à des chances plus ou moins périlleuses, mais qui, en cas de réussite, doivent procurer des avantages au pays. C'est ainsi que dans l'origine les compagnies pour les voyages de long cours, ayant pour but d'établir des relations commerciales avec des pays nouveaux, furent infiniment utiles : cette utilité leur eût même fait obtenir grace aux yeux des économistes pour le privilége exclusif qui leur était accordé, s'il n'eût été que temporaire. Aujourd'hui, les sociétés anonymes peuvent encore, pour la même raison, être un moyen d'introduire dans le pays un genre de production dont les particuliers ne voudraient pas faire l'essai, s'ils devaient en courir toutes les chances et y exposer leur fortune entière. Enfin cette répartition des risques entre un très-grand nombre d'actionnaires, rend encore les sociétés anonymes propres aux opérations aléatoires, telles que les diverses espèces d'assurances. A cette occasion, qu'il me soit permis de citer un fait qui prouve que si, dans beaucoup de cas, des opérations qui étaient conduites avantageusement par des particuliers sont devenues ruineuses pour des compagnies, dans d'autres aussi, le phénomène contraire s'est présenté. Adam Smith (1) rapporte qu'avant qu'on eût établi à Londres les deux compagnies d'assurances qu'on y voyait de son temps, on avait présenté au procureur-général une liste de cent cinquante assureurs qui tous avaient failli dans le cours de quelques années.

Comme une grande partie du capital de la société anonyme est formé de petits capitaux, dont chacun séparément est trop faible pour alimenter une entreprise industrielle, et que leur exiguité même laisserait souvent sans emploi, cette circonstance est un avantage dans l'exécution de travaux utiles, mais qui n'appartiennent à aucune des branches de la production. Ces travaux pourront s'exécuter, sans que l'on doive retirer du commerce ou de l'industrie les capitaux qui y fonctionnent, ou du moins sans qu'on les mette à contribution autrement que pour une faible part.

Telles sont, je crois, et sans préjudice des développemens qu'une analyse plus parfaite pourrait donner à ces idées, telles sont les entreprises pour lesquelles les sociétés anonymes ont des propriétés particulières. Ainsi pratiquées, ces sociétés sont dans leur sphère naturelle. Si l'entreprise ne peut être exécutée, ou ne peut l'être convenablement que par elles, si d'ailleurs elle est opportune, à raison des circonstances de temps et de lieu, si les droits des tiers et les intérêts des actionnaires sont convenablement garantis, alors l'association peut être autorisée; car des raisons d'utilité publique militent en sa faveur, et justifient ou excusent le privilége qui lui est accordé. Que si, au contraire, ces raisons d'utilité publique n'existent pas, si les entre-

(1) *De la richesse des nations*, liv. 5, chap. 1er, part. 3, § 1.

prises auxquelles les sociétés anonymes veulent se livrer, peuvent être exécutées et le sont déjà par des
particuliers ou par des sociétés qui restent sous la loi
commune de la responsabilité, alors on ne voit guère
quels seraient les motifs pour faire exception à cette loi
commune, et pour octroyer un privilége que rien ne
rend nécessaire. Ces motifs ne sauraient se trouver dans
la garantie que l'étendue du capital semble offrir aux
tiers, ni dans les bénéfices que l'entreprise projetée
paraît promettre aux actionnaires : de ces deux avantages, le premier est purement négatif; le second n'est
que d'intérêt privé; enfin l'un et l'autre seraient également obtenus par le moyen des sociétés responsables.
Lorsqu'on peut atteindre un but en suivant la voie
directe et sûre, ouverte par la loi commune, on ne
comprend pas pourquoi l'on irait s'engager dans le
sentier détourné et dangereux du privilége.

Dans de pareilles circonstances, je crois donc que la
règle générale est que le gouvernement doit refuser
l'autorisation. Néanmoins cette règle, bien que générale, sera-t-elle absolue, inflexible, sans exception
possible? Ne faut-il pas faire la part des circonstances
que l'on ne peut prévoir? Lorsqu'une société anonyme,
ne présentant à la vérité aucun avantage dans l'intérêt
public, n'y sera cependant pas contraire, lorsque d'ailleurs elle offrira des garanties suffisantes aux tiers et
aux actionnaires, lorsqu'en outre elle promettra de
grands bénéfices à ces derniers, ne pourra-t-elle en
aucun cas être autorisée? Certes, je ne prendrai pas
sur moi de poser un principe aussi absolu, bien que je
conçoive difficilement les cas où il y aurait lieu de le
faire plier. J'en admets néanmoins la possibilité, mais

en maintenant que quand aucune raison d'utilité publique ne peut être alléguée, le gouvernement ne doit autoriser les sociétés anonymes que très-difficilement, avec la plus grande réserve, lorsque des motifs particuliers le demandent, et en redoublant de sévérité dans l'examen des garanties offertes aux tiers. Dans ces cas, comme la société ne se recommande que par les avantages qu'elle peut procurer aux actionnaires, il y a lieu de l'apprécier particulièrement et avec soin sous ce rapport.

L'intérêt des actionnaires, tel est aussi le troisième aspect sous lequel nous avons dit que les sociétés anonymes doivent, selon nous, être examinées. Sous ce rapport, il est nécessaire d'abord que les clauses des statuts concernant l'administration, la nomination et le renouvellement des directeurs, leur nombre et leurs émolumens, leurs pouvoirs et leur responsabilité, leurs rapports avec la société entière, la reddition des comptes, les assemblées générales, le droit d'y assister et d'y voter, la manière de constater la propriété des actions et de les transmettre, présentent aux actionnaires des garanties suffisantes.

Il faut ensuite que l'espèce d'entreprise à laquelle la société veut se livrer, soit de nature à pouvoir être exécutée par une société anonyme avec chance de succès.

Ici se rencontre un principe très-vrai et qui a souvent été développé.

De même que les pertes, les bénéfices de la société anonyme se répartissent entre un très-grand nombre; de sorte que chacun n'a qu'un assez faible intérêt à la réussite de l'entreprise. Il y a association de capitaux, et non de personnes; chaque actionnaire apporte sa mise et n'apporte que cela; il réserve pour lui et pour d'autres fins son intelligence, son habileté, toutes ses qualités personnelles. La gestion des affaires est abandonnée à des mandataires à temps, associés ou non, et qui, quoiqu'ils fassent, ne sauraient entièrement éloigner d'eux l'idée que le fruit des efforts pénibles auxquels ils se livreraient sera partagé entre des centaines ou des milliers d'actionnaires. C'est encore là un trait caractéristique de ce genre d'association, qui nous restait à signaler. N'attendez donc pas des sociétés anonymes le zèle et l'activité que l'on rencontre dans les particuliers, ou dans les sociétés responsables. Elles ne peuvent donner que ce qu'elles ont. De l'argent, beaucoup : de l'intelligence, fort peu. Voilà ce qui les distingue. On se ferait, je pense, une idée juste de la société anonyme en se la représentant comme un homme à la stature colossale, aux forces herculéennes, mais envers qui la nature se serait montrée aussi avare des dons de l'intelligence que prodigue des avantages physiques. Donnez à cet homme une tâche qui demande une grande puissance musculaire et une faible dépense d'esprit, il s'en acquittera à merveille. Mais si, sans vous inquiéter de son aptitude particulière, vous allez lui confier des opérations délicates qui exigent avant tout sagacité, adresse, habileté, et du reste assez peu de force physique, votre confiance sera inévitablement trompée. Ainsi, des sociétés anonymes. Propres aux entreprises dans lesquelles la puissance du capital est le principal et presque l'unique agent; le premier élement de succès, et dont les opérations simples ne réclament qu'une diligence très-ordinaire, elles ne conviennent

point à celles qui peuvent se passer d'un capital considérable, mais qui, dans leur exécution, ne sauraient
se passer d'intelligence, d'habileté, de connaissances
acquises par l'étude et l'expérience, et surtout de ce
zèle infatigable, de ces soins constans, de cette patience
à toute épreuve, de cet esprit d'économie, de cette
ardeur de perfectionnement enfin, que l'intérêt personnel peut seul inspirer.

Pour ces raisons, les sociétés anonymes peuvent convenir, sous le rapport de l'intérêt privé des actionnaires,
comme sous celui de l'intérêt général, aux entreprises
que nous avons précédemment signalées, c'est-à-dire,
aux opérations des banques publiques, aux assurances
maritimes ou terrestres, aux constructions de routes,
percemens de canaux, etc. Lorsqu'elles veulent concourir avec les particuliers dans l'exploitation des entreprises industrielles, elles entrent en lice avec un désavantage marqué. Leur infériorité est plus grande, selon
que les opérations à exécuter sont plus compliquées,
plus variées, qu'elles offrent plus d'imprévu, et se rapprochent d'avantage de l'art où tout est individuel ; elle
diminue selon que ces opérations se simplifient, et
tendent à se réduire à un retour périodique d'actes uniformes. Aussi, les entreprises industrielles dans lesquelles les sociétés anonymes paraissent avoir le plus de
chances de succès sont celles où le travail de l'homme
est presqu'entièrement remplacé par celui des machines.
Les machines, c'est le capital ; et le capital, c'est toute
la société anonyme. Je ne sais si je m'abuse, mais je
pense que là se trouve la loi qui doit présider à l'application graduelle des sociétés anonymes aux opérations
de l'industrie. Elles suivront dans cette direction les

progrès et les conquêtes de la mécanique; elles mar-
cheront à sa suite; mais malheur à elles si elles voulaient devancer cet art, et faire prématurément invasion
dans un domaine dont il ne leur aurait pas préparé
l'accès !

V. GODST.

POÉSIE.

Sonnet.

Tu ne sais pas pourquoi mon œil est triste et sombre,
Pourquoi mon front si pâle accuse mes tourmens,
Pourquoi mon pas tremblant semble rechercher l'ombre
Où je puisse cacher le trouble de mes sens?

Pourquoi la nuit de juin me paraît éternelle,
Pourquoi l'ardent soleil remplit mes yeux de pleurs,
Pourquoi je fuis craintive, ainsi que la gazelle,
Les plaisirs des heureux insultant mes douleurs?

C'est que, depuis l'instant où sa bouche cruelle
A d'autres prodigua son amour infidèle,
Mon bonheur disparut pour ne plus revenir.

C'est que, pour endurer le trait qu'en moi je porte,
Mon pauvre cœur n'est pas d'une trempe assez forte,
Et que de sa blessure il me faudra mourir.

Mme MAR.. KUN...

ANALYSE CRITIQUE.

Histoire du droit belgique contenant les institutions politiques et la législation de la Belgique, sous les Francs; par L. A. Warn- kœnig. Bruxelles, 1837, 1 vol. in-8°.

Ce que l'on a dit de la littérature, on peut avec autant et plus de raison le dire du droit : *il est l'expression de la société*, le reflet de la vie sociale et privée de chaque peuple et de chaque époque. Fait par la nation et pour la nation qu'il régit, il est nécessaire- ment l'application de ses idées et de ses croyances, de ses préju- gés en morale, en philosophie, en politique, en religion. Ayant pour mission de régler les rapports d'intérêt privé dans lesquels les hommes se placent volontairement, comme aussi de répri- mer l'abus qu'ils font de leur liberté, il ne manque jamais dé re- présenter fidèlement leurs mœurs, leurs habitudes, leur genre de vie, leurs passions dominantes, en un mot, toutes les formes sous lesquelles leur activité se produit. Aussi ne diffère-t-il. pas à son origine des *usages*, des *coutumes* du peuple : il grandit et se dé- veloppe à mesure que la sphère des idées s'étend, à mesure que les relations sociales se multiplient et se compliquent. Ces rela- tions, il ne les crée pas, il les subit : elles sont la matière obligée sur laquelle il opère, non pour les détruire ou les transformer, mais pour les régler, et les définir : il faut bien qu'il en soit l'ex- pression.

S'il en est ainsi, l'étude du droit ancien n'est pas seulement un acheminement nécessaire à la connaissance du droit nouveau ; on doit encore voir en elle le plus puissant auxiliaire de l'histoire. Cette vérité n'est peut-être pas assez sentie ; mais que l'on réflé- chisse à la liaison intime qui unit les lois et les mœurs, et l'on restera convaincu qu'il n'est guère possible d'arriver à l'intelli- gence nette, profonde et complète d'une époque, si l'on n'a soigneusement interrogé les coutumes et les lois qui la régissaient et les changemens qui y ont été apportés.

Etudier et mettre en lumière le droit et les institutions judiciaires de nos ancêtres, c'est donc apporter un contingent indispensable à la grande œuvre de notre histoire nationale.

D'utiles travaux ont déjà été faits dans ce genre. Plusieurs
mémoires de l'académie de Bruxelles, de la seconde moitié du
siècle dernier, se font remarquer par la profondeur des recherches et l'importance des résultats obtenus. Il est un livre surtout
que nous pouvons citer, c'est celui qu'a publié M. RAEPSAET, sous
le titre d'*Analyse historique et critique de l'origine et des progrès
des droits civils, politiques et religieux des Belges et des Gaulois*,
Gand, 1823; ouvrage d'une érudition prodigieuse, auquel la
France contemporaine qui nous accuse de ne savoir que contrefaire, n'a certes rien qu'elle puisse comparer sous le rapport de
la science. Qu'a-t-il manqué à ce livre pour valoir à son auteur
une célébrité, à laquelle de si fortes études semblaient lui donner
droit? Il lui a manqué plus d'art dans l'exécution, plus d'élégance
dans la forme; mais il lui a manqué surtout les faveurs du sort,
qui trop souvent font la fortune des livres, aussi bien que celle
des hommes :

« Et habent sua fata libelli. »

M. Warnkœnig publie aujourd'hui une Histoire du droit belgique sous les Francs, c'est-à-dire, pendant cette période d'environ cinq siècles qui suivit l'invasion des peuplades germaniques
dans la partie occidentale de l'empire romain, et qui précéda
l'établissement du régime féodal.

D'après le titre de ce livre, on s'attend à voir la Belgique y tenir la
première place, si toutefois elle ne le remplit pas tout entier. C'est
une erreur dont on est bientôt tiré par la seule inspection de la
table des matières; et que la lecture de l'ouvrage même finit par
dissiper entièrement. Des huit chapitres dont le volume se compose, deux seulement, et ce sont les plus courts, ont spécialement
rapport à la Belgique : l'un renferme la nomenclature des divisions géographiques et ethnographiques du pays, l'autre la nomenclature des évêchés et des couvens. Tout le reste traite de
l'état politique, des institutions des lois de l'Europe occidentale
et de l'état de la société ecclésiastique, dans les trois parties du
monde alors connu.

Je sais très-bien que. pendant le moyen âge, et surtout dans les premiers tems de l'invasion, une sorte d'uniformité de mœurs, d'institutions et de civilisation, ou si l'on veut de barbarie, s'étendit sur toutes les contrées occupées par les tribus germaines. Je sais également que l'on ne peut pas, pendant cette époque, isoler l'histoire du droit chez un peuple, de l'histoire du droit chez tous les autres peuples qui avaient avec le premier une commune origine. Mais il n'est pas moins vrai, comme le fait observer M. Warnkœnig lui-même dans son introduction, que *chaque pays présente cependant un caractère particulier*. Il me semble dès lors que celui qui s'impose, par le titre même de son livre, l'obligation d'écrire l'histoire spéciale d'un pays, doit s'attacher avant tout à faire ressortir ce caractère *particulier*, quelque pénible. quelque minutieux que soit le labeur auquel il doive s'astreindre.

. En présence de ces deux ordres de faits que nous offre le moyen âge, les uns généraux et communs à tous les pays qui ont subi l'invasion, les autres locaux et particuliers, il y a pour celui qui écrit l'histoire d'une nation, un double danger à éviter. S'il laisse absorber son attention par les faits spéciaux, par l'étude des documens particuliers qu'il trouve autour de lui, son œuvre sera incomplète, parce qu'elle sera trop rétrécie : c'est l'écueil contre lequel échouera souvent celui qui appartient à la nation dont il écrit l'histoire. Si, au contraire, il s'attache trop aux faits généraux, et ne s'inquiète pas assez des modifications que ces faits ont subies dans le pays dont il prétend s'occuper, son œuvre sera encore incomplète et manquée; parce qu'elle sera trop générale : c'est l'écueil à redouter pour l'écrivain qui n'est pas de la nation dont il se fait l'historien.

Je crains bien que M. Warnkœnig ne se soit pas assez prémuni contre ce second danger. Etranger à la Belgique, c'est à l'étranger aussi que s'est formée son éducation historique ; ce n'est point dans nos archives, dans nos bibliothèques qu'il a puisé ses premières idées sur le moyen âge ; ce n'est point l'amour de la patrie qui a pu lui inspirer le désir de mettre en relief nos mœurs et nos institutions nationales. Il était donc naturellement disposé à se laisser préoccuper par les faits généraux ; et quelle qu'ait pu être d'ailleurs sa volonté de tenir compte des faits particuliers au pays, il est permis de douter qu'il ait eu le temps de les rechercher et de les recueillir.

Il ne faut donc pas s'étonner si, en traçant l'histoire du droit belgique, c'est généralement sur les écrivains allemands et français qu'il s'appuie, si c'est chez eux qu'il va chercher ses autorités.

Il ne faut pas s'étonner davantage si, malgré le titre, son ouvrage n'est guère plus une histoire du droit belgique, qu'une histoire du droit de la Gaule, de la Hollande, d'une partie de l'Allemagne, de tous les pays, en un mot, sur lesquels s'étendait la domination des Francs.

Pour écarter ce reproche, on dirait vainement que les lois qui régissaient alors la Belgique n'étaient pas autres que celles auxquelles obéissaient les pays que je viens de citer : à l'exemple des auteurs allemands, M. Warnkœnig ne se renferme pas dans l'étude de la législation proprement dite ; il porte aussi son attention sur les mœurs, l'état social et politique, les institutions, la civilisation, et il est difficile d'admettre que ces faits fussent les mêmes dans toute l'étendue du vaste empire de Charlemagne. En supposant d'ailleurs qu'il en fût ainsi, on se demanderait encore pourquoi le livre est intitulé : *Histoire du droit belgique*, et non pas *Histoire du droit des pays soumis à la monarchie des Francs.*

Qu'importe, dira-t-on, si le travail est bien fait et s'il ne faut qu'en changer le titre pour le mettre à l'abri de tout reproche ? Je réponds que cela importe beaucoup à celui qui veut énoncer sur son contenu un jugement impartial. La critique doit toujours tenir compte du but que l'auteur s'est proposé. Si l'ouvrage de M. Warnkœnig, fidèle à son titre, s'occupait spécialement de la Belgique, si les faits particuliers à notre pays y tenaient la plus grande place ; si les faits généraux communs à toute la monarchie des Francs n'y figuraient que sur le second plan et afin de faire ressortir d'avantage les traits originaux de notre nationalité naissante, alors on n'aurait pas le droit de se montrer exigeant sur cette dernière partie de son œuvre. On lui permettrait de s'en rapporter sur ce point aux recherches déjà faites par ses devanciers, parce qu'on saurait qu'il réserve toutes ses forces et

8

toute son érudition propre pour ce qui doit être l'objet spécial de son étude. Mais on conçoit que cette indulgence ne sera plus de saison, dès que l'histoire générale du droit sous les Francs formera le sujet essentiel de l'ouvrage. La critique reprend alors tous ses droits, et elle peut se permettre de demander à l'auteur ce qu'il a ajouté aux travaux déjà faits et quelles sont les découvertes dont il a enrichi la science.

C'est la question que j'ai dû me poser après avoir lu le livre de M. Warnkœnig, qu'il m'est impossible de considérer autrement que comme une histoire du droit commun à tous les peuples soumis à la domination des Francs. Je puis me tromper, mais je crois qu'on y trouvera bien peu de faits qui n'aient pas déjà été recueillis, bien peu de vues qui n'aient pas été présentées, bien peu de conjectures qui n'aient pas été proposées dans les ouvrages allemands et français dont l'auteur s'est entouré.

Est-ce à dire que l'œuvre que nous annonçons soit sans mérite et surtout sans utilité? Non, sans doute. L'auteur possède de vastes connaissances bibliographiques dont il sait tirer bon parti. Parfaitement initié à la littérature du sujet qu'il traite, il n'est étranger à rien de ce qui a été écrit, soit sur l'ensemble de la matière, soit sur chacune de ses parties. Les découvertes les plus récentes, les doctrines les plus nouvelles lui sont connues et il prend à cœur de vous les faire connaître. Son livre est un travail d'éclectisme qui expose fidèlement le dernier état de la science. Comme il ne manque jamais de citer les documens sur lesquels il s'appuie, le lecteur apprend, à peu de frais, à connaître un grand nombre d'auteurs anciens et modernes et trouve dans ces notions littéraires à la fois instruction et agrément. Il y aurait sans doute plus de mérite à donner ses propres observations, ses propres idées, à faire avancer la science de quelques pas; mais il y a peut-être plus d'utilité à se faire rapporteur exact des travaux opérés, à propager la connaissance des faits recueillis, à mettre le public à même d'apprendre en peu de temps et sans recourir à une masse de volumes, tout ce que l'on sait sur un sujet donné.

Dans cette partie de l'histoire du droit moderne qu'il a entrepris de traiter, M. Warnkœnig adopte, avec raison, la méthode des écrivains allemands. Il ne se borne pas à exposer les sources du droit, il s'occupe aussi de l'état et de l'organisation de la société, des institutions politiques et judiciaires, de la composition de la population, des divisions territoriales et administratives, des mœurs, de la civilisation, de la religion. Cette manière large d'envisager l'histoire du droit est fondée en raison. Le droit est nécessairement le produit de tous les faits sociaux de chaque époque; on ne peut donc en écrire l'histoire ni en faire comprendre le vrai caractère, lorsqu'on l'isole de ces faits sociaux eux-mêmes.

Cette méthode a cependant aussi son danger. Elle exige dans celui qui la suit une certaine force de conception qui lui permette de dominer son sujet, d'en embrasser toutes les parties, de les coordonner habilement, de les faire toujours converger vers un centre commun, et de proportionner l'étendue de chacune d'elles à l'intimité de son rapport avec le sujet principal. sans cela l'auteur oubliera souvent qu'il écrit l'histoire du droit, il l'abandonnera pour s'égarer dans d'interminables digressions, il traitera pour elles-mêmes des matières qui ne devaient être considérées que dans leur rapport avec l'objet fondamental du livre; les faits accessoires viendront usurper la première place et dérober à la vue les faits principaux; il y aura enfin défaut de cohésion dans les parties, défaut d'harmonie et d'unité dans l'ensemble. C'est là un danger auquel M. Warnkœnig n'a certainement pas succombé, mais dont je ne puis dire cependant qu'il soit sorti sain et sauf. Je me contenterai de citer comme exemple le chapitre VI de son livre dans lequel il donne l'histoire assez détaillée de l'organisation de l'église, à partir de l'établissement du christianisme jusqu'à la fin de la période franque.

Dans le 1er chapitre, l'auteur indique les sources de l'histoire qu'il se propose de traiter, ainsi que les écrits dont elle a été l'objet en France, en Angleterre, en Allemagne et en Belgique. Il aurait pu ajouter à la liste des ouvrages français, le *Précis historique du droit français*, par l'abbé FLEURY. Nous avons été surpris de ne pas voir figurer parmi les ouvrages dus à la plume d'écrivains belges, *l'Histoire des Francs*, par M. MOKE, ainsi qu'une dissertation latine publiée en 1827, par M. J. A. VANDIEVOET,

De origine consuetudinum locolium regni nostri. Ce dernier mémoire, qui traite précisément le même sujet que l'ouvrage de M. Warnkœnig, ne méritait pas cet oubli : beaucoup de questions ardues y sont discutées et résolues avec talent.

... Le second chapitre est consacré au récit des évènemens politiques qui ont accompagné et suivi l'invasion des Germains, pendant toute la période franque. Ces faits sont trop connus pour que nous nous y arrêtions.

L'état politique de l'Europe occidentale, pendant cette période fait l'objet du chapitre III. Ici le sujet offre par lui-même un intérêt que l'auteur n'a pas assez fait sentir : il s'est borné à rapporter les faits, sans mêler à son exposé aucune des considérations qui en ressortent naturellement et qui auraient pu lui donner cette couleur et cette vie que l'on y cherchera en vain. Ce sont ces cinq siècles antérieurs à la féodalité qui ont fait dire depuis : *c'est la liberté qui est ancienne; c'est le despotisme qui est nouveau.* En effet, limitation du pouvoir des rois et des chefs, participation de tous les hommes libres à l'exercice de la puissance publique, réunions périodiques de ces mêmes hommes en assemblées générales et en assemblées partielles, droit appartenant à chacun d'être jugé par ses pairs, telles sont les institutions que nous voyons en action dans les premiers temps de notre histoire, institutions que la féodalité vint bientôt renverser, mais qui devaient se relever neuf siècles plus tard pour recevoir une solennelle consécration. Je crois que M. Warnkœnig, sans négliger le détail des faits, aurait dû s'élever au-dessus d'eux afin d'en saisir l'aspect général, les résumer fortement, mettre en saillie le caractère propre de cette époque, montrer comment elle différait de celle qui la suivit, et nous faire voir surtout comment ces institutions, si remarquables par le sentiment de liberté qui en était l'âme, recelaient cependant le germe du mal qui devait les détruire et qui, en se développant, donna naissance à la féodalité. Cette partie de son travail n'aurait par là rien perdu en vérité et aurait certes beaucoup gagné en intérêt.

Quoiqu'il en soit, l'auteur, adoptant à cet égard les idées émises par M. Guizot dans son cours d'histoire moderne, nous montre la société sous-divisée en une *triple société politique :* la société romaine, la société germanique et la société chrétienne. La première se rencontre dans plusieurs cités où s'était conservé le régime municipal des Romains. La population romaine se divisait en *Romani convivæ regis*, c'étaient les restes des familles illustres admis à la cour des rois ; *Romani possessores*, ou propriétaires fonciers ; *Romani tributarii*, c'étaient ceux qui payaient la capitation et dont la condition, dans les campagnes surtout, ne différait guère de celle des esclaves. Dans la société germanique, la grande division des personnes était en *hommes libres*, *affranchis et serfs*. Les premiers sont seuls capables d'avoir la vraie propriété ; ils prennent part aux délibérations publiques de la nation, commandent à l'armée leurs subordonnés ; ils ne peuvent être jugés que par leurs pairs ; enfin, ils ont le droit de guerre privée, c'est-à-dire, le droit de venger la mort de leurs proches et les injures faites à eux-mêmes. — Les affranchis sont exclus du droit de propriété foncière, mais non du droit de propriété mobilière. Enfin les serfs ne peuvent acquérir aucun genre de propriété.

Les hommes libres par naissance se trouvaient souvent néanmoins, relativement à d'autres, dans un certain état de subordination. On distinguait à cet égard les *letes* ou *latten*, qui cultivaient les terres des autres, moyennant certaines conditions, et étaient attachés à ces terres ; les *ministeriales*, astreints envers quelque autre homme libre et particulièrement envers les grands à certains services domestiques ; enfin les *vassaux*, qui avaient reçu un *bénéfice*, ordinairement en terres, sous condition de prêter leur assistance dans les expéditions militaires. Ces bénéfices, cet état de vasselage ne sont qu'indiqués dans le livre de M. Warnkœnig. Ils méritaient bien cependant quelques développemens, car ils furent, avec l'institution des guerres privées qui s'y rattachait intimement, l'un des principes de la féodalité.

Nous n'avons pas parlé de la *noblesse* ; c'est qu'en effet la noblesse telle que nous la connaissons n'existait pas alors. Elle fut l'ouvrage du régime féodal. Il ne manquait pas sans doute d'hommes jouissant d'une certaine supériorité due à leur courage, à leurs fonctions, à leurs relations de famille ; on les appelait *optimates, proceres, principes*, et quelquefois *nobiles* ; mais cette sorte de noblesse n'était qu'une distinction personnelle, qui ne conférait aucun privilége et ne constituait pas une caste séparée.

Après l'état des personnes, l'auteur passe à celui des terres et de la propriété, en faisant observer que cette matière est loin d'être suffisamment éclairoie et qu'on attend encore un bon ouvrage qui la mette dans tout son jour. On a déjà vu que les terres étaient la propriété exclusive des hommes libres; les esclaves et les affranchis ne pouvaient que cultiver les terres d'autrui. Beaucoup d'hommes libres étaient par le fait astreints à la même nécessité; ils formaient la classe des *lètes* que nous avons mentionnée plus haut.

Il résultait de cet état de choses que le propriétaire foncier avait sur son domaine une population souvent nombreuse, qui lui était unie par des liens particuliers, en même temps qu'elle se trouvait attachée au sol qu'elle cultivait. M. Warnkœnig néglige de faire observer que ce fut encore là un des germes du régime féodal, car le propre de ce régime fut d'immobiliser, de rattacher au sol des rapports qui d'abord n'avaient été que personnels.

Le domaine du propriétaire foncier s'appelait tantôt *mansus* (manoir), tantôt *curtis*, tantôt *villa*, probablement selon l'étendue des possessions qui en dépendaient. Dans les domaines de quelque importance, l'administration était organisée d'une manière régulière et dirigée par des officiers ou chefs du service. On distinguait parmi eux le *villicus* ou *major* (mayeur), le *decanus* (doyen) le *scultetus* (écoutète), le *prepositus* (prévôt), enfin le *balivus* ou bailli qui dirigeait l'administration et jugeait les contestations. Ce fut là l'origine des justices seigneuriales.

M. Warnkœnig s'occupe ensuite du gouvernement sous les Francs. Il détermine, autant qu'il est possible de le faire, les attributions du *Roi*, des *Ducs* (*Duces*) ou chefs de tribus; du *Missus* ou *envoyé*, officier créé par Charlemagne pour inspecter les provinces de son vaste empire, enfin des *comtes*, chargés de diriger l'administration dans les circonscriptions territoriales appelées *pagi*. Mais le principe actif du gouvernement se trouvait dans les assemblées des hommes libres, nommés *placita*, ou *plaids*. Il y avait deux espèces de plaids : les plaids nationaux qui réunissaient toute la nation, et dans lesquels on traitait de la paix et de la guerre, des alliances avec les étrangers, et où l'on exerçait la haute justice, et les plaids particuliers de chaque *pagus*. Ces derniers étaient présidés par le *comte*. On y délibérait sur les affaires particulières au *pagus* et l'on y rendait la justice. Dans le principe tous les hommes libres devaient se rendre aux plaids, chaque fois qu'ils y étaient appelés : dans leurs fonctions ils portaient le titre de *boni homines*, ou de *Rachimbourgs*. Charlemagne fixa à trois par année le nombre des plaids auxquels on était tenu d'assister. Plus tard, les hommes libres furent entièrement dispensés de cette obligation et remplacés dans les plaids par des députés que l'on appela en latin *scavini* ou *scabini*, *schoeffen* en langue germanique, et en français *eschevins*. Le nombre des échevins était ordinairement de douze dans chaque *pagus*; il fallait la présence de sept d'entr'eux pour qu'une condamnation pût être portée.

Tel est le résumé du troisième chapitre. Le quatrième intitulé : *la Belgique sous la période franque*, indique les parties de la Belgique qui étaient situées respectivement dans chacune des deux grandes divisions politiques du royaume des Francs, l'Austrasie et la Neustrie. Il donne ensuite l'énumération des *pagi* de la Belgique, et se termine par l'indication des villes et des endroits notables de notre pays sous la période franque.

Le chapitre V a pour objet les sources du droit. Sous les Francs, le droit présentait dans son application un caractère particulier qu'on ne lui retrouve plus par la suite. Il était *personnel* et non *territorial*. Dans le même pays plusieurs *lois* étaient également en vigueur, et chacune d'elles régissait non pas tous les habitans d'une certaine circonscription territoriale, mais tous les hommes appartenant à la même tribu, à la même race. Ainsi quelque fût le lieu de leur domicile, les habitans d'origine romaine étaient régis par la loi romaine, les Francs par la loi franque, les Lombards par la loi lombarde.

Du reste toutes les lois en vigueur peuvent être ramenées à deux classes. La loi romaine forme à elle seule la première; la seconde comprend les lois et coutumes des barbares ou des peuplades germaniques.

M. Warnkœnig donne d'abord l'énumération complète de ces dernières, pour ne s'occuper ensuite que de celles qui étaient particulièrement en vigueur chez les Francs, et qui sont la *loi salique*, *la loi ripuaire*, et les *capitulaires*, à quoi il ajoute les recueils de *Formules* qui n'avaient pas de caractère officiel, mais qui renferment des indications précieuses sur les différentes sources du droit.

L'objet de ce chapitre est bien le siége même de la matière que l'auteur a entrepris de traiter. Dans une histoire du droit, quelle que soit d'ailleurs la méthode que l'on suive, le droit lui-même sera toujours la chose essentielle, fondamentale; tout le reste n'est que secondaire et ne sert qu'à faire ressortir le sujet principal. On pouvait donc attendre ici de M. Warnkœnig quelques idées nouvelles, quelques vues originales, quelques faits encore ignorés. C'est au contraire le chapitre dans lequel il a le moins mis du sien, non seulement pour le fond, mais même pour la forme. Quant à la loi salique, il déclare qu'il ne peut faire mieux que de reproduire l'analyse qui en a été donnée par M. Guizot dans son cours d'histoire; même répétition relativement à la loi ripuaire et aux capitulaires. Je conçois qu'il était difficile de rien ajouter au travail du savant historien français; mais je crois que la qualité d'auteur volontairement acceptée impose des obligations d'une nature toute personnelle, dont on s'acquitte comme on peut, mais dont il faut que l'on s'acquitte par soi-même.

N'ayant à m'occuper que de l'ouvrage de M. Warnkœnig, je crois pouvoir me dispenser d'analyser les analyses de M. Guizot. Je me bornerai à dire que cet écrivain partage et confirme, par de nouvelles preuves, l'opinion que la loi salique a été rédigée sur le territoire de la Belgique actuelle.

L'auteur, après avoir cité, d'après deux mémoires du savant bollandiste Heylen, les divers textes qui prouvent l'usage des anciennes lois franques dans la Belgique et les pays voisins, arrive à la loi romaine : il reproduit les principales raisons qui ont conduit M. De Savigny à conclure que cette loi n'a jamais cessé complètement d'être en vigueur dans l'Europe occidentale. Les Francs ne firent cependant pas des recueils particuliers de cette legislation, ainsi que cela eut lieu chez les Visigoths et les Lombards; mais on trouve beaucoup de dispositions empruntées au droit romain dans les capitulaires et dans les recueils de formules.

Le chapitre VI est intitulé : *De l'état de la société ecclésiastique sous la période franque*. L'histoire de la primitive église y est divisée en trois periodes, la 1re, de l'établissement du christianisme jusqu'à Constantin ; la 2e, depuis Constantin jusqu'à l'invasion des barbares ; la 3e, jusqu'à la fin de la période franque. Ce chapitre, dans lequel l'auteur a constamment pris pour guides MM. Guizot et Eichborn, n'est pas le moins intéressant de l'ouvrage. Néanmoins, nous pensons que c'est faire un hors-d'œuvre que de reprendre *ab ovo* l'histoire de l'église et de ses institutions, de partir avec elle de l'orient, de la suivre dans sa marche en Afrique et en Europe, et cela à l'occasion de l'histoire du droit belgique. Nous sommes confirmé encore dans cette opinion en voyant l'auteur consacrer un nouveau chapitre à l'Etat ecclésiastique de la Belgique. Il est vrai que ce chapitre ne renferme que l'énumération des évêchés et monastères, et la liste chronologique des conciles tenus dans notre pays.

Quatre pages sont ensuite accordées à l'état des lumières pendant la période franque : elles forment le chapitre VIII et dernier.

Tel est le contenu, telles sont les divisions générales du livre de M. Warnkœnig. Il nous resterait à en apprécier la forme, si l'auteur, en sa qualité d'étranger, n'échappait sous ce rapport à notre juridiction. Nous ne ferons donc pas le procès aux nombreux germanismes qui se rencontrent dans son ouvrage ; mais nous ne croirions pas dépasser la limite de nos droits, en demandant plus de logique dans la phrase, plus de force dans la contexture du style, un enchaînement plus étroit dans les idées ; dans la manière de présenter les faits, un peu moins de cet ordre de nomenclature qui parle aux yeux parce que chaque indication y est précédée d'un numéro ou d'une majuscule, un peu plus de cet ordre naturel qui parle à l'esprit parce qu'il exprime et rend sensible le rapport intime des choses.

En résumé, l'ouvrage que nous annonçons est un travail utile parce qu'il rassemble sur les institutions en vigueur sous les Francs des notions éparses dans de nombreux écrits que bien peu auraient les moyens et la volonté de consulter. Mais nous ne pensons pas qu'il doive ajouter beaucoup à la réputation que l'auteur s'est acquise par ses travaux antérieurs.

V. G.

MÉLANGES.

Vie du général Dumonceau par M. le baron DE STASSART (1).

Point d'esprit national, point de patrie sans le culte de la
gloire! Il est temps que la Belgique indépendante paie aux hommes qui l'ont illustrée le tribut d'éloges que réclament leurs mâ-
nes. Parmi ces hommes, dignes d'être proposés pour modèles aux
générations qui les suivent, je vais en choisir un que l'indifférence contemporaine n'a peut-être pas encore placé dans la pensée
aussi haut qu'il devrait l'être et qu'il le sera sans doute, après
avoir entendu le simple récit de ses belles actions, de ses brillans
faitsd'armes.

Jean-Baptiste DUMONCEAU naquità Bruxelles le 6 novembre
1760, au sein d'une famille bourgeoise qui trouvait l'aisance dans
le travail. Placé fort jeune au collége des jésuites de sa ville na-
tale, il y fit de bonnes études qu'il ne poussa pas néanmoins jusqu'en rhétorique. A 16 ans, il prit des leçons d'architecture, et,
pour se perfectionner dans cet art difficile, il alla chercher des
inspirations et des modèles au milieu des imposantes ruines de
l'antique Rome. Assailli par des brigands, à son retour d'Italie,
et dépouillé de tout ce qu'il possédait, il gagna non sans peine, et
toujours à pied, la ville de Lyon où l'attendaient des lettres et des
secours de sa famille. Il s'acquit en peu de temps, à Bruxelles,
la réputation d'habile architecte : c'est d'après ses dessins et sous
sa direction que furent construits l'Hôtel des finances et la boulan-
gerie publique. Cependant au goût des arts il unissait une ame
ardente et qui s'enflammait au nom seul de patrie. Il fut des premiers, en 1787, à se faire inscrire pour le corps de dragons volontaires, organisé par les Etats de Brabant et bientôt licencié,

(1) Nous avons dans la dernière livraison publié le discours prononcé par
M. De Gerlache, à la séance générale de l'Académie de Bruxelles; nous
donnons aujourd'hui l'intéressante notice lue à la même séance, par M. le
baron De Stassart.

sur les promesses du gouvernement autrichien de faire droit aux justes plaintes d'un peuple dont Joseph II avait méconnu les priviléges. Des demi-concessions produisirent ce qu'elles produisent toujours; elles ne servirent qu'à mécontenter de plus en plus les esprits ; des mesures arbitraires, des arrestations illégales furent regardées comme des indices tout à la fois de despotisme et de faiblesse; on résolut de recourir aux armes, et la ville de Breda devint, sous la protection tacite, mais évidente du stadhouder (Guillaume V), le rendez-vous militaire de la jeune milice belge. C'est de là que, le 27 octobre 1789, elle se précipita sur les Autrichiens à Turnhout et pénétra d'abord jusqu'à Diest, où Dumonceau s'empressa de la joindre. Il obtint une lieutenance ; la part qu'il prit aux premiers succès de cette armée, conduite par Vander Mersch à Louvain (1) et bientôt après aux fontières de la province de Luxembourg, lui mérita le grade de capitaine, le 14 mars, et celui de major le 10 juin 1790, avec le commandement d'un bataillon de chasseurs Namurois que la couleur jonquille de l'uniforme fit désigner sous le nom de *Canaris*. A la tête de cette troupe légère et bien disciplinée, Dumonceau fit des prodiges de valeur; s'agissait-il de surprendre l'ennemi, fallait-il commencer une attaque ou couvrir une retraite ? il était constamment là. Son nom fut bientôt dans l'armée patriote ce qu'était dans l'armée impériale le nom de Pforzheim, colonel des dragons de Latour. Ses talens et ses infatigables efforts ne purent toutefois empêcher sa patrie, gouvernée par des hommes d'état mal-habiles et déchirée par les factions, de retomber sous la puissance autrichienne. Dumonceau revint dans ses foyers; mais en butte à de petites persécutions qui se multipliaient de jour en jour, il crut devoir enfin se réfugier à Lille où plusieurs de ses anciens camarades l'avaient devancé.

La France ayant déclaré la guerre à la cour de Vienne, le 20 avril 1792, Dumonceau, nommé commandant du premier bataillon belge, servit sous le général Dumouriez contre les Prussiens, revint au camp de Maulde, après la bataille de Valmy, et

(1) Vander Mersch fit son entrée à Louvain le 13 décembre : Bruxelles était parvenue dès la veille à se débarrasser des troupes autrichiennes.

se distingua dans de fréquentes escarmouches. Sa belle conduite, à la mémorable journée de Jemmappe où la foudroyante redoute de Quaregnon fut enlevée par les baïonnettes belges que dirigeait ce chef intrépide, et ses exploits dans tous les combats qui se succédèrent, pour ainsi dire, sans interruption jusque sur les bords de la Roër, lui valurent le brevet de colonel. Celui de général de brigade (le 28 janvier 1794) devint le prix des importans services qu'il avait rendus après la défaite de Norwinde et pendant toute la campagne de 1793. Ce fut lui qui s'empara de Menin, au mois d'octobre de cette année; précédemment il avait battu la division hollandaise près de Tournay, et taillé en pièces, après l'avoir attiré dans une embuscade, un corps d'émigrés français, connu sous le nom de *Hulans britanniques*. Les nombreux prisonniers qu'il fit, et parmi lesquels se trouvait le fils du marquis de Bouillé, lui durent la conservation de leurs jours : ils étaient condamnés à mort par les lois révolutionnaires, et, pour les soustraire à l'échafaud, Dumonceau qui, proscrit dans sa patrié, connaissait l'amertume de l'exil et les droits sacrés du malheur, n'hésita point à favoriser leur évasion. Dénoncé, pour ce fait honorable, au sanguinaire représentant du peuple, Joseph Lebon, il n'évita de livrer sa tête au proconsul que par la généreuse fermeté du général Souham, chef d'état-major, qui lui défendit de quitter l'armée pour se rendre à Arras, et le chargea d'une expédition militaire. Consulté sur la campagne projetée pour la conquête de la Belgique, en 1794, il en traça le plan, de concert avec l'adjudant-général Regnier. Il partagea la gloire des principales actions qui suivirent la bataille de Fleurus, et contribua beaucoup à la prise de Breda, de Bois-le-Duc, de Nimègue; puis, dirigeant ses légions victorieuses sur la surface glacée des marais bataves, il se rendit maître, par surprise, de plusieurs forts, pénétra dans Rotterdam avec l'avant-garde française, et fit son entrée dans la ville de La Haye dont le commandement supérieur lui fut confié par le général Pichegru. Il y trouva plus d'une occasion de montrer la noblesse et la générosité de son caractère. Si l'esprit de réaction se fit peu sentir en Hollande, on le dut surtout à son heureuse influence; il protégea la retraite des émigrés qui n'avaient pu chercher encore un réfuge en Angleterre, et plus d'une fois l'hôtel qu'il occupait servit d'asile à l'infortune. Le nouveau gouvernement hollandais, songeant à former une armée sous les auspices de la France, demanda quelques généraux français pour la commander, et Dumonceau devint, le 11 juin 1795, lieutenant-général au service de la république Batave. Son premier soin fut d'organiser des moyens de défense contre une invasion de l'ennemi, tant du côté de la mer que du côté de la Prusse et du Hanovre. Il sut, grâce à une conduite ferme et tout à la fois modérée, réprimer, en janvier 1797, un mouvement insurrectionnel qui s'était manifesté dans la Frise. Cette province et celle de Groningue, ainsi que le pays de Drenthe, l'en récompensèrent d'une manière digne de lui, par d'éclatans témoignages d'estime, de reconnaissance et d'affection. Au mois de mai suivant, il s'embarqua dans la rade du Texel, avec sa division, pour joindre la flotte française destinée à l'expédition d'Irlande ; mais cette entreprise n'eut point de suite. Une descente des Anglais et des Russes, sous le duc d'Yorck, au mois d'août, lui permit de nouveau de déployer ses talens et sa bravoure.

Chargé de commander le centre de l'armée gallo-batave, il débuta par différentes affaires d'avant-poste, et défit complètement l'ennemi près de Bergen, le 19 novembre ; il lui tua beaucoup de monde et fit prisonnier le général russe Hermann, avec plus de trois mille hommes. Dumonceau avait été grièvement blessé vers la fin de l'action, et le général en chef Brune, pour prouver qu'il reconnaissait lui devoir les résultats de cette journée, vint le féliciter en personne le soir même et déposer, au pied de son lit, les drapeaux, trophées de la victoire. Dumonceau, sans attendre la guérison de sa blessure, reprit le commandement de son corps et ne cessa de harceler l'armée anglaise qui, malgré les renforts qu'elle venait de recevoir, fut bientôt contrainte, après la capitulation d'Alkmaar, de regagner ses vaisseaux. Il conduisit en Franconie, au mois de juillet 1800, le contingent de troupes que la république batave était tenue de fournir à la France ; il fut chargé du blocus de la citadelle de Wurtzbourg, et parvint, avec des forces inférieures, à repousser, par d'habiles manœuvres, les sorties presque continuelles d'une garnison aguerrie ; la convention conclue, à la suite de la bataille de Hohenlinden, fit tomber cette forteresse entre ses mains.

La paix de Lunéville lui permit de se retirer dans les terres qu'il avait achetées aux environs de Groningue et d'y commencer des défrichemens ; toutefois son repos ne fut pas de longue durée. La rupture de la paix d'Amiens le rappela bientôt à la tête de l'armée batave, réunie au camp d'Utrecht avec deux divisions françaises pendant les années 1803 et 1804. Nommé général en chef et inspecteur-général, le 28 juin 1805, il ne tarda pas à s'embarquer au Helder, attendant le signal qui devait partir de Boulogne ; mais comme le théâtre de la guerre s'était porté tout à coup sur le Danube, l'empereur Napoléon le chargea de garder le point très-important d'Augsbourg, pendant son attaque sur Ulm. Le général Dumonceau, débouchant ensuite par Donawerth sur les derrières des Autrichiens, contribua puissamment à la défaite de leur infanterie, près de Nordlingen, et ne laissa d'autre moyen de salut à la cavalerie de l'archiduc Ferdinand, échappé d'Ulm, que celui de gagner en toute hâte les provinces prussiennes d'Anspach et de Baireuth ; puis, avec une rapidité sans égale, il s'assura de Passau, seconda le maréchal Mortier au brillant combat de Dirnstein, le 14 novembre, marcha sur les traces des Russes dans les plaines de la Moravie, revint garantir le pont de Crems, alla faire sa jonction avec le corps du général Marmont sur la route de Styrie, et couvrit la ville de Vienne, tandis que se donnait la bataille d'Austerlitz. Napoléon, de retour à Schoenbrunn, lui fit l'accueil que méritait l'importance de ses services.

Rentré dans ses foyers, Dumonceau vit la république batave se tranformer en monarchie. Le nouvau roi (Louis Bonaparte) le combla de faveurs : ministre plénipotentiaire à Paris, il en échangea presque aussitôt les fonctions contre celles de commandant en chef des troupes hollandaises qui devaient seconder les opérations de l'armée française dans la campagne de Prusse. Après avoir forcé la place de Hameln à capituler, il fut chargé de la défense des côtés de Brême et de Hambourg. Dumonceau reçut successivement le titre de conseiller-détat, la grand'croix de l'ordre de l'union, celle de la Fidélité de Bade, que le grand-duc avait mise à la disposition du roi, et le bâton de maréchal de Hollande. Napoléon lui avait envoyé le brevet de grand-officier de la légion d'honneur, le 21 décembre 1806. Légionnaire dès la création de l'ordre, le 17 juillet 1804, il avait, depuis, obtenu l'étoile d'officier et celle de commandeur. En 1809, il repoussa glorieusement les Anglais débarqués dans l'île de Walcheren.

Cependant le roi Louis, qui ne s'était jamais rendu bon compte de sa position en Hollande, et qui s'était fait, sur son indépendance, d'inconcevables illusions, avait, en s'écartant du système de blocus continental, fourni des prétextes et même des motifs pour décider la réunion de son royaume au grand empire. Afin d'y préluder sans doute, l'empereur saisit toutes les occasions d'humilier son frère; il avait vu surtout avec déplaisir la création de maréchaux qu'il considérait comme la caricature des maréchaux de France; ce sont ses propres expressions dans une lettre du 21 décembre 1809; les maréchaux furent donc supprimés, et, pour dédommager Dumonceau de la perte de ce grade, le titre de comte de Bergendael, qui devait perpétuer le souvenir d'un de ses plus beaux faits d'armes, lui fut conféré.

Enfin le moment de la catastrophe arriva. Les provinces hollandaises devinrent des départemens français; Dumonceau alla prendre le commandement de la seconde division militaire : quatre cardinaux italiens, exilés à Charleville, furent les objets de sa bienveillance particulière et de ses attentions soutenues; les prisonniers espagnols n'eurent pas moins à se louer de ses généreux secours. Il quitta Mézières pour se rendre en Allemagne et reparut à l'avant-garde de l'armée française, son ancien poste d'honneur, au mois de mars 1813, vers les rives de l'Elbe. Inspirant aux jeunes soldats, rassemblés sous ses ordres, une confiance sans bornes, toujours à la tête de leurs colonnes, ce noble vétéran de la gloire leur apprenait le pénible métier des armes, comme il l'avait appris lui-même au début de sa carrière. Il manœuvra d'abord de manière à rendre impossibles les communications que le général russe Czernitscheff voulait établir avec Hambourg; puis, se dirigeant vers Dresde, il délogea des hauteurs de Pyrna, le 26 août, 15,000 russes sous les ordres du prince royal de Wurtemberg, et les battit, le lendemain, dans les gorges de Peterswalde. Il se couvrit de gloire, le 30, à la bataille de Culm; sa division, abandonnée dans la plaine, se retira seule en bon ordre, opposant partout des carrés formidables aux charges tumultueuses des ennemis et ne se laissant jamais entamer ; elle parvint à gagner les bois de Peterswalde qui lui présentèrent un abri contre toute nouvelle attaque, lorsque, dans ce moment même Dumonceau, frappé d'une balle et de toutes parts assailli de coups de lance, est entraîné par des Prussiens. Heureusement ceux-ci se laissèrent conduire par leur prisonnier, qui réussit, au moyen des détours de la forêt, à les ramener au milieu de ses soldats ; il n'abusa pas du succès de son stratagème, et ne priva point le major prussien de sa liberté, voulant reconnaître ainsi les bons procédés dont il avait été l'objet. L'empereur lui donna, le 7 septembre, en passant la revue des troupes, les témoignages les plus flatteurs de sa satisfaction.

Laissé dans Dresde avec le maréchal Gouvion-St.-Cyr, Dumonceau subit, après la désastreuse retraite de Leipsig, le sort de la garnison qui resta prisonnière malgré les termes formels de la capitulation. Il ne revit la France que le 1er juin 1814 ; il songea pour lors à rentrer dans sa patrie, mais déjà l'esprit de l'ancienne oligarchie hollandaise cherchait tous les moyens de tenir éloignés des affaires, les Belges que leur réputation semblait destiner à jouer les premiers rôles dans la Belgique réunie à la Hollande, et les réponses évasives, qui furent faites à ses avances indirectes, le décidèrent en faveur de la France. Nommé chevalier de Saint-Louis, il reprit son ancien commandement de la division de Mézières qu'il conserva pendant les cent jours impériaux. Après le second retour des Bourbons, il quitta le service français (le 30 septembre 1815) et vint rejoindre, à Bruxelles, sa famille qui l'y avait précédé. Il obtint la pension de lieutenant-général, le 1er juin 1817, et trois de ses fils furent placés dans l'armée des Pays-Bas. Il vivait à la campagne près de Bruxelles, heureux de ses honorables souvenirs, lorsque les états provinciaux du Brabant méridional l'élurent député, le 22 février 1820, à la seconde Chambre des Etats-Généraux, où l'indépendance de son caractère ne se démentit point. Réélu l'année suivante, il ne jouit pas longtemps de cette nouvelle marque de l'estime et de la confiance de ses concitoyens : une maladie grave le contraignit à partir de La Haye pour retourner à Bruxelles. Entouré de ses enfans inconsolables, et dans les bras d'une femme dont l'esprit et les vertus avaient fait le charme de ses jours (Agnès Wilhelmine Cremers, qu'il avait épousée en secondes noces, à Groningue, le 21 mai 1796), Dumonceau rendit le dernier soupir, le 29 décembre; il était âgé de 61 ans. Sa première femme, qui l'avait rendu père d'un fils et d'une fille, était morte à Bruxelles, en 1795. Son désintéressement égalait ses autres qualités : aussi le désignait-on chez les peuples conquis par le beau surnom de *général sans reproche*; ses soldats et ses camarades l'appelaient *le brave Dumonceau*. Il se faisait pardonner ses vertus par une indulgence vraie, par une indulgence sans faste, et la supériorité de ses talens par une modestie qui ne se démentait jamais. Personne ne flattait moins le pouvoir et ne tenait avec plus de force à ses principes : rien ne le fera mieux connaître, sous ce rapport, que le passage suivant d'une de ses lettres au général Savary, duc de Rovigo : « Si je sais faire respecter mon autorité, jamais je ne »sus en abuser pour l'appesantir sur des pays et des habitans »assez malheureux déjà par les inévitables suites de la guerre; »du reste on ne peut me soupçonner de vouloir contrarier les »intentions de l'empereur; mes sentimens pour lui sont connus »depuis longues années. Que vous ayez envoyé un courrier extraor- »dinaire à Sa Majesté, comme vous voulez me le faire craindre, »pour la prévenir injustement contre moi, peu m'importe..... »Cette démarche précipitée n'aura point d'influence sur ma con- »duite et n'altérera en aucune manière ma tranquillité. »

Par un inconcevable oubli, que sans doute le gouvernement français s'empressera de réparer, le nom du héros belge se trouve omis sur l'arc triomphal de l'étoile..... J'entendais, il n'y a pas quatre mois, des vétérans de la grande armée en faire la re- marque, et, dans cette énergique éloquence militaire dont j'es- saierais vainement de reproduire les naïves expressions, ils rap- pelaient les souvenirs d'une gloire qui doit être chère à la Belgique comme à la France.

NÉCROLOGIE.

Les beaux-arts viennent de faire une perte sensible par la mort de Jean Verbert, d'Anvers, ciseleur très-distingué.

Elevé à l'Académie d'Anvers, cet artiste alla avec G. Geefs, son ami intime, se perfectionner à Paris, et y acquit, dans son art, ce talent supérieur dont il donna un si bel échantillon à Bruxelles, en 1833, où il exposa un ostensoir en argent richement orné de figures gracieuses, ainsi qu'un bénitier surmonté d'une figure de St.-Jean, et son médaillon si connu du portrait du roi, ciselé en argent et regardé comme un des chefs-d'œuvre les plus remarquables en ce genre.

A la dernière exposition d'Anvers, le public a pu admirer une madone en plâtre qu'il n'a malheureusement pu exécuter en argent et où l'auteur se montrait aussi bon sculpteur qu'il était excellent ciseleur.

Malgré le peu d'encouragement que l'on donna à son talent, J. Verbert persévéra dans ses études consciencieuses qui devaient le conduire à la perfection de la ciselure, de cet art dont on ne conçoit les difficultés qu'il entraîne, qu'en considérant qu'il faut posséder entièrement l'art du sculpteur avant d'entreprendre celui du ciseleur.

L'absence totale d'œuvres dans ce genre, au dernier salon de Bruxelles, a fait assez voir au public l'état d'abandon dans lequel sont laissés ceux qui se sont occupés de ces savantes compositions qui demandent tant de frais, de temps et d'études, et que plusieurs de nos compatriotes mettent infructueusement au jour.

L'ostensoir dont nous avons parlé est encore dans les ateliers de l'auteur, et M. Nerschuylen n'est pas parvenu à tirer parti de son bénitier représentant la Samaritaine, ce chef-d'œuvre qui a fait l'admiration de tous les connaisseurs.

BULLETIN BIBLIOGRAPHIQUE.

Pensées et Maximes, par FÉLIX BOGAERTS. Bruxelles 1837. Meline. 1 vol. in-18.

Guide du voyageur à Bruges, par FÉLIX DELEPIERRE. Bruges. 1 vol. in-18.

Des Sociétés Anonymes.

DE LA CRAINTE DU MONPOLE ET DU REPROCHE D'AGIOTAGE. — DES SOCIÉTÉS EN COMMANDITE DANS LEURS RAPPORTS AVEC LES SOCIÉTÉS ANONYMES.

Dans un premier article, nous nous sommes successivement placé aux divers points de vue sous lesquels il nous semble que les sociétés anonymes doivent être examinées : nous les avons mises en rapport avec les droits des tiers, avec l'intérêt public, avec l'intérêt des actionnaires, en recherchant les conditions qu'elles doivent réunir sous ce triple aspect, pour pouvoir justifier leur existence tout exceptionnelle.

Il est encore deux faces de la question que je n'ai point envisagées, et qui sont cependant celles dont on a paru dans les derniers temps se préoccuper le plus : je veux parler des dangers du monopole et de l'abus de l'agiotage.

Sous ces deux rapports, je ne puis, je l'avoue, partager les craintes, ni m'associer entièrement aux reproches qui ont été exprimés.

Ceux qui ont attaqué le plus vivement les sociétés

9

anonymes, ont néanmoins déclaré qu'ils n'en voulaient qu'à l'abus et non au principe sainement appliqué.

Si, comme nous n'en doutons pas, cet aveu est sincère, on doit prendre garde de ne pas élever contre les sociétés anonymes des objections d'une portée telle que, si elles étaient fondées, on ne pourrait y faire droit qu'en proscrivant entièrement ce mode d'association.

Voyons d'abord s'il y a quelque réalité dans la crainte du monopole.

Je dirai à cet égard toute ma pensée en deux mots : je ne saurais redouter le monopole en fait, aussi longtemps que la libre concurrence existera en droit.

S'il arrivait, dans certains cas, que l'espèce d'entreprise industrielle à laquelle les sociétés anonymes veulent se livrer, pût être mieux exécutée par elles que par des particuliers ; en d'autres termes, si ces sociétés trouvaient, dans leur constitution même, les moyens de produire certains articles à meilleur compte et de les fournir à plus bas prix, dans ces cas sans doute elles feraient tomber les établissemens particuliers. Il y aurait lésion momentanée de quelques intérêts privés ; mais un grand avantage serait acquis du profit de l'intérêt général. Les sociétés anonymes rentreraient, quant à ces genres d'entreprises, dans la catégorie de tous les procédés qui facilitent la production et la rendent moins dispendieuse ; leurs résultats économiques ne différeraient pas de ceux qu'on obtient par l'emploi des machines ; elles seraient un pas de plus vers la solution du grand problème que l'industrie a constamment en vue, celui d'obtenir le plus de produits avec le moins de sacrifices possibles.

Si, dans ces branches d'industrie, les sociétés anonymes exerçaient un monopole, ce monopole serait de tous points analogue à celui qu'exercent dans beaucoup d'entreprises les propriétaires de machines, analogue à celui que les méthodes perfectionnées obtiendront toujours à l'encontre des vieilles routines.

Mais que les entrepreneurs particuliers se tranquillisent, les branches de production dans lesquelles les sociétés anonymes peuvent réussir mieux qu'eux sont et seront toujours bien rares. Dans toutes ou dans presque toutes, ils ont sur elles un avantage incontestable et dont j'ai précédemment indiqué la cause. N'a-t-on pas d'ailleurs fait passer sous leurs yeux la longue énumération de toutes les compagnies qui ont failli ? Cette liste mortuaire est bien propre sans doute à effrayer les actionnaires présens et futurs; mais il me semble qu'elle a de quoi rassurer ceux qui auraient à lutter contre des institutions d'une nature aussi débile.

Les sociétés anonymes, dira-t-on, sont incapables il est vrai de produire à meilleur compte que les entrepreneurs particuliers; mais elles peuvent vendre au-dessous du prix de revient, et s'imposer des sacrifices momentanés pour tuer la concurrence. Le gros capital dont elles disposent, leur permet de prolonger la lutte jusqu'à ce qu'elles restent maîtresses du champ de bataille. Une fois en possession du monopole, elles le forceront bien à leur rendre tout ce qu'il leur a coûté, elles éleveront les prix du produit au gré de leur avidité et au grand préjudice des consommateurs.

Je ne crains pas que l'expérience confirme jamais ces prévisions. Dans cette lutte qu'elles engageraient avec les particuliers, les sociétés anonymes, inférieures sous le rapport de l'aptitude personnelle, ne pourraient fonder leur espoir que sur la force de leur capital. Mais si la supériorité du capital était un moyen infaillible d'arriver au monopole, il y a longtemps que toute concurrence aurait disparu, sans qu'il eût été besoin d'emprunter pour cela le secours des sociétés anonymes. Dans chaque branche d'industrie, l'entrepreneur disposant du capital le plus élevé, ne se serait pas fait faute de déclarer la guerre à tous ses concurrens, et la victoire ne lui aurait pas échappé. Il n'y aurait partout que monopole. Ce n'est point là cependant le spectacle que nous avons sous les yeux. Nous voyons au contraire la concurrence la plus active se concilier avec l'inégalité des capitaux, le faible résister au fort, le petit fabricant prospérer à côté de l'entrepreneur dont la fortune se compte par millions, et puiser même des ressources dans ce voisinage que l'on croirait si dangereux.

Il y a donc grande apparence que, dans les luttes industrielles, la victoire n'est pas nécessairement du côté des gros bataillons, et que les gros bataillons en savent même quelque chose, puisqu'ils se montrent d'humeur si pacifique.

Le fait peut s'expliquer facilement. Dans chaque entreprise, la somme des produits est nécessairement en proportion avec l'étendue du capital employé. Le gros capitaliste qui, afin de détruire la concurrence, voudrait vendre au-dessous du prix de revient, devrait subir une perte proportionnée à la masse des produits qu'il livre à la circulation, proportionnée par conséquent à la force de son capital. Le petit fabricant qui, pour résister au premier, baisserait ses prix au même niveau, n'aurait à supporter qu'une perte beaucoup

moindre, parce qu'elle serait également proportionnée
à l'étendue de sa production et de son capital. De cette
manière l'équilibre est maintenu, la lutte reste égale,
et il n'y a aucune raison pour que le petit industriel
arrive avant son puissant antagoniste à l'épuisement de
ses forces.

Et qu'on ne dise pas que, pendant la lutte, le grand
capitaliste pourrait réduire sa production à de faibles
quantités, afin de ménager ses forces et d'user celles de
ses adversaires par la prolongation de l'espèce de guerre
qu'il leur ferait. Non, cette guerre, conduite si mollement, pourrait durer éternellement sans produire de
résultat, et il en supporterait tous les frais. Le mouvement industriel et commercial n'en serait aucunement
affecté. Si, par exemple, un fabricant de Verviers
s'avisait de vendre chaque année quelques pièces de
drap au-dessous du prix naturel, croyez-vous qu'il
réussirait par là à faire tomber ses concurrens? Les
acheteurs devraient toujours dépendre de ceux-ci pour
la presque totalité de leur approvisionnement, et cette
singulière et insignifiante tentative n'aurait même aucune
influence sur le prix courant du produit.

Ce qui est vrai des particuliers doit l'être, sous ce
rapport, des sociétés. La force du capital dont elles disposent, ne leur garantit nullement le succès des efforts
qu'elles feraient pour se saisir du monopole. Le défaut
d'intérêt personnel élève d'ailleurs contre elles une
chance défavorable. Je hasarderai en outre une considération dont je laisse à apprécier la justesse. Les directeurs de la société anonyme travaillent avec un capital
qui ne leur appartient pas et dont ils doivent rendre
compte aux actionnaires. Ceux-ci s'attendent à toucher

du moins un certain intérêt pour leurs actions, et presque toujours la promesse formelle leur en est faite par
les statuts. Que si la société pour conquérir le monopole
se décide à travailler à perte, ne faudra-t-il pas, ou
que l'on suspende indéfiniment le paiement des intérêts,
ou que pour les acquitter on prenne sur le capital qui
se trouvera entamé, réduit chaque jour et par les
pertes essuyées dans l'entreprise et par les sommes qui
en seront détachées pour servir l'intérêt des actions?
Dans l'un et l'autre cas, la valeur vénale des actions ne
tomberait-elle pas rapidement et le crédit de la société
ne serait-il pas bientôt anéanti?

On a dit que, dans la lutte entre les sociétés anonymes
et les particuliers, un grand désavantage existe du côté
de ces derniers en ce qu'ils exposent toute leur fortune
et même leur liberté personnelle; tandis que les actionnaires ne mettent pour enjeu qu'une somme déterminée
et qui pour chacun peut être assez modique. Ainsi,
pour les particuliers, la défaite, c'est la ruine complète; pour les actionnaires, la défaite n'est que la perte
d'une très-faible partie de leur avoir. Cette observation
est très-juste, mais je ne crois pas qu'elle affecte la vérité
de ce qui a été dit plus haut. Sans doute les particuliers
ont un tout autre intérêt que les actionnaires aux résultats de la lutte; les conséquences peuvent en être pour
eux bien plus désastreuses; mais il ne reste pas moins
vrai que, pendant la lutte, leurs forces ne sont pas inférieures, leurs chances de succès ne sont pas moins
favorables ou moins nombreuses, qu'elles le sont même
davantage par l'énergie que doit leur donner l'intérêt
qu'ils ont de vaincre.

C'est là le point important à mes yeux; car le but des

considérations auxquelles je me livre en ce moment, est de montrer que les directeurs des sociétés anonymes, à moins d'être frappés d'un aveuglement qui ne peut se supposer, n'entameront même pas une lutte dans laquelle ils doivent comprendre que la victoire ne saurait leur rester.

En effet, supposez qu'une société anonyme, formée pour l'exploitation d'une branche d'industrie, parvienne, en réduisant ses prix au-dessous des frais de production, à contraindre ses concurrens actuels à renoncer à leur entreprise. La voilà donc en possession du monopole de fait. Ce monopole, qu'elle a été si ardente à poursuivre et qui lui a tant coûté, elle va vouloir l'exploiter sans doute. Elle va relever ses prix, non pas au niveau des frais de production, mais probablement beaucoup au-dessus, car il faut qu'elle répare ses pertes et il est naturel qu'elle recueille les fruits de sa victoire, sans quoi ce n'eût pas été la peine de combattre. Or, pensez-vous qu'on la laisse longtemps dans la jouissance paisible et exclusive de pareils avantages ? Depuis quand les capitaux ont-ils secoué le joug de cette loi économique qui les pousse vers tous les genres d'industrie qui rapportent des bénéfices supérieurs au taux courant ? Depuis quand les profits industriels ne cherchent-ils plus leur niveau ? Bientôt surgiront pour la société de nouveaux adversaires qui voudront leur part dans les gains exorbitans que le monopole lui procure. Bientôt renaîtra la concurrence, sinon des anciens fabricans, du moins de nouveaux capitalistes. Ne craignez pas que les capitaux manquent : si ceux du pays faisaient défaut, ceux de l'étranger se présenteraient à leur place. Que fera maintenant la société anonyme ?

Ira-t-elle commencer une nouvelle lutte, y laisser encore une partie du capital qui lui reste, et cela pourquoi ? Pour obtenir une victoire d'un jour, que de
nouveaux ennemis viendront lui disputer dès l'instant
où elle voudra en jouir ? Mais non : elle n'aura même
pas attendu ce premier mécompte pour comprendre
qu'elle ne peut, à moins que le monopole ne lui soit
assuré par la loi, échapper aux conséquences de cette
force d'attraction qui attire les capitaux vers les emplois
dont les bénéfices sont supérieurs au taux courant ;
pour comprendre que, quelle que soit la puissance de
son capital, il finirait par s'épuiser entièrement dans
une lutte sans cesse renaissante.

La société n'éviterait pas cette lutte si, au lieu d'é-
lever les prix des produits, elle diminuait les salaires
des ouvriers. Elle n'en porterait pas moins le prix de
ses produits au-dessus du taux naturel, c'est-à-dire au-
dessus des frais de production dans lesquels les salaires
sont compris. Le bon marché auquel elle obtiendrait
ou exigerait la main-d'œuvre, lui procurerait des bénéfices supérieurs à ceux qu'on recueille dans les autres
branches d'industrie, et la concurrence se trouverait
tout aussi bien éveillée que si, sans diminuer le taux
des salaires, la société eût élevé le prix de ses produits,
ainsi que nous l'avions d'abord supposé.

On conçoit, après les développemens dans lesquels
je viens d'entrer, que je ne puis partager la crainte que
plusieurs ont exprimée de voir les sociétés anonymes
s'emparer de toute l'industrie du pays. Il faudrait pour
cela qu'elles réussissent d'abord à attirer à elles, à absorber tout le capital national, et l'on conviendra qu'un
pareil résultat n'est guère possible, si l'on considère

l'insurmontable aversion que tant de capitalistes-entrepreneurs expriment et témoignent ouvertement pour les sociétés anonymes. D'ailleurs, il y aura toujours une infinité d'industries, dans lesquelles une multitude de capitaux sont engagés, qui, par leur nature et leurs procédés, répugneront à être exploitées par ce genre d'association. Les sociétés anonymes n'attirent guère à elles et seulement en partie, que ces capitaux errans, inquiets, appartenant à des hommes qui, ne pouvant ou ne voulant pas les faire valoir par eux-mêmes, font profession de les prêter : ceux-là peuvent trouver dans les actions un placement avantageux (1). Mais l'industriel habitué à exploiter son capital par lui-même, à lui faire produire, à l'aide de ses soins, de son habileté, un bénéfice de beaucoup supérieur au simple intérêt, ne se résoudra guère à se faire bailleur de fonds, à laisser oisives et improductives ses capacités personnelles, à renoncer enfin à cette vie active dont l'habitude lui a fait un besoin. On lui ménagera, direz-vous, une position dans la société; mais la société ne saurait faire des positions à tous les fabricans dont elle devrait absorber le capital, et d'ailleurs, l'industriel vraiment capable consentira-t-il souvent à abandonner son indépendance pour devenir le préposé d'une société?

A ceux qui ont cité l'exemple de l'Angleterre pour prétendre que les sociétés anonymes ont pour résultat de faire disparaître la classe des petits fabricans, cet

---

(1) Lorsque le propriétaire d'un établissement le *vend* à une société, il ne se dessaisit pas par là de son capital : il le réalise en argent et pourra l'appliquer ensuite à quelque autre entreprise qu'il dirigera pour son compte.

utile intermédiaire entre les deux extrémités de l'échelle sociale, j'opposerai le témoignage de Ch. Dupin. « On »nous cite mal à propos la Grande-Bretagne, dit cet »auteur (1), pour nous faire accroire que la petite fabri- »cation ne peut pas soutenir la concurrence contre la »grande. Je m'en suis convaincu souvent dans les six »mille lieues que j'ai parcourues soit en Angleterre, »soit en Ecosse. J'ai trouvé dans tous les genres que le »plus grand nombre des manufacturiers considérables »n'avaient été dans le principe que de petits, de très- »petits fabricans........ Vous voyez donc qu'en Angle- »terre, la petite industrie peut soutenir la concurrence »avec la grande. Voilà la vérité consolante qu'il faut »présenter au petit fabricant, afin qu'il prenne courage »*et qu'il compte plus sur ses qualités personnelles, et sur* »*son instruction, que sur tous les capitaux de la terre.* »Cela est vrai pour l'industrie de la France comme pour »l'industrie de l'Angleterre. »

Si quelque chose pouvait réduire la classe des petits fabricans, ce serait, je pense, non les sociétés par actions, mais le développement de l'emploi des ma- chines, qui ténd naturellement à écarter ceux à qui des moyens trop bornés ne permettent pas d'user de ces procédés expéditifs. Si un jour ce mauvais effet d'une chose bonne sous tant d'autres rapports, et d'ailleurs nécessaire, se faisait sentir avec quelque force, les sociétés anonymes deviendraient peut-être le moyen d'en adoucir les suites, en permettant au petit capitaliste de participer encore aux entreprises industrielles dont sans cela il se trouverait entièrement exclu.

(1) *Le petit producteur*, tom. 3, p. 43 et suiv.

Il serait facile d'étendre les considérations propres à dissiper la crainte du monopole que les sociétés anonymes ont éveillée. Je crois en avoir dit assez pour montrer que ce grief n'est point fondé. Est-ce à dire cependant que la carrière des entreprises industrielles doive être toute grande ouverte aux sociétés anonymes? Non, sans doute; mais s'il convient de leur en rendre l'entrée difficile, c'est pour un autre motif que j'ai exposé plus haut, c'est parce que ces sociétés, étant une exception au droit commun, ne doivent être autorisées, en règle générale, que quand elles offrent un avantage sous le rapport de l'intérêt public, ce qui dans les circonstances actuelles se rencontrera bien rarement lorsqu'elles voudront se livrer à des branches d'industrie qui sont déjà activement exercées par des particuliers ou par des sociétés soumises à la loi commune de la responsabilité.

Le reproche de tendre au monopole ne s'adresse qu'aux sociétés anonymes qui se livrent à des entreprises industrielles. Il en est un autre qui les enveloppe toutes, et quel que soit leur objet, dans un blâme commun, c'est celui de donner lieu à l'agiotage. Qu'au fond de ce reproche il existe un fait vrai, c'est ce que je ne prétends pas nier; mais on peut, je crois, contester la légitimité des conséquences que l'on semblerait vouloir en tirer contre toutes les sociétés anonymes en général.

L'agiotage, c'est la spéculation sur la hausse et la baisse de toutes les valeurs qui, livrées à la circulation sous une forme quelconque, sont sujettes à varier; c'est le commerce poussé jusqu'à l'abus, c'est le métier de ceux qui n'ont pas le courage d'en avoir un, de ceux qui ayant le besoin et la volonté de s'enrichir mais ne pouvant se résigner à aucun travail productif, chargent le sort d'élever leur fortune sur la ruine des autres. Cette classe d'hommes, vous pouvez la flétrir; mais vous ne sauriez faire qu'elle n'existe point et qu'elle ne se perpétue. Vous pouvez condamner le honteux trafic auquel elle se livre; mais vous ne sauriez lui enlever les moyens de l'exercer, car pour cela il vous faudrait supprimer le commerce lui-même. Tant qu'il y aura dans la circulation des valeurs dont le cours sera variable, il y aura matière à agiotage : tant qu'il existera des hommes disposés à s'enrichir sans travail et en courant les chances du sort, il y aura des agioteurs. Que voulez-vous faire à cela? Prenez-vous donc au commerce de ce que le mouvement intérieur qui s'opère en lui rejette à la surface une écume qui vient s'épancher à la bourse! Toutes les espèces de marchandises sont l'objet de marchés à termes fictifs, de marchés à prime; supprimerez-vous le commerce des marchandises, lui ferez-vous un crime d'être l'occasion d'un trafic qu'il réprouve? Les lettres de change et autres billets, les effets publics donnent lieu à des jeux de bourse; proscrirez-vous et les lettres de change et le commerce de banque? Supprimerez-vous les emprunts? Renoncerez-vous à la ressource du crédit public? Les actions des sociétés anonymes n'échappent pas à cette fatalité : elles sont transmissibles; leur valeur courante est sujette à varier d'après la fluctuation des affaires de chaque compagnie : la spéculation, l'agiotage s'en empare, cela est inévitable : mais qu'en concluez-vous? Qu'il ne faut pas autoriser une société dont le but véritable serait de donner lieu à une émission d'actions dont l'agiotage se saisira au passage? Oh! alors, je me joins à vous de toutes mes forces ; car ma conviction, dont j'ai exposé les motifs, est qu'une société anonyme ne doit être approuvée que quand elle a, non-seulement un objet réel, mais en outre un but utile dans l'intérêt général, et ce but, ce n'est certainement pas dans l'agiotage que je saurais le trouver. Mais si vous en concluez que toute société anonyme doive être réprouvée, celle-là même qui veut sincèrement se livrer à une entreprise utile dont les particuliers ne sauraient se charger ; qu'il faut la reprouver parce que, tandis qu'elle est tout occupée de ses travaux, quelques agioteurs pourront, eux, s'occuper à la bourse de spéculer sur la hausse et la baisse des actions qu'elle a dû émettre, alors, je dis que votre conclusion cesse d'être vraie, parce qu'elle est trop générale, trop absolue.

Ne croyez pas, d'ailleurs, qu'en tuant toutes les sociétés anonymes afin de détruire avec elles les actions, vous aurez beaucoup gagné sur l'agiotage. Il faudrait ne pas le connaître pour se livrer à une pareille illusion. Le commerce, lui, n'opère que sur des valeurs réelles, existantes : il est donc borné dans ses développemens par la quantité nécessairement limitée de ces valeurs : il s'arrête là où la matière lui manque. Qu'une cause quelconque vienne à diminuer le nombre des articles livrés à la circulation, et le commerce se trouvera toutà-coup restreint. Tel n'est point l'agiotage, Il n'a pas besoin d'un aliment aussi substantiel : des valeurs imaginaires suffisent à sa fantastique existence, et il n'est point embarrassé de trouver sa pâture. C'est dans les opérations fictives qu'il se complaît. Ne sait-on pas que, dans les jeux de bourse, le vendeur vend ce qu'il n'a pas et ne saurait livrer ; l'acheteur achète ce qu'il ne veut pas avoir et ne saurait payer : on se fait seulement raison du bénéfice que l'opération aurait occasionné à l'une ou l'autre des parties, si elle eût été réelle (1). L'agiotage n'est donc pas restreint par le nombre et la quantité des valeurs réelles, existantes dans la circulation : il n'a d'autres bornes que celles de sa délirante avidité.

Il n'est peut-être pas inutile de présenter ici une observation du reste extrêmement simple. Le trafic des actions, le mouvement artificiel de hausse ou de baisse qui en résulte, n'a d'influence que sur la fortune des agioteurs, dont les uns peuvent se trouver appauvris par le même coup du sort qui a enrichi les autres. Mais le fonds social, mais les intérêts de la société et ceux des actionnaires qui ne jouent pas n'en sont point affectés. Le capital reste intact, malgré toutes les mutations qui s'opèrent dans la propriété des actions, et quelles que soient les conditions auxquelles ces mutations s'effectuent. La société doit compte à l'actionnaire du montant de son action au pair et ne lui doit que cela, à quelque prix qu'il l'ait achetée. Il ne faut pas confondre ici la cause avec l'effet. L'état de prospérité ou de souffrance des affaires de la société a une influence naturelle et nécessaire sur la valeur vénale des actions; mais les variations artificielles dans le cours des actions ne réagissent pas sur la prospérité de la société.

(1) Les annales de la bourse ont conservé le souvenir d'un fait qui met dans tout son jour cette sorte de trafic et qui vient singulièrement à l'appui de ma proposition. En un mois de temps, il s'est vendu à la bourse de Paris plus d'eaux-de-vie que la France ne pourrait en produire en un siècle! On voit si l'agiotage peut manquer d'aliment.

Mais il est un abus qui ne saurait se justifier à mes
yeux et dont les sociétés anonymes récemment fondées
ont donné de trop nombreux exemples. C'est celui
d'émettre des actions pour une somme plus forte que
le montant du capital social, en sorte que ce capital,
avant même qu'aucune perte ait été essuyée, serait
insuffisant pour rembourser toutes les actions. Cela
arrive toutes les fois que la société achète au-dessus de
sa valeur réelle l'établissement qu'elle se propose d'exploiter. Ainsi une société se forme et annonce un capital de deux millions, divisé en 2000 actions de 1000
francs. Elle achète une houillère dont la valeur réelle
n'est que de 500,000 francs, et la paie un million. Le
paiement peut se faire de deux manières qui aboutissent
au même résultat; en argent ou en actions. S'il se fait
en argent, la société débourse la moitié de la somme
produite par le versement de toutes les actions; elle
débourse un million et ne reçoit qu'une valeur réelle
de 500,000. Que lui reste-t-il maintenant? Il lui reste
la moitié du produit des actions ou un million, plus
l'établissement qu'elle a acheté valant 500,000 francs.
Son capital réel, son actif n'est donc que de 1,500,000
francs; et pourtant elle a émis des actions à concurrence
de deux millions. La balance entre le fonds social et le
montant des actions réunies qui devrait se maintenir
aussi longtemps que l'entreprise n'a pas occasionné de
pertes, se trouve rompue avant même que la société ait
commencé ses opérations. Si le prix d'acquisition de la
houillère est payé en actions, la société remet au vendeur la moitié des actions, elle en remet pour un million et ne reçoit de lui qu'une valeur réelle de 500,000.
A cette valeur il faut ajouter la somme d'un million,

produit du placement de la seconde moitié des actions, et vous arrivez à un capital effectif de 1,500,000 francs, tandis que la société a émis des actions à concurrence de deux millions.

Ainsi dans l'un et l'autre cas, il existe des actionnaires ayant dans le fonds social un droit de copropriété. pour deux millions, et ce fonds social n'est que d'un million et demi. On a distribué plus de parts dans le capital que le capital ne peut en contenir ; on en a distribué 2000, tandis, que le capital n'en renferme que 1500. Si l'on veut considérer les actions comme des créances sur la société, il en résultera que le passif est de deux millions, tandis que l'actif n'est que de 1,500,000, que la société se trouve obérée avant d'avoir mis la main à l'œuvre.

La conséquence est facile à saisir. Puisque le fonds social, l'unique objet de la propriété des actionnaires, est inférieur d'un quart au montant des actions réunies, la valeur réelle de chacune d'elles est nécessairement réduite d'un quart. Le propriétaire d'une action de 1000 francs n'a dans la copropriété du capital qu'une part de 750 : c'est là en effet tout ce qui lui reviendrait en cas de dissolution et de partage. Lorsque l'établissement. acheté a été payé en actions, le vendeur participe à cette réduction, il est vrai; mais il s'en console aisément, lui qui a vendu son établissement au double de sa valeur, lui qui n'a donné en valeur réelle que la moitié du montant des actions qu'il a reçues. Quant à ceux qui ont versé en argent le montant intégral de leurs actions, ils éprouvent une perte réelle et sans compensation : c'est cette perte qui fait le profit de celui qui a vendu son établissement à la société.

Remarquons cependant que les fondateurs de la société savent très-souvent se ménager les moyens de se soustraire à cette perte. Si toutes les actions étaient mises à la fois en circulation, puisqu'elles excèdent le montant du capital réel, la valeur d'échange, le cours en descendrait immédiatement au-dessous de la valeur nominale et au niveau de la somme qu'elles donneraient la faculté de toucher dans le fonds social en cas de partage. On a donc soin, lorsque l'établissement acheté est payé, en tout ou en partie, en actions, de stipuler que le vendeur ne pourra se dessaisir de ses actions qu'au bout d'un certain temps, un an par exemple. Pendant cet intervalle, la quantité d'actions offertes à la bourse se trouve réduite, la concurrence des vendeurs est bornée, le cours se maintient, les fondateurs peuvent tout à leur aise se défaire avantageusement de leurs actions, et lorsque, au terme marqué, la partie d'actions restée dans le porte-feuille du vendeur sera livrée à la circulation, et opérera une baisse infaillible dans le cours, les fondateurs auront transformé leur papier en argent : la perte tombera tout entière sur les porteurs actuels.

L'abus dont je viens de parler porte également atteinte à la garantie des tiers. On annonce au public, on lui promet comme gage des obligations que la société pourra contracter, un capital supérieur à celui qui existe véritablement. Il y a là violation des principes que j'ai précédemment tâché d'établir. Si ces principes étaient rigoureusement suivis, si le gouvernement n'autorisait la formation d'une société anonyme que quand il a reconnu que le capital annoncé est suffisant, que quand il s'est assuré par des estimations exactes que ce

10

capital existe réellement, si son autorisation n'était accordée qu'à condition que ce capital restera entier et que la preuve en sera administrée, on verrait, je crois, disparaître l'abus que je viens de signaler.

Une autre cause produit le même mal et se combine souvent avec la première. Je veux parler de la création des actions dites *d'industrie*, par lesquelles on récompense ceux qui apportent en société leurs soins et leur habileté. Souvent les *actions d'industrie* et les *actions de capital* forment, d'après les statuts, deux séries distinctes : les premières donnent seulement droit à une part dans les bénéfices et ne sont pas transmissibles ; les secondes donnent droit à la copropriété du capital et peuvent se transmettre. Ce système ne soulève aucun reproche. Il n'en est pas ainsi lorsque les deux espèces d'actions sont confondues, lorsque les possesseurs d'actions d'industrie ont part dans la propriété du fonds social dans lequel ils n'ont rien versé et qui a été formé entièrement par ceux qui ont pris des actions de capital. Dans ce cas, le montant des actions donnant droit à la propriété du fonds excède le fonds même, et l'on voit se produire encore les inconvéniens dont je faisais tantôt ressortir le danger.

Ce que je dis ici des actions d'industrie s'applique naturellement à celles par lesquelles on paie une clientelle, des contrats antérieurs, ou d'autres choses incorporelles qui ne peuvent raisonnablement figurer sur le bilan de l'actif social.

Je pense que la loi devrait encore intervenir ici pour ordonner la complète séparation des actions d'industrie et des actions de capital, pour n'accorder aux premières qu'une part dans les bénéfices, pour réserver exclusivement aux secondes la propriété du fonds social qu'elles seules ont formé et qu'elles seules doivent représenter.

Au point où nous sommes arrivé, il devient nécessaire de jeter un coup d'œil en arrière, et de résumer brièvement notre opinion sur les sociétés anonymes.

Selon nous, ces sociétés présentant, pour l'exécution de certaines entreprises, des avantages qui ne se rencontreraient dans aucune autre combinaison, étant d'ailleurs un moyen de tirer du capital national tout le parti possible et d'en utiliser des portions qui resteraient oisives, doivent être maintenues dans notre législation.

Cependant, comme elles sont une exception au droit commun, en ce que ceux qui en sont membres échappent à la responsabilité personnelle et solidaire ; comme les avantages que l'on peut en attendre dans certains cas sont subordonnés à des conditions sans lesquelles ces sociétés ne présenteraient plus que des dangers imminens, elles ne doivent exister qu'à titre de concession particulière : il faut qu'elles soient autorisées par la puissance publique.

Pour que l'autorisation puisse être convenablement accordée, il est nécessaire avant tout que le capital de la société soit assez fort pour donner aux tiers une garantie réelle suffisante et qui supplée à la garantie personnelle qui manque dans cette espèce de sociétés. En l'absence de cette condition, la société anonyme ne doit jamais être approuvée, quelque utilité que présente, soit au public, soit aux actionnaires, l'entreprise à laquelle elle veut se livrer. Il serait même à désirer que la loi portât quelques dispositions impératives à cet égard.

Lors même que cette condition est remplie , comme
la société anonyme réclame un privilége véritable , cette
faveur ne peut être justifiée que par sa nécessité même.
L'autorisation ne devra donc être accordée , en règle
générale, que quand l'entreprise , d'ailleurs utile , à
laquelle la société veut se livrer , ne peut être accomplie
ou ne peut réussir que par le secours de ce mode d'association. L'intérêt public demande alors qu'il soit fait
une dérogation aux principes. Quant aux opérations qui
sont déjà exécutées, aussi bien qu'elles peuvent l'être ,
par les particuliers ou par les sociétés responsables ,
nous ne voyons point de raison pour faire à leur égard
exception à la loi commune.

Si cependant le gouvernement croyait dans certains
cas ne pas devoir se montrer trop sévère sur ce dernier
point , il faudrait du moins que la société offrit des
chances de succès pour les actionnaires , et de pareilles
chances n'existent que quand les travaux à exécuter
sont simples et n'exigent pas cette diligence et ce zèle
que l'intérêt personnel peut seul inspirer.

Du reste , lorsque les conditions. que nous avons
déterminées se rencontrent , lorsqu'il y a suffisance reconnue du capital dans l'intérêt des tiers , utilité de
l'association dans l'intérêt public , bonté de l'organisation et chances de succès dans l'intérêt des actionnaires,
nous croyons que le gouvernement aurait tort de se
préoccuper de la crainte du monopole et de celle de
l'agiotage : le premier est impossible ; le second est inévitable et ne dépend pas de l'existence des sociétés anonymes.

Quelque étendue que nous ayons déjà donnée à notre
travail, nous ne pouvons le terminer sans parler des

sociétés en commandite qui, aujourd'hui, se confondent en quelque sorte avec les sociétés anonymes.

Une vérité ressort, nous l'espérons du moins, des développemens dans lesquels nous sommes entré, c'est que l'autorisation préalable et le contrôle de la puissance publique sont une chose à la fois légitime et indispensable pour éloigner les dangers dont les sociétés anonymes menaceraient l'ordre public et les fortunes privées. Néanmoins plus d'un exemple récent a prouvé combien il est facile de se soustraire à cette salutaire dépendance. Que le gouvernement refuse aujourd'hui d'approuver une société anonyme qui n'offre ni garantie, ni utilité, et demain elle se constituera sous le titre de société en commandite, sans modifier sensiblement son organisation. Il lui suffira pour cela de rencontrer quelque part un homme qui ne croie pas faire un grand sacrifice en prêtant son nom et en se déclarant responsable sur tous ses biens des engagemens sociaux. Par ce moyen la société se dérobe à toute investigation, à toute surveillance publique; elle se passe de garanties, elle a une chose qui les remplace toutes, qui les rend inutiles, elle a un nom. Quel nom? direz-vous. Que vous importe? pourvu qu'on en ait un, on n'est plus anonyme; c'est évident.

Celui qui porte ce nom est responsable sur tous ses biens; c'est vrai, mais il n'est pas tenu de vous dire combien il en a, ni s'il en a; cherchez vous-même, c'est bien assez qu'il vous dise comment il se nomme (1). D'ailleurs, sa fortune fut-elle connue, que serait-elle, ajoutée au capital de plusieurs millions annoncé par

(1) Code de commerce, art. 42 et 43.

la société, et que le gouvernement n'a pas cependant considéré comme une garantie suffisante ? Enfin, il n'est même pas nécessaire que ses biens soient ajoutés à ce capital ; rien n'empêche qu'il n'en emploie la plus grande partie à l'achat d'actions dans la société, et alors qu'est-ce que les tiers auront pour gage au-delà du fonds social annoncé (1)? .

Evidemment une législation qui fournit ainsi des armes contre elle-même, et dont les dispositions qui intéressent le plus vivement l'ordre public peuvent être si facilement éludées, est une législation imparfaite et qui réclame une prompte révision.

Il n'est donc pas sans intérêt, ni sans utilité d'examiner de près le système adopté par la loi quant aux diverses sociétés de commerce et particulièrement quant aux sociétés en commandite.

L'historique de cette partie de la législation peut jeter quelque jour sur la matière.

La législation antérieure au Code de commerce ne reconnaissait, ainsi qu'il a été dit précédemment, que deux espèces de sociétés, la société *générale* que nous appelons aujourd'hui *en nom collectif,* et la société *en commandite.*

Cette seconde espèce de société répondait alors à un besoin aujourd'hui satisfait par les sociétés anoymes : les anciens auteurs en justifient l'existence par un but d'utilité que ces dernières remplissent parfaitement.

_____

(1) Il faudrait dans la loi une disposition qui portât que le capital annoncé comme versé par les commanditaires est tout-à-fait indépendant de la fortune personnelle de l'associé responsable ; mais cette disposition n'existe pas.

Voici, en effet, les raisons que Savary faisait valoir en faveur des sociétés en commandite (1).

« Toutes sortes de personnes, quoiqu'elles ne soient point de profession mercantile, peuvent se servir de ce moyen pour faire valoir leur argent avec justice, sans qu'il y ait aucune usure.

» Il n'entre dans ces sortes de sociétés que le surplus de l'argent de ceux qui ont des revenus considérables, qui demeurerait quelquefois sans mouvement dans leur coffre, si le désir de le faire valoir honorablement ne les portait à le mettre dans le commerce, par le moyen des sociétés en commandite.

» Le public en général y trouve de l'avantage, en ce que les sociétés en commandite font sortir l'argent des bourses de ceux qui ne l'emploieraient qu'en constitution de rente, ou qui le laisseraient sans mouvement -dans leur coffre. »

Il est évident que ces avantages, qui ont fait introduire les sociétés en commandite dans la loi ancienne, peuvent être obtenus maintenant par les sociétés anonymes.

Autrefois, comme aujourd'hui, les sociétés en commandite se formaient sans autorisation ; mais elles étaient loin de présenter alors les inconvéniens et les dangers qu'elles offrent de nos jours où elles ne servent guère qu'à déguiser de véritables sociétés anonymes.

En effet, ces sociétés ne se contractaient qu'entre un très-petit nombre de personnes, le plus souvent entre deux seulement, un commerçant responsable et un particulier bailleur de fonds : c'est ce qui se voit par la

(1) *Le parfait négociant*, part. II, p. 15.

définition même qu'en donne Savary (1) : « La société en commandite est celle, dit cet auteur, qui se fait entre deux personnes, dont l'une ne fait que mettre son argent dans la société, sans faire aucune fonction d'associé, et l'autre donne quelquefois son argent, mais toujours son industrie pour faire sous son nom le commerce des marchandises dont ils sont convenus ensemble. »

Une autre considération non moins importante, c'est que les fonds versés en commandite ne se divisaient point en actions. Je n'ai trouvé de trace d'une semblable division ni dans la loi, ni dans les commentateurs. Savary, après avoir exposé en détail les règles des sociétés en commandite, donne en outre plusieurs formules d'actes de sociétés de cette espèce, et, ni dans le texte, ni dans les formules, on ne rencontre aucun indice de la division par actions. Cela est du reste très-naturel. Les commanditaires, lorsqu'il y en avait plusieurs, étaient en trop petit nombre pour que cette division fût utile et même praticable.

Dans un pareil système on conçoit que l'autorisation du gouvernement ne parût pas nécessaire.

Les auteurs du Code de commerce, en introduisant les sociétés anonymes dans la loi, y laissèrent subsister à côté d'elles les sociétés en commandite, bien que l'existence de ces dernières pût paraître inutile par suite de cette innovation.

Aussi cette nouvelle division tripartite ne passa-t-elle pas sans opposition. « Au conseil d'état, dit Locré (2),

(1) *Le parfait négociant*, part. ii, p. 2.
(2) Esprit du Code de commerce, sur l'art. 19.

on l'attaqua, et l'on soutint qu'il n'existe que deux sociétés; la société collective et la société anonyme.»

Mais la majorité jugea que la société en commandite est «une combinaison utile et ingénieuse pour associer à une entreprise les capitaux de ceux qui ne veulent pas en partager indéfiniment les chances (1).» On ne fit pas réflexion que cette utile et ingénieuse combinaison se rencontre dans la société anonyme, et la triple division passa.

Puis, comme si l'on eût cherché à rapprocher davantage encore la société anonyme et la société en commandite, et à rendre plus manifeste le double emploi, on établit que le capital versé en commandite pourrait être divisé en actions, comme celui des sociétés anonymes (2).

Jusqu'ici néanmoins le mal n'était pas bien grand; c'était une classification peu rationnelle, une superfétation dans la loi, une faute en théorie qui n'offrait aucun danger dans l'application. Mais on commit ensuite une inconséquence dont les résultats se font aujourd'hui sentir : tandis qu'on exigeait l'autorisation royale pour la formation des sociétés anonymes, on en dispensa les sociétés en commandite, et l'on ne prévit pas que les premières se déroberaient à l'obligation particulière qui leur était imposée, en se déguisant sous la forme des secondes, dont en réalité elles ne différaient presque plus.

Il est curieux de voir, parmi les motifs qui ont engagé à soumettre les sociétés anonymes à l'autorisa-

(1) *Locré*, sur l'art. 23.
(2) Code de commerce, art. 38.

tion royale, figurer en première ligne la circonstance que le capital de ces sociétés est divisé en actions. « L'ordre public, a-t-on dit, est intéressé dans toute société qui se forme par actions. Il faut donc que l'autorité publique examine la valeur des effets que ces sociétés mettent sur la place et n'en permette le cours que lorsqu'elle s'est bien convaincue qu'ils ne cachent pas de surprise (1). »

Comment n'a-t-on pas senti que ces raisons s'appliquaient dans toute leur force aux sociétés en commandite, usant de la faculté qui leur est donnée de diviser leur capital en actions ?

Evidemment c'est ici un de ces cas dans lesquels l'attention du législateur sommeillait.

Une chose digne de remarque, c'est qu'en Angleterre les sociétés en commandite n'existent point. Merlin a consigné dans son Répertoire (2) un document qui ne laisse pas de doute à cet égard; c'est une attestation donnée par M. Steward Kid, ancien avocat anglais ; nous la reproduirons en partie : « J'ai étudié la législation anglaise pendant plus de vingt ans, dit l'auteur de cette attestation, et exercé pendant plus de quinze ans, en qualité d'avocat, près les cours supérieures de *Westminster-Hall* et de *Guild-Hall* à Londres, où toutes les questions du droit commercial sont débattues en public, et je n'ai jamais entendu parler que d'une société générale. J'ose dire même que, ni les juges, ni les avocats, ni les négocians, ni les banquiers, ne se sont jamais formé l'idée de la commandite, comme faisant

(1) Paroles du prince archichancelier : *Locré*, sur l'art. 37.
(2) Au mot *société*; sect. II, § III, art. II.

partie de la législation anglaise, et je prends sur moi d'affirmer qu'il n'y a, en aucun livre qui traite du droit anglais, aucun mot qui puisse donner l'idée d'un associé qui ne soit pas *solidairement responsable* pour toutes les dettes de la maison en cas de sa faillite. — En Angleterre, ajoute-t-il, tous les associés d'une maison de commerce sont solidairement responsables, quelle que soit leur proportion de mise ou de profit, qu'ils soient annoncés au public comme associés ou non, qu'ils soient connus ou inconnus avant la faillite : aucune stipulation entre les parties ne peut les mettre à l'abri de cette responsabilité. — Il est vrai qu'il y a souvent des associés *secrets* qui ne veulent pas être connus du public, comme ayant un intérêt dans une maison de commerce. On les appelle *sleeping-partners*, *associés dormans*. Ils dorment tranquillement tant que les affaires de la maison vont bien ; mais en cas de faillite, ils sont bientôt réveillés de leur sommeil. » M. Steward Kid fait observer ensuite qu'il n'y a d'exception à ce principe de la responsabilité solidaire qu'à l'égard des actionnaires dans les grandes compagnies publiques. « Mais, ajoute-t-il, aucune de ces compagnies, avec le privilége de non responsabilité pour les actionnaires, ne peut être établie sans un acte du parlement. Car mille individus pourraient faire des souscriptions pour une grande entreprise, choisir des administrateurs et agir en tout comme une société ordinaire de commerce ; mais alors, chaque souscripteur serait tenu et responsable solidairement. »

On est forcé de reconnaître que ce système si simple du droit anglais est bien supérieur au nôtre, et qu'il est même le seul que la raison puisse approuver. Quiconque a pris part à une société et en a recueilli les bénéfices comme associé est responsable solidairement des dettes sociales ; telle est et telle doit être la règle. Ne pas payer les dettes d'une société dont on a fait partie et dont on a retiré les profits, c'est un privilége; on ne peut en jouir qu'en vertu d'une concession, d'une autorisation de la puissance publique. Cette autorisation est requise à l'égard des actionnaires de la société anonyme; elle doit l'être également à l'égard des commanditaires.

C'est à mes yeux une chose évidente que cette partie de notre législation commerciale a besoin d'être réformée. Elle est injuste, en ce qu'elle soumet à un régime différent des associés dont la condition est la même. Elle est vicieuse, en ce qu'elle donne elle-même les moyens d'éluder les obligations qu'elle impose aux sociétés anonymes, obligations qui sont cependant d'ordre public.

Si l'autorisation royale à laquelle les sociétés anonymes sont assujetties, n'est qu'une formalité inutile, il faut la supprimer.

Si, ce qui est la vérité, cette autorisation préalable est réclamée par les plus hautes raisons de justice et d'ordre public, il faut empêcher qu'on ne s'y dérobe, qu'on ne se donne tous les avantages du privilége sans en supporter les charges.

Pour empêcher le mal, et pour ne pas rompre avec les principes, avec la logique du droit, la loi devrait déclarer que les commanditaires seront responsables personnellement et solidairement des dettes de la société dont ils sont membres, à moins que cette société n'ait été établie avec l'autorisation royale. En un mot il faudrait faire de cette autorisation la condition indispensable du privilége de l'irresponsabilité pour tout associé, quelque soit le nom qu'il veuille se donner.

Telle est mon opinion personnelle ; si cependant, la disposition que je voudrais voir introduire dans la loi paraissait trop rigoureuse, trop radicale, on devrait ou supprimer l'article 38 du Code de commerce qui permet à la société en commandite de se former par actions, ou exiger que, quand elle adopte cette forme, elle se soumette à l'autorisation du gouvernement, si elle ne veut rester sous la loi commune de la responsabilité solidaire (1). Cette modification est de toute nécessité, car, comme l'ont dit les rédacteurs du Code de commerce eux-mêmes, « l'ordre public est intéressé dans toutes les sociétés qui se forment par actions ; il faut donc que l'autorité publique examine la valeur des effets que ces sociétés mettent sur la place. »

Enfin, si ce changement n'était pas encore accueilli, on devrait du moins défendre que les actions des sociétés en commandite pussent s'établir et se transmettre sous la forme d'un titre au porteur.

Cette modification ne serait pas selon moi une innovation : elle ne ferait que formuler nettement une pensée qui me paraît avoir été celle des rédacteurs du Code de commerce.

C'est une question controversée entre les auteurs et qui, dans une circonstance assez récente, a été discutée contradictoirement par les avocats les plus distingués du barreau de Paris (2), que celle de savoir si les actions

(1) Il est à remarquer que la disposition de l'article 38 qui permet la division en actions du capital de la société en commandite, ne se retrouvait pas dans le nouveau Code de commerce des Pays-Bas, élaboré sous le gouvernement hollandais.

(2) MM. Persil et Dupin aîné pour la négative ; Odillon-Barrot, Dupin jeune et Devaux du Cher pour l'affirmative. Le tribunal

dans les sociétés en commandite peuvent se transmettre sous la forme d'un titre au porteur. Je ne reproduirai point ici les moyens présentés de part et d'autre. Mais tout en rendant hommage au mérite éminent des juris-consultes qui ont pris part à ces débats , qu'il me soit permis de dire qu'il est une face de la question à laquelle ils se sont peu arrêtés , et qui cependant, examinée attentivement , peut conduire à une solution fondée. C'est du moins à ce point de vue que ma conviction s'est formée , et l'on me pardonnera peut-être d'en exposer les motifs , en considération de l'intérêt que la question offre aujourd'hui dans notre pays.

Le Code de commerce , après avoir statué dans l'article 34 que le capital des sociétés anonymes doit nécessairement être divisé en actions , s'occupe dans les deux articles suivans des modes selon lesquels la propriété des actions peut s'établir et se transmettre dans ce genre de sociétés, et il en consacre deux. L'action peut d'abord être établie sous la forme d'un titre au porteur , et alors elle se transmet par la seule tradition du titre. Dans ce cas l'action n'est pas nominative , la cession qui en est faite ne laisse point de trace , l'actionnaire reste inconnu. La propriété de l'action peut en second lieu s'établir par une inscription sur les registres de la société : alors l'action étant nominative , la cession qui en est faite

de commerce de Paris a admis le système des actions au porteur, par jugement du 14 août 1830 , confirmé par la cour d'appel le 7 février 1832. — Horson, dans ses *Questions de droit commercial*, quest. xiv, soutient la négative. Malpeyre et Jourdain, dans leur *Traité des sociétés commerciales* émettent l'opinion contraire qui n'est pas partagée par l'éditeur belge de cet ouvrage. V. l'édition belge de 1836, p. 121 , à la note.

doit être constatée ; aussi ne s'opère-t-elle que par une déclaration de transfert inscrite sur les registres et signée par celui qui fait le transport ou d'un fondé de pouvoir.

La loi déclare ensuite , à l'article 38, que le capital des sociétés en commandite pourra être aussi divisé en actions ; mais elle ne dit pas comment la propriété de ces actions sera établie et transmise ; elle semble nous laisser ignorer si les deux modes consacrés à l'égard des actions des sociétés anonymes sont également applicables aux actions des sociétés en commandite. De là la question de savoir si ces dernières peuvent exister sous la forme d'un titre au porteur , transmissible de la main à la main , sans aucune formalité.

Ma pensée est que les actions de la société en commandite sont nécessairement nominatives , à cause de la nature même de cette espèce de société , et que dès lors , elles ne peuvent se transmettre que comme les actions nominatives des sociétés anonymes elles-mêmes, c'est-à-dire par une déclaration de transport inscrite sur les registres de la société , ce qui exclut la forme d'un titre au porteur.

Cette opinion a besoin d'être justifiée.

C'est un principe constant , fondamental en droit , qu'un contrat n'est parfait que par le consentement de toutes les parties, c'est-à-dire par le concours simultané de leurs volontés dûment manifestées (1). Le consentement , voilà le fait auquel seul vous pouvez rattacher l'existence du contrat, le moment précis auquel il prend vie ; pas avant , pas après : avant ce moment , il n'y

(1) Code civil , art. 1108.

a qu'un projet ; après ce moment, il y a un contrat parfait, définitif, qui ne pourrait être modifié que par un contrat nouveau (1).

De là cet autre axiôme qu'une convention n'a d'effet qu'entre les parties contractantes, qu'elle ne peut nuire ni profiter aux tiers, c'est-à-dire à ceux qui n'ont pas primitivement consenti, qui n'ont pas participé à la formation du contrat et n'y sont pas dénommés (2).

Ces principes, vrais dans tous les contrats, s'appliquent plus rigoureusement encore au contrat de société, parce qu'il repose sur la confiance personnelle, et qu'il est dans la nature de l'association que les associés se choisissent (3).

Une exception est admise cependant : c'est pour la société anonyme, dont le caractère est tout particulier et qui, quant à son mode de constitution, tient bien plus des communautés et corporations que des conventions privées. Cette société peut exister et existe le plus souvent avant que le personnel soit complet, et par conséquent sans le consentement, sans le concours des volontés de tous les membres. Pourquoi ? C'est qu'il y a ici un autre fait que celui du consentement, auquel la naissance de l'association se rattache, un fait patent, public, solennel, c'est l'arrêté royal qui autorise la société et en approuve les statuts : ce qui la constitue, ce qui lui donne l'être, c'est la consécration de la puissance publique. Voilà comment la société anonyme se forme, lorsqu'il n'y a encore qu'une très-

(1) Code civil, art. 1134.
(2) Ibidem, art. 1165.
(3) Ibidem, art. 1844, 1861, 1863, n° 3, 1868, 1871.

faible partie des actions qui soit placée, et sans la partici-pation de tous les associés. Le contrat se fait, pour ainsi dire, entre les fondateurs d'une part et, de l'autre, le gouvernement agissant dans l'intérêt du public en géné-ral et des actionnaires futurs en particulier. C'est seule-ment quand l'autorité a attesté publiquement l'utilité de l'association et l'existence de garanties suffisantes, que les particuliers se décident à prendre des actions, à adhérer à un traité à la conclusion duquel ils n'ont pas participé.

Il suit de là que les simples actionnaires, n'ayant pas concouru à la rédaction de l'acte de société, n'y sont pas dénommés. Les statuts ne contiennent que les noms des fondateurs et des premiers administrateurs.

C'est pour cette raison, dit Delvincourt (1), que les statuts doivent nécessairement être rédigés en forme authentique, tandis que ceux des autres sociétés peu-vent l'être sous seing privé. Il serait impossible que l'acte de société fût signé par des actionnaires qui ne sont pas connus au moment où il est fait.

Puisque les actionnaires de la société anonyme ne sont pas dénommés dans l'acte, les actions n'ont rien de personnel; de leur nature, elles ne sont pas nomi-natives. L'associé pourra donc transmettre sa qualité à un autre, sans qu'il soit nécessaire qu'aucun acte écrit prouve qu'il s'en est dépouillé, car aucun acte ne cons-tate qu'il en ait jamais été investi. Ainsi l'action s'établira très-bien sous la forme d'un titre au porteur, et la ces-sion s'opérera par la simple tradition du titre. C'est là

(1) Institutes de droit commercial, pag. 29, note 9. — Delvin-court ne tire du reste aucune conséquence de cette observation.

aussi le premier mode que la loi indique. Cependant elle en consacre un second, que la société pourra adopter de préférence quand elle aura intérêt à avoir des actionnaires connus, c'est celui d'après lequel la propriété de l'action est établie par une inscription sur les registres de la société. Dans ce cas l'action est nominative et si celui sous le nom de qui elle a été inscrite veut la céder, il faudra qu'il fasse et signe sur les registres une déclaration de transfert.

On le voit, tout ce système est parfaitement en harmonie avec la nature particulière de la société anonyme. Peut-il se concilier également avec les principes qui doivent régir la société en commandite?

Cette dernière espèce de société, telle qu'elle est aujourd'hui réglée par la loi, n'a rien qui la fasse sortir de la catégorie des contrats privés et qui doive la soustraire à l'application des dispositions générales sur la formation et la validité des conventions. Ici, point d'autorisation de la puissance publique, point d'arrêté royal qui la constitue et auquel il soit possible de rattacher le commencement de son existence légale. Dès lors on est forcé de dire que la société en commandite, comme tous les contrats, ne prend naissance que par le consentement, c'est-à-dire, par le concours des volontés de toutes les parties. Il faut que tous les associés contractent ensemble, il faut que les commanditaires figurent au contrat aussi bien que les complimentaires, sans quoi la convention leur resterait tout-à-fait étrangère, elle serait nulle à leur égard, elle ne leur conférerait aucun droit dont ils pussent jouir par eux-mêmes ou qu'ils pussent transmettre à d'autres.

Je dis que les commanditaires doivent figurer au

contrat. Si cette assertion n'était pas déjà justifiée par les principes généraux , elle le serait par la définition même que l'article 23 du Code de commerce donne de la société en commandite. C'est celle, dit cet article, qui « *se contracte entre un ou plusieurs associés* responsables et solidaires, *et un ou plusieurs associés simples bailleurs de fonds,* que l'on nomme commanditaires ou associés en commandite. »

Cette disposition est assez formelle et il n'en existe pas de corrélative parmi celles qui concernent la société anonyme. Il faut donc que les commanditaires contractent société avec les complimentaires. On ne peut pas ici constituer la société d'abord et chercher des commanditaires ensuite, car ces commanditaires, n'ayant pas été parties dans le contrat, ne seraient que des tiers auxquels l'acte social ne pourrait ni nuire ni profiter. Il faut que dès l'origine le personnel de la société soit complet, et que tous les associés, quelle que soit leur qualité, soient dénommés dans le contrat auquel ils ont concouru.

Est-ce bien ainsi que le législateur a envisagé les sociétés en commandite ? La différence que nous venons d'établir entr'elles et les sociétés anonymes a-t-elle été dans sa pensée ? On peut en juger par les paroles prononcées, dans la séance du conseil d'état du 13 janvier 1807, par Regnaud (de Saint-Jean-d'Angely) : « Dans la société anonyme, a-t-il dit, on ne peut connaître les associés entre lesquels elle est formée ; dans la société en commandite, le commanditaire n'est pas caché ; *il est nommé dans l'acte de société* (1). »

_____

(1) *Locré*, sur l'art. 19.

Mais l'article 38 du Code de commerce en permettant de diviser en actions le capital des sociétés en commandite, n'a-t-il pas introduit, pour ce cas, une dérogation aux principes qui viennent d'être exposés ? Nullement. Voici à quoi se réduit l'effet de cette disposition. En règle générale, le commanditaire ne peut pas, de sa seule autorité, transmettre sa qualité à un autre, parce qu'il est de l'essence de la société que les associés se choisissent, et que l'article 1816 du Code civil porte qu'un associé ne peut, sans le consentement de tous, associer une tierce personne à la société. Cependant il est de l'essence des actions d'être transmissibles. En permettant de diviser le capital de la commandite en actions, la loi a donc modifié la règle, elle a autorisé le commanditaire-actionnaire à céder sa qualité et ses droits à un tiers. Mais pour céder ses droits, il faut qu'il en ait, et nous avons montré qu'il ne peut en avoir qu'autant qu'il ait concouru au contrat. Aussi, l'article 38, qui accorde la faculté de diviser le capital de la société en commandite en actions, ajoute-t-il immédiatement : *sans aucune autre dérogation aux règles établies pour ce genre de société.*

Il reste donc vrai que, quand même le capital est divisé en actions, il faut que le personnel de la société en commandite soit complet au moment de sa formation, il faut que dès lors toutes les actions soient placées et que tous ceux qui les possèdent concourent au contrat.

Après cela, l'actionnaire pourra transmettre son action avec tous les droits qui y sont attachés. Mais comment la transmission s'opérera-t-elle ?

Si les considérations que nous avons présentées sont

justes, il est évident que l'action en commandite est nécessairement nominative. Elle a été prise sous le nom de l'actionnaire qui a concouru au contrat et qui y est dénommé. Il ne peut perdre la qualité d'associé qu'il tient de la convention même, sans qu'au moins un nouvel acte écrit, destiné à demeurer annexé en quelque sorte à la convention et à durer autant qu'elle, constate qu'il s'est dépouillé de cette qualité pour en investir telle autre personne déterminée qui désormais le remplacera dans la société. Sans cela, il continuerait à être seul reconnu comme actionnaire, puisque son nom n'aurait pas cessé de figurer au contrat qu'aucun acte postérieur ne modifierait.

Il est impossible, pour ces motifs, que le commanditaire transmette sa qualité et ses droits par la simple tradition d'un titre au porteur, tradition qui ne laisse après elle aucune trace.

Quel est donc le mode qu'il devra employer?

J'ai dit plus haut que la loi consacre deux modes de transmission pour les actions des sociétés anonymes : tradition d'un titre au porteur, lorsque l'action n'est pas nominative ; déclaration de transfert inscrite et signée sur les registres de la société, lorsque l'action est nominative. Je crois avoir prouvé que les actions dans les sociétés en commandite sont nécessairement nominatives, lorsqu'on ne fait pas violence à la nature de cette espèce de société ; il en résulte que ces actions ne peuvent se transmettre que comme toutes les actions nominatives, c'est-à-dire par une déclaration de transfert inscrite sur les livres de la société.

Je ne sais si les raisons que j'ai présentées sur cette dernière question seraient de nature à entraîner la dé-

cision du juge qui aurait à se prononcer sur la validité
d'une société en commandite, mais je crois qu'elles suffisent pour montrer quelle a été la pensée du législateur,
et pour faire comprendre qu'une loi nouvelle qui réser-
verait exclusivement aux sociétés anonymes, dûment
autorisées, l'usage des actions au porteur, ne ferait
que réaliser les intentions aujourd'hui méconnues des
rédacteurs du Code de commerce.

V. GODET.

Promenade Historique

Le ciel éclatant de lumière présage un beau jour, la nature est riante et nous invite à la gaîté. Cependant à peine ai-je fait le trajet de Liége à Grivegnée que des souvenirs pénibles attristent mon ame : c'est que j'aperçois la fontaine de Wez, et qu'elle indique la place d'un forfait qui souilla nos annales.

Reportons-nous quelques années après le sac épouvantable de Liége, ordonné et présidé par Charles-le-Téméraire. Guillaume de la Marck, seigneur d'Aremberg, banni comme traître par l'évêque Louis de Bourbon, méditait des projets de vengeance. Dès qu'il vit son ennemi privé de la protection du duc de Bourgogne, il résolut de s'emparer de sa capitale, et le fourbe Louis XI se prêta à fournir des soldats et de j'argent pour cette entreprise. Les historiens nous apprennent que les gens de la Marck portaient représentée sur leurs manches une hure de sanglier, ce qui valut à leur maître le surnom de *Sanglier des Ardennes*. Il commença la campagne par ravager l'Entre-Sambre et

Meuse, pénétra dans le Condroz, signala partout son passage par l'incendie et le meurtre, puis se dirigea sur Liége.

C'était le 30 août 1482. A son approche, la milice, la bourgeoisie, ainsi que la noblesse restée fidèle, se rangèrent sous la bannière de Saint Lambert. Bourbon, après s'être confessé, monta à cheval, vint sur le marché, y harangua sa petite armée, lui fit distribuer du vin en signe de bonne foi réciproque, et sortit avec elle par la porte d'Amercœur pour marcher à la rencontre du rebelle.

Jean de Horne, qui unissait la prudence à la bravoure, lui représente inutilement que l'infériorité de ses forces lui fait un devoir d'attendre ces hordes étrangères derrière nos murailles ; l'évêque ne veut rien écouter et, malgré le désavantage du terrain, il commande l'attaque.

La victoire fut longtemps disputée ; les sires de Wideux, de Vogelsanck, Adam de Clermont et Adam de Metecove tombent des premiers ; Jean de Horne est fait prisonnier ; les meilleurs officiers et soldats sont tués ; le reste fuit le champ de bataille. D'Aremberg pousse son cheval sur Bourbon qui, le voyant venir, lui crie merci : au même instant, un soldat lui porte un coup à la tête, et l'infortuné, tout couvert de sang, implore encore une dernière fois la pitié de son vainqueur ; mais celui-ci refuse inhumainement la vie au prince qui la lui avait épargnée : il le massacre avec férocité, croyant sans doute qu'il y allait de sa gloire à tremper ses mains dans le meurtre de celui qui l'avait jadis comblé d'honneurs et de bienfaits. Comme la victime respirait encore, un soldat eut mission de l'achever. C'est là , c'est près de cette fontaine qu'elle tomba *en dedant de la fosse fumière d'un bouvier* (1).

Le corps de l'évêque , qu'on dépouilla en ne lui laissant absolument que la chemise , demeura gisant pendant vingt-quatre heures , et ce ne fut qu'après les plus instantes prières que les frères Mineurs obtinrent la permission de l'enlever , pour le transporter dans l'église Saint-Lambert.

Après ce crime , la Marck prit le titre de protecteur du pays , s'empara du pouvoir, et fit élire , de force , son fils évêque et prince de Liége , quoique ce jeune homme n'eût pas l'âge requis pour entrer dans les ordres. La plus affreuse anarchie fut le résultat de ce gouvernement despotique ; mais l'auteur de tant de maux périt à son tour , trois ans plus tard , par ordre de l'archiduc Maximilien qui le fit décapiter à Maestricht (18 juin 1485).

Le triste récit de cette catastrophe nous a conduits jusqu'à Chênée. Nous passons sur le nouveau pont , achevé depuis quelques années et que l'on commença dès 1812. La rivière qui coule à nos pieds est la Vesdre qui se jette dans l'Ourthe , quelques toises plus bas. Devant nous se déploie une vallée fertile , dont vous apercevez l'extrémité et d'où s'élève la tour antique du château de Beaufraipont , autrefois dépendance de la forteresse de Chèvremont (2), aujourd'hui la propriété de Mr. le baron Osy , qui a réparé cet édifice dans le goût moderne.

Un peu plus loin , vers la gauche , est la montagne

(1) Manuscrit.
(2) Voyez les *Délices du pays de Liége.*

de Chèvremont elle-même. De toutes parts inaccessible, elle ne fut primitivement habitée que par des chèvres dont elle tira son nom (1). Son sommet est couronné d'un massif d'arbres qui ombrage une chapelle dédiée à la *mère de Dieu*. On y parvient par un sentier rude et tortueux, où sont placés de petits oratoires, ou stations. La construction de la chapelle est d'une grande simplicité, elle récelle la statue de sa patrone qui lui donne une prodigieuse célébrité. La beauté des points de vue qu'on y trouve est au-dessus des plus brillantes descriptions qu'on pourrait en faire.

Tout ce qu'on sait de l'origine du château, c'est que Ste.-Begge, épouse d'Ansigise et mère de Pépin de Herstal, demeurait à Chèvremont, alors habitation royale, et qu'elle ne quitta cette demeure que lorsque son mari fut tué à la chasse par Gendeius l'an 685 (2). Au commencement du 10e siècle, il appartenait à Giselbert, comte des Ardennes, qui, avant d'aller en Allemagne pour combattre Othon Ier, y laissa Gerberge, sa femme, fille de l'empereur Henri Ier, sous la protection de deux preux, Anfred et Arnoud. Giselbert surpris par un parti d'Othon, se noya en repassant le Rhin. (*Son corps ne fut onques retrové*) (3).

Immont, général de l'empereur, vint assiéger Chèvremont. La vaillante et nombreuse garnison qui défendait la place ayant découragé les assiégeans, le chef

(1) Encor par fist Cedros ce que son père avoist remenché et l'appella Chieffremont à couse que ne home ne beste ny polloit monter, fort seulement le chiefvre qui i monteit bien, mais ne povoit descendre. (*Ancien manuscrit*).

(2) Lemayeur, *La gloire des Belges*, tom. 1, p. 75.

(3) Butkens, *Trophées du Brabant*, p. 44.

germain recourut à la félonie pour en venir à bout. Il invita Anfred et Arnoud à une conférence, les fit charger de chaînes dès qu'ils furent en son pouvoir, et la garnison privée de ses chefs se rendit. La veuve de Giselbert épousa peu après Louis IV, roi de France, et Chèvremont devint la propriété d'Immon (1). La situation de ce château plaisait à ce farouche seigneur, qui, semblable à l'oiseau de proie, épiait ses victimes du haut de son nid, et fondait rapidement sur elles. Il se jetait sur les voyageurs, les pillait sans pitié, leur ôtait la vie, ou les renfermait dans ses prisons pour les y laisser périr, s'ils ne pouvaient se racheter au poids de l'or. Par fois même, plus audacieux encore, il poussait ses excursions jusqu'au quartier d'Outre-Meuse, d'où il ne se retirait que chargé de butin (2).

Vainement les Liégeois avaient tenté de s'opposer à ces brigandages. Comptant sur ses hommes d'armes, sur ses tours et mieux encore sur la situation de son château (3), Immon se riait des efforts dirigés contre lui, et n'en continuait pas moins à vivre de rapine.

Il eut d'Isabelle, son épouse, un fils qu'il ambitionnait de faire baptiser avec ostentation. Pensant que l'évêque de Liége était le prélat qui pouvait donner le plus de relief à cette pompe, il députa vers lui un des siens pour en faire la demande : elle fut acceptée, et le jour de la cérémonie fut arrêté.

« Notger, selon l'expression d'un ancien écrivain, »possédait une capacité en tous points: pontife dans son

(1) Butkens, *Trophées du Brabant.*
(2) Villenfagne.
(3) Butkens, *Trophées du Brabant*, p. 41 ; et Fisen, libr. 7.

»église, publiciste dans son conseil, guerrier à la tête
»de ses troupes, il sut fortifier le respect qu'il emprun-
»tait de sa mitre et l'influence qu'il tenait de son propre
»caractère, par une administration sage et une pru-
»dence qui savait temporiser (1). » Depuis longtemps il
rêvait au moyen de se délivrer du formidable châtelain, dont les audacieuses déprédations compromet-
taient la sûreté et jusqu'à l'existence de la cité naissante.
Le désir de s'en garantir fit taire en lui, dans ces circonstances, tous les principes de l'équité naturelle.
Uniquement préoccupé du but de son entreprise, il
ferma les yeux sur l'horreur des moyens, et eut recours
à un stratagème qui réunissait tous les caractères du
sacrilége et de l'assassinat. Notger rassemble la noblesse
et l'élite de ses guerriers, il leur expose le projet qu'il
a de saisir l'occasion qui se présente de se débarrasser
d'un dangereux voisin, et sa proposition est accueillie
avec transport. Pour ôter à Immon le temps de réfléchir et d'entrer en défiance, l'évêque devance d'un jour
la cérémonie du baptême.

Dès le lendemain, à la pointe du jour, les habitans de
Chèvremont sont éveillés par des chants religieux. Du
haut de leurs murailles, ils voient s'avancer processionnellement deux cents prêtres, qui n'étaient en réalité
que des soldats travestis, portant des armes cachées
sous leurs chapes et leurs surplis : l'évêque, la mitre
en tête, marche derrière eux. A la vue de cette pompe,
le seigneur s'empresse de faire ouvrir ses portes et
vole au devant du saint cortége. Le prétendu clergé
est à peine introduit dans la forteresse, qu'au signal

(1) Leclerc, *Abrégé de l'histoire de Spa.*

de Notger, jetant chapes et surplis, il fait briller l'acier dans ses mains, s'empare des principaux postes, et massacre tout ce qui fait mine de résister. Immont n'eut d'autre moyen de se soustraire aux assassins que de s'élancer du haut des remparts dans les flots de la Vesdre. Isabelle, non moins résolue, étreignit son fils dans ses bras et se précipita avec lui dans le puits du château....

Dès qu'on apprit à Liége la prise de Chèvrement, le peuple, heureux d'être affranchi des exactions de ce cruel voisin, manifesta sa joie, comme s'il se fût agi de la plus glorieuse victoire (1).

C'est avec raison que l'histoire a flétri ce barbare stratagème de Notger, qui est au surplus l'unique tache d'un règne d'ailleurs glorieux à tant d'autres titres. Il serait curieux de comparer les mœurs d'alors avec les nôtres, d'observer l'affaiblissement progressif des passions brutales, et l'admission successive de certaines règles de morale privée dans les guerres de seigneur à seigneur, ou de peuple à peuple, qui ne connaissaient d'abord aucune limite, aucun tempérament (2). Il s'agissait, avant tout, de vivre et de mettre fin, si on le pouvait, à l'existence de ceux qui auraient de leur côté, et sans scrupule, employé la trahison et le parjure lui-même pour se débarrasser de leurs ennemis. La cruelle et impérieuse nécessité faisait taire tous les principes de la justice naturelle : à peine soupçonnait-on qu'il fût possible d'en faire jamais l'application dans ces luttes frénétiques qui se renouvelaient si fréquemment. C'est

(1) Fisen, libr. 7.
(2) Voyez Hemricourt et ses devanciers.

donc plutôt le siècle qu'il faut accuser de ces barbaries que Notger lui-même, car il suivait en quelque sorte l'espèce de droit public admis par le consentement des opprimés contre les oppresseurs.

Notger fit retirer des trois églises comprises dans la forteresse les objets les plus précieux, et s'empressa d'en faire démolir les murailles de façon qu'il n'en restât plus de vestige (1). Plusieurs chroniqueurs, amis du merveilleux, rapportent que les ouvriers occupés à la démolition de l'église dédiée à Saint Jean, en furent empêchés par une puissance surnaturelle; mais Notger, s'étant mis en prière, promit au Saint de lui en faire construire une dans le quartier de l'Ile, à Liége, et les ouvriers purent alors reprendre leurs travaux (2). Les mêmes chroniqueurs ajoutent, que la tour actuelle de St.-Jean fut bâtie avec les matériaux qui ont appartenu à celle de Chèvremont. Il est certain que Notger affectionna particulièrement l'église de St.-Jean en Ile,

(1) A l'exception d'un passage souterrain qui existe encore.

(2) At puys retourna levesque en lieg et amena avecque lui douze klokes et mist une à Sainct Lambert appelée *Coparaie* (*) qu'on sonne por les ouvriers tous les jours; item une à Sainct Paul appelée *Dardare* (**); item une à Sainct Pierre appelée *Prusette*; item une à Saincte Croix du mesme nom. An leglize de Sainct Jean trois quant elle fut parfaite; item une à Sainct Martin; et Sainct Denys deux qu'ils gardèrent moult longtemps. (*Abbregés extraicts des chronigs de Jean Stavelot faicts par Hubert du Pas, clerogue des douze seigneurs du pays de Liege*).

(*) On la sonnait à 9 heures, elle a été brisée par les Vandales de 94.

(**) Du temps de l'historien Fisen, on conservait encore à la collégiale de Saint Paul, une cloche connue sous le nom de *Dardar*. (Villenfague, *Mélanges*, page 224).

près de laquelle il se fit construire un palais où il demeura (1).

Après 36 ans de règne uniquement consacrés au bonheur de son peuple, il mourut en 1007, neuf ans après la chute de Chèvremont. Les larmes et les regrets des Liégeois accompagnèrent sa dépouille mortelle qui fut déposée à l'église St.-Jean. Beaucoup plus tard, lorsque les tombeaux furent violés, ses ossemens furent recueillis dans une grossière boîte en bois sans serrure, qui est encore aujourd'hui exposée aux regards des curieux.

Mais abandonnons cet épisode de l'histoire du pays, et portons nos yeux vers Chaudfontaine. Certes, ce n'est point sans motif que plusieurs de nos poètes ont exercé leur muse sur les agrémens de cet endroit. Je ne dirai rien de sa situation trop bien connue, dans un vallon bordé d'une chaîne de montagnes recouvertes de bois épais, ni des chemins ombragés qu'on y a pratiqués, et qui offrent des promenades délicieuses aux hôtes nombreux que la recherche de la santé et du plaisir y conduit. Est-il besoin de faire l'éloge de la vue enchanteresse dont on jouit des hauteurs, en plongeant ses regards dans les diverses sinuosités de la vallée? Est-il besoin encore de faire ressortir le contraste si pittoresque qu'offrent, d'une part la fraîche verdure des prairies et des bois, et de l'autre

> Cette fumée épaisse et ces forges brûlantes,
> Ce bruit affreux, ces Cyclopes nouveaux,
> Sous les coups redoublés de leurs pesans marteaux

(1) Formant l'angle de la rue et de la place St.-Jean, cette maison a été rebâtie il y a 34 ans.

Les enclumes retentissantes ,
Qui rappellent l'Etna, Vulcain et ses fourneaux (1)?

Nous n'ajouterions rien à la célébrité de Chaudfontaine, dont les eaux sont connues depuis le XIIIme siècle, comme l'atteste une charte de l'an 1250 où elles sont qualifiées de *Chauveteau-Fontaine*. Plus tard, en 1339, un testament lègue une somme pour l'hôpital Saint-Julien (2) (ainsi nommé en l'honneur du patron des voyageurs), et l'on présume que cette fondation , dite *Choz-Fontaine* (3) , avait été instituée pour loger les pauvres pélerins venant à Notre Dame de Chèvremont, ou bien pour fonder une léproserie (hospice à recevoir les lépreux).

Bien longtemps après cette époque , ce lieu n'était qu'un désert dont l'accès était rendu difficile par des fragmens de rochers détachés, et par l'extrême épaisseur de la forêt qui le couvroit : il n'était guère fréquenté que par des chévriers et des bûcherons. Ce ne fut que l'an 1676 , qu'un nommé Sauveur fit construire une chétive hutte d'argile , divisée en deux ou trois bains malpropres qui recevaient l'eau thermale de la source, à l'aide d'une petite pompe. Les baigneurs allaient se loger dans une vieille maison voisine , ou dans les forges des environs (4).

En l'an 1711, on découvrit la source du *Gadot* qu'on réunit aux précédentes. Deux ans après on y éleva l'hôtel des bains tel que nous le voyons maintenant.

(1) Frédéric Rouvroy.
(2) Voyez Ernst; *Supplément à l'histoire de Liége*, page 292 , et Villenfagne , *Histoire de Spa*.
(3) Ibidem.
(4) Bresmal , *Parallèle des eaux minérales*.

Les eaux sont extraites d'un réservoir commun par une mécanique, faite en petit, d'après celle que notre compatriote Renkin a construite à Marly.

Il y a peu d'années que les cabinets de bain n'étaient séparés que par une cloison de dix pieds de hauteur qui permettait aux indiscrets de voir chez leurs voisins, comme le prouve le dialogue original du *Théate Ligeoi* (1).

Aujourd'hui, on a remédié à cet inconvénient; les chambres de bain sont disposées de manière qu'il ne

(1) Dans le *Voège di Chofontaine*, on lit le colloque suivant :

MARIE BADA, *chantant dans son bain.*

Souh! souh! eye qui fai bon!
Abeye, Adyle, abeye, Tonton,
A vraye, gi kreu d'ess' on pehon,
J'a tant d'bin cial ki gi n'veu gott,
Gi sin som' frick kig' tréseie' tott.

M. GOLZEAU, *divin l'bagne jôndas.*

Jarni, v'là un beau triolet
Comme elles font la gueule di boffet.

ADYLE.

Vaset, tribole gi dans'ret,
Oh! houtt on pô, ki ess' eilà?
Sereuss' éco noss' margaohâ?

M. GOLZEAU.

Excusez-moi, si ji m'amuse,
A borgner par le trou d'la buse :
Ji n'ai poulu m'in empécher
In vous oyant si bien chinter,
J'ai cru ki c'était une Sirène
Ça s'appelle chinter comme unn reine
Et puis vous essté belle à voir.

MARIE BADA.

Ki louk à tro nè nin cô moîr.....

12

peut plus se commettre de ces sortes d'indiscrétions. Mais si la timide jeune fille peut en sécurité se plonger dans ces eaux salutaires, les vers gracieux de Mr. Frédéric Rouvroy n'en sont pas moins toujours vrais :

« Elle tremble, elle hésite, elle n'ose avancer,
» Sa pudeur ingénue éprouve mille alarmes.....
» A cacher ses attraits elle veut s'empresser,
» Mais l'onde au lieu de voiler tant de charmes,
    » Vient mollement les caresser. »

Chaudfontaine possède encore une source froide qui sort d'un rocher tapissé de mousse, et qui doit avoir quelque propriété bienfaisante, car on allait fréquemment autrefois boire ses eaux en y mêlant des anis au sucre.

Nous ne quitterons pas ce séjour charmant sans faire remarquer qu'il a inspiré au Gessner liégeois une de ses plus jolies idylles (1).

Au-delà de Chaudfontaine, on entre dans une vallée plus large, dont les côteaux sont également boisés et tout aussi romantiques; on aperçoit à l'extrémité le gracieux château de la Rochette que sa situation sur un roc élevé, rendait jadis une place importante ; il est rebâti sur l'ancienne tour qui faisait sa principale force (2).

Derrière le joli château,
Qu'on nomme la Rochette,
L'on vient de découvrir une eau,
Qui mérite bien qu'on l'achette,
Puisque le gros chasseur du lieu (3)

(1) Idylle à Chaudfontaine, par M. N. Combaire.
(2) *Délices du pays de Liége.*
(3) Le comte D'Arberg mort à Paris, en 1814.

M'a dit qu'il mange comme un diable
Avec ce breuvage impayable,
Lui qui mangeait si peu.....

Ces vers, qui sont un échantillon du talent de l'auteur liégeois des *Infiniment-petits* (1), font allusion à une fontaine sulfureuse qu'avait découverte un malheureux fugitif français, non loin de la Rochette, et de là lui était venu le nom de *fontaine de l'émigré*. La source en est tarie depuis plusieurs années. Ce malheureux proscrit, qui ne s'était pas borné à faire le voyage de Coblence, épuisé par les fatigues d'une première campagne, était venu s'établir à Chaudfontaine dans l'espoir d'y recouvrer la santé.

Les regrets de s'être éloigné d'une épouse aimée et d'un jeune enfant rendaient encore ses chagrins plus cuisans. Cependant l'armée française arrivait à grands pas, et à l'approche de ces troupes si redoutables pour les émigrés, l'étranger dut se retirer et fuir dans l'épaisseur des bois. Quelle existence alors que la sienne ! comme les plus timides hôtes des forêts, il tressaille au moindre bruit ! s'il quitte son abri protecteur, c'est pour demander à la cabane isolée le pain noir qui prolonge ses jours. Dans ce pitoyable état de perplexité, le besoin d'étancher sa soif lui fit découvrir la fontaine de la Rochette.

C'est encore un triste sujet que le récit de ses malheurs, mais puisque je l'ai commencé, vous désirerez peut-être que je l'achève.

Déjà deux mois s'étaient écoulés au milieu des angoisses et des privations; sa dernière espérance s'était

(1) Malherbe, *Délices de Chaudfontaine.*

évanouie, les Autrichiens avaient été battus à Esneux ;
l'Ourthe, la Meuse ont cessé d'être une barrière pour
l'armée républicaine, ses phalanges victorieuses s'éten-
dent déjà jusqu'aux bords du Rhin.

Pauvre émigré ! dans sa caste, on n'apprenait guère
à supporter les vicissitudes de la vie. Désespéré, il
quitte enfin son asile, et arrive à Nessonvaux ; là,
apprenant dans un cabaret qu'une compagnie française
est cantonnée dans le village, il prend soudain une
terrible détermination : il demande une chambre particulière, et après quelques instants consacrés à écrire,
il se précipite sur son épée qu'il s'enfonce dans la poitrine
jusqu'à la garde. Au bruit de sa chute, on monte
et on le trouve baigné dans son sang ; comme il ne
paraissait que blessé, on le laisse un moment seul pour
appeler du secours ; revenu à lui, il profite de cet isolement, réunit ses forces et se fait sauter la cervelle. Le
capitaine républicain, attiré par le bruit, est témoin de
ce triste spectacle ; il trouve sur le lit une montre, une
bourse qui ne contenait qu'un peu de monnaie, et une
lettre sans adresse, ainsi conçue :

« Qui que vous soyez qui recevrez cette lettre, si
» vous êtes Français, vous devez être sensible au mal-
» heur d'un compatriote, d'un parent peut-être ; après
» avoir lu mon histoire, j'espère en mourant que vous
» vous rendrez à ma prière..... »

Vient ensuite un exposé touchant de ses malheurs,
et la lettre se termine par ces mots :

« Etranger généreux, qui plaignez mon sort et qui
» daignez remplir mes dernières volontés, remettez le
» peu d'argent qui me reste à mon hôte pour le dédom-
» mager de l'embarras que je lui donne ; et vous, gardez

»ma montre à titre de reconnaissance. Quand vous re-
»garderez l'heure fugitive, pensez à l'éternité et au mal-
»heureux P. (1) »

L'officier versa des larmes en parcourant ces lignes, et remplit fidèlement les derniers vœux du mourant.

Au-delà de la Rochette, de jolies maisons de campagne ornent le paysage ; Prayon et tout le vallon arrosé par la Vesdre offrent successivement les sites les plus enchanteurs. La nature, encore dans l'enfance, y déploie toutes ses graces et toute sa liberté. De riches futaies, des arbres à fruits, de riantes prairies et, depuis la création de la route, des usines nouvelles contribuent encore à diversifier ces aspects déjà si variés en eux-mêmes.

Pépinster, dépendant de la commune de Theux, et qui possède des filatures importantes, est situé dans une gorge de montagnes, resserrée entre deux remparts de rochers blancs de forme verticale, appelés *murs du diable;* en-dessous de l'un de ces rochers est un gouffre où se précipite une branche de la Vesdre pour en sortir à une demi-lieue plus bas. Aux environs se découvre la maison des *Masures* placée dans un site des plus sauvages et que M. Edouard Biolley, de Verviers, vient de faire restaurer et meubler avec luxe dans le genre gothique. On prétend que c'était jadis un établissement de chasse de Pepin de Herstal (2).

La commune d'Ensival, aujourd'hui si florissante par ses fabriques de draps, n'était, il n'y a guère plus de deux siècles, qu'un pauvre hameau dont les chaumières

(1) Voyez *Souvenirs d'un émigré.*
(2) *Guide des curieux qui visitent Spa.*

servaient de repaire à une troupe de bandits qui rava-
geaient tout le canton. Sa situation, favorable à l'industrie, ayant accru le nombre de ses habitans, notre prince
Ferdinand de Bavière y érigea une cure particulière.
L'inauguration de ses premiers pasteurs a cela de remarquable qu'elle nous donne une idée de la simplicité
de nos usages et de nos coutumes dans ces temps si peu
reculés.

« Les principaux du village, après avoir assemblé le
»peuple dans une prairie que partage un petit ruisseau,
»lui présentaient successivement les ecclésiastiques as-
»pirans : à chaque présentation, ceux à qui le candidat
»était agréable sautaient de l'autre côté du ruisseau,
»de manière que le prétendant qui avait eu le plus de
»sauteurs pour lui, était élu curé d'Ensival (1). »

A mesure que l'on approche de Verviers, le pays devient moins pittoresque. Notre intention n'est point de
faire la description de cette ville, ni de nous étendre
sur la splendeur de son industrie. Mais notre manie
de conter ne nous permet guère de passer sous silence
une ancienne coutume que la *Revue Belge* a déjà fait
connaître à ses lecteurs.

Pour jouir de l'exemption du droit de *tonlieu*, Verviers était assujéti à envoyer à Liége, le jour de la dernière fête de la Pentecôte, ses derniers couples mariés
pendant l'année, portant la croix et les bannières et un
stier ; lorsqu'ils touchaient les limites de la capitale,
ils étaient tenus de danser chemin faisant jusqu'à l'église
St.-Lambert. Arrivés sous la couronne, placée au milieu de la grande nef, leurs gambades redoublaient, ils

(1) *Délices du pays de Liége.*

devaient en faire trois fois le tour , le pouce de la main droite levé en signe de soumission. Quelques-uns disent (et cette circonstance avait été , je pense , omise par l'auteur des *Croix de Verviers*) que si , parmi les mariés , il s'était trouvé un sauteur assez agile pour atteindre à la couronne , elle aurait appartenu de droit à la ville de Verviers , et que ce bizarre usage eût été aboli.

Après cette première cérémonie , ils offraient à la cathédrale une bourse avec trois pièces de monnaie , chacune de métal différent, or , argent et cuivre. Ensuite ils étaient conduits sur le Pont des Arches où ils brisaient leur mesure à grain , et en jetaient les morceaux à la Meuse. Plusieurs assurent (1) que cette dernière obligation avait été ajoutée aux autres comme une sorte d'amende honorable de la part des habitans , qui avaient voulu se soustraire au denier dû au chapitre de Saint-Lambert.

Il est une vieille anecdote verviétoise trop remarquable par sa singularité pour n'être point également rapportée ; un poème plein de *fines plaisanteries* a été imprimé sur ce sujet à Amsterdam.

« Rien de plus vrai, que l'an 1641 , l'on fit à Verviers »la tentative de faire voler un chat. On l'avait attaché »à quatre vessies gonflées d'air ; pour rendre l'animal »plus léger, on le fit purger, et un apothicaire, nommé »Saroléa , lui administra un clystère. Il fut ensuite porté »en grande cérémonie sur la tour de l'église paroissiale, »d'où il fut lancé en présence de la magistrature, qui »avait pris la peine d'enjamber toutes les marches de la »tour, pour voir de plus près le chat fendre les airs.

(1) Fisen , Foulon , Villenfagne.

»La pauvre bête fut lancée du haut du clocher et, au
»lieu de voler, tomba sur ses pattes. Depuis ce temps là,
»quand quelqu'un fait une sottise, on dit qu'il a fait
»*voler le chat* (1). »

Nous revenons maintenant à Pépinster, en passant
la Vesdre sur le nouveau pont. On entre d'abord dans
une gorge sauvage où se trouve Juslenville qui, sans
contredit, est la plus belle campagne des environs. Elle
est devenue, depuis quelques années, la propriété de
M. Lejeune, de Verviers, qui ne néglige ni soins ni
dépenses pour son embellissement, et dont l'obligeance
envers les étrangers que la curiosité attire chez lui doit
être citée avec éloge. La nature, secondée par l'art,
étale là ses charmes et sa liberté. Il est seulement fâcheux que la nouvelle route soit venue diviser Juslenville et détruire ainsi la belle harmonie de ses jardins
arrosés par la *Hoigne*.

A un quart de lieue plus loin, est le bourg de
Theux, chef-lieu de l'ancien marquisat de Franchimont,
patrie de ces hommes généreux dont la valeur et le dévouement ne peuvent être comparés qu'à l'héroïsme des
Lacédémoniens aux Thermopyles, et à celle des Suisses
à Morat. Ils jouissaient du droit de cité dans la ville de
Liége, à la condition d'être toujours prêts à la défendre.

Près du bourg de Theux, à l'endroit où la Hoigne
reçoit les eaux de la Spiheroule était le château de Franchimont, dont on ne peut contempler les ruines imposantes, sans se sentir l'ame profondément accablée.

On voit encore s'élever d'un front assez audacieux
quelques restes de ses anciennes tours féodales. Mais sur

(1) *Histoire du marquisat de Franchimont*, par Detrooz.

le sommet de ces remparts autrefois inabordables, plus de chevaliers franchimontois, plus de bannières victorieuses! Ce sol, foulé jadis par tant d'immortels guerriers, aujourd'hui silencieux et désert, ne présente plus qu'une bruyère aride; on dirait qu'il est voué au deuil, et que nulle fleur n'ose croître sur la cendre délaissée des héros.

L'origine de ce château remonte à des temps fort éloignés. Chilpéric, roi des Francs, ayant formé un camp dans les gorges des montagnes près de Theux, y fut défait par Charles Martel. De là dérive sans doute le nom de *mons francorum*, dont on a fait *Franchimont* (1). Un comte Reigner en fut nommé le premier marquis par Charles-le-Simple en 912. Réginard, le quatrième et dernier marquis, qui mourut sans postérité en Palestine (en 1012), en disposa en faveur de l'église de Liége. C'est depuis cette époque que nos princes prirent le titre de marquis de Franchimont, bien que nous devions convenir que nous n'avons aucun document précis à cet égard (2).

Franchimont jouit d'une grande célébrité dans nos annales. Charles-le-Téméraire y séjourna huit jours, lorsqu'il chercha à exterminer le reste de ces braves dont la valeur avait été si fatale aux siens. Il faillit y périr de froid avec son armée. L'hiver fut si rigoureux, que l'on devait briser à coups de hache le vin gelé, pour en faire la distribution aux soldats bourguignons (3).

(1) Voyez tous les auteurs liégeois.

(2) Villenfagne, *Histoire de la principauté de Liége*, p. 72.

(3) Voyez Philippe de Commines.

Les Lamarck qui pendant le 15e siècle ne cessèrent d'ensanglanter le sol de notre province, se maintenaient, au mépris de l'évêque, Jean de Horne, dans la forteresse de Franchimont.. Ce prince marcha contre cette place avec la milice liégeoise et dirigea contre elle le feu de 12 couleuvrines avec une telle furie, que 30 jours après elle ne paraissait plus qu'un monceau de cendres : la garnison était aux abois lorsque Robert de la Marck en fit lever le siége avec des troupes françaises (1).

Peu de temps après, le château fut réparé et rendu plus formidable que jamais. Il ne cessa d'être habité que par l'effet de la révolution liégeoise de 1789. Auparavant, c'était là que la justice s'assemblait pour juger les criminels que l'on y renfermait, mais déjà alors, il était à demi-ruiné.

Son aspect gothique, sa situation pittoresque, les fables inventées par la crédulité, lui donnaient un aspect romantique qui plaisait à l'imagination du peintre et du poète. Il était visité par presque toutes les personnes qui allaient à Spa. Un jeune émigré qui avec sa sœur alla le voir en 1793, en fait le tableau suivant :

« Après avoir suivi un sentier percé dans la forêt, »nous arrivâmes en gravissant la montagne à une des »portes du château de Franchimont; elle n'était plus »défendue que par des ruines couvertes de lierre. »Bientôt elle résonna sous les coups redoublés d'un gros »marteau que le fidèle Antoine, qui était de toutes nos »promenades, frappa de toutes ses forces : l'écho répéta »ce bruit sourd qui se prolongea dans la vallée. Après »avoir attendu quelque temps, nous entendîmes crier

(1) Bouille, *Histoire de Liège*.

»plusieurs verroux et ouvrir plusieurs portes; enfin ,
»celle où nous attendions tourna sur ses gonds rouillés ,
»et le concierge parut, tenant d'une main une lanterne
»et de l'autre un paquet de clefs , il nous salua brus-
»quement , nous fit entrer et referma la porte sur nous.

»Nous enfilâmes un grand corridor obscur d'où le
»jour ne nous arrivait que du bas , à travers un plancher
»usé qui recouvrait de profonds souterrains : on enten-
»dait en marchant un bruit semblable à celui d'une
»pierre qu'on jette au fond d'un puits. Ma sœur se rap-
»prochait de moi en tremblant ; le guichetier passa le
»premier avec sa lanterne , ouvrit une porte basse et
»nous conduisit par un escalier étroit au fond de plu-
»sieurs cachots où l'on n'entrait qu'en rampant. Comme
»il nous tardait de revoir le jour , il nous conduisit
»par le grand escalier dans des salles assez bien éclairées
»et meublées d'une manière gothique. Dans un appar-
»tement plus sombre nous vîmes les instrumens qui
»servaient autrefois à la torture des criminels. Nous sui-
»vîmes encore notre guide par un autre escalier jus-
»qu'aux greniers. Il nous ouvrit une lucarne et nous
»proposa de faire le tour en dehors du château dans
»une galerie sans balustrade : nous le refusâmes. C'est
»là , nous dit-il , d'une voix enrouée , que s'est éteinte
»la race des seigneurs de Franchimont , par la mort de
»deux jeunes frères qui s'entretuèrent.... (1). Le geôlier
»nous assura qu'à minuit , on entend encore les deux
»frères ferrailler dans la galerie , et qu'ils disparaissent
»lorsque le coq commence à chanter. Ces faits merveil-

(1) C'est bien certainement l'histoire des fils de Moha , changée
de lieu.

»leux sont en harmonie avec la structure bizarre du
»château qui parait désert, et avec l'air sombre du
»geôlier que l'on prendrait pour un enchanteur qui peut
»d'un mot vous retenir enchaîné dans ses profondes
»cavernes. Nous vîmes encore plusieurs ruines qui con-
»tenaient des souterrains, mais où il était dangereux
»de pénétrer. Après avoir parcouru tout ce que l'on
»pouvait voir, nous sortîmes par une porte opposée à
»celle par laquelle nous étions entrés (1). »

Quelque sèche et incomplète que soit cette description,
nous avons cru devoir la reproduire, parce qu'elle
fournit quelques renseignemens topographiques qui
peuvent être utiles.

Rien de plus séduisant que la verte colline qui s'étend
des ruines de Franchimont jusqu'à Spa. Partout des
sources s'échappent des sinuosités des montagnes et
viennent grossir la Spiheroule dont les rives rafraîchis-
sent un gazon émaillé de fleurs. La vue de cette petite
ville annonce vraiment le plaisir qu'on y va chercher.

Le soir même de notre arrivée, nous fûmes au
bal, et le lendemain matin nous prîmes le chemin du
Champignon. C'est une promenade taillée dans les
montagnes qui dominent Spa : elle y est ménagée de
manière à vous conduire à travers les précipices, sans
que vous vous en apperceviez. Au sortir de ces allées
touffues, vous êtes tout-à-coup frappés de l'aspect du
bourg. Ces bruyères, ces roches sauvages, ces collines
agrestes, n'attendaient que la main habile du Kent
liégeois (2), pour être converties en un vaste jardin,
la plus pittoresque des créations de ce genre.

(1) *Souvenirs d'un jeune exilé.*
(2) M. le chevalier de Lance, créateur heureux de presque

Arrêtons-nous à l'endroit nommé *Annette et Lubin*, et qui domine la place royale. Là sont les restes de la cabane de ces deux villageois dont la naïve histoire ne peut être racontée san, réveiller l'intérêt.

Joseph et *Jeanne* étaient enfans de deux sœurs. Restés orphelins, dès l'âge de 12 ans, ils habitaient la même cabane sans se douter que le sentiment qui les unissait eût quelque chose de répréhensible. Toute leur richesse consistait en une douzaine de chèvres qu'ils gardaient ensemble sur la montagne du *Sart.* Pendant l'été ils en vendaient le lait à Spa, et l'hiver ils le convertissaient en fromage; à ce moyen d'existence était ajouté la vente des fraises qu'ils cueillaient dans les bois et quelques petits ouvrages de vannerie.

A 16 ans, Jeanne était une brune piquante, aux yeux noirs, au teint de rose qu'on ne pouvait voir sans admiration. Joseph était un beau garçon que l'on aurait pris pour le Sylvain du lieu. Ils ne pouvaient envier des biens qu'ils ignoraient: leur vie était une continuité de bonheur et de douces jouissances; enfans de la nature, ils en suivaient l'impulsion, sans penser qu'ils pussent s'écarter des loix et des convenances sociales.

Un dimanche pourtant, à l'issue de la grand'messe, Jeanne et Joseph remarquèrent que les jeunes filles chuchotaient en les regardant, que les garçons souriaient, tandis que les vieillards lançaient sur eux des regards sévères; qu'avons-nous fait, Joseph, demandait Jeanne, pourquoi sommes-nous devenus l'objet des remarques de tous? Je n'en sais rien, répondait Joseph,

tous les jardins paysagistes de la province, auquel Chaudfontaine est redevable de ses embellissemens.

mais je t'assure que c'est le moindre de mes soucis : qu'on nous aime ou qu'on nous fuie, peu nous importe, nous vivons heureux, ne penses-tu pas comme moi, Jeanne ?

Ce ne fut pas sans surprise que le jeune couple, vit un jour entrer le pasteur chez eux; « Mes enfans, leur »dit-il, votre demeure est si éloignée, que j'ignorais »jusqu'à son existence, il circule un bruit sur vous que »j'ai voulu vérifier moi-même. » L'innocence ne sait point dissimuler, il fut donc facile au curé de connaître la vérité..... « Malheureux enfans, continua-t-il, votre »faute est d'autant plus grande que le degré de parenté » qui existe entre vous, ne permet pas que vous puissiez »la réparer à temps..... » Ce ne fut pas sans étonnement que Jeanne apprit alors qu'elle serait bientôt mère, que son union avec Joseph n'étant point légitimée par l'église, il en résultait que le fruit de leur amour était destiné à rougir de sa naissance et qu'eux-mêmes seraient méprisés par les autres villageois.

C'était à la fin de juillet, moment le plus brillant de la saison de Spa. Lord ***, grand amateur de promenades champêtres, avait souvent été conduit par Joseph dans les rochers les plus escarpés des environs; souvent aussi il s'était arrêté dans la cabane solitaire des deux amans pour qui il avait conçu le plus vif intérêt. Ayant appris leur fâcheuse position, il vint à leur secours. Leur histoire devint la nouvelle du jour parmi les nombreux étrangers qui se trouvaient à Spa : tous voulurent concourir au bonheur du jeune couple. On obtint de Benoît XIV la dispense nécessaire pour leur mariage, et leur cabane reconstruite devint le but de la promenade favorite (1). Les noms de Jeanne et Joseph étant trop vulgaires furent changés en ceux *d'Annette* et *Lubin* (2).

Les nouveaux époux vivaient heureux et contents, au sommet de leur montagne, quand un Français, spéculant sur leur célébrité, les engagea à aller à Paris où ils furent produits « dans les promenades, les salons »et les spectacles, et se montrèrent aux *Italiens*, un »jour qu'on représentait l'opéra qui porte leur nom (3). »

Nous avons été depuis témoins d'un trafic semblable, lorsque les pauvres Osages arrivèrent en Europe.

Il est incontestable que le coin de la stérile Ardenne, où Spa est situé, faisait partie de l'Eburonie Transmosane. Un de nos plus respectables archéologues (4), conjecture avec apparence qu'Ambiorix, ce valeureux chef des Eburons, y avait sa maison où il fut surpris par un capitaine de César nommé Basilus, par qui il aurait été pris, si la résistance des siens ne lui avait facilité sa fuite à travers les vastes forêts voisines.

Spa resta complètement inconnu jusqu'à la fin du 11e siècle où l'on commença à reconnaître l'efficacité de ses eaux minérales. A la fin du 13e, les nouveaux mariés avaient coutume d'y conduire leurs femmes,

_____

(1) *Ermite de la chaussée d'Antin*, tom. 4, p. 111.

(2) Les renseignemens qui concernent cette anecdote m'ont été donnés par un habitant de Spa, et j'ai cru devoir les transcrire sans altération. Marmontel qui visita ce bourg en 17.., y aura probablement recueilli une partie de ces circonstances; mais pourquoi en dénature-t-il les faits? et pourquoi en transporte-t-il les héros sur les bords de la Seine?

(3) Leclerc, *Abrégé de l'histoire de Spa.*

(4) Villenfagne, *Histoire de Spa.*

dans la persuasion que ces sources jouissaient d'une vertu fécondante. Ce fut vers cette époque, qu'un forgeron, appelé Wolff, devint le fondateur de Spa en formant plusieurs établissemens autour du Pouhon. Bientôt cette fontaine jouit d'une grande renommée, les étrangers y affluèrent. Le roi d'Angleterre y vint en 1664 ; Pierre-le-Grand en 1717, d'autres princes s'y succédèrent. Cet endroit acquit une célébrité qui le fit surnommer par le roi de Suède *le café de l'Europe*.

Tandis que Spa s'accroissait d'une manière rapide, ses habitans ne se mettaient guère en peine d'en augmenter les agrémens. La seule promenade que les étrangers pussent fréquenter était le jardin des capucins. « Ceux qui n'aiment ou n'ont pas la force d'aller loin »promener, dit le bon docteur Nissel (1), trouvent tou-»jours le beau et curieux jardin des révérends Capucins, »où ils peuvent jouer à quantité de petits jeux innocens »et *arroser le gazon, et en cas d'une autre nécessité,* »il y a un quartier à part pour les hommes et un autre »pour les femmes. »

Les Spadois sentirent enfin la nécessité de fournir des logemens commodes aux personnes accoutumées à une vie délicate ; de beaux hôtels s'élevèrent, ainsi que des édifices propres aux réunions. On bâtit la salle des Redoutes, le Vaux-Hall et la maison Levoz dont la construction donna lieu à la révolution liégeoise (2).

La guerre amena une stagnation funeste dans les *sai-sons* de Spa, puis le terrible incendie de 1807 en com-

(1) *Traité des eaux de Spa.*
(2) Voyez *Notice du général Ransonnet*, tom. 3 de la *Revue Belge.*

pléta la ruine; aujourd'hui même cette ville a beaucoup perdu de sa vogue.

Et cependant quoi de plus séduisant que la belle allée du Marteau, que les fontaines de la Géronstère et de la Sauvenière, distantes l'une de l'autre d'une demi-lieue et à une lieue de Spa? Elles sont situées dans des bosquets charmans, où murmurent des ruisseaux qui tombent en cascatelle et se jettent dans de profonds ravins. Près de la Géronstère est une roche dans laquelle on remarque un enfoncement de forme oblongue que les bonnes gens disent être l'empreinte du pied de Saint Remacle, apôtre de ces agrestes contrées. La trace du pied de ce saint a, dit-on, la vertu de faire cesser la stérilité des femmes qui y mettent le pied. D'autre part, on assure que bien des dames auxquelles cette pieuse pratique n'avait pas réussi, faute d'avoir exacte-ment suivi toutes les prescriptions qui doivent l'ac-compagner, ont vu leur ferveur mieux récompensée, après s'être abandonnées avec confiance à l'épaisseur du taillis qui entoure la fontaine.

Nous quittons à regret Spa, sans approuver ces ma-lignes conjectures, et, pour varier notre promenade, nous revenons par l'ancienne route de Louveigné : c'est aussi la plus courte vers Liége.

En passant vis-à-vis de l'église paroissiale de Theux, qui a été l'une des résidences des anciens rois d'Aus-trasie (1), accordons un coup d'œil à cette pierre taillée en croix. Elle porte une étrange inscription : *Ici repos Pison, l'an* 600. Les caractères en sont presque effacés par l'injure du temps. Cette pierre sépulcrale est à

(1) Voyez *Délices du pays de Liége.*

13

gauche de la porte d'entrée, enchassée dans le mur de la base de la tour. Il est bien certain que cette inscription française ne peut pas remonter à une époque aussi reculée; mais il est également sûr qu'elle est connue à cette place depuis plusieurs siècles.

La route par Louveigné n'offre point le même attrait que celle de la Vesdre, quoiqu'elle soit aussi très-variée. En quittant cette commune, on continue à cotoyer une vallée que domine une chaîne de rochers couverts de bois; du côté opposé s'étalent de riantes prairies rafraîchies par un ruisseau qui fait mouvoir plusieurs moulins, et dont les bords sont plantés de saules. Bientôt le chemin monte et l'on gravit une hauteur où l'on s'arrête volontiers pour admirer le tableau magnifique qui s'offre aux regards du voyageur. Pendant l'été, quand le reflet des rayons du soleil dore le sommet des monts, couronnés de nuages vivement colorés, quand les collines, les arbres chargés de fruits, présentent ensemble leurs teintes brillantes et nuancées, et que la fumée des chaumières dispersées du hameau des Forges se perd dans l'immensité des airs, il est impossible de ne pas s'arrêter en extase devant un pareil panorama. Au-dessus de ces modestes habitations est le village d'Andoumont dont la position sur un rocher élevé sert de point de vue au château de Gomzé qui est entouré de riches futaies. Cet antique manoir (1) rappelle encore le souvenir de Guillaume de la Marck, le Sanglier des Ardennes. C'est dans son donjon qu'il fit conduire le brave Jean de Horne fait prisonnier au fatal combat de Grivegnée, et qui sut heureusement s'y ménager des

(2) Hemricourt, *Miroir des nobles de la Hesbaye*, p. 195.

intelligences avec la fille du châtelain qui favorisa son évasion.

Le jour touchait à son déclin lorsque nous traversâmes la bruyère de Beaufays, d'où l'on découvre un immense horizon. Le nom qui lui est resté date de l'époque où cette plaine ne présentait qu'un terrain stérile. L'agriculture a, depuis quelques années, triomphé à peu près des difficultés de son sol ingrat. Autrefois sa partie orientale était recouverte d'une vaste forêt qui fut cédée en 1125 par Robert, évêque de Verdun, à quelques religieux qui vivaient à Jupille sous la règle de St. Augustin; ils y établirent un monastère où entrèrent également les filles qui suivirent l'ordre du même institut (1). L'augmentation progressive du personnel les obligea à se créer une succursale à la Vigne-notre-Dame, ou Vieux-Vignoble dont on a fait : Vivegnis (2).

Vingt ans après, l'évêque Jean Dappes, sentant toute l'inconvenance de ce mélange des deux sexes, en ordonna la séparation. Les femmes durent rester à Vivegnis et les hommes au monastère primitif.

On passe ensuite sur la commune d'Embourg, chef-lieu, dit-on, des Eburons dont les Liégeois tirent leur origine. Il ne reste aucun vestige de leur séjour, et cela se conçoit : leurs maisons n'étaient formées que de terre et de branches d'arbres près desquelles ils entretenaient des pâturages pour leurs troupeaux.

Un de nos historiens (3) prétend qu'Embourg est le

. . .

(1) Bouille , *Histoire de Liége.*
(2) Ernst , *Histoire des suffragands.*
(3) Bouille, dans sa préface , p. 14.

célèbre Atuatuca que César désigne sous le nom de *Castellum* (1). Ce qu'il y a de certain, c'est qu'en y faisant des fouilles, on y a trouvé des murs qui doivent avoir appartenu à un fort dont l'époque nous est inconnue. La dureté du ciment en rendit la démolition presque impossible (2). Ce qui paraît probable, c'est que cet endroit a été l'un des premiers habités de notre pays. A la demande du comte Renaud, châtelain de Chèvremont, Saint Monulphe, vingt et unième évêque de Tongres, y consacra une église en l'honneur de Saint Jean l'évangéliste vers la fin du sixième siècle, comme je m'en suis assuré moi-même en allant la visiter. Voici l'inscription qu'on lit sur un autel d'une de ses chapelles.

D. O. M.

VIRGINI MATRI

S. PRÆCURSORI PATRONO

BEATO MONULPHO PONT.

HUJUS ECCLESIÆ CONSECRATORI

R. D. MATHIAS HENRICUS HUBIN

PASTOR IN CHESNÉE ET EMBOURG

GRATULABUNDIS PONEBAT, Aº 1708.

Ce brave curé a cru sans doute faire merveille en rajeunissant la chapelle. Peut-être aussi sa vanité a-t-elle été flattée d'adjoindre son nom à celui du saint évêque, fondateur de la cité de Liége !

B...

(1) *De bellico gallico*, libr. VI.
(2) *Délices du pays de Liége.*

Un Club en 1830.

Si un artisan était sûr de rêver toutes les
nuits, douze heures durant, qu'il est roi, je
crois qu'il serait aussi heureux qu'un roi qui
rêverait toutes les nuits, douze heures durant, qu'il est artisan.

PASCAL.

« Le bien vient en dormant. »

SCRIBE.

L'action se passe au théâtre du Parc à Bruxelles. La toile reste
levée. On voit au milieu du théâtre une longue table recouverte d'un tapis vert et éclairée par deux lampes de cabinet.
A droite et à gauche, près du manteau d'arlequin, on a placé
une petite table : la première sert de tribune ; la seconde de
comptoir. Les membres du club sont disséminés au parterre,
à l'orchestre, aux premières loges. Les secondes, troisièmes
et quatrièmes loges sont encombrées par le public. La plupart
des membres portent une blouse bleue, serrée à la taille par
un ceinturon de cuir noir.

L'action commence aux troisièmes loges.

MADAME BOURLARD, *marchande épicière, habituée du club, a
amené son neveu* MICHEL *dont elle a promis de faire un orateur
patriote.*

MADAME BOURLARD.

Es-tu bien, Michel, mon fi ? Ne te gêne pas ; mets-toi
au large, mon garçon. Elargis les coudes, ouvre ta ca-

pote; je dirai qu'il n'y a plus de place, que nous sommes serrés comme tout!

Michel est un gros garçon à physionomie stupide. Il a la peau remarquablement rouge : ses oreilles se distinguent par leur forme conique et par les petits anneaux d'argent qui les perforent. Sa chevelure se rapproche d'une certaine qualité de lin; elle est rase, crépue et rare. Il a pour règle invariable de ne jamais parler quand il est devant *du monde*, il a le tic de faire la moue dès qu'on le remarque, et il répond habituellement à ce qu'on peut lui dire par un son de voix bref et guttural pour lequel notre lexique n'a point de mots et notre alphabet point de lettres; pour plus de clarté il accompagne ce murmure, d'un signe de tête affirmatif ou négatif selon les intentions qu'il a; il se sert encore d'un brusque haussement d'épaules, geste que madame Bourlard traduit assez librement par « je ne sais pas. »

MADAME BOURLARD.

Il y a du monde! on commencera de bonne heure : ça s'annonce joliment pour toi, Michel! est-il heureux! — Vois-tu, Michel, cette grande table? c'est là que se tient le président entre deux chandelles. (*Michel n'écoute pas : il s'ingénie à cracher entre ses genoux en dépit du balancement de ses jambes.*) Es-tu malade? veux-tu changer de place? tiens, prends ma place, tu verras mieux... tiens!

MICHEL *mettant les coudes sur l'accoudoir, appuyant son menton sur ses poings et secouant les épaules.*

Mm....

MADAME BOURLARD.

Comme tu voudras, mon garçon! à ton aise... ah! ah! vois-tu là haut, aux quatrièmes, ce ridicule vert? c'est là que j'étais à la représentation des Hercules, c'est une drôle d'histoire! — Les Hercules du Nord! imaginez!

Huit jours après, je retrouve le plus jeune dans la diligence de Paris! quel hasard! j'avais connu ses parents : de vieilles connaissances... le père était cordonnier, qu'il était plein de courage, tirant son fil du matin au soir... c'est égal, il ne pouvait pas mettre les deux bouts ensemble! Eh! bien, le v'là à son aise à présent; ses enfants le soutiennent; lui qui voulait les mettre à l'état; ah! ouiche! ils n'avaient pas de vocation, mais ils avaient des sentiments : ils se sont poussés; ils se sont établis, avec de l'ordre, ils sont devenus Hercules... — Tu n'as jamais vu d'Hercule, toi, Michel? (*Michel agite la tête en signe négatif.*) Quand tu iras à Paris, Michel, c'est là que tu en verras! c'est là que tu en jouiras des Hercules! M'en suis-je réjouie à mon premier voyage! Sainte Vierge!.. c'est alors que j'ai eu la satisfaction de voir cette célèbre madame Blanchard... une argonaute comme on l'appelait... ce qui veut dire une femme intrépide qui parcourt les atmosphères avec autant de facilité que nous marchons toi z'et moi sur un plat terrain. Je l'ai connue aussi, madame Blanchard! si je l'ai connue!.. une femme charmante! une brune!... sage! des mœurs! et puis elle en savait long, va! une fois, elle monta si haut, si haut... qu'elle a vu du feu! — Allons, Michel, au large! on entre dans la loge! (*Michel se recule en murmurant.*) Eh! tenez! c'est M. Michaud, l'intime de mon mari.

M. MICHAUD est cordonnier par position, modéré par conviction, gros et court par nature. Sa figure circonspecte et rebondie se retire derrière un col de chemise élevé jusqu'aux oreilles et fortifié d'une cravatte d'indienne rouge.

M. MICHAUD *avec prudence.*

Enchanté de vous trouver, madame Bourlard! est-ce qu'on peut s'asseoir ici?

MADAME BOURLARD.

Tiens si l'on peut!... Mais c'est très-bien d'y venir au moins!... ah! ça, vous n'avez donc plus peur de vous compromettre?

M. MICHAUD. *Il parle à demi voix et regarde dans les loges de côté si personne ne l'écoute.*

On m'a dit que le gouvernement provisoire y serait. Je ne l'ai jamais vu... Et puis, y paraîtrait qu'on a reçu des nouvelles... un de mes amis qui allait souper à l'estaminet, a entendu lire la gazette.

MADAME BOURLARD.

Eh bien! qu'est-ce qu'on dit?

M. MICHAUD.

De fameuses nouvelles!

MADAME BOURLARD.

Racontez-moi donc ça!

M. MICHAUD.

Volontiers... voyez-vous, je n'ai pas lu... mais un de mes amis, à souper...

MADAME BOURLARD *impatientée*.

Oui! a entendu lire la gazette! après!

M. MICHAUD.

Après! non, puisque c'était avant, attendu qu'il n'a plus su manger, après.

MADAME BOURLARD.

Etonnant!

M. MICHAUD.

En effet! qui s'y serait attendu! le roi! madame Bourlard, le roi, qui a signé une amnistie; vous pouvez le voir : c'est dans la feuille.

MADAME BOURLARD.

Quoi! quoi! qu'est-ce qui dit! quel roi! est-ce le roi de Maroc ou des Papous?

M. MICHAUD.

Mais non, madame Bourlard, c'est le roi, notre roi, notre ancien roi Guillaume.

MADAME BOURLARD.

Le roi d'Hollande, donc, Michaud! d'Hollande!.. ça ne s'appelle plus autrement! — Mais qu'est-ce qui me chante? une amnistie?.. Est-ce qu'on lui demande quelque chose? est-ce qu'on a besoin de pardon, les vainqueurs?

M. MICHAUD.

Une amnistie, voyez-vous, madame Bourlard, vous ne comprenez pas... c'est pour arrêter les hostilités des deux parts; c'est pour l'évacuation d'Anvers et la liberté de l'Escaut.

MADAME BOURLARD.

C'est une armistice que vous voulez dire! je ne comprends pas! il est charmant!

M. MICHAUD.

Ça revient au même.

MADAME BOURLARD.

Eh bien, la fin? expliquez-vous.

M. MICHAUD.

Certainement. Si vous croyez qu'on a été m'expliquer... tout de suite, on se donne les airs de comploter, je sais ce que c'est... comme dans mon jeune temps; du temps de Vander Noot... est-ce que je n'en ai pas vu mettre dans l'embarras pour moins que ça? ajoutez

qu'il y a tant d'espions qu'on n'est plus sûr de personne...
c'est pourquoi j'ai ma méthode : tenez, à l'estaminet
je fais tranquillement mon affaire : on parle beaucoup,
moi je ne me mêle de rien et je les laisse aller... tout
ce que j'ose bien dire, quand je rencontre un ami sûr,
c'est : Que pensez-vous de tout cela ? Je demande toujours, mais je ne réponds jamais.

MADAME BOURLARD.

Que vous êtes bien avec mon mari ! deux trembleurs !

M. MICHAUD.

Ecoutez donc, nous en avons tant passé !.. et puis
y court tant de bruits... est-ce qu'on ne dit pas aussi
que Charles X va rentrer chez lui avec une armée de
cinq cent mille hommes !

MADAME BOURLARD.

Laissez donc ! en politique ! est-ce que vous y en-
tendez quelque chose ? est-ce qu'on n'a qu'à souffler
sur ses doigts, donc, pour en faire sortir des cinq
cent mille hommes ! l'Angleterre d'ailleurs se prononce
contre. Elle le lui a dit... qu'il n'avait qu'à chercher
ailleurs... maintenant qu'il est gueux comme tout, et
que je le sais de bonne part qu'il va se faire boulanger
pour vivre... une bonne leçon pour les rois !

M. MICHAUD.

A propos de rois !.. est-ce qu'on ne dit pas encore
qui nous allons avoir ?

MADAME BOURLARD.

Nous n'en aurons pas.

M. MICHAUD.

Vous croyez !

MADAME BOURLARD.

Je le sais.

M. MICHAUD.

Cependant...

MADAME BOURLARD.

C'est sûr, enfin! je vous le dis!

M. MICHAUD.

Tiens! on prétendait que nous aurions un roi, et que ce serait...

MADAME BOURLARD.

Je vous réitère, M. Michaud, qu'on prétendait des riens du tout! puisque c'est décidé!

M. MICHAUD.

Ah! c'est décidé!

MADAME BOURLARD.

Est-ce que je n'étais pas ce matin au Congrès? Est-ce que je n'y suis pas tous les jours? est-ce qu'on n'a pas voté par amendement et par section nominale pour la monarchie?

M. MICHAUD *consterné*.

Pour la monarchie!

MADAME BOURLARD.

Vous pouvez le croire puisque j'y étais.

M. MICHAUD.

Pour la monarchie!... je n'aime pas ça... nous allons retomber dans les sans-culotte et les amis du peuple!

MADAME BOURLARD.

Est-ce que nous ne sommes pas plus éclairés maintenant? est-ce que nous n'avons pas fait notre éducation civile donc? Répondez!

Certainement, j'ai fait mon éducation...

MADAME BOURLARD.

Les abus, c'est du régime de l'abrutissement !

M. MICHAUD.

Dieu le veuille ! — Tenez , tenez ! je crois que ça va recommencer.

MADAME BOURLARD.

Oui ! voici le président qui vient d'arriver , en lunettes. Vous allez l'entendre. Il parle d'une façon un peu distinguée , celui-là. Je vous dirai leur nom à tous ; je les sais par cœur ; je les reconnais dans la rue. — Eh !.. il va sonner. Attention , ça commence tout de suite. — Peux-tu voir , Michel ? — Eh ! eh !... nous n'entendrons rien ! eh ! silence ! là haut avec vos pieds !..

Le PRÉSIDENT *occupe le fauteuil , les secrétaires s'asseyent à ses côtés.*

LE PRÉSIDENT.

Il va vous être donné lecture du procès-verbal de la séance d'hier.

MADAME BOURLARD.

Ecoutez ça , M. Michaud , c'est très-intéressant... — Ne faites pas de grimace Michel !

M. MICHAUD.

Dites donc , madame Bourlard , ce gros , avec son écharpe au bras, ce serait y le gouvernement provisoire ?

MADAME BOURLARD *avançant la tête.*

Voyons ?.. Non ! le gouvernement provisoire je le connais , c'est un maigre. Tiens , celui-ci ! c'est pas un

habitué ! je ne l'ai jamais vu ! il faut l'entendre...
hum !.. de la tournure ! j'en ai bonne idée... ça doit
être un homme de génie , ça !

M. MICHAUD.

Vous croyez ?

MADAME BOURLARD.

C'est sûr !.. ça se voit tout de suite , un bon orateur !
ça a les tempes découvertes , les cheveux courts et en
arrière , le front nu... signes de génie.

M. MICHAUD.

Voyez-vous ça ! les cheveux courts et en arrière...

MADAME BOURLARD.

Ecoutons le président.

LE PRÉSIDENT.

Le procès-verbal est mis aux voix. Si personne n'y
fait d'objection , il sera adopté. — Le procès-verbal
est adopté. — Plusieurs propositions ont été déposées
sur le bureau. Il va vous en être donné lecture avant
de passer à l'ordre du jour.

LE SECRÉTAIRE *d'une voix rauque.*

J'ai l'honneur de proposer à l'assemblée de...

PLUSIEURS *voix.*

Plus haut ! — On n'entend pas !

LE SECRÉTAIRE *élevant la voix.*

« J'ai l'honneur de proposer à l'assemblée de voter une
»adresse au gouvernement provisoire pour l'engager
»énergiquement à renvoyer tous les Hollandais des em-
»plois et du territoire de la Belgique , sauf une excep-
»tion. — Signé *François Gérard.* »

MADAME BOURLARD *criant*

Appuyé ! (*On applaudit*).

UNE TÊTE CHAUVE *à l'orchestre.*

Je demande la parole !

LE PRÉSIDENT.

Nous invitons les tribunes à s'abstenir de toute marque d'approbation ou d'improbation.

UN QUESTEUR.

Chapeau bas aux troisièmes ! — Allons donc , chapeau bas !

PLUSIEURS *voix.*

A bas l'chapeau !

UNE FEMME.

Découvrez-vous donc, polisson !

COCO.

C'est la libertey ! ! ! mon chapeau, c'est une casquette ! tiens , il les gêne ! et moi aussi ! j'vas l'élargir... (*il écrase son bonnet entre ses jambes*).

LE SECRÉTAIRE *continue la lecture des propositions.*

« Je propose aux honorables citoyens de cette assem-»blée d'engager le gouvernement provisoire à abattre »la porte Guillaume et à la remplacer par un grillage »en fer. (*On rit.*) Signé... »

UNE VOIX *à l'orchestre.*

Je demande la parole !

Une grosse TÊTE CHAUVE *qui a déjà plusieurs fois tenté de prendre la parole , dit de sa place en grossissant la voix et en fronçant les sourcils :*

Les insignes du tyran ont été effacés partout en quelques heures ; son souvenir n'a jamais été dans nos cœurs ; il ne reste que son nom ! celui-là , gardons-nous de l'oublier ! qu'il soit éternel comme notre haine !

qu'il figure même au front de quelques monuments, je
le veux bien , je le désire !.. dans les circonstances actuelles et pour revenir à la porte qui fait l'objet de la
proposition , je demande qu'elle soit maintenue intacte
et qu'elle soit appelée la *Porte du Peuple.*

UN ÉLÉGANT *dans une loge d'avant scène* 1ᵉʳ *rang.*

Il faudrait , si l'on approuvait la proposition dont il
nous a été donné lecture , en subir toutes les conséquences... dès lors , nous ne tarderions pas à démolir
la rue royale comme étant flétrie par son nom ; les
palais , ne seraient plus , bientôt , qu'une ruine ; et
toujours de conséquence en conséquence , nous finirions
par opérer le sac de Bruxelles pour avoir été capitale
et résidence royale... On pourrait appeler cela du moins,
une épuration radicale (*on rit*).

QUELQUES *voix.*

La discussion ! la discussion !

LA GROSSE TÊTE.

Je demande la parole !

LE PRÉSIDENT.

Attendez. — M. François Gérard , qui veut que nous
demandions le renvoi de tous les Hollandais des emplois
et du territoire de la Belgique sauf une exception , est
appelé à la tribune pour développer sa proposition.

FRANÇOIS GÉRARD *en blouse.* — *Il se place derrière la petite
table qui est à gauche, sur la scène. François Gérard est un
jeune homme de 26 ans, pâle et maigre. L'expression de sa figure
est douce ; son débit est lent ; il cherche ses mots. Sa main droite
joue avec la boucle de sa ceinture ; de la main gauche il recoquille
les pointes de sa cravatte.*

Messieurs ! — Je ne dirai que peu de mots en faveur... pour développer ma proposition. La Belgique a mérité son émancipation... elle peut être maîtresse chez elle... et faire de... ses biens, le partage entre ses enfants. Un emploi, est une richesse ; c'est une position... c'est au moins une existence. Je pense que... nos frères y ont les premiers droits... je pense... qu'il faut prudemment se garder de nourrir, de réchauffer dans votre sein le serpent qui peut vous mordre plus tard, et dont l'atteinte serait d'autant plus funeste, que vous vous communiqueriez ensuite les uns aux autres le venin mortel. Dans une nation neuve, il ne faut point d'éléments corrompus !

GRAND NOMBRE DE VOIX.

Très-bien ! — Appuyé !

FRANÇOIS GÉRARD.

Une exception, pourtant, m'a paru... nécessaire, impérieuse. De cette... généralité, que nous décréterons, il faudra excepter quelques Hollandais...

LA TÊTE CHAUVE *près de la rampe.*

Non ! non ! pas d'exception !

TOUS.

Non ! non ! plus de Hollandais ! — A bas ! à bas !

LE PRÉSIDENT *agitant sa sonnette.*

Laissez parler l'orateur.

LA TÊTE CHAUVE.

Je demande la parole !

FRANÇOIS GÉRARD *s'animant.*

Écoutez, et comprenez !

UNE VOIX.

Oh ! oh ! (*Le silence se rétablit. François Gérard reprend son calme habituel*).

FRANÇOIS GÉRARD.

J'avais l'honneur... de proposer à l'honorable assemblée , d'excepter...

LA TÊTE CHAUVE.

Non ! non !

FRANÇOIS GÉRARD.

D'excepter les Hollandais... qui se sont battus pour nous dans les mémorables journées de septembre...

PLUSIEURS VOIX.

Oh ! c'est différent !

D'AUTRES VOIX.

Oui , oui ! c'est une justice !

FRANÇOIS GÉRARD *continuant.*

. . . Et ceux , en faveur desquels militeraient des opinions libérales bien connues, et des services éminents rendus précédemment à la Belgique.

PLUSIEURS VOIX.

Appuyé ! appuyé !

LA TÊTE CHAUVE.

Je demande la parole !

PLUSIEURS VOIX.

Je demande la parole !

LE PRÉSIDENT.

Accordez-vous , je ne puis la donner qu'à un seul.

LA TÊTE CHAUVE *crie et s'agite près de la rampe.*

Je demande la parole ! il y a une heure que je demande la parole !

LE PRÉSIDENT.

La parole est à M. Furard.

14

La *TÊTE CHAUVE monte à la tribune. C'est* M. Furard. — *Physionomie large et dévorante — regard furibond. En parlant il frappe la table de ses mains, et plus souvent de ses poings. Il appuie d'une voix sourde sur le mot* « Messieurs. »

Messieurs ! — Je cherche en vain la cause des bravos qui ont accueilli les dernières paroles de l'orateur auquel je succède ; j'interroge vainement les applaudissements qui vibrent encore à mon oreille ! Vos acclamations, je ne puis les comprendre! (*Il s'anime et élève tout-à-coup la voix*). Eh quoi! messieurs, notre sévère justice, notre solennelle répudiation, frappe-t-elle les individus ou les masses ? notre cause, est-elle une prétention ou un droit ? est-ce une personnalité ou un principe ? est-ce désaccord ou haine ? querelle ou guerre?.. qui peut encore en douter! nos ennemis, nos ennemis éternels ne sont pas seulement les hordès implacables qui sont venues nous incendier dans nos villes, nous immoler dans nos familles ! Non ! non ! la nation hollandaise tout entière, est l'hydre aux cent têtes qu'il faut abattre ! *un fleuve de sang, une barrière de feu* séparent les deux peuples ! quiconque est Hollandais porte le signe de la réprobation! quiconque est Hollandais, est infame de naissance ! oui, de naissance ! c'est un caractère ineffaçable ; et quelques gouttes de sang répandues en combattant pour nous, ne peuvent laver ce péché originel !

MADAME BOURLARD.

Très-bien! c'est dans le catéchisme!

FRANÇOIS GÉRARD.

Je ne répondrai qu'un mot...

François Gérard s'est placé au parterre. Toujours impassible, il essaie de profiter de chaque pose de son contradicteur pour prendre la parole ; mais comme le diapason de sa voix est toujours calme et retenu, M. Furard ne l'aperçoit pas au milieu du bouleversement de son éloquence; il continue de parler : alors François Gérard se rassied sans impatience.

FRANÇOIS GÉRARD *essuyant encore de se faire entendre.*

Je ne dirai qu'un mot pour...

M. FURARD *se croisant les bras.*

N'avons-nous donc pas des hommes capables parmi nous? Eh! bon Dieu regardez y bien, et sachez mieux choisir! ah! n'allez pas les choisir toutefois dans cette foule avide et médiocre qui se grossit chaque jour autour du gouvernement et s'autorise des premières faiblesses du pouvoir, pour prétendre à toutes les fonctions! Ne soyez pas faibles! mais aussi, ne soyez pas injustes! et vous deviendrez injustes le jour où vous admettrez à l'égal des Belges, des Hollandais, parce qu'ils auront donné la plus détestable preuve de lâcheté et de bassesse! (*Il s'essuie la bouche*).

FRANÇOIS GÉRARD *se levant en souriant.*

Je vais, messieurs, d'un mot...

M. FURARD *continuant.*

Je dis, la plus détestable preuve de lâcheté et de bassesse, parce que, s'ils se sont battus pour nous et dans nos rangs, ils ont alors tourné leurs armes contre leurs frères... Eh bien! messieurs, je dis moi que, si leurs opinions étaient en désaccord avec la politique de leur nation, ils devaient rester neutres dans la lutte; ils devaient fuir le combat et briser leur glaive sacrilège! car, messieurs, (*très-fort*) il est exécrable de verser le sang de ses frères!! (*Grand bruit — applaudissemens*).

PLUSIEURS VOIX.

C'est vrai! c'est vrai!

Qu'il me soit permis de dire un mot...

Aux voix! aux voix!

Le président agite en vain sa sonnette. François Gérard épie
l'occasion de s'expliquer. Dans ce moment un nouvel orateur
s'élance à côté de M. Furard : ils parlent tous deux, ils s'interpellent l'un l'autre. Après un court débat, M. Furard cède
enfin la tribune et se retire en menaçant son remplaçant : on
prête attention au nouveau venu : c'est un jeune homme vêtu
d'un long surtout blanc, ayant une figure ronde et fraiche,
portant des lunettes d'écaille, et tenant la tête haute. Il parle
avec la langue épaisse; il précipite et saccade sa diction; il
reprend haleine à chaque bourrasque.

Messieurs, — si je, si je prends la parole — si je prends
la parole — c'est — c'est pour appuyer — pour appuyer
l'honorable préopinant. Je citerai l'exemple de monsieur... monsieur — ce monsieur qui... vous savez...
monsieur... eeee... je le dirais cent fois... eeee (*on rit*).

Allez toujours!

C'est juste! — il me reviendra tout-à-l'heure — monsieur eeee... — on vous a dit qu'une exception — eeee
monsieur — on vous a dit qu'une exception était nécessaire — était nécessaire. Eh bé! eh bé! messieurs,
quelle raison a-t-on donnée? quelle raison? avez-vous
compris une raison? (*Rires et murmures*).

Ah!! c'est monsieur... — non! je me trompe — je me
trompe, non ce n'est pas lui, ce n'est pas lui! — mon-

sieur eeee .. c'est étonnant! (*on frappe du pied, des cris d'impatience se font entendre*).

L'ORATEUR *se décidant à abandonner la recherche de son autorité.*

Enfin! laissons-le! il ne me revient pas!... — je disais donc tout-à-l'heure — je disais donc, qu'on n'avait donné aucune raison — aucune raison pour justifier... (*s'interrompant tout-à-coup, et avec un cri de joie*). Monsieur Binard!! c'est monsieur Binard que je voulais dire! monsieur Binard! je le tiens à présent! Binard! (*éclat de rire général*). Messieurs — messieurs, pardonnez-moi, c'est très-important! M. Binard est un homme respectable, — très-connu des Anversois, un bon père de famille — c'est une autorité... considérable...

UNE VOIX.

Eh bien! qu'est-ce qu'il a fait ce monsieur Binard?

L'ORATEUR *étonné.*

Ce qu'il a fait!... rien! (*longue hilarité*) non, messieurs, il n'a rien fait! (*l'hilarité redouble*). Je n'ai pas dit qu'il avait fait quelque chose! (*pâmoison générale*). Mais, messieurs, écoutez-moi, monsieur Binard m'a dit quelque chose!

PLUSIEURS MEMBRES.

Ah! voyons ce qu'il a dit du moins!

PLUSIEURS VOIX.

Écoutez! écoutez!

L'ORATEUR.

Eh bé! messieurs, eh bé! messieurs, M. Binard me citait un fait dont il a été témoin. Le soir du premier jour de combat, un père — un père qui était des nôtres... reconnut son fils à la porte — à la porte du Parc, du

.côté des Hollandais. — Il était comme cela appuyé sur son fusil... le père tira son mouchoir... le fils le reconnut... le père fit comme cela pour l'attirer... il fesait comme cela... ou comme cela... je ne sais pas au juste... (*Les murmures recommencent*). Le fils fit comme cela, quelque chose qui voulait dire « ce n'est pas possible. » Cela dura longtemps comme cela. Le père avait beau lever son mouchoir, le fils fesait comme cela, de la main, voulant dire : « c'est inutile! je n'entends pas! »

PLUSIEURS VOIX.

Assez! aux voix! à la question!

L'ORATEUR.

Eh bé! messieurs, eh bé! messieurs, le père s'écria — le père s'écria : « Je voudrais avoir ma carabine! dit y comme cela! » M. Binard l'a entendu! et il était effrayé de le voir comme cela. (*Eclats de rire — vive interruption.*)

UNE VOIX.

Assez comme cela!

M. FURARD *crie comme un stentor.*

Je demande la parole! je demande la parole!

LE PRÉSIDENT.

M. Jamay est inscrit avant vous ; M. Jamay a la parole.

FRANÇOIS GÉRARD *pendant que M. Jamay monte à la tribune.*

Un temps viendra où les hommes répudieront les catégories ; quelques lettres composant un nom, ne seront plus un avis de proscription ou un titre d'alliance ! les Hollandais et les Belges...

M. FURARD.

Accouplement monstrueux! vous n'avez pas la parole!

FRANÇOIS GÉRARD.

Hollandais, Belges, Français... tous seront hommes, et la concorde sera reine sur la terre! Un Hollandais peut aimer la liberté, il peut la servir et combattre pour elle; ainsi il deviendra frère des hommes libres, et devant lui s'effaceront les limites! car la liberté ne connaît pas les traités, la nature ne connaî pas les états, la nature ne connaît que l'humanité!

M. FURARD.

Je demande la parole pour un fait personnel! Je demande la parole!

LE PRÉSIDENT.

Vous parlerez après M. Jamay. Monsieur Jamay, vous avez la parole.

M. JAMAY.

Signalement : Trente-trois ans; taille cinq pieds quatre pouces; front découvert sur lequel M. Jamay ramène incessamment quelques cheveux de derrière qui, en vertu du principe de l'élasticité, tendent à reprendre leur direction naturelle. M. Jamay est vêtu de noir. Il a un organe sonore; il détache agréablement la période, et met une grande urbanité dans ses formes. Il possède à fond les parties du discours et l'emploi des figures dont il use avec excès; il a un singulier penchant pour la périphrase, et une affection déréglée pour les ressources variées de la phrase incidente. A sa boutonnière pendent trois longs rubans aux couleurs nationales. Sur le bras gauche il porte son couvre-chef; la main droite a deux attributions : le geste qui donne du poids et de la mesure au discours, et la répression du vagabondage de la chevelure.

Messieurs! — La proposition qui vous est soumise, proposition qui d'ailleurs n'a rien que de louable et de généreux, me semble devoir attirer votre attention particulièrement sur un point ; pardonnez-moi si j'ose me permettre de vous le signaler. Et d'abord, messieurs, j'éprouve le besoin de vous le dire, il est une circonstance dont j'attends le meilleur effet, et... (vous ne doutez pas, messieurs, que celui qui vous parle ne soit enflammé du feu sacré du patriotisme, du civisme le plus ardent! l'amour de la patrie est le foyer commun où nous avons échauffé, brûlé, épuré nos ames de bronze! nos ames doivent s'entendre et se répondre, et alors vous allez me comprendre! alors mes paroles vont retentir dans vos cœurs!)... une circonstance, disais-je, dont j'attends le meilleur effet... et je la re-garde comme essentielle, nécessaire, inévitable, par la raison bien simple que vous faites la force morale, force plus imposante mille fois que la force physique, matérielle, que la force brutale; puissance majestueuse et inappréciable, parce qu'elle atteint de loin, parce qu'elle dirige les masses, et que les masses sont aujour-d'hui les leviers au moyen desquels on soulève, on remue, on renverse!! Or donc, messieurs, si vous décidez soit directement soit indirectement, soit expres-sément soit tacitement, soit enfin explicitement soit implicitement, je me croirai sûr de l'effet moral de notre décision, pourvu qu'il y ait unanimité dans ce mouvement, pourvu que nous acceptions solidairement la responsabilité de cet acte, pourvu que nous présen-tions un carré imposant, indestructible, inattaquable, pourvu... (*Rumeur et rires étouffés*).

A la question! à la question!

M. JANAY *avec gracieuseté.*

Je ne crois pas, messieurs, m'être écarté de la question? (*Explosion de rires*).

LA MÊME VOIX.

Vous n'y avez pas touché !

LE PRÉSIDENT.

N'interrompez pas l'orateur.

M. JAMAY.

Messieurs, je conçois votre juste impatience; nous brûlons d'arriver à une solution. Eh bien! la question est suffisamment éclaircie; vous le voyez, je ne partage pas absolument l'avis d'un des honorables préopinants, opinion , qui d'ailleurs a été soutenue avec clarté , avec énergie , avec une admirable faconde ; mais où , pourtant, je n'ai pu puiser cette profonde conviction qui sert d'abri à la conscience et la rassure. Je vous dirai donc : soyez prudents , soyez graves ; ne vous perdez point par précipitation : la lenteur sied à la dignité ; temporisez avec vous-mêmes; jetez un frein à cette fougue, admirable quand elle est sûre de toucher le but , dangereuse quand elle peut s'en écarter !... (*Violente interruption*).

PLUSIEURS VOIX.

Finissez donc ! concluez !

M. JAMAY *continuant au milieu du bruit.*

... Ayez présents à l'esprit cet axiôme de la saine raison : *Est modus in rebus, et in medio virtus!..* (*Exclamations générales*).

PLUSIEURS VOIX.

A la question ! à la question.

LE PARTERRE *avec persévérance.*

Aux voix ! — Fermez la discussion ! ! aux voix, aux

voix !! (*La tête chauve de M. Furard reparaît au bord de la rampe*).

M. FURARD.

Je demande la parole ! je demande la parole !! (*Grand bruit dans les tribunes*).

UN POLISSON.

Coquericoo ! ! (*On rit aux éclats*).

Le tumulte devient vacarme. Néanmoins M. Jamay continue de parler sans trouble et sans émotion. Plusieurs membres du paterre se lèvent, s'élancent sur les banquettes, et interpellent vivement les premières loges qui demandent l'ordre du jour. Le Président agite en vain sa sonnette. Il menace de suspendre la séance. Le désordre est inexprimable, et les tribunes y mêlent leurs trépignements et leurs vociférations.

MADAME BOURLARD *avec exaltation*.

Allons donc, M. Michaud ! criez avec nous ! allons donc !

M. MICHAUD *criant dans sa cravatte*.

Bravooo ! bravoooo !

M. MICHAUD *après que le bruit a un peu diminué*.

Les pauvres gens, pourtant, madame Boulard ! tout ce qui doivent faire pour avoir la liberté !

MADAME BOURLARD.

On n'a rien pour rien ! tous ces gens-là, M. Michaud, se sont immortalisés si haut, qu'on les aimera plus que l'pays.

M. MICHAUD.

Comme ce dernier était éloquent ! ça fait un fier connaisseur ! comme y disait... comme y fesait bien voir... c'est que c'est extrêmement juste, cette idée-là !

MADAME BOURLARD.

Voilà ce gros qui recommence !

M. MICHAUD se penchant hors de la loge.

Je ne comprends pas !.. hein ? des Améric... qu'est-ce qu'y dit donc ?

MADAME BOURLARD.

Chut !.. il a raison ! tiens ! y prouve que nous ne sommes pas des sauvages.

M. MICHAUD.

Des sauvages ! est-ce qu'il entendrait par-là ?..

MADAME BOURLARD.

Des sauvages... ce sont les Américains.

M. MICHAUD.

Je crois que j'en ai vu un à la foire.

MADAME BOURLARD.

Tiens ! ça n'est pas rare , des sauvages... c'est des humains qui avalent des cailloux , et qui mangent des lapins tout vivants , avec leurs poils.

M. MICHAUD.

Bon ! v'là que ça reprend ! sont y criards ces libéraux! si la baraque n'était pas solide... Hein ! le président qui se lève ! qu'est-ce qu'y dit ?

MADAME BOURLARD.

O Dieu ! quel dommage ! la séance est levée !

M. MICHAUD.

Eh bien ! qu'est-ce que ça y fait ?

MADAME BOURLARD.

Est-il donc ignorant des usages parlementaires ce M. Michaud ! ça fait, monsieur Michaud, que c'est une affaire finie , et qu'ils ont assez causé pour aujourd'hui.

Tiens, y n'ont pas l'air content! y crient encore!

MADAME BOURLARD.

C'est qu'y se disent bien des choses pour leurs femmes. — Maintenant ils vont souper, et dans un quart d'heure ça n'y paraîtra plus.

M. MICHAUD.

Si nous faisions comme eux, madame Bourlard?

MADAME BOURLARD.

Vous êtes des nôtres. Bourlard vous attendra.

M. MICHAUD.

Il ne faut jamais faire attendre ses bons amis. Ce cher Bourlard! comme nous nous aimons!

MADAME BOURLARD.

Vous êtes son plus ancien camarade.

M. MICHAUD.

C'est comme qui dirait Hérode et Pilate.

MADAME BOURLARD *qui s'est enveloppée de sa cloche.*

A! la bonne heure! c'est de l'érudition cela! — Eh bien! Michel, es-tu content de ta soirée?

MICHEL *roulant son bonnet sur ses yeux, haussant les épaules et fesant la mine.*

Mmm!..

M. MICHAUD *mettant la main sur le front de Michel et le regardant entre les yeux.*

Les cheveux courts et en arrière!... ce gaillard là, quel orateur ça fera avec le temps, madame Bourlard! —(*Ils sortent*).

FÉLIX RAY.

ANALYSES CRITIQUES.

Manuel de l'histoire de la littérature grecque , abrégé de l'ouvrage de Schoell, *refondu en partie et complété par J. E. G.* Roulez, *docteur en philosophie et lettres et en droit, professeur d'archéologie et d'antiquités romaines à l'Université de Gand.* 1 vol. in-8°. Bruxelles 1837.

Pendant que nous rendions compte du mémoire de M. Roulez sur le *Mythe de Dédale*, et qu'à cette occasion, nous nous promettions de revenir sur d'autres productions philologiques et archéologiques du même auteur, beaucoup trop peu connues en Belgique, notre jeune et laborieux compatriote se créait de nouveaux droits à la reconnaissance de son pays par la publication d'un travail qui, sous le rapport de l'utilité, ne le cède en rien à tous ceux dont il a déjà enrichi les bibliothèques des amateurs de l'antiquité.

Un bon manuel de l'histoire de la littérature grecque, qui fût à la portée des jeunes intelligences par sa clarté, et des bourses ordinairement légères des étudians, par son prix, était un livre qui nous manquait absolument jusqu'à ce jour.

L'ouvrage de Schoëll était à la fois trop volumineux et trop cher pour les jeunes gens qui fréquentent les colléges et les universités.

La partie du Cours de littérature de Laharpe relative à la littérature grecque, outre qu'elle a l'inconvénient de tenir aussi à un ouvrage très-volumineux, est beaucoup trop incomplète, même avec les appendices que les derniers éditeurs ont empruntés aux *Mémoires de l'Académie des inscriptions et belles-lettres*, à Boindin, à Racine fils, à Duclos et à la *Quartly Review*, pour ce qui concerne le théâtre et la déclamation des anciens, et, malgré les notes excellentes mais trop peu nombreuses de M. Boissonnade, qui ne s'y est d'ailleurs occupé que des romanciers Iamblique, Heliodore, Longus, etc. (1).

(1) Il y a quelques années ce jugement, tout sévère qu'il est, aurait pu

En 1825, M. Loève Veimars a publié un volume in-12 intitulé *Histoire des littératures anciennes* dont un bon tiers est consacré à la littérature grecque; mais outre que cet ouvrage, renfermant trop de choses dans un trop petit espace, se ressent de la hâte avec laquelle on y a procédé, sa division par ordre de matières sans égard à la chronologie n'est propre qu'à donner les idées les plus fausses sur le caractère des époques diverses de la littérature grecque, et celui qui en a déjà quelques notions ne peut se faire à cette fantasmagorie qui réunit par exemple dans un même chapitre Hérodien et l'historien juif Josephe avec Hérodote et Thucydide, pour aller de celui-ci à Polybe, de Polybe à Plutarque et jusqu'à Anne Commine.

La partie ancienne de l'ouvrage de Frédéric Schlegel, plus savante, et plus étendue, a l'inconvénient de donner, au préjudice de la connaissance des faits, que l'on recherche toujours avant tout dans une histoire quel qu'en soit d'ailleurs le sujet, beaucoup trop de place à la discussion de certaines opinions systématiques qui nous font souvent perdre de vue les chefs-d'œuvre de l'antiquité, en nous préoccupant des querelles littéraires suscitées par les novateurs modernes.

En un mot, avant l'apparition du Manuel de M. Roulez, nous ne connaissions guère qu'un seul livre élémentaire qu'on pût mettre, avec confiance, dans les mains d'un jeune homme jaloux de se familiariser, sans un grand travail, avec la connaissance des principaux noms et des productions essentielles de la littérature grecque. Encore ce manuel a-t-il aussi l'incon-

passer sans nécessiter aucune observation; mais aujourd'hui que tant de gens qui se mêlent du métier de critiques, ne parlent de Laharpe qu'avec une hauteur ou un dédain tout-à-fait risibles pour ceux qui ont étudié les travaux de l'Aristarque français, nous ne croyons pas inutile de faire remarquer aux jeunes gens qui ont besoin de guides dans le choix de leurs lectures, que, même dans la partie ancienne, Laharpe, sans être ce que nous appelons aujourd'hui un philologue, peut encore être lu avec beaucoup de profit; que pour l'appréciation des principales beautés littéraires, pour la partie de la critique que nous appelons esthétique, peu de littérateurs l'ont égalé. Nul mieux que lui, par exemple, n'a fait ressortir le mérite de l'invention et de la disposition des grandes parties d'Homère, de Sophocle et de Démosthène.

vénient de n'être consacré qu'en partie à la littérature grecque et de ne pouvoir être lu que par ceux qui savent déjà le latin. Nous voulons parler du petit livre dans lequel le savant professeur hollandais Weytingh a en quelque sorte résumé et analysé, dans un style d'ailleurs élégant et clair et en cela très-supérieur à celui de son modèle, les principaux travaux philologiques du laborieux Harles, sous le titre de *Historia Græcorum et Romanorum litteraria*. (2ᵉ édit. Delft 1825).

Nous ne parlons pas du *Voyage d'Anacharsis*, dont le mérite est d'ailleurs trop connu, parce que l'histoire littéraire s'y trouve mêlée à l'histoire civile et politique, et que malgré l'habile artifice de composition que l'auteur de ce chef-d'œuvre a employé pour rattacher le souvenir des temps anciens à l'époque brillante qu'il avait choisie pour le voyage du jeune scythe, ce n'en est pas moins un livre nécessairement incomplet sous le point de vue qui nous occupe. Nous ne saurions trop recommander aux jeunes gens de le lire et de le relire, de l'étudier et de s'en bien pénétrer ; parcequ'ils ne trouveront aucune composition moderne plus profondément empreinte de tous les genres de beautés de la littérature grecque ; parceque nulle part l'érudition ne s'est montrée aussi attrayante et si je puis parler ainsi, aussi semblable à l'inspiration, tant les souvenirs du savant y sont habilement fondus, tant la vive et fraîche imagination de l'auteur a su prêter de charmes à la récomposition d'une multitude de fragmens divers laborieusement exhumés de la poudre des vieux in-folio ; parceque nulle part enfin, ils ne pourront puiser plus abondamment le goût, je dirai même la passion de la belle littérature ancienne ; parce que sans cette passion, on n'a pas le courage de se livrer aux études préliminaires qu'exige le mécanisme de la langue grecque et que, sans cette étude, il faut renoncer à l'espoir de se faire jamais une idée bien juste des chefs-d'œuvre de l'antiquité. Mais quand ils auront puisé ce vif désir d'apprendre, dans le Voyage du jeune Anacharsis, quand ils voudront jeter un coup d'œil avide sur le dépouillement des richesses de tout genre que recèle cette vaste et brillante littérature, et en classer sûrement les principales divisions dans leur mémoire, je dirai avec confiance aux jeunes adeptes des études classiques : Prenez et étudiez le *Manuel* de M. ROULEZ.

Pour donner en peu de mots un aperçu exact du plan de l'ouvrage, nous ne pouvons mieux faire que d'emprunter les lignes suivantes à la plume exercée qui en a déjà rendu compte dans le *Journal de la Province de Liége* : « Toute cette histoire est divisée » en six périodes qui embrassent plus de vingt-sept siècles, depuis » les temps fabuleux jusqu'à la prise de Constantinople par les Turcs » (1453 ans après J. C.). Le choix des époques n'est point arbitraire; » ce sont celles qui ont vu naître les changemens successifs subis » par la langue et la littérature dans un si long espace de temps; » de telle sorte que chaque période renfermant l'histoire des au» teurs et de leurs ouvrages, on a, par cette lecture de quelques » heures, une idée très-nette des divers genres de compositions » en vers et en prose qui constituent les richesses littéraires de la » Grèce, et du caractère particulier qni distingue chacun des écri» vains illustres qu'elle a fournis. »

Si ce livre n'était qu'un abrégé constamment fidèle des huit volumes in-8° de l'ouvrage de Schoëll, il mériterait encore toute notre reconnaissance, par cela seul qu'il aurait mis à la portée de tout le monde, un travail dont l'importance et l'utilité sont assez généralement appréciées, pour nous dispenser d'en rien dire ; mais, outre que M. Roulez s'est attaché à en résumer avec beaucoup de tact les principales parties, sans rien perdre d'essentiel des parties sécondaires, il a eu soin de rectifier en plusieurs endroits les erreurs qu'il a pu reconnaître dans ce vaste répertoire et de compléter la partie importante de la bibliographie, 1° en traduisant en français les titres des ouvrages allemands, anglais, etc., que Schoëll indiquait dans la langue de leur publication respective, de telle sorte que ces notices étaient comme non-avenues pour ceux qui ne connaissent pas les langues étrangères ; 2° en ajoutant l'indication des meilleures éditions et des travaux philologiques qui ont été publiés en Allemagne, en Angleterre, en France, en Hollande ou en Belgique, depuis la plublication de l'ouvrage de Schoëll.

Plusieurs articles qui ne se trouvent ni dans Schoëll ni dans aucune *histoire* littéraire générale, et que M. Roulez a puisés dans des publications récentes ou qui sont dus à ses propres études, ont enrichi le corps même de l'histoire de la littérature grecque : nous citerons pour exemples la notice consacrée à *Denys L'Obole* (p. 42.), dont il nous reste des fragmens qui appartiennent à *l'élégie symposiaque*, et que M. Roulez a empruntée aux recherches publiées à Darmstadt (1835) par F. Osann, l'article d'*Orus* de Milet (p. 246), dont les travaux paraissent avoir été très-utiles aux lexicographes, emprunté aux publications de F. Ritschel, Breslauw 1834, et de F. Ranke, Berlin 1835, et plusieurs autres.

Dans les jugemens qui sont portés sur le mérite ou l'authenticité des ouvrages que l'antiquité nous a conservés, l'auteur du *Manuel* ne suit pas toujours non plus aveuglément les décisions de Schoëll : c'est ainsi, par exemple, qu'il n'hésite pas (p. 24) à considérer comme étrangères à Hésiode, sa prétendue *Théogonie* et les deux dernières parties du *Bouclier d'Hercule*. C'est ainsi encore qu'il s'écarte de son modèle ou modifie les opinions qu'il avait émises (p. 49) dans l'éloge sans restriction qu'il accorde avec raison, ce nous semble, à quelques-unes des petites compositions d'Anacréon, (p. 213) dans la critique un peu sévère qu'il fait de Denys D'Halicarnasse, dans la juste appréciation du mérite littéraire de l'Empereur Julien (p. 321) et de l'orateur Thémyste (p. 318).

Rappelons à ce propos que les ouvrages de ce panégyriste distingué ont été l'objet du premier travail de M. Roulez dont nous avons déjà dit quelques mots dans la *Revue* (t. IV, p. 599). Nous avons appris depuis lors, que M. Dindorf, professeur de l'Université de Leipsick, en publiant une nouvelle édition de Thémyste ne s'est pas borné à mentionner honorablement les observations critiques de M. Roulez, mais les a citées presque à chaque page et a même admis dans son texte plusieurs des corrections proposées par notre compatriote. Le cahier des *Annonces savantes* de Goettingen, de février 1834 (p. 242 et suiv.) en rendant compte de l'édition de M. Dindorf, lui reproche cependant encore de n'avoir pas assez constamment admis les conjectures de M. Roulez dont il cite l'ouvrage en ces termes : « Depuis Harduin on n'a plus rien fait pour Themyste, » à l'exception de . . . . et des *Observationes criticæ* de » Roulez qui méritent d'être mieux connues en Allemagne, vu que » leur auteur unit la sagacité et la modestie à une vaste érudition, » et qu'il a mieux que ses devanciers saisi le sens de beaucoup de » passages. »

On nous pardonnera cette petite digression qui réparera autant qu'il est en nous, l'injuste oubli dans lequel la presse périodique de la Belgique avait laissé les ouvrages de M. Roulez. Nous pourrions signaler encore, sans sortir du livre qui est l'objet principal de notre compte rendu, le résultat de beaucoup de travaux et de recherches qui ne sont pas sans importance, en attirant l'attention des lecteurs du *Manuel* sur les changemens radicaux qu'il a faits à l'ouvrage de Schoëll (p. 26) dans la section consacrée à la poésie élégiaque (p. 125), dans la classification des ouvrages de Platon, (p. 178 et 179), sur ce qui concerne Théophraste et Héraclide Du Pont qui avait déjà été dès 1828 l'objet d'un commentaire publié à Louvain par M. Roulez et sur une foule d'autres passages de son livre; mais ces détails multipliés paraîtraient sans doute trop étrangers au genre de renseignemens que nous avons l'habitude de chercher dans les *Revues* que l'on publie chez nous. Nous terminerons donc en félicitant l'auteur de son travail et en rappelant que plusieurs journaux de la Belgique se sont déjà empressés d'en faire un juste éloge.

F. A. V. H.

Rapport à M. le Ministre de l'Intérieur sur les archives de la Chambre des Comptes de Flandre, à Lille, et sur les travaux à y exécuter dans l'intérêt de l'histoire de la Belgique; par M. Gachard, Archiviste-Général du royaume. Bruxelles. Hayez 1836, in-8° de 34 pages.

On se rappelle que les Chambres ont alloué, dans le budget de 1836, un crédit de 5000 francs, destiné, en partie, à subvenir aux frais de copie des documents concernant l'histoire nationale, qui existent à l'étranger.

Afin de donner suite à cet excellent projet, M. Gachard fut chargé par M. le Ministre de l'Intérieur, de se rendre à Lille, d'y examiner les anciennes archives de la Chambre des Comptes de Flandre et d'indiquer les travaux auxquels il importerait de s'y livrer, dans l'intérêt de notre histoire. M. Gachard a rempli d'une manière honorable la tâche qui lui était confiée, et le *Rapport* qui fait l'objet de cet article en est la preuve. L'auteur trace d'abord l'historique de la formation des archives de Lille :

« La Chambre des Comptes de Flandre, dit-il, fut instituée par des lettres-patentes du duc de Bourgogne Jean-sans-Peur, du 15 février 1385 (1386, nouv. st.). Son ressort, borné dans l'origine aux comtés de Flandre et d'Artois, fut étendu successivement à la seigneurie de Malines, au comté de Namur, au comté de Hainaut, à la seigneurie de Tournai et Tournaisis.

» La Chambre avait des attributions nombreuses. La principale consistait à ouïr les comptes de tous les officiers de recette et de dépense du prince : de ces comptes un double restait déposé dans ses archives. Cette dernière formalité s'observait aussi pour les comptes des villes et des châtellenies, que des commissaires spéciaux du souverain étaient chargés d'entendre.

» Il appartenait à la Chambre d'entériner les octrois accordés aux provinces et aux villes, ainsi qu'aux corporations ecclésiastiques et laïques, pour perception d'impôts, levée de deniers, création de rentes, construction de canaux et de chaussées, etc. ; les lettres de légitimation et de rémission ; les patentes de noblesse, les octrois d'amortissement, etc.

» Elle avait, de plus, la garde des conventions, des concordats et des autres actes relatifs aux possessions et aux droits utiles du souverain.

» On peut juger par-là, et sans qu'il soit besoin d'entrer dans plus de détails, de la masse de documens qui avait dû s'accumuler dans ses archives. Et ces documens ne dataient pas seulement de l'époque de son institution : en différentes occasions, elle en avait recueilli beaucoup d'autres qui appartenaient à des temps plus reculés. Ce fut ainsi qu'elle obtint des archiducs Albert et Isabelle, le 20 octobre 1619, un acte en vertu duquel les vieux comptes des domaines qui reposaient dans les trésoreries des chartes de Flandre, d'Artois, de Hainaut et de Namur, lui furent remis : elle était parvenue, de même, à se faire délivrer les cartulaires qui étaient renfermés dans ces trésoreries.

» Une autre classe de documens, d'une valeur inestimable, avait accru, depuis le commencement du seizième siècle, les richesses diplomatiques dont la conservation était confiée aux soins de la Chambre.

»Les comtes de Flandre faisaient garder les titres qui concernaient la souveraineté de cette province, sa législation, son administration, ses rapports avec les états voisins, dans deux dépôts : au château de Rupelmonde, et au château de Lille.

»Les ducs de Bourgogne et les premiers princes de la maison d'Autriche non-seulement continuèrent de renfermer dans les mêmes endroits les chartes de la Flandre, mais ils y placèrent aussi les actes, leurs états, leurs correspondances et négociations diplomatiques, et leurs autres papiers les plus précieux. Ce fut principalement le dépôt de Lille qui reçut ces importantes archives : nos souverains les y croyaient, et avec raison, plus en sûreté qu'au château de Rupelmonde, à cause des mouvemens tumultueux dont la Flandre *flamengante* était fréquemment le théâtre.

»En 1509, un incendie ayant éclaté au château de Lille, les chartes qu'il contenait furent, par mesure de précaution, transportées en l'hôtel de la Chambre des Comptes. Des lettres-patentes de Maximilien, du 22 décembre de cette année, ordonnèrent qu'elles y restassent provisoirement, et ce provisoire devint définitif. Vers 1580, la Chambre fit, par l'ordre du gouvernement de Philippe II, construire une tour, où on les déposa : elle fut toujours appelée depuis la *Tour des Chartes.*

»La prise de Lille par Louis XIV, en 1667, fit tomber toutes ces archives au pouvoir du gouvernement français.

»Par le traité d'Aix-la-Chapelle du 2 mai 1668, Lille fut cédée à la France; l'on n'y stipula rien relativement aux archives.

»Les chartes de Rupelmonde avaient, sur la fin du seizième siècle, été transférées à la citadelle de Gand. Les Français s'étant emparés de cette place au mois de mars 1678, ils firent enlever de la trésorerie des chartes une quantité de documens qui allèrent grossir le dépôt de Lille.

»Le 17 septembre de la même année, la paix se conclut à Nimègue entre les couronnes de France et d'Espagne. Il fut disposé, dans l'article 20, «que tous les papiers, lettres et documens »concernant les pays, terres et seigneuries qui étaient cédés et »restitués aux deux seigneurs rois, seraient fournis et délivrés de »bonne foi, de part et d'autre, dans les trois mois après que les »ratifications auraient été échangées, en quelques lieux que les-

»dits papiers et documens se pussent trouver même ceux qui »auraient été enlevés de la citadelle de Gand et de la Chambre »des Comptes de Lille. »

»Cet engagement, n'ayant pas été accompli, fut répété mot pour mot dans le traité de Ryswick du 20 septembre 1697.

»L'électeur de Bavière, gouverneur-général des Pays-Bas, fit, à cette époque, solliciter, par l'entremise de l'ambassadeur du roi d'Espagne à la cour de France, l'exécution d'une disposition dont les termes formels excluaient tout débat ultérieur : sur la réponse favorable qu'il reçut, il nomma, par acte du 19 avril 1700, Pierre De Loffre, greffier de la Chambre des Comptes du roi, «à l'effet de se transporter à Lille, et d'y recevoir tous pa-» piers, documens et registres qui lui seraient délivrés de la France.» Mais cette mission n'eut aucun résultat : les demandes du commissaire et de son gouvernement furent constamment éludées, sous divers prétextes.

»En 1709, les forces combinées de la Hollande et de l'Angleterre, alliées de la maison d'Autriche, s'emparèrent de Lille. La Chambre des Comptes de Bruxelles jugea l'occasion propice pour rentrer dans la possession de ses anciennes archives : le conseil d'état qui gouvernait les Pays-Bas, au nom de l'empereur Charles VI, fit des démarches auprès des Etats-Généraux des Provinces-Unies, pour obtenir qu'elles fussent enlevées de Lille : mais ceux-ci s'y refusèrent; et même, dans le traité qu'ils conclurent, à Utrecht, le 11 avril 1713, avec la France, ils consentirent, article 15, que Lille lui fût restituée, *avec tous les papiers, lettres, documens, archives, et particulièrement avec ceux de la Chambre des Comptes de Lille, et que, s'il y en avait eu quelques-uns de détournés, on les rapporterait de bonne foi.* On sait que l'empereur Charles VI ne voulut-pas d'abord reconnaitre le traité d'Utrecht.

»La paix ayant été rétablie entre la maison d'Autriche et la France, par les traités de Rastadt et de Bade, des commissaires des deux couronnes s'assemblèrent à Lille, en 1716, pour régler divers points d'arrangement qui devaient en être la conséquence. Les commissaires des Pays-Bas réclamèrent l'exécution des articles des traités de Nimègue et de Ryswick, qui concernaient les archives : cet objet n'avait reçu aucune solution, lorsque les conférences furent rompues, au mois de janvier de l'année suivante.

»Pendant la guerre que fit naître la succession de l'empereur Charles VI, les dépôts de Bruxelles furent, au mépris de la capitulation de cette ville, du 20 février 1746, et de l'article 11 du traité d'Aix-la-Chapelle, conclu le 18 octobre 1758, spoliés par un commissaire français, qui fit conduire à Lille huit caisses remplies de pièces originales extraites de ces dépôts. Les plaintes qu'éleva la cour de Vienne contre un acte aussi contraire au droit des gens, ne furent pas écoutées.

»Cependant le ministère autrichien ne négligea aucune occasion pour les renouveler, et pour rappeler l'inobservation des traités relatifs aux archives de la Chambre des Comptes et aux chartes enlevées de Gand en 1678. Malgré la justice de ses prétentions, peut-être n'y eût-il jamais été satisfait, si l'alliance que les maisons de France et d'Autriche contractèrent en 1756, n'était venue enfin faciliter la décision des différends territoriaux et autres qui existaient depuis si longtemps entre les deux pays : le 16 mai 1769, une convention des limites fut signée à Versailles, dans laquelle la cession réciproque des archives fut stipulée par un article ainsi conçu :

«Les hautes parties contractantes, désirant exécuter de bonne »foi les stipulations des différens traités qui ont ordonné la resti-»tution respective des papiers et documens, sont convenues des »points suivans :

»1° Chacune des deux parties restera en possession des titres et »documens qui sont communs aux lieux et pays appartenant à »l'autre, bien entendu néanmoins qu'elles se feront délivrer mu-»tuellement des copies et des extraits authentiques desdites pièces »communes, en tant qu'elles pourraient concerner les possessions »de celui des souverains qui demandera lesdites copies ou extraits.

»2° Néanmoins, si, parmi les titres originaux transportés des »places des Pays-Bas en France pendant la guerre qui a été termi-»née par le traité d'Aix-la-Chapelle de 1748, il s'en trouvait qui »fussent communs aux deux puissances, lesdits originaux seront »restitués à l'impératrice reine apostolique, comme lui seront »restituées aussi les instructions, dépêches et lettres des souverains »des Pays-Bas, ou de leurs gouvernemens-généraux, ainsi que les »lettres écrites par eux, ayant pour objet des négociations avec

»les puissances étrangères, dans quelque temps que les actes de
»cette dernière catégorie aient été transportés en France.

»3° Quant aux titres et documens qui intéressent exclusivement
»les possessions et les droits d'une des deux puissances, ils reste-
»ront au pouvoir de celle qu'ils concernent, si elle les a en sa
»possession, et ils lui seront en tous cas rendus et restitués de
»bonne foi, s'ils se trouvent en la possession de celle des deux
»puissances qui n'y a point d'intérêt.

»Toutes ces stipulations seront exécutées de bonne foi : dans le
»terme de trois mois après l'échange des ratifications : à l'effet de
»quoi il sera nommé, immédiatement après la signature par les
»deux cours, un ou plusieurs commissaires, pour se rendre res-
»pectivement à Lille, à Bruxelles, à Gand, à Luxembourg et ail-
»leurs, s'il en est besoin, pour y procéder conjointement à la sé-
»paration et à l'extradition desdits papiers et documens.»

»Le gouvernement des Pays-Bas nomma pour son commissaire
le comte De Wynants, conseiller-maître honoraire de la Chambre
des Comptes, garde des chartes de Brabant, depuis directeur-gé-
néral des Archives de l'Etat. Le gouvernement français en nomma
deux : Frédéric Pfeffel, jurisconsulte attaché au ministère des affaires étrangères, et Denis-Joseph Godefroy, gardes des archives
de Lille. »

M. Gachard donne ensuite un précis des opérations de triage
qui commencèrent le 7 mars 1770 et furent terminées le 14
novembre 1771. La procès-verbal de ces opérations existe aux
archives du royaume et forme huit volumes pour les seuls documents qui furent remis au gouvernement des Pays-Bas ; ces documents remplirent cent vingt-cinq caisses ; la dépense s'éleva à
74, 817 francs 82 c.

M. l'Archiviste du royaume présente au paragraphe 3, le tableau des pertes essuyées par les archives de la Chambre des
Comptes et leur consistance actuelle ; il rappelle à ce sujet les
anecdotes curieuses que M. Leglay avait déjà consignées dans la
notice qu'il a publiée en 1835 ; nous citerons de nouveau :

«En l'an Ier de la république, un commissaire, nommé Saint-
Aubin,. vint à Lille. Accompagné de quelques membres du district, il se rendit aux archives, où il se livra à une espèce de

triage : il fit ensuite vendre à cri public tout le parchemin qu'il jugea inutile, et il fit transporter à l'arsenal, pour le service de l'artillerie, une masse énorme de papiers.

»Une loi du 24 juin 1792 ordonnait de brûler les documens qui faisaient mention de titres de noblesse. Deux commissaires, appelés Top et Salmon, s'étant fait représenter la magnifique collection des registres aux chartes, composée de 79 volumes, que renfermait le dépôt de Lille, en arrachèrent tous les feuillets sur lesquels étaient transcrits des actes d'anoblissement, sans prendre garde même s'ils ne détruisaient pas aussi d'autres actes intéressans pour le public; ils croyaient par-là, sans doute, effacer jusqu'aux vestiges de la féodalité, dont le nom seul faisait horreur alors.

»Si la partie historique des archives de Lille ne périt pas tout entière à cette époque de désastreuse mémoire, on en est redevable à la courageuse opposition qu'un simple commis, préposé à la garde du dépôt depuis l'émigration du dernier Godefroy, osa faire aux stupides injonctions qui lui furent adressées. «Je ne »vois, lui écrivait le ministre de l'intérieur, je ne vois, dans les »archives de l'ancienne Chambre des Comptes de Lille, *rien à* »*conserver*, que ce qui peut établir des créances de la nation en- »vers les comptables. *Tous les papiers anciens et d'écriture gothi-* »*que* ne doivent, là comme ailleurs, être que *des titres de féoda-* »*lité, d'assujettissement du faible au fort, et des règlemens politiques* »*heurtant presque toujours la raison, l'humanité et la justice;* je »pense qu'*il vaut mieux substituer à ces vieilles et ridicules paperas-* »*ses la déclaration des droits de l'homme : c'est le meilleur titre qu'on* »*puisse avoir.*»

»M. Roprat (c'est le nom du commis) se permit, dans une ré- ponse où il n'épargnait pas l'ironie, de blâmer la décision minis- térielle : «Je vous ai fait observer, lui dit-il, qu'on ne devait »pas prendre des aveugles pour juger des couleurs; vous me pa- »raissez être d'une autre opinion, puisque, sur le témoignage d'un »administrateur de la comptabilité qui ne connaît pas plus le prix »des antiquités nationales, que le coq de la fable ne connaissait »celui du diamant qu'il avait trouvé, vous décidez *qu'il n'y a dans* »*les papiers de l'ancienne Chambre de Lille rien à conserver*, et vous

»ordonnez la destruction de ces archives nationales, peut-être
»les plus intéressantes que la République possède.... J'espère que
»vous voudrez bien me permettre de ne prendre aucune part à
»cette opération, qui n'est comparable qu'à l'incendie de la biblio-
»thèque d'Alexandrie, et qui ne me paraît nécessitée par aucun
»motif raisonnable : car, quand il serait vrai que *ces papiers an-*
»ciens et gothiques ne seraient que des titres de féodalité, d'assujettis-
»sement du faible au fort, et des règlemens politiques heurtant pres-
»que toujours la raison, l'humanité et la justice, je pense qu'on
»devrait encore les conserver comme des monumens propres à
»faire aimer la révolution.....» Parlant ensuite des ressources pé-
cuniniré qu'auraient pu procurer des travaux faits dans les archives sur les domaines engagés, ressources dont la mesure prescrite
par le ministre allait priver la république, M. Roprat ajoutait : « Il
»est vrai que la suppression des archives, et même des bibliothè-
»ques nationales, pourra l'en dédommager, par la vente des pa-
»piers, parchemins et livres, et par celle des bâtimens qu'occu-
»paient ces *établissemens gothiques.* Elle profitera encore des
»traitemens des gardes; il ne lui en coûtera, pour remplacer
»tout cela, *que quelques exemplaires de la déclaration des droits de*
»l'homme ! Assurément, c'est une belle invention, que la substi-
»tution de la déclaration des droits aux chartes, aux titres et aux
»livres. Vous faites de cette déclaration la science universelle, *et*
»je ne sais, citoyen Ministre, comment les pauvres hommes pourront
»reconnaître une découverte aussi importante...»

»Ebranlé par cette représentation hardie, le ministre ne crut
pas pouvoir passer outre. Il voulut s'appuyer de l'avis de l'administration du département, qui à son tour consulta les administrateurs du directoire du district de Lille. Ceux-ci eurent le bon
esprit de réclamer la conservation d'un dépôt précieux autant par
les renseignemens utiles qu'y pouvait puiser le domaine, que par
les trésors historiques qu'il recélait. Le ministre n'insista plus, et
les archives furent sauvées. »

Dans le IVᵉ paragraphe de son rapport, M. Gachard résume
ainsi les travaux qui lui paraissent devoir présider à l'accomplissement des intentions de la législature :

1ᵉ Ne prendre copie que des pièces qui offrent un intérêt historique et qui n'ont pas été publiées ou l'ont été inexactement.

2° Ne faire copier que les pièces qui n'existent chez nous ni aux archives du royaume, ni dans celles des provinces, ni dans les dépôts des villes.

3° Enfin ne copier que sur les originaux mêmes, à moins qu'il ne soit constant que ceux-ci sont perdus.

M. Gachard assure qu'en procédant même avec cette sévérité, on aurait à extraire des archives de Lille, près d'un millier de pièces !

Que de richesses historiques sont donc encore enfouies dans ce dépôt ! combien ceux qui s'intéressent à l'étude de l'histoire en Belgique doivent désirer de voir accomplir ces utiles travaux ; car, ils ne se borneront pas aux seules archives de Lille, il faudra ensuite explorer celles de Dijon où l'on conserve les chartes des ducs de Bourgogne, et la bibliothèque de Besançon qui renferme la collection des manuscrits du cardinal de Granvelle, collection sur laquelle M. Gachard nous a déjà donné une notice fort intéressante. Espérons qu'on ne se bornera pas à de simples projets!...

M. L. P.

MÉLANGES.

LE CABINET D'HISTOIRE NATURELLE DU MUSÉE DE BRUXELLES.

Il est fort heureux qu'une exposition de tableaux vienne de temps en temps nous rappeler que nous avons à Bruxelles un Musée ; il est heureux surtout que les waggons du chemin de fer nous amènent tous les dimanches une cargaison de paysannes flamandes très-curieuses en fait d'histoire naturelle : car, n'était la récente réunion de ces deux circonstances, qui songerait encore à visiter les six salles du Musée où sont rassemblées tant de magnifiques dépouilles du nouveau comme de l'ancien monde ?

C'est pourtant mal à nous de dédaigner ainsi les principales richesses de notre ville ; c'est mal à nous, vieux citadins blasés sur tous les plaisirs étourdissants d'une capitale, de venir de temps en temps reposer nos esprits et nos cœurs au spectacle des merveilles de la création ; c'est mal à nous de ne pas y amener nos enfants, pour leur apprendre à lire une page de ce livre sublime ouvert à tous, et que si peu savent lire et comprendre !...

Et vous qui avez mission d'instruire la jeunesse, avez-vous donc oublié l'axiôme pédagogique :

« Segniùs irritant animos demissa per aures,
« Quàm quæ sunt occulis subjecta fidelibus..... »

et si vous ne l'avez pas oublié, pourquoi ne vous voit-on pas au Musée *montrer* l'histoire naturelle à vos élèves, qui, d'après votre axiôme, apprendraient bien mieux cette science par les yeux que par les oreilles ? A quoi sert à ces pauvres enfants d'avoir appris à grands frais de mémoire une savante nomenclature qui sera toujours muette pour leur intelligence, s'ils ne connaissent point les admirables productions de la nature pour lesquelles ces mots savants ont été inventés ? — Si vous voulez que cette étude leur soit réellement utile, celle de la zoologie

principalement, faites avec eux de fréquentes visites au Musée,
et que chaque visite soit préparée par une lecture dans le livre
immortel de Buffon. Au bout de quelques mois de cet exercice
récréatif, vous verrez comme ces jeunes gens distingueront aisément les différents genres, les différentes espèces d'animaux,
comme ils vous feront la description des mœurs de chaque
espèce, comme ils indiqueront le point du globe qu'elle habite.

Pour nous, qui, grace à la méthode usitée dans les établis-
sements d'instruction, n'avons appris en histoire naturelle que
des mots que nous avons promptement oubliés au sortir des
classes, force nous est de confesser en toute humilité notre
ignorance au lecteur, de crainte qu'il ne s'attende à trouver
dans ces lignes autre chose qu'une causerie et quelques observations telles que pourrait en suggérer aux moins savants une
première inspection du cabinet d'histoire naturelle du Musée.

La première salle, qui est fort petite, ne contient que de
grands animaux : c'est assez dire qu'ils n'y sont pas nombreux.
Dès l'abord, un phoque, un rhinocéros et un monstrueux hippo-
potame frappent vos regards, et c'est à peine s'ils vous laissent
apercevoir le jeune éléphant qui rampe à leurs pieds. Ce dernier, qui a la taille d'un veau, est le seul individu de son
espèce que renferme le cabinet. Il est vrai que l'encombrement
que l'on y remarque au premier coup d'œil ne permettrait pas
d'y placer un pareil animal parvenu au terme de sa croissance.
C'est à la même cause apparemment que l'on doit attribuer la
pauvreté du cabinet en ce qui concerne les quadrupèdes ;
mais cette lacune, il faut l'espérer, ne tardera pas à pouvoir
être comblée, l'agrandissement du local étant, à ce qu'il paraît,
une chose décidée.

C'est dans la première salle que sont placés les jolis animaux
qui appartiennent au genre *cerf*, dont on rencontre les nombreuses espèces dans les quatre parties du monde.

Le roi, le patriarche de cette gracieuse famille, est sans
contredit le cerf lui-même, le noble cerf de notre vieille Europe.
Celui que vous voyez lever fièrement la tête derrière ce vitrage,
est sans doute, ainsi que ce chevreuil à la physionomie pleine
de douceur, un ancien hôte de notre forêt des Ardennes, où

sa race, hélas! est bien près de s'éteindre, depuis que l'arme meurtrière du manant émancipé usurpe le privilége de la meute féodale. Heureusement le chevreuil et le lièvre nous restent pour animer nos bois. Moins élevés dans la hiérarchie des animaux, ils ont pu échapper, eux, grace à leur obscurité, à la grande catastrophe qui porta le dernier coup à plus d'une haute lignée, tant au sein des forêts qu'au fond des castels aux portes blasonnées.

Un peu plus haut est un cerf de Java avec sa biche, espèce qui diffère peu de celle d'Europe. C'est un don de notre compatriote, M. Dubus de Ghisegnies, ancien gouverneur de l'île de Java ; le cabinet lui en doit une infinité d'autres non moins précieux.

Remarquez encore le rhenne mâle, le daim, les antilopes, le bélier et la brebis d'Astracan, le bouc du Thibet, les tapirs américains, le zébre de Java et le zèbre du Cap de Bonne-Espérance.

Quant aux quelques poissons que l'on aperçoit à peine entre les pattes de tous ces quadrupèdes, ils ne méritent pas d'être mentionnés. Vous en trouverez de plus beaux et de mieux conservés dans la deuxième et principalement dans la quatrième salle ; mais ne vous attendez à rien de bien remarquable dans ce genre, depuis que le squelette de baleine qui occupait naguère l'une des plus grandes galeries du *Musée de l'industrie* en a été retiré pour voyager dans les pays étrangers (1).

Une très-belle collection d'insectes est disséminée dans les différentes salles : n'oubliez pas, avant de quitter celle-ci, de jeter un regard d'admiration sur les papillons qui en décorent l'entrée. Il serait difficile d'en réunir de plus beaux et un plus grand nombre d'espèces différentes.

Nous voici dans la grande galerie, qui renferme les oiseaux et aussi plusieurs quadrupèdes que l'exiguité de la première salle n'a pas permis d'y placer. — Voyons d'abord les premiers !....

---

(1) La plupart des naturalistes s'accordant, je pense, à ranger les cétacés dans la classe des *mammifères*, je dois leur demander mille excuses pour avoir paru comprendre ici la baleine dans celle des *poissons*.

Quel coup d'œil ! quelle vivacité et quelle variété de couleurs !...
On dirait que les habitants de l'air des quatre parties du monde
se sont donné le mot pour se rassembler ici par myriades ! Leurs
immenses rangées superposées les unes aux autres encombrent
les deux côtés de la galerie dans toute sa longueur depuis le
parquet jusqu'au plafond. L'œil se perd et se fatigue au milieu
de cette multitude bigarrée !... Dès l'abord, on la croirait
vivante, mais quand on a reconnu son erreur, on se croirait
volontiers dans la vallée de Josophat de la gent volatile.

Par où commencer ?... Ici la tâche d'un cicérone devient un
peu difficile. L'homme à la baguette de la ménagerie Martin,
qui *explique* si bien, y donnerait sa démission. Il faudrait une
poitrine de fer et un temps infini pour donner l'*explication* de
tous ces oiseaux, depuis l'ordre des accipitres, fier de compter
dans ses rangs la royale famille de l'aigle, l'une des plus complètement représentées de toutes celles qui figurent ici, jusqu'à
l'humble palmipède, habitant des basses-cours, qui se cache
tout au fond de la galerie; — depuis le condor gigantesque,
mais descendu du piedestal fabuleux où la crédulité des voyageurs l'avait placé, jusqu'au gentil orthorynque, dont on peut
admirer à l'aise les nombreuses variétés, pourvu qu'on ait eu
soin de se munir d'une bonne loupe ; — depuis les oiseaux de
paradis, dont les queues soyeuses admirablement nuancées
ont réellement quelque chose de céleste, jusqu'à la colossale
autruche aux cuisses nerveuses et nues, qui surveille son œuf
énorme, à côté du'un boa constrictor, que l'on a mêlé, je ne
sais trop pourquoi, à tous ces volatiles......

Mais ce serait vouloir recommencer Buffon et Lacépède que de
passer en revue les uns après les autres tous les individus qui
composent la grande famille ici réunie; qu'il nous suffise de
dire en général que le cabinet est aussi riche en oiseaux que
pauvre en mammifères et en poissons. Cette différence s'explique autant par le nombre d'ornithologistes que renferme la
Belgique que par l'insuffisance des locaux du Musée.

Il est aisé de concevoir d'ailleurs la cause de la préférence que
nous donnons à l'ornithologie sur les autres branches de la zoologie. D'abord, eu égard à sa situation géographique, notre pays est

pour ainsi dire une station intermédiaire pour les oiseaux de passage qui voyagent vers le Nord et pour ceux qui voyagent vers le Midi; les uns et les autres doivent nécessairement passer par nos contrées. Ensuite, la nature variée de notre sol où il ne manque ni forêts, ni montagnes, ni plaines, ni marais, ni rivages, a nécessairement pour résultat une grande diversité dans les espèces de nos oiseaux indigènes. Or, c'est à cette abondance d'oiseaux indigènes et voyageurs, qu'il faut attribuer, pensons-nous, le goût qui se manifeste en Belgique pour l'ornithologie, et c'est au grand nombre de nos ornithologistes que nous devons la richesse toujours croissante du cabinet, parce que tous s'empressent de déposer leur tribut dans cette grande collection qu'ils considèrent comme nationale, fut-ce même aux dépens de leurs collections particulières. — Ajoutons que les chasseurs, qui ne sont pas peu nombreux en Belgique, se montrent aussi très-zélés pour enrichir le Musée de leurs dons.

Parmi les oiseaux tués dans le pays, nous en avons remarqué quelques-uns, dont voici la liste :

— *La cresserelle* (mâle). — Environs de Bruxelles. — Offerte par M. le marquis de Chasteleer.

— *Idem*. — Par M.-E. Maskens.

— *Idem* (*femelle*). — Par M. Foulé.

— L'AIGLE PYGARGUE. — Environs de Nivelles. — Par M. Crousse.

— IDEM. — Tué à Seneffe, environs de Nivelles. — M. de Buisseret.

— *Le busard St.-Martin* (mâle). — Environs de Liége. — Par M. le comte D'Espiennes.

— *Le busard des marais.* — Environs de Bruxelles. — Par M. le baron Em. D'Hoogvoorst.

— *Le grand duc.* — Environs de Mons. — Par M. Duval de Beaulieu.

— *La litorne.* — Environs de Mons. — Par M. Delnes.

— *Idem.* Variété tapirée. — Environs de Maestricht. — Par M. Colpin, 1831.

— *La grive.* (Turdus musicus) *variété jaune.* — Environs de Namur. — Par M. Barbain.

— *Le mauvis.* — *Variété tapirée.* — Environs de Bruxelles. — Par M. Libotton.

— *La huppe.* — Environs de Bruxelles. — Par M. Foulé.

— *L'alouette.* — *Variété blanche.* — Environs de Bruxelles. — Par M. Vandermaelen.

— *La cigogne blanche.* — Environs de Bruxelles. — Par M. Bosmans.

— *Le grèbe huppé* (jeune âge).—A Villebroek.—Par M. J.-A.-A. de Villebroek.

— *Le grèbe cornu.* — Environs de Bruxelles.— 1827.

— *La foulque.* — Environs de Bruxelles. — Par M. le baron Van Volden.

— *Le harle piette.* — La Hulpe , près Bruxelles. — Par M. Libotton , 1830.

— *Idem.* — Par madame de Beekman.

— *Le grand harle.* — Environs d'Enghien.—Par M. le duc D'Aremberg.

— *Idem.* Environs de Bruxelles. — Par M. De Coun.

— *Le harle huppé.* — La Hulpe , 1830. — Par M. Libotton.

— *L'outarde barbue* (mâle). — Environs de Maestricht. — Par MM. Colpin et Nyst.

— *Idem* (très-grande). — Environs de Ruremonde. — 1830.

— *Le bihoreau.*—Environs d'Anvers, 1830.— Par M. Vandelft.

— *Le bihoreau à manteau noir.* —Mai 1834. — Par M. le comte De Marnix.

— *Le héron pourpré* (jeune âge). — Tué à Bruxelles, à son passage , dans la nuit du 15 septembre 1828.

—*Le bécasseau combattant.* —Quatre variétés très-remarquables.

— *Le cygne sauvage.* — Tué à Woluwe St.-Lambert.

On pense bien que cette liste est loin d'être complète. Que serait-ce si on y ajoutait celle des oiseaux étrangers donnés par MM. Bortier , Robyns , Serruys (1), Vandencorput, de Wellens , Sauveur , Coghen , Engler , Vanvolxem , de Quabeek , de Behr, etc. , etc.

---

(1) Le cabinet doit à M. Serruys l'exemplaire qu'il possède du *condor* ou *grand vautour des Andes.* Cet oiseau a douze pieds d'envergure.

Le grand manchot mâle des îles Moluques est un don de M. Vandencorput.

La grande autruche a été donnée par feu M. Bortier, membre de la régence de Bruxelles.

Avant d'en finir avec la collection ornithologique, nous prendrons la liberté de soumettre à MM. les directeurs ou conservateurs du Musée, deux, voir même trois observations.

La première, c'est que la moitié de cette belle collection est perdue pour le public, à cause de l'impossibilité de distinguer les oiseaux placés à l'étage supérieur des rayons. Il nous semble, sauf meilleur avis, qu'on éviterait cet inconvénient en réservant les rayons les plus élevés aux espèces de grande taille, tels que les aigles, les vautours, les échassiers, etc., et en descendant sur les rayons inférieurs les oiseaux qui, à cause de leur petitesse, ne peuvent être bien examinés que de près. — Il est bien entendu que cette transposition devrait être combinée de manière à ne point nuire à la classification, sinon le remède serait pire que le mal.

La seconde observation, c'est qu'il manque au cabinet un livret semblable à celui qu'on a fait imprimer pour l'exposition des tableaux. Ce livret ou indicateur serait d'une grande utilité principalement pour les visiteurs de la collection des oiseaux : il leur ferait trouver tout de suite les exemplaires qui y sont et leur épargnerait la peine inutile de chercher ceux qui n'y sont pas.

La troisième observation enfin, — car je ne vous ferai pas grace d'une seule, — c'est que beaucoup d'oiseaux ont perdu leurs étiquettes, ou plutôt n'en ont jamais porté. Dans leur nombre cependant il se trouve des étrangers venus de très-loin pour se faire connaître. N'est-ce pas leur faire injure que de les introduire dans nos salons sans prendre la peine de les annoncer, sans décliner leurs noms et qualités ?

A ces trois points près, nous n'avons que des éloges à donner à la tenue du cabinet, ainsi qu'aux surveillants, qui remplissent leur office avec vigilance, mais sans importunité et sans manquer de politesse envers qui que ce soit.

Bien que les quadrupèdes qu'il nous reste à voir, ne soient pas aussi nombreux, à beaucoup près, que les oiseaux, il en est plusieurs qui méritent d'attirer l'attention, et qui, s'ils étaient vivants, pourraient faire seuls les frais d'une belle ménagerie.

Nous n'en citerons que quelques-uns :

— Le lion, la lionne, et deux lionceaux nés à Bruxelles.

— Le tigre royal, et la panthère noire, tous deux de Java.

— Plusieurs chats-cerviers et autres espèces appartenant au genre *felis*.

Deux ours bruns, dont l'un est superbe et si bien conservé qu'on le croirait vivant.

— L'hyène à longs poils, et le chien sauvage du Cap.

— Plusieurs loups. L'un fut tué dans les bois d'Orchaise, aux environs de Namur, par le Cte. Mercy d'Argenteau ; deux autres viennent des bois de Venloo ; ces derniers de petite taille, couleur sombre, rappellent l'espèce qui figure dans le grand tableau de Verboeckoven.

— Le sanglier du Cap, à longues soies, moins grand et moins horriblement beau que :

— Le sanglier mâle adulte, offert au cabinet par le Prince de Chimai, qui, sans doute, l'a tué dans son immense forêt de Thierrache.

— Le lièvre blanc de Groënland. — Le lièvre sauteur, et plusieurs variétés du Cap.

— L'oryctérope.

— Plusieurs aïs ou paresseux.

— Un pangolin de Java, animal très-remarquable par l'espèce de cuirasse qui le protège.

— Une collection de chauves-souris. — Deux sont monstrueuses, et aussi grosses que des chats-huants pour le moins.

— Un crapaud de la grosseur d'une poule ! — (Seul reptile de l'ordre des batraciens que nous ayons remarqué dans le cabinet).

Le cabinet possède en outre une belle collection de singes. Elle est placée dans la quatrième salle, qui est plus spécialement destinée à la collection des reptiles. Mais il règne dans cette salle une odeur nauséabonde qu'il est de toute impossibilité d'y respirer une seule minute. — Nouvelle observation qui rentre dans les attributions de MM. les conservateurs du Musée. Il est urgent qu'ils prennent des mesures pour désinfecter ce local, dussent-ils lancer un ordre d'expulsion contre tous les individus de l'espèce simiane qui s'y trouvent.

La salle précédente ainsi que celle du fond, que nous appellerons la *troisième* et la *cinquième*, forment le cabinet minéralogique.

L'une offre une riche collection de minéraux de la Russie, l'autre des minéraux, (roches et laves) de l'Auvergne et du Vésuve. Des coquillages de toute espèce, des pétrifications phénoménales et des débris de grands animaux se trouvent aussi dans ces deux salles. On remarque dans celle du fond une table composée de cent trente-cinq fragments de marbre, tous différant les uns des autres.

La sixième salle enfin, celle qui est située à gauche de la quatrième, renferme des serpents, un grand crocodile, des tortues de toute grosseur, des caméléons *dont la couleur est devenue invariable ;* — une collection de madrépores ; une collection d'empreintes de poissons, de crustacés, etc., dans le calcaire lithographique des environs de Papenheim (Bavière) ; — une défense d'éléphant de six pieds de longueur, trouvée dans la mer d'Allemagne par des pêcheurs d'Ostende ; et une infinité d'objets curieux que le demi-jour qui règne dans cette pièce ne permet guère de distinguer au travers des vitrages peu transparents.

Certes, il y aurait là matière à plus d'un volume pour l'écrivain qui se sentirait la velléité de consigner le résultat de ses observations sur le papier. Mais telle n'est pas notre intention. Mieux vaut terminer brusquement cette revue, quelque rapide et incomplète qu'elle soit, que d'abuser plus longtemps de la patience des lecteurs. Finissons donc comme nous avons commencé, c'est-à-dire, en les engageant à visiter plus souvent un établissement que bien de grandes villes nous envient, et qui ne mérite pas moins d'attirer notre attention que celle des étrangers.

Il ne sera peut-être pas inopportun de rappeler ici que le cabinet d'histoire naturelle, dont l'entrée est gratuite, est ouvert au public le dimanche, lundi et jeudi de chaque semaine, depuis dix heures jusqu'à trois.

Plusieurs caisses contenant des animaux que l'un de nos compatriotes a récemment rapportés des côtes de la nouvelle Guinée, où il possède un vaste établissement, et qu'on dit très-beaux, très-rares et parfaitement conservés, ont été envoyées ces jours derniers au Musée, par ordre de S. M. le Roi des Belges, à qui notre compatriote les avait offertes. Ces animaux ne tarderont pas à enrichir notre cabinet d'histoire naturelle. Nouveau motif pour le visiter.   Fn. Lb.

BULLETIN BIBLIOGRAPHIQUE.

Chronique rimée de Philippe Mouskes, publiée par le baron de Reiffenberg. Bruxelles 1836, in-4° de ccclxxix et 654 pages.

C'est le second volume des chroniques belges publié par la commission d'histoire. Le premier renferme la chronique de Van Heelu, sur la bataille de Voeringen ; éditeur M. Willems.

— Histoire de Belgique, par J. P. J. Dumont. Anvers 1836. 2 vol. in-8°.

— Précis de l'histoire de la Belgique et des Belges, depuis l'invasion des Romains jusqu'à la réunion des principautés sous Philippe-le-Bon, par Aug. Mauvy. Bruxelles 1837. 1 vol. in-8°.

— Notices biographiques, par Coomans ainé. 1er cahier 1836. Gand, in-16 de 45 pages, tiré à 50 exemplaires.

— De la répression du duel par le même. 2e édition. Gand. Décembre 1836. In-8°.

Législation.

D'UNE LOI SUR LE DUEL (1).

Si nous nous déterminons à publier sur une aussi grave matière des considérations peu en harmonie avec quelques-unes des idées qui ont présidé à la rédaction du projet de la Commission du Sénat, ce n'est point que nous soyons mus par le frivole désir de paraître avec une opinion tranchée. Nous comprenons trop

(1) C'est un sentiment bien douloureux que celui que nous éprouvons en publiant cet article, dont l'auteur aujourd'hui n'est plus! On ne lira pas sans quelqu'émotion, nous le croyons du moins, ces lignes péniblement tracées par le jeune écrivain dans les courts instans de repos que lui laissaient les premières atteintes de la maladie à laquelle il vient de succomber. WALTER NIMON, de Liége, remplit successivement et toujours avec distinction, les fonctions de professeur d'histoire à l'école spéciale de commerce de Liége, de professeur de langue grecque au collége de Huy, enfin de chef de bureau au ministère des finances. C'est en cette dernière qualité qu'il venait d'être chargé d'un important travail sur la statistique commerciale de la Belgique : cette tâche difficile, il se disposait à l'entreprendre avec ardeur, quand la mort est venue le frapper. — Il est auteur d'une *Méthode pour étudier la langue latine*, d'après le plan de la méthode grecque de Burnouf. — Liége 1827, un volume in-8°; d'une bro-

17

quel haut degré de réflexion et de réserve on est tenu
de s'imposer en examinant de semblables questions,
auxquelles se rattachent les intérêts de la morale et le
repos des familles. Il est aussi loin de notre pensée de
prêter appui au déplorable préjugé qui ne compte
chaque jour que de trop nombreuses victimes. Notre
vœu ardent est que l'emploi de la force brutale, sous
quelque forme qu'il se présente, disparaisse au plus
tôt et pour toujours du milieu de nos sociétés, pour
y céder l'empire à l'esprit de conciliation, aux sentimens de bienveillance réciproque qu'on devrait voir
régner, surtout dans un siècle si fier de sa civilisation.
Mais quelle que soit la vivacité de nos désirs à cet égard,
nous ne pensons pas que toutes les voies soient également sûres pour arriver à leur réalisation.

Exposer nos vues à cet égard est pour nous un

chure publiée à Bruxelles en 1835, sous le titre : *De la nécessité
de créer un ministère de l'industrie, du commerce et des travaux
publics*, 40 pages in-8°, dont nous avons rendu compte dans
notre deuxième volume, page 130. Enfin notre recueil lui doit
un article sur la nécessité de former la statistique du royaume
(T. III, p. 151-164), et le travail que nous publions aujourd'hui,
et qui est antérieur au projet de M. le Ministre de la justice.
— Peu de temps après la révolution, il fut appelé à la rédaction
du *Moniteur*. Dans la candeur de son ame, il avait cru possible
de concilier l'indépendance de ses opinions avec ce nouvel emploi. On lui prouva bientôt qu'il s'était trompé : la direction du
journal ministériel ne tarda pas à lui être retirée; mais il resta
pur et sans reproche. — W. Nihon a été enlevé à ses amis le
6 janvier 1837, à l'âge de 33 ans. Il ne sera point oublié par
ceux qui ont pu apprécier ses nombreuses qualités personnelles,
et surtout cette bonté de cœur, cette générosité de caractère qui
faisaient de lui l'homme le plus estimable, l'ami le plus sûr et le
plus dévoué.   (*Note de la Commission de la* Revue Belge).

besoin : mais en présence d'un travail que recommandent si haut l'expérience et les lumières des hommes qui y ont coopéré, nous éprouvons un grand embarras. En effet, pour qui s'est donné la peine d'examiner avec quelque attention le rapport et le projet de loi du Sénat, il a dû en résulter la conviction qu'il n'est guère possible d'apporter dans une semblable tâche plus de soins scrupuleux, plus de minutieuses recherches, plus de consciencieuse attention que n'en a mis la Commission. Ce n'est pas là du reste un mérite nouveau dans cette assemblée. Si, d'ordinaire, les travaux de l'autre Chambre se distinguent par des idées plus avancées, par un sentiment plus vif du besoin de réforme, par une pratique plus hardie du progrès, ceux du Sénat portent en général le cachet d'une plus grande maturité de réflexion, d'une sage réserve qui n'affaiblit en rien l'affirmation, mais qui semble au contraire lui prêter un plus haut degré de crédit, et, si nous ne nous trompons, on tient trop peu compte de ce genre de mérite, plus occupé qu'on est des travaux de la Chambre des représentans. Dans le cas présent, notre observation se trouve confirmée par les connaissances et le talent qui se reproduisent dans tous les rapports de M. de Haussy.

La Commission s'est entourée dans son travail de tous les documens de législation antérieure relatifs à la matière; elle a appelé à son aide les opinions de tous les esprits éminens qui s'en sont occupés; elle a tout examiné, tout pesé avec une sévère impartialité; et néanmoins elle avoue qu'elle est restée, en soumettant le résultat de ses méditations, *dans l'hésitation et dans la crainte*. En présence d'un semblable aveu, nous avons pensé qu'il pouvait être permis à ceux qui conservent des doutes sur la constitutionnalité et sur l'opportunité de la loi proposée, de les émettre avec franchise.

Nous aurons à examiner deux questions importantes.

La première et la principale. Le projet est-il en tous points d'accord avec le texte et l'esprit de la Constitution?

La seconde. Notre organisation sociale et l'état de la législation sur l'offense et l'injure autorisent-ils le législateur à porter une pareille loi?

Quelle a été l'intention du Congrès en formulant le magnifique titre II de notre charte constitutionnelle? Le texte même de ce titre est la réponse la plus claire, la plus explicite à cette question. Toutes les libertés qui garantissent au citoyen l'exercice de ses facultés morales, intellectuelles et physiques y sont hautement proclamées: la liberté individuelle, la liberté des cultes, la liberté d'opinion, la liberté d'enseignement, la liberté de la presse, la liberté d'association. Mais le législateur constituant n'a-t-il posé des limites à aucune de ces libertés? S'il en était ainsi, il n'eût produit qu'une œuvre monstrueuse, destinée à mourir aussitôt qu'elle aurait vu le jour. Il a compris que dans toute société bien organisée, dans toute société où la sécurité des personnes et des biens est un besoin aussi impérieux que l'est pour l'individu celui de se nourrir, doit se trouver la condition première de l'existence régulière et paisible du corps social, en un mot, la base essentielle de l'ordre et du progrès; il a compris que l'exercice des libertés ne peut s'étendre que jusqu'au point où commence la liaison des membres qui composent l'agréga-

tion. Il était moralement impossible que la Constitution
fût l'expression d'autres idées, car le Congrès délibérait
au milieu d'un peuple moral et civilisé, et la mise en
pratique de ces idées est le signe infaillible qui distingue
des nations barbares les peuples avancés en civilisation.
C'est le caractère auquel se reconnaissent les gouvernemens libres, et c'est à ce caractère éminemment social
que ceux-ci doivent leur tranquillité, leurs lumières,
leurs richesses.

Dans ces sociétés, c'est un principe passé dans les
habitudes et dans les mœurs que tout homme est
libre de faire de son cœur, de son intelligence et de
son corps l'usage qui lui plaît, toujours à la condition
de ne pas mettre le plus léger obstacle à l'exercice de
cette même liberté par chacun de ses semblables, à la
condition enfin de respecter, dans tous, les droits dont
lui-même jouit. A quel point donc se trouveront placées
les limites des libertés du citoyen? Où sera borné le
champ ouvert au développement de ses facultés? Précisément là où commence la lésion de l'un ou de l'autre
d'entre eux. C'est à ce point d'intersection qu'apparaît
le délit. En-deçà, exercice légal; au-delà, exercice illé-
gal de toutes les libertés. Les cultes seront libres, a dit
le législateur; mais si quelque délit venait à se commettre à l'occasion de l'usage de cette liberté; si, par
exemple, un citoyen était contraint par la force de se
tenir la tête découverte ou de suspendre sa marche
pendant qu'une cérémonie religieuse s'accomplit sur
la voie publique, il y aurait violation de la liberté individuelle et de la liberté d'opinion. A ce point se trouve
placée l'une des limites de la liberté des cultes, parce
que là apparaît le délit commis à l'occasion de l'exercice

de cette liberté. — Vous pourrez énoncer hautement et librement votre pensée ; mais si cette pensée est calomnieuse pour un citoyen , si elle porte atteinte à son honneur , votre attaque sera réprimée ; vous subirez la peine de votre acte ; car il y aura eu de votre part abus nuisible de la liberté qui vous a été garantie. — L'enseignement est libre. Il vous est permis de prêcher les doctrines qui répondent le mieux à vos sentimens ou à vos idées. Vous êtes également libre de vous associer dans le but qui vous convient ; mais si votre enseignement , si l'association que vous avez formée portent directement le trouble dans la société , il y aura délit , et la répression devra vous atteindre. — A son tour, la liberté individuelle a été garantie à tous. Nous jouissons de la faculté la plus entière d'aller , de venir, de manifester l'existence comme bon nous semble ; mais , si par abus de cette liberté précieuse , quelqu'un vient à violer le domicile, le droit de propriété , l'usage de la même liberté dans autrui , encore une fois , le délit est manifeste et la punition devra être infligée à celui qui s'en sera rendu coupable.

En ces différens cas , comment apprécier le délit ? Presque toujours par un fait dont peuvent juger tous les hommes , instruits ou ignorans ; par un fait palpable, par un fait matériel. Vouloir admettre une autre appréciation , c'est quitter le terrain de la réalité pour tomber dans le vague des hypothèses , pour se perdre dans l'inextricable dédale des possibilités. Un instituteur , un journal prêchent l'athéisme , c'est-à-dire l'immoralité au premier degré : irez-vous fermer l'école , briserez-vous les presses du journal , sous prétexte que l'école et le journal ne sauraient produire que des fruits nuisibles ?

Vous n'en avez pas le droit ; la Constitution vous interdit formellement un pareil acte : tout ce qu'elle permet, c'est d'apprécier le trouble matériel ou direct occasionné à la société par les libertés de la presse et de l'enseignement; hors de là votre rôle doit être purement passif, votre mission se réduit à rien.

Au théâtre viennent s'étaler à l'aise des scènes d'une hideuse immoralité. Fermerez-vous le théâtre ? Vous ne le pouvez pas davantage. Ici se retracent à notre souvenir les mémorables débats que cette question a soulevés à l'occasion de la loi communale. Vainement l'a-t-on présentée sous son jour le plus séduisant, vainement l'a-t-on revêtue de toutes les subtilités de la sophistique; la représentation nationale, se sentant entraînée hors du cercle tracé par la Constitution, a compris que c'était pour elle un devoir de repousser les prétentions ministérielles ; elle a compris que, si jamais elle consentait à sanctionner la proposition illibérale qui lui était soumise, elle engagerait son vote pour l'avenir ; qu'une fois qu'elle aurait cédé à des considérations de morale publique pour restreindre la liberté du théâtre, elle encourrait le reproche fondé d'inconséquence, en n'obéissant pas aux mêmes motifs, si l'on s'avisait de venir lui demander plus tard le sacrifice de quelqu'autre liberté. Et si jamais elle se laissait attirer sur le terrain des concessions de cette nature, la pente pourrait devenir bientôt prodigieusement rapide. Le théâtre est donc demeuré libre, sauf toujours la répression des délits qui peuvent naître de cette liberté. « A tort ou avec »raison, disait dans cette discussion un orateur dont »les paroles sont généralement empreintes d'un grand

»sens de logique (1), la société s'est crue assez forte,
»assez éclairée, assez probe, pour se diriger elle-même
»dans les voies de l'intelligence, de la religion, de la
»morale. Le gouvernement n'est chargé que de la con-
»server matériellement. L'ordre public est son domaine;
»hors de là vous le frappez d'incompétence. » Est-ce un
bien, est-ce un mal? Qu'importe la réponse à cette
question, si la Constitution l'a ainsi réglé? Fût-ce un
mal, encore devrions-nous nous y résigner, plutôt que
de toucher à cette charte précieuse, dont la ruine pourrait se trouver en germe dans une première atteinte
qui y serait portée.

Voilà donc qui nous semble bien établi : le législateur
constituant a garanti à chacun l'exercice de toutes les
libertés publiques, exclusivement jusqu'au point où naît
le délit. Ce principe, largement appliqué, est comme
la source d'où s'échappe le plus pur sang qui coule dans
les veines du corps social, qui lui communique cette
vie et cette animation si riches et si fécondes. Qu'il
vienne à être faussé, et la langueur succédera soudain à
la force et à l'énergie; tous les actes de l'existence, que
nous voyons la société accomplir avec une si rare confiance en elle-même, vont se trouver troublés tout-à-
coup; une atonie profonde va s'étendre sur tous ses
membres. Oui, si jamais le législateur porte atteinte à
ce principe, il y a tout à craindre que cette première
infraction à la règle constitutionnelle ne devienne bientôt
la source d'un grand nombre d'autres, que le pacte fondamental ne finisse par être un arsenal à l'usage de
toutes les opinions, un moyen de domination récipro-

(1) M. Nothomb.

que pour tous les partis. Une fois que nous nous serons engagés dans cette voie funeste, tel journal pourra être aujourd'hui proscrit comme républicain; tel autre demain comme monarchiste. Tour-à-tour, les théâtres se verront fermés comme attentatoires aux bonnes mœurs; le confessionnal pour la même raison. Le philosophe ne pourra s'aventurer dans la rue sans courir le risque d'être contraint de s'agenouiller devant la procession qui passe; le prêtre devra se renfermer, pour toutes les cérémonies du culte, dans l'enceinte du temple; bien plus, il arrivera peut-être que ces cérémonies mêmes soient proscrites.

On le voit! il ne peut y avoir au bout d'une fausse interprétation de l'exercice des libertés publiques qu'abus, contrainte, monopole, domination du plus faible par le plus fort. La société se trouverait ainsi refoulée aux temps d'intolérance, soit philosophique, soit religieuse. Et qu'on ne dise pas que nous avons trop de lumières pour devoir redouter un aussi grand malheur. Les époques les plus éclairées ont eu leurs momens de vertige. Le plus sage et le plus sûr, à notre sens, est de se maintenir dans la bonne voie, lorsqu'on croit y être.

Le projet du Sénat sur le duel a tous les caractères d'une loi préventive. Le rapport est, à cet égard, fort explicite. « La commission a pensé, porte-t-il, que l'objet »principal d'une loi sur le duel est moins de le réprimer »que de le prévenir. » D'après les considérations qui précèdent, il nous est impossible de ne pas considérer une partie de ce projet comme étant contraire à l'article de la Constitution qui garantit la liberté individuelle.

Toutefois, n'existe-t-il aucun motif puissant d'ad-

mettre les raisons dont on appuie le principe de prévention, inhérent, prétend-on, à toute loi sur le duel?
Pour notre part, n'ayant d'autre désir que de trouver
la vérité et de nous y associer dans l'intérêt commun,
nous avons examiné sérieusement ces raisons, et nous
n'y avons vu rien de plus imposant, rien de plus
solide que dans toutes celles qu'on peut invoquer pour
porter atteinte à la liberté de la presse, à la liberté d'enseignement, à la liberté des cultes, à la liberté d'association. L'ordre public est hautement intéressé, dit-on,
à ce qu'il soit interdit à l'homme de se faire justice à
lui-même, en présence des tribunaux chargés de protéger sa personne et ses droits. C'est enfreindre les lois
de la morale que de disposer de la vie qui ne nous est
donnée que dans l'intérêt de la société, qui ne nous
appartient point et dont nous devons compte à celui de
qui nous la tenons. Nous ne prétendons rien nier de ces
vérités. Nous y adhérons au contraire de la manière la
plus complète. Mais les libertés autres que la liberté
individuelle ne renferment-elles rien de nature à compromettre aussi la morale publique? Prétendra-t-on
qu'aucune doctrine immorale ne se glisse dans le peuple
à la faveur des livres et des journaux? Qu'on ouvre
certains romans, de ceux qui ont le plus de vogue,
qu'on trouve sur la toilette de la femme élégante, dans
le cabinet de l'homme du monde, comme sur le comptoir de la marchande de modes, et l'on y verra à chaque
page la plus éclatante et la plus irrésistible condamnation des institutions morales, par lesquelles est le plus
fortement chevillée encore la charpente de nos sociétés.
Qu'on brûle donc tous les livres immoraux; qu'on brise
vite toutes les presses suspectes. Serait-il impossible de

citer des journaux coupables d'avoir poussé le mépris de la morale jusqu'à préconiser l'assassinat, en vue du but auquel il aspirait? Le législateur est-il bien sûr que de toutes les doctrines préchées dans les écoles, aucune ne répugne aux mœurs? Peut-il se flatter que l'enseignement ne verse dans le cœur de la jeunesse aucun poison corrupteur? Serait-ce par hasard un principe essentiellement moral que celui en vertu duquel les capitaux de quelques riches particuliers sont conviés à se mettre en commun pour exploiter toute une branche importante d'industrie, et écraser ainsi peut-être peu à peu les familles laborieuses et probes qui y puisent leurs moyens d'existence?

Si donc nous étions tenté d'admettre la plus légère atteinte à la liberté individuelle, à raison de l'immoralité du duel, nous nous surprendrions bientôt plus disposé encore à faire le sacrifice des autres libertés; nous nous verrions ainsi bientôt poussé tout-à-fait hors du cercle tracé par la Constitution, pénétré que nous sommes du danger que recèlent les pièges tendus à la morale par toutes ces libertés. Si l'on consent aujourd'hui à mettre des entraves à la liberté individuelle, en vue des intérêts de la morale, à plus forte raison devra-t-on en mettre demain à la liberté de la presse, à la liberté d'enseignement, à la liberté des théâtres, à la liberté d'association, en vue des mêmes intérêts. Une fois qu'ils auront cédé, au nom des mœurs, sur la question du duel, nous défions bien les bons esprits de ne pas se montrer faciles sur une infinité d'autres. Il n'y a rien, en effet, de séduisant et d'irrésistible pour l'homme, comme le besoin de se montrer conséquent avec lui-même. Son orgueil est trop intéressé aux reproches qu'il pourrait avoir à subir, s'il laissait éolater trop d'incohérence dans ses œuvres.

Il est une autre face de la question moins élevée, c'est celle de l'intérêt purement matériel de la société. Voyons si l'on s'étaie ici de raisons moins spécieuses. En présence de cette fureur aveugle, dit-on, qui pousse tant d'hommes, tant de jeunes gens surtout à s'arracher la vie; au milieu des malheurs sans nombre qui jettent chaque jour la désolation dans les familles, n'est-ce pas un devoir pour la société d'essayer de mettre un frein à cette hideuse passion? Le législateur restera-t-il impassible devant une cause de désordre aussi profonde? Ne doit-il pas s'efforcer de conserver tant d'existences utiles, aujourd'hui moissonnées par le duel? — Mais, demanderons-nous, si le législateur se sent animé d'une si vive sollicitude pour les intérêts matériels de la société, comment se fait-il donc qu'il ne l'étende pas également à tous les vices qui la rongent? S'il éprouve tant de sympathie pour l'existence des citoyens, pourquoi n'essaie-t-il pas de loi comme d'un remède aux excès de toute sorte qui usent et abrègent la vie humaine? Chaque jour l'homme se corrompt, s'abrutit, s'énerve, retranche de sa vie des années entières; la loi devrait donc aussi l'empêcher de jeter son corps en proie à tous les plaisirs sensuels? car ces excès sont tout aussi nuisibles que les blessures qui résultent des combats singuliers; pour être d'une nature différente, ils n'en frappent pas moins la vie de l'homme dans son principe, ils n'en abrègent pas moins ses jours. Nous ne voyons cependant pas qu'on se soit encore avisé de proposer des lois sur la tempérance. C'est, comme nous l'avons dit plus haut, que l'homme est libre de sa personne;

c'est qu'il jouit de la faculté la plus entière d'en faire, à ses risques et périls, l'usage qui lui convient. Que le législateur porte sur le duel une loi préventive, et il pourra avec tout autant de raison infliger des peines à celui qui se rendra coupable des excès qu'entraîne la satisfaction des sens.

Le raisonnement peut être poussé plus loin. Tel homme, par exemple, qui, par suite d'un pari insensé, risque en quelques minutes de se rompre vingt fois le cou en franchissant à cheval haies et fossés; tel autre qui accepte le défi de traverser à la nage un fleuve contre lequel toutes ses forces seront probablement impuissantes, sont-ils moins coupables que celui qui livre sa vie aux chances d'un duel? Le législateur n'en finirait point, s'il prétendait imposer le joug de la loi à toutes les folies par lesquelles l'homme sent et a de tout temps senti le besoin de s'étourdir.

Ici se présente une objection sérieuse faite par la Commission du Sénat.

« Ce serait, dit le rapport, méconnaître les prin- »cipes les plus simples du droit criminel, que d'isoler »du duel les résultats qu'il produit, et de caractériser »le crime, non par la volonté, non par les circons- »tances qui l'ont précédé, mais par les seuls faits ma- »tériels qui en ont été la conséquence. Si on punit le »duelliste lorsqu'il aura donné la mort ou infligé des »blessures, c'est que le duel en lui-même est un acte »criminel; dès lors il est impossible de ne pas remonter » aux élémens de cet acte et à l'intention qui l'a fait »commettre. Partout où l'on reconnaît l'existence d'un »crime, il faut, pour être conséquent, admettre aussi »toutes les circonstances accessoires qui peuvent le ca-

»ractériser et le produire. Ainsi, il faut admettre la
»provocation, la tentative, le commencement d'exécu-
»tion, la complicité, la préméditation, la récidive,
»avec toutes les conséquences qui y sont attachées. »

Cette déduction est en tous points conforme aux
principes du droit criminel, aux principes qui ont présidé à la rédaction des articles du Code pénal relatifs
au vol, à l'homicide, à l'incendie, etc. Mais la Commission s'est bien gardée de confondre le duel avec ces
sortes de crimes. Elle n'a pas manqué d'établir, dans
son rapport, que « le combat singulier est un composé
»d'élémens spéciaux, un acte *sui generis* qui n'a aucune
»analogie avec les crimes et les délits ordinaires (1). »

Ces derniers mots caractérisent, nous semble-t-il, on
ne peut mieux la nature du duel, et l'on serait fort embarrassé de se rendre compte de la conclusion que la Commission en a tirée, s'il ne ressortait clairement de
plusieurs passages de son rapport qu'elle s'est fortement
préoccupée de la nécessité de combattre le système
soutenu d'abord par le ministre de la justice, et appliqué depuis par la cour suprême, qui a déclaré le duel
punissable en vertu du Code actuel.

Il nous semble que de cette caractérisation du
duel, la Commission aurait dû conclure tout autrement qu'elle ne l'a fait. N'est-il pas clair, en effet, que
si le duel est un acte *sui generis*, il est irrationnel de le
traiter d'après les mêmes principes qui s'appliquent au
vol, à l'homicide, à l'incendie ? L'homme, en com-
mettant ees crimes, se trouve vis-à-vis de la victime,
dans une position tout autre que celle dans laquelle se

(1) Page 9 du Rapport.

place celui qui consomme l'acte du duel. Le voleur, l'homicide, l'incendiaire attaquent ou dans l'ombre ou à l'improviste; d'ordinaire, ils couvrent du secret le plus profond leur intention de nuire. Presque toujours la victime est sacrifiée, ou à son insu, ou sans qu'elle ait eu le temps ni les moyens de se défendre, en conséquence, sans son consentement. Tout autrement en est-il dans le duel. Là, le premier acte que les parties accomplissent, c'est de consentir, et du moment qu'il y a défaut de consentement, tout duel cesse; si quelque agression a lieu, c'est une agression ordinaire et qui tombe sous les cas prévus par le Code pénal. Dans le duel, tout se passe loyalement, au grand jour. Tandis que là lâcheté est le caractère prédominant du voleur, de l'assassin, de l'incendiaire, le courage est censé être l'apanage du duelliste, et il y a chez lui absence de lâcheté, dans l'acception qu'on donne à ce mot en l'appliquant aux criminels dont nous venons de parler. Une fois donc qu'il est reconnu que les caractères du duel diffèrent essentiellement de ceux qui appartiennent au vol, à l'assassinat, à l'incendie, on ne saurait que sous peine d'inconséquence les ranger tous sur la même ligne, et appliquer aux circonstances qui les accompagnent les mêmes règles de droit. Ainsi, il est impossible de traiter sur le même pied, pour tous ces faits indistinctement, la provocation, la préméditation, la tentative, la complicité, le commencement d'exécution.

Seconde question. Notre organisation sociale, et l'état de la législation sur l'offense et l'injure autorisent-ils le législateur à porter une pareille loi?

Nous n'affirmerons pas, ainsi qu'on l'a fait, que le duel soit encore une nécessité dans nos sociétés, mais nous n'hésitons pas à dire que la crainte du duel peut, dans une infinité de cas, exercer une influence fort salutaire. Au milieu de l'irruption folle de toutes les conditions dans toutes; au milieu du pêle-mêle universel où nous nous débattons, chacun de son mieux; où, comme l'a dit un spirituel écrivain, il y a cent candidats pour une place et cent bouches pour un morceau de pain; dans ce sauve-qui-peut général où nous nous foulons les uns les autres sans beaucoup de charité, il peut se présenter bien des circonstances où l'honnête homme soit impitoyablement sacrifié à la basse intrigue, à l'ambition égoïste, s'il ne sait puiser en soi la force nécessaire pour réfréner les passions mauvaises, et nous ne voyons pas ce que la morale y gagnerait, si celles-ci pouvaient envahir la société plus à leur aise encore. Notre siècle le veut ainsi; les idées qui nous dominent le proclament hautement : l'homme des dernières classes du peuple peut aspirer au premier rang; la seule condition exigée de lui, c'est la capacité. Regardez au fond de toutes nos institutions libérales, vous y verrez la lutte. Tout, dans notre organisation actuelle, la suscite, la favorise, l'échauffe; et c'est au milieu d'une telle organisation qu'on enleverait à l'homme la seule arme qu'il puisse souvent opposer comme contrepoids, si cette lutte devient déloyale? les guerriers du moyen âge ne s'aventuraient dans la mêlée que toutes les parties du corps soigneusement bardées de fer. Si l'homme, dans cette autre mêlée dont nous parlions tout à l'heure, est tenu moralement de s'appuyer sur la probité, sur le travail, sur le dévouement à ses semblables, il a besoin aussi de s'armer parfois d'énergie, afin d'écarter la méchanceté qui se dresse contre lui sur son passage.

Il convient d'ailleurs de ne pas perdre de vue que la société n'est pas dans un état normal. Nous ne sommes guère séparés que par six années d'une révolution qui l'a profondément remuée. Parmi les causes qui ont donné lieu à beaucoup de duels, comptera-t-on pour rien les suites inévitables de tant d'ambitions déçues, de tant d'existences troublées dans leur calme, de tant d'irritation déposée dans les esprits, de tant de passions soulevées dans les cœurs? S'il était permis de suivre avec attention tous les instans de la vie de chaque homme, ne découvrirait-on pas souvent sous les dehors les moins sérieux, sous les motifs en apparence les plus frivoles d'un grand nombre de cartels, des blessures profondes qui saignent depuis longtemps, des douleurs qui, dans le besoin aveugle qu'elles éprouvent de s'apaiser, s'en prennent insensément à tout ce qu'elles rencontrent? ce n'est jamais qu'au prix de grands sacrifices de toute sorte qu'il est permis de soulever tout un peuple, d'opérer une importante révolution. Les eaux d'un fleuve débordé dans des temps d'orage laissent longtemps les traces de leur passage sur les campagnes environnantes. Après une commotion sociale, il faut, pour être juste, tenir compte de tout, et ne pas vouloir que tous les actes de l'existence humaine soient réguliers et paisibles comme après des temps de calme parfait. Quant à nous, nous avons l'espoir que la passion du duel ira s'affaiblissant à mesure que la société reprendra son assiette, à mesure que l'habitude du travail de la profession jetera plus avant ses racines dans le cœur de chaque citoyen.

Les évènemens de 1830 ont tiré de leur tranquille obscurité un grand nombre de jeunes gens. Beaucoup

18

sont entrés dans l'armée sans avoir jamais servi. Cette intrusion inaccoutumée a dû les faire regarder d'un œil d'envie par de vieux officiers, qui n'étaient parvenus à obtenir l'épaulette qu'après quinze ou vingt années de service. Que l'armée soit appelée à se mesurer avec l'ennemi, tous sauront bientôt s'apprécier, tous sauront bientôt se rendre la justice méritée. Sur un champ de bataille, la valeur n'est pas longtemps douteuse; il est loin d'en être de même dans une garnison. Ici, ceux qui ont souvent vu le feu se croient le droit de ricanement et de plaisanterie envers ceux qui n'étaient naguère encore que des bourgeois. De deux choses l'une, dans une situation pareille : il faut que les jeunes officiers se résignent à passer pour lâches, ou qu'ils fassent acte de courage. Le philosophe, nous le savons, peut attacher un sens différent à ce dernier mot; nous le prenons, nous, tout uniment dans l'acception militaire, afin d'être plus près de la vérité. Si donc le champ de bataille reste fermé à ces jeunes soldats, soyez certain qu'ils se réfugieront dans le champ clos. C'est, en effet, ce qui a souvent eu lieu depuis six ans, et personne qui réfléchit un peu n'a dû s'en étonner. Placez tel peuple que vous voudrez dans des circonstances identiques, et vous verrez se produire les mêmes faits. Valait-il mieux que nos jeunes officiers courbassent humblement la tête ? Chacun trouvera facilement la réponse à cette interrogation.

Un point sur lequel on est généralement d'accord, c'est qu'il y a de grandes lacunes à combler dans la partie de la législation relative à l'outrage; et dans une plaidoirie assez récente, un des avocats les plus distingués de Paris, M. Chaix d'Est-Ange, disait encore : « Je

»sais qu'il est des offenses que la loi est impuissante à
»punir, et c'est en cela qu'est le mal. » L'insulte d'ail_
leurs s'exerce-t-elle toujours en public? Est-il ainsi toujours possible d'attraire l'offenseur en justice? On sait
assez qu'il ne se présente que trop de cas où des injures, des paroles outrageantes n'ont pour témoins que
deux personnes, celle qui les profère et celle qui en est
l'objet. Et puis, existe-t-il une mesure commune, à
l'usage de tous les hommes sans exception, à laquelle
tous s'en rapportent pour apprécier les offenses? Telle
parole, injurieuse pour tel homme, ne le sera pas, ap-
pliquée à tel autre. Le mot honneur est une de ces
expressions qui ont mille nuances délicates, mille acceptions diverses, suivant les degrés d'instruction, de
lumières, suivant les mille manières différentes de sentir
qui diversifient les hommes. Que si le législateur, en
raison des difficultés qui environnent la matière, n'a fait
qu'une législation incomplète, ira-t-il frapper l'homme
qui demande en vain à la justice réparation de l'outrage
qu'il aura subi? Celui-ci sera-t-il victime de l'imperfection des lois? Pour être en droit d'exiger que l'homme
ne tente point de se faire justice à lui-même, ne doit-on
pas d'abord la lui garantir dans la loi? S'il arrive que
la force publique soit impuissante à réprimer le trouble
dans la cité, on ne blâme point les citoyens de s'armer
pour le maintien de l'ordre. Chaque fois qu'il y a eu
lésion de l'individu, il doit avoir répression, et quand la
loi s'efface, quand l'autorité publique disparaît, l'homme,
en se défendant, ne fait qu'accomplir un devoir sacré,
ne fait que reprendre un droit qu'il n'a pu déléguer à
la société qu'à la condition d'être protégé par elle.

De tout ce qui précède, faudrait-il conclure que nous

ne voulons point de loi sur le duel? Ce serait méconnaître notre pensée. Nous désirons vivement qu'une semblable loi soit rendue, mais on a dû le voir, notre système diffère essentiellement de celui qui a été présenté par la commission du Sénat. Nous voudrions que la funeste passion du duel trouvât un frein dans la loi, mais nous ne saurions admettre que cette loi renferme aucune disposition préventive. Nous faisons des vœux pour que le duelliste soit puni, mais alors seulement que le duel a eu des résultats matériels, alors qu'il a produit des blessures ou la mort. Ce n'est, suivant nous, qu'à l'occasion de ces résultats que la loi peut intervenir, parce que, jusque là, il n'y a point de dommage pour la société. Mais dès l'instant qu'un dommage existe, celle-ci est en droit de demander compte au citoyen de l'usage qu'il a fait de sa liberté. Aussi longtemps qu'il n'y a eu que provocation, complicité, commencement d'exécution, sans résultat nuisible, sans dommage public, il n'y a eu qu'usage légal de cette liberté, et conséquemment la justice doit s'abstenir.

Un fait digne de remarque et que nous croyons de nature à étayer fortement notre opinion, c'est que le peuple qui a donné les témoignages les plus incontestables d'une haute intelligence dans l'exercice des libertés publiques, celui de tous qui peut à bon droit revendiquer le mérite d'avoir fait du gouvernement constitutionnel l'usage le plus judicieux, le peuple anglais est parti de ce principe pour appliquer la législation ordinaire aux cas de duel. « La doctrine que chacun »doit répondre des suites de son action s'est conservée »jusqu'aujourd'hui en Angleterre. Tout homicide, à »moins qu'il n'ait été causé par accident ou en légitime

»défense, est *meurtre* (1). » On peut opposer à ce fait l'exemple des Etats-Unis où la provocation, la complicité et le commencement d'exécution dans le duel sont presque partout punis; mais tout en reconnaissant que les éloges prodigués aux institutions libérales de cette partie du nouveau monde sont mérités sous bien des rapports, nous préférons de beaucoup néanmoins nous en rapporter aux Anglais, en ce qui concerne la parfaite entente de la liberté, en tout ce qui touche à cet esprit éminemment pratique qui les distingue, et nous ne ferons en ceci que nous ranger à l'avis des publicistes les plus distingués.

Examinant le côté exclusivement utile d'une loi qui punirait la complicité, dans tous les cas où le duel aurait produit des blessures ou la mort (art. 12 du projet), nous nous sommes demandé si une semblable disposition serait de nature à priver les duellistes de témoins, et nous croyons que les peines les plus sévères comminées contre ceux-ci ne les empêcheront point de se porter comme tels, dans tous les cas du moins qui présenteront des motifs graves. A qui s'adresse l'homme d'honneur déterminé à venger un affront sanglant ? C'est à son meilleur ami, à celui sur lequel il peut compter en toute occasion. Pense-t-on que celui-ci refusera de lui servir de témoin ? Cela n'est pas dans nos mœurs, et pour de bonnes raisons. D'abord, c'est un

---

(1) De la répression du duel par M. *Aug. Visschers.* — *Revue Belge*, livraison du mois de février 1836. — Remarquons toutefois avec l'auteur que le jury anglais se borne à déclarer l'accusé coupable, et que les juges ont reçu à cet effet une grande latitude pour l'application des peines; qu'en outre il arrive souvent que le roi use du droit de grace.

devoir pour le véritable ami d'être au service de son ami toutes les fois que celui-ci le réclame. Le danger, dans ces cas-là, doit s'évanouir et s'évanouit en effet à ses yeux. En second lieu, le témoin étant vivement intéressé, en raison de l'affection qu'il lui porte, au sort de l'offensé, se considère naturellement comme l'homme le plus propre à obtenir une réparation satisfaisante sans recourir aux armes. La disposition que renferme l'article 12 du projet serait donc inutile. Mais il y a plus, c'est qu'elle pourrait être nuisible. En effet, si l'offensé se montre trop exigeant sur la nature de la réparation, quelqu'un sera-t-il plus à même que son ami de lui faire entendre raison, et la menace seule de lui retirer son appui ne le fera-t-elle pas très-souvent céder? Dans tous les duels donc qui ont des motifs graves (et c'est principalement sur ceux-là que doit rouler la question), le témoin peut à bon droit être envisagé comme exerçant une influence salutaire, comme l'agent propre à prévenir les résultats les plus funestes, à limiter l'acte à ses simples préliminaires. Supposons cependant que le témoin voie échouer ses plus généreux efforts, qu'il soit forcé de laisser s'engager le combat, que pourra-t-on lui reprocher? n'aura-t-il pas obéi aux sentimens d'humanité? n'aura-t-il pas agi conformément aux règles de la probité et de l'honneur? Mais le sang aura coulé, et dès lors, il faudra qu'il subisse la peine du concours qu'il aura prêté, on ne lui tiendra nul compte de ses efforts pour empêcher la lutte! Il n'a pu pourtant à la rigueur se soustraire aux conséquences de son intervention, car s'il s'est promis d'avance de ne rien négliger pour écarter l'emploi des armes, il a dû d'avance aussi accepter toutes les chances de sa coopération. Vous le punirez donc d'avoir manqué le succès d'une noble entreprise ? — On voit que la loi qui frapperait les témoins dans tous les cas de blessure ou de mort, sans égard à la conduite qu'ils auraient tenue, pourrait avoir des effets nuisibles, puisqu'elle écarterait souvent de puissans agens de pacification; elle serait de plus antipathique à l'un des sentimens les plus élevés du cœur humain, au sentiment de l'amitié, et dans beaucoup de cas, elle manquerait son but, s'il est vrai que ce sentiment sache inspirer de nobles dévouemens.

Ainsi, toutes les fois que les témoins auraient employé leurs efforts à empêcher le duel, nous les mettrions hors de cause, et nous croirions faire en cela chose fort juste et à la fois fort utile. Dans tous les cas, au contraire, où ils auraient excité les adversaires au combat, par trop d'exigence ou autrement, adoptant en ceci les dispositions du projet, nous les punirions comme complices et même sévèrement. Dans tout duel, d'où il serait résulté des blessures ou la mort, et qui serait constaté ne reposer que sur des motifs futiles, les témoins seraient encore sévèrement punis; car nous pensons qu'alors le devoir de l'homme, de l'ami même le plus dévoué, est de refuser son appui. En pareil cas aussi, de fortes peines seraient infligées aux combattans, et la loi deviendrait plus rigoureuse, s'ils s'étaient battus sans témoins.

Le point le plus important, suivant nous, celui qui nous semble devoir dominer toute l'économie de la loi, c'est l'appréciation de la cause première du duel, car tel est le principe de tous les résultats funestes que le combat singulier peut produire. C'est sur ce point que l'attention du législateur doit spécialement se porter.

Nous ne faisons aucun doute, quant à nous, que si la loi renferme toutes les dispositions nécessaires pour que le provocateur soit toujours atteint et puni comme il le mérite, elle suppléera, tout en se circonscrivant dans les limites de la répression, les heureux effets que pourrait avoir une loi préventive. Que l'homme qui se joue de l'insulte, qui la jette effrontément à la face du premier venu; que celui qui, dans ses relations sociales, traite la morale comme un vain mot; que le lâche qui aura calomnié dans l'ombre; que le séducteur qui aura flétri l'honneur et l'espoir de toute une famille, soient impitoyablement frappés par la loi. Tout le monde applaudira à l'œuvre du législateur, car elle répondra aux sentimens d'éternelle justice qui reposent au cœur de l'homme, elle vengera la morale outragée. Que celui, au contraire, qui, animé d'une légitime et honnête indignation, aura armé son bras pour venger une injure sanglante, ne soit puni que dans des cas rares. N'est-ce pas déjà bien assez, en effet, que l'imperfection des lois l'expose à la triste nécessité de partager les chances d'un combat, avec l'homme dont la conduite coupable y aura seule donné lieu? Faire prédominer ce principe dans la loi, ce serait s'attaquer sûrement à la racine du mal, ce serait combler indirectement la lacune signalée dans la partie de la législation relative à l'injure et à l'offense. On verra beaucoup moins de duels, du jour où celui qui se fait un jeu de les provoquer aura pour perspective, non-seulement la punition que le bras de l'offensé peut lui infliger, mais encore l'application de peines sévères comminées par la loi.

Notre dessein n'ayant jamais été d'examiner une à une

toutes les dispositions du projet de la commission, mais seulement de présenter un système qui nous semble à la fois constitutionnel et d'une utile application, il ne nous reste plus qu'à émettre quelques réflexions dernières sur la matière dont il s'agit.

Une considération que le législateur ne doit pas perdre un seul instant de vue, en faisant une loi sur le duel, c'est qu'il s'adresse à ce qu'il y a peut-être de plus rétif et de plus tenace dans l'esprit humain, à un préjugé. Contre cet écueil on a vu de tout temps venir se briser les efforts de la raison et de l'éloquenee, les plus sublimes inspirations de la religion et de la morale, et, il faut bien y prendre garde après tout, il est plus d'un préjugé que la philosophie a beau vouloir réduire à de mesquines proportions, elle ne peut y réussir. En dépit du mépris qu'elle affecte à leur égard, ne les voyons-nous pas résister à l'influence du temps et à la rénovation des idées? En présence d'un tel fait, comment nier qu'ils ne renferment quelque chose d'intime, quelque chose qui répond essentiellement à la nature de l'homme, quelque chose de fatal, voudrions-nous dire? Depuis des siècles, la religion et la philosophie ont associé leurs efforts pour étouffer la passion du duel; la Justice a appesanti sur lui un bras de fer, et cela dans des temps où la liberté individuelle n'était pas, comme aujourd'hui, un droit universellement reconnu, s'exerçant à tout instant de l'existence sans contestation aucune, mais où le pouvoir d'un seul était tout puissant, où l'individu n'était qu'un atome dans la société, où tout se faisait instrument souple et complaisant de la volonté du monarque, sous Louis XIII, sous Louis XIV, sous Louis XV. Le duel, en dépit de toutes ces entraves, bien faites

certes pour épuiser la passion la plus vivace, le duel
s'est maintenu; il a fait front à tout; il a tout bravé,
honte, supplices, perte des honneurs et de la fortune;
et comme celles de l'hydre mythologique, ses têtes
renaissaient à mesure qu'elles étaient tranchées. Un roi
portait contre le duel les édits les plus sévères, et les
faisait exécuter avec rigueur durant tout son règne;
venait-il à mourir, souvent son successeur était forcé
de rapporter ces édits. On peut dire, en un mot, que
le duel a lassé, à bien des reprises, la sévérité et la te-
nacité des lois. Ce n'est donc qu'avec la plus grande
réserve, qu'après avoir attentivement pesé les élémens
dont ce fait social se compose; qu'après avoir bien cal-
culé d'avance toutes les chances de succès d'une loi sur
le duel, que le législateur doit se déterminer à la porter.
« Il ne suffit pas, dit M. de Haussy dans son rapport,
»que quelque chose soit juste et moral pour qu'on doive
»l'introduire dans les lois; il faut rechercher si les
»mœurs, les habitudes, les préjugés mêmes des nations
»ne repousseront pas les mesures que l'on veut revêtir
»de la sanction légale; il faut examiner si l'on peut es-
»pérer que la loi produira les effets que l'on doit en
»attendre dans l'intérêt de l'humanité. » Ce n'est qu'en
se pénétrant bien de tout ce que le sujet renferme
de délicat et de périlleux, que le législateur peut se
flatter de faire une œuvre utile. Pour peu qu'elle dé-
passât le but, elle courait risque d'être non-seulement
impuissante, mais encore nuisible.

Il est aussi un fait digne de remarque, c'est que le
duel a eu ses règles, et l'on peut même dire son code
public et avoué. Personne n'ignore ce qu'était le combat
judiciaire. Longtemps il y eut en France un tribunal

composé des plus hauts dignitaires de l'état, auquel on recourait pour obtenir ce combat. Semblable tribunal exista aussi chez nous. Voilà un des faits les plus imposans qui puissent être cités à l'appui de l'assertion que le duel a été, pendant des siècles, une nécessité sociale. Toutes les fois, en effet, que l'on rencontre dans l'histoire une institution ayant pour objet de régler un ordre de faits quelconques, c'est que ces faits avaient acquis une importance sociale, telle qu'il n'a pu être permis à l'autorité publique d'y demeurer étrangère, et que celle-ci a cru de l'intérêt général d'intervenir au milieu d'eux ; et dès que cette intervention a eu lieu, ces faits ce sont trouvés légitimés. C'est ce qui s'est vu pour le duel chez la plupart des nations européennes.

Ainsi que nous l'avons déjà dit, ce n'est pas la première fois que l'on tente de restreindre les libertés dont nous devons la conquête à la révolution. On l'a tenté pour la liberté du théâtre ; on le tente aujourd'hui pour la liberté individuelle. Nous comprenons ces tentatives. Nous concevons que beaucoup d'esprits honnêtes se laissent ébranler à l'aspect des faits déplorables produits par ces libertés, ne tenant pas assez compte des bienfaits dont elles sont prodigues envers la société. Cependant, il faut bien le reconnaître : s'il est au monde un peuple digne de jouir de toutes les libertés, c'est le peuple belge. Voyez l'usage qu'il en a fait depuis six ans, comptez les abus, et dites si tout autre peuple, au milieu des mêmes circonstances, en eut commis un moins grand nombre. S'il est vrai que la nation belge ne soit point douée de cette chaleur de sentimens, de cet élan généreux qui fait d'une autre nation voisine l'agent et à la fois le martyr de toutes les grandes améliorations sociales, en revanche, elle possède un bon sens profond, une moralité haute et calme qui lui rendent léger le fardeau de la liberté la plus large. C'est un mérite qu'on ne saurait lui contester, et qui, pour n'être pas environné d'un brillant éclat, n'en est ni moins grand, ni moins solide. Qu'une bonne fois donc on renonce chez nous à toutes ces tentatives qui manquent de justification. Qu'on laisse entières toutes nos libertés. Qu'on ait plus de confiance dans l'esprit de la population. Si elle a prouvé, depuis six ans, qu'elle sait user sagement de la liberté de la presse, de la liberté d'association, de la liberté d'enseignement, qu'on croie qu'elle saura cesser de faire abus de la liberté individuelle. Revenir sur ces libertés, si hautement et si unanimement proclamées, ce serait faire un pas rétrograde, et il ne faut jamais se décider pour une pareille entreprise, que quand il y a péril dans la demeure, que quand le salut du peuple en fait une loi. Mais si nous insistons fortement pour le maintien de toutes les libertés, ce n'est pas à dire que nous pensions qu'il n'y ait plus qu'à en jouir, puis à se croiser les bras. Il reste à remplir une haute mission. Il y a à éclairer la route du peuple du flambeau des lumières; il y a à lui signaler tous les écueils dont cette route est semée; il y a à appuyer chacune des libertés dont il jouit, de l'appréciation des actes et de la connaissance des faits; il y a, en un mot, à le moraliser et à l'instruire. C'est un point sur lequel on ne saurait trop attirer les regards du législateur. Dans toutes les directions où s'exerce le libre développement des facultés humaines, dans l'ordre intellectuel, dans l'ordre moral, comme dans l'ordre physique, les populations manquent partout de la science des faits et des leçons de la morale. Laissez-les livrées à leur ignorance, à leur inexpérience, à leurs instincts, et les abus naîtront en foule sous leurs pas. Moralisez-les, éclairez-les, signalez-leur les bonnes voies; précédez-les sans cesse comme un tuteur attentif, et la liberté n'aura plus pour elles que des bienfaits. Il faut le dire encore, quoiqu'à regret, cette haute mission, les pouvoirs publics ne semblent pas en avoir une idée bien nette.

NIHON.

La Madelène de Village.

Que celui qui est sans tache jette
la première pierre.
Evangile selon St. Marc.

MADAME,

Vous vous êtes souvent étonnée des accès de tristesse qui s'emparaient de temps en temps du capitaine Adolphe De Beir que j'eus l'honneur de vous présenter, il y a quatre ans. Il était habituellement d'une si franche gaîté et d'une élégance de manières si remarquable, que cette brusque transition à la mélancolie, à la sauvagerie même, vous frappait chaque fois vivement. Elle vous faisait éprouver une espèce de contrainte intérieure, et vous semblait défendre, à vous, si naturellement empressée à prendre votre part dans toutes les peines, d'aller au-devant de cette sombre et solitaire douleur, et de lui dire de s'épancher.

Enjoué, ouvert d'ame à l'ordinaire, mon ami était glaçant en ces momens; il imposait silence même à la pensée sur ce qui le concernait; et c'est probablement cette impression, Madame, qui vous a jusqu'ici empêchée de me questionner sur son compte. Quel qu'ait été le motif de cette réserve, je vous en ai eu infiniment de reconnaissance; mais aujourd'hui la discrétion est inutile: le capitaine vient de périr de froid devant Constantine,

lui qui avait vaincu le climat de la Sibérie, où vous
savez qu'il a subi un atroce esclavage de quinze années;
la cause de sa tristesse, en quelque sorte périodique,
est morte aussi; tous ses parents ne sont plus; il n'avait
en Belgique de relations intimes qu'avec le docteur
St.... et moi, et les connaissances qu'il avait à l'armée
ont probablement succombé avec lui. Je puis donc,
sans le moindre scrupule maintenant, vous dire les évènements pour lesquels, je le sais, le capitaine vous a
inspiré une curiosité d'autant plus impatiente qu'elle
était plus contenue.

Lisez cet écrit consacré au souvenir du brave militaire
et de l'honnête homme, et s'il vous paraît, à certains
endroits, invraisemblable ou romanesque, veuillez ne
pas oublier que cela tient à la réalité même. Ne m'en vou-
driez-vous pas de préférer la vraisemblance à la vérité?

I.

L'ÎLE CACHÉE.

> Nous approchons de l'état de crise et du siècle
> des révolutions. Qui peut vous répondre de ce que
> vous deviendrez? Tout ce qu'ont fait les hommes,
> les hommes peuvent le détruire : il n'y a de carac-
> tères ineffaçables que ceux qu'imprime la nature,
> et la nature ne fait ni princes, ni riches, ni grands
> seigneurs.
>
> J. J. ROUSSEAU. *Emile.*

Meulebeke (Ruisseau du Moulin) est un bourg flamand, orgueilleux de sa population de neuf mille ames,
de sa grosse cloche, de ses innombrables métiers à tisser
la toile, à filer et préparer le lin; orgueilleux de sa belle

culture, de ses chemins vicinaux, larges et propres comme des routes de première classe, de ses jolies et solides maisons; orgueilleux surtout de sa bourgeoisie riche, économe, pour ne pas dire avare, strictement religieuse, pour ne pas dire dévote, immobile dans ses habitudes, esclave du curé jusqu'à la bourse exclusivement, bonne personne du reste, exacte et loyale, mais froide, peu expansive, indolente, et par ses qualités et ses défauts le désespoir des villages voisins, envieux de son bien-être placide, et offensés de sa morgue taciturne.

Or, à Meulebeke il y a un château, naguère habité par une noble et ancienne famille; à proximité, un parc, ouvert à tous passans, et près du parc une chapelle consacrée à Notre-Dame de bon Secours. Je place les choses dans leur ordre naturel, car la chapelle fut faite pour le parc, comme le parc pour le château, par la circonstance que voici. — L'évêque de Bruges étant venu dîner chez le comte de Beir, la table était servie dans la grande salle qui s'ouvre, du côté du midi, d'abord sur une immense prairie, plus loin sur le parc, et au-delà du parc sur un horizon fuyant de pâturages, semés de bouquets de verdure et d'innombrables troupeaux. Le prélat, placé en face de la principale fenêtre, laissait planer son regard sur ce gracieux tableau, et s'arrêtait surtout à une longue et quadruple allée de hêtres magnifiques, voûte naturelle et sombre qui liait ensemble ces deux immenses tapis de verdure, inondés de lumière. Le coup d'œil plut à son Eminence, et ce n'était point merveille; mais elle le trouva trop terrestre, et proposa, pour en amortir la splendeur matérielle, d'établir quelque jolie chapelle dédiée à la Vierge, au fond de la longue avenue formée par les hêtres, et au point-de rencontre du sentier et du ruisseau qui se croisent là. Pour compléter cette idée, qui plut beaucoup au comte, le prélat se chargea de faire transformer en madone, par le sculpteur de sa cathédrale, une statue de Diane qui se trouvait de ce côté du parc; et au bout de deux mois la chapelle était construite, et la statue placée. La déesse, je veux dire la Vierge, a fait aussitôt force miracles, témoin les béquilles et les bandages qu'on voit exposés à l'extérieur; le sentier est devenu un chemin communal, à certains jours encombré de pélerins; et tandis que le château se convertissait en nid de hibous, le parc en fourré épais, fréquenté par des bêtes fauves, des insectes et des oiseaux, la chapelle est allée prospérant, et subsistera encore quand il ne restera plus de trace du noble manoir, ni de souvenir de la famille comtale, son hôtesse héréditaire.

En ce temps-là, c'est-à-dire, au temps où me reporte le commencement de mon récit, peu d'années avant la crise politique de 1789, le château était habité par le comte de Beir, père d'Adolphe, de qui il est question entre nous; tous les six enfans du comte, ainsi que la comtesse leur mère, vivaient encore. La famille possédait quelques domaines ruraux, des rentes foncières fort nombreuses, et en outre six mille livres de rentes viagères placées sur la tête de chacun des six enfans, à charge de la ville de Paris. La révolution française et l'invasion de la Belgique firent bientôt évanouir toute cette prospérité, et le comte qui avait applaudi d'abord au triomphe des idées nouvelles, eut à se repentir de son enthousiasme inconséquent : ses redevances seigneuriales cessèrent d'être payées, ses rentes foncières furent rachetées en papier-monnaie à peu d'exceptions près, la tontine parisienne se libéra également en papier, et avant que le comte eut eu le temps de faire le remploi de cette masse de capitaux, leur valeur était réduite au point de défrayer à peine un seul repas. — Passé de l'engouement excessif à la désaffection extrême, M. de Beir ne voulut pas que ses deux aînés servissent la république, cause fatale de sa ruine, et il dépensa à les racheter de la conscription une partie de ce qui lui restait. Bientôt ces sacrifices mêmes perdirent leur objet; les deux jeunes gens moururent, à quelque intervalle, de la petite vérole; très-faible de complexion, déjà accablée par la perte de sa fortune, la comtesse ne put survivre longtemps à ses deux plus chers trésors. Le troisième fils, le chevalier Jean, celui précisément qui, pour son caractère brusque et ses formes un peu triviales, avait obtenu la moindre part dans les caresses maternelles, s'affecta profondément de la mort de la comtesse, et supporta plus impatiemment que les autres enfans cet acharnement du malheur. Dans l'excès de son affliction, sentant le besoin de s'éloigner, il arracha au comte la permission d'aller s'engager aux Etats-Unis, et à peine était-il sorti du port d'embarquement qu'il fit naufrage. L'annonce de cette catastrophe mit le comble aux chagrins de cette triste famille. C'était une nouvelle blessure qui rouvrait et faisait saigner les anciennes, en les rendant peut-être plus douloureuses qu'elles ne le furent jamais.

Des trois enfans qui restaient, deux jeunes filles et un garçon, notre Adolphe était l'aîné. Toute la puissance d'affection de son père et de sa mère, durant le peu de temps que celle-ci lui fut laissée, se reporta sur lui ; ses petites sœurs l'aimaient comme un protecteur ; et lui, répondant de son mieux à tant de tendresse et de respect, s'accoutumait de bonne heure à cette heureuse importance et à ce doux ascendant. Il avait à peine treize ans alors.

Témoins de la ruine et de la décimation successive de ses proches, navré de la perte, en quelque façon subite, de ses deux frères aînés, encore en deuil de sa mère, si tendre et si bonne, en deuil aussi de son frère Jean, un peu bourru, mais si bon aussi, Adolphe oublie vite les pertes de fortune ; il prend facilement son parti sur des revers irréparables, et garde tout son courage pour les infortunes de son cœur. Il comprend, à mesure qu'il avance en âge, que la prospérité lui a dit adieu pour toujours, il comprend que les nouveaux rapports de classe à classe, ces rapports d'égal à égal, où les sujets se sont placés à l'égard des *seigneurs*, sont une conquête définitive pour les *sujets*, et il a peine à s'en affliger. D'ailleurs le comte, du temps de son exaltation philosophique, a lui-même habitué ses enfans à une familiarité toute bourgeoise avec ce qui l'entourait : ce qui les a fait aimer des paysans, qui tout en ne se faisant pas scrupule d'effectuer le remboursement de leurs rentes en papier, auraient été prêts au besoin à protéger le château contre toute attaque malveillante.

Secoué rudement et coup sur coup par tant d'épreuves, le caractère d'Adolphe, devenu l'aîné et le chef futur de la famille, dut tourner à la gravité et à l'isolement. Il voyait peu de monde : les amis, toujours médiocrement alléchés par le malheur, se faisaient rares, et il ne les recherchait pas. Enfant, ses jeux et ses occupations tenaient aussi peu que possible de l'enfance ;

et dans sa solitude, demi-volontaire, demi-forcée, il affectionnait surtout son jardin , où il cultivait de ses propres mains plusieurs espèces de fleurs , de plantes et d'arbustes, s'aidant quelquefois des conseils des ouvriers, mais jamais de leur travail. Ses délassemens consistaient dans la lecture et dans les promenades qu'il faisait tantôt seul, tantôt avec ses petites sœurs.

Or, le parc, où Adolphe se distrayait de ses occupations, était une grande forêt, à peu près carrée, adossée à la chapelle, et encaissée entre deux ruisseaux qui en découpaient les bords en festons capricieux ; en des temps prospères, il avait pu être magnifique par l'art autant que par sa plantureuse végétation et sa situation privilégiée. Aussi il doit, suivant toute probabilité, aux combinaisons de la science qui y ont brillé à l'origine, le surnom ambitieux de l'*œuvre* (het werk) qu'il conserve encore aujourd'hui. Du temps d'Adolphe, déjà le parc était dépourvu de clôtures ; les allées n'étaient plus ni sablées, ni débarrassées des herbes et des arbustes parasites ; les charmilles étaient négligées ; les branches soigneusement inclinées qui formaient d'immenses berceaux reprenaient leur direction verticale ; les îles construites à grands frais dans les endroits les plus humides du parc devenaient sauvages et marécageuses , les arbres s'y entrelaçaient sans art, et l'eau qui les entourait, bordée de longs roseaux, couverte de mille plantes aquatiques, les rendait inaccessibles et assurait aux oiseaux sécurité pour leurs nids. En un mot, à force de négligence, le parc était devenu, pour un ami de la nature agreste, la plus délicieuse promenade qui se pût concevoir. Les *messieurs et les dames* n'y venaient plus ; mais les habitans du bourg et les pélerins, moins difficiles, s'y intro-

duisirent par masses dès que les clôtures furent enta-
mées. Il fallait voir, aux fêtes de la Vierge, surtout à
celle du mois d'août, comme les pèlerins des deux sexes
usaient de la tolérance, et comme après avoir fait leurs
dévotions à la reine des cieux, ils venaient, sous les
berceaux luxurians semés dans cette belle promenade,
rendre hommage à la seule déesse payenne que le christianisme n'ait point détrônée; il fallait entendre les clameurs et les rires qui fatiguaient les échos de la forêt;
par moment ces bandes joyeuses semblaient mettre en
parfait oubli que la Vierge était là et qu'elles étaient
venues pour l'honorer.

Adolphe n'aimait point ces solennités et ces bruits, et
il allait au parc, dans la semaine seulement, lorsqu'il
espérait n'y rencontrer personne. Chaque fois il com-
mençait sa promenade par la grande allée de hêtres,
tapissée de fougères et de myrtilles, ayant vue d'un côté
sur la façade méridionale du château, au-delà des prairies, et de l'autre côté sur le candelabre, toujours
chargé d'offrandes faites à la chapelle; mais si beau que
fût ce double coup d'œil, il l'abandonnait bien vite pour
accourir, en tapinois, vers une petite île écartée et
visitée par lui seul. Je vous ai déjà donné une idée des
îles du parc, Madame : celle qu'Adolphe préférait avait
un fossé plus large, plus marécageux et plus profond
que les autres; elle était plus touffue, plus garnie de
grands arbres, plus riche en lianes de chèvre-feuille et
de houblon sauvage, plus habitée d'insectes et d'animaux
de toute espèce, et plus solitaire; de hautes noueuses et
cependant verdoyantes charmilles formaient comme un
bataillon sacré tout autour d'un immense chêne plus
que séculaire, placé juste au centre de l'île, et lui-même

entouré d'un clair semis de rugueux sapins et d'élégans
bouleaux, tandis qu'en dehors de l'île un fourré épais
obstruait toute communication, et laissait à peine quelque ouverture à la lumière du côté du couchant. Quand
Adolphe allait au parc avec son père ou ses sœurs, il se
dirigeait toujours vers les allées battues, les avenues
droites, régulières, les berceaux et les lieux fréquentés
par la foule ; il ne venait que rarement, en compagnie,
à la grande allée des hêtres, et jamais il ne lui arriva
de conduire quelqu'un vers son île à lui, tant il était
jaloux de la conserver mystérieuse et ignorée, tant il
craignait de profaner ce refuge de son cœur ulcéré, et
de se l'aliéner en le partageant. Peut-être aussi était-ce
encore moins égoïsme que crainte, crainte de ne pas
trouver les visiteurs disposés à comprendre le sentiment
de mélancolie qu'il éprouvait lui-même. Adolphe lisait
au château et près de son père la *Bible* et *Les hommes
illustres de Plutarque,* mais il venait lire près de son île
les *Annales des voyages, Paul et Virginie, Robinson
Crusoé* et plus tard *Emile* et la *Nouvelle Héloïse.* Avec
quelles délices, assis dans le fauteuil de verdure dont
il a provoqué et dirigé la croissance, il se laisse bercer
par les beaux projets de voyager par le monde, et de
s'établir dans quelque île odorante de l'Orient, béni du
soleil, par le doux espoir d'y être aimé de quelque autre
Virginie, et puis de revenir en Europe, aussi habile que
Robinson, aussi passionné que Paul, aussi ferme de
vouloir qu'Emile, aussi beau raisonneur que St.-Preux,
combattre les préjugés du monde et peut-être les abolir!
rêves enchanteurs qui devancent l'âge, rêves de voyage,
d'amour et de réforme universelle, qui font bientôt
place à des préoccupations plus positives, lorsque la

nature reprend ses droits; rêves qu'il est bon d'avoir faits une fois en sa vie dans l'intérêt même de l'élévation de la pensée et de la poésie des sentimens. — Au bout d'un certain temps, il arriva que la solitude préférée d'Adolphe cessa d'en être une pour lui : il commença à remarquer avec attention le tapis de verdure qui bordait son île : il distingua et admira une à une les fleurs, il sépara et considéra une à une les diverses plantes formant le fond sur lequel ces fleurs étaient comme brodées; il vit, non plus en rêve mais en réalité, les végétations aquatiques qui tendaient leurs feuilles et leurs pâles floraisons à la surface de l'eau; il embrassa du regard le dôme d'arbres variés qui étalait avec orgueil ses étages ombreux; il essaya vainement de dénombrer les insectes, mais il s'attacha à suivre dans l'île les oiseaux qui la peuplaient, la poule d'eau ayant son nid dans les roseaux, l'alouette dans les longues herbes à terre, la fauvette dans les broussailles, la mésange, le merle et le roitelet dans les troncs des vieux saules, vieillards courbés par l'âge, et formant autour de l'île comme une garde respectable, le rougegorge dans la mousse au pied du chêne central, le rossignol dans les branches du taillis, le geai au haut des charmilles circulaires, le pinson sur les branches noueuses, contre le tronc des arbres, le pivert dans le tronc même où son bec lui a péniblement conquis une retraite, le loriot à l'extrémité des branches les plus menues, comme pour défier la témérité de l'homme, et la tourterelle au plus obscur du grand chêne, comme pour cacher ses doux mystères : pyramide d'harmonies végétales et animales qui pousse ses soupirs, ses parfums et ses chants au ciel. Le jeune homme se rappela en même temps la pie, qui avait essayé de construire son nid sur la cime du grand chêne, et s'était fait chasser par les oiseaux des étages inférieurs, associés pour écarter ce mauvais voisin : ostracisme prudent, exprès témoignage de l'instinct de conservation qui anime ces petits êtres; et dès ce moment, la pensée d'Adolphe, une fois éveillée, ne trouva plus de repos, la pensée fit naître l'admiration, et l'admiration le besoin de la communiquer.

II.

CÉCILE.

D'où venez-vous ?
Théâtre français.

Un jour qu'il avait à dessein conduit ses deux jeunes sœurs chez le curé de la paroisse, et les avait laissées à la gouvernante du vénérable pasteur, Adolphe accourut visiter son île, avec un désir, si je puis dire, plus vif qu'à l'ordinaire, d'en savourer tous les charmes. C'était par une chaude, belle et calme après-dînée du printemps. Tout revivait : le fossé de l'île, tout couvert de petites fleurs blanches, portait comme le vêtement de l'éternelle jeunesse, sur lequel se dessinaient d'espace en espace les larges feuilles du nénuphar et ses boutons prêts à s'épanouir; les fleurs de terre, et au premier rang les primevères et les marguerites, émaillaient la verdure; l'aubépine et la violette embaumaient l'air; les bourgeons s'ouvraient, devenaient feuilles et fleurs sur les arbres; les insectes bourdonnaient, les abeilles, nos tributaires, étaient zélées au butin; les oiseaux

gazouillaient et chantaient à l'envi et jetaient par myriades de notes dans l'atmosphère sereine et embaumée
qu'on respirait; la sarcelle gloussait dans les roseaux;
le ramier roucoulait dans le bois ; c'était partout un
doux appel à l'amour et aux caresses : enfin le soleil ,
cet hôte indispensable , épandait avant de se retirer la
plus intense et la plus vive de ses gerbes lumineuses
sur cet île d'enchantement. Jamais la nature ne déploya
plus de magnificences sur un moindre espace , et je ne
sais quelle fraîche saveur de nouveauté et de jeunesse,
particulière à cette saison de résurrection , rendait
ces magnificences touchantes jusqu'à la volupté. Le
cœur d'Adolphe en fut pénétré et s'ouvrit au bonheur
pour la première fois : immobile sur son siége accou-
tumé , il n'osait respirer , lorsqu'une petite voix , au
timbre pur et argentin, se mit à frédonner tout à côté
de lui , avec un indicible accent juvénile , un de nos
plus jolis et plus tendres chants de mai dont voici un
fragment littéralement traduit : « Feuilles et fleurs re-
»naissent; oiseaux recommencent leurs amours ; le
» mois de mai est long, mais il ne dure pas. — Cueil-
»lons les fleurs , parsemons-en la terre et aimons. La
»violette a ses parfums, la jeune fille a les siens. La. la.
»la. la. la. — Feuilles et fleurs renaissent, etc. » Adolphe
sent qu'une voix humaine manquait au tableau qui le
tient en extase ; il l'écoute, cette voix, longtemps encore
après qu'elle a cessé. Alors seulement il regarde d'où
elle a pu venir , et il voit tout près de lui , assise dans
l'herbe comme lui , la face tournée vers l'île comme
lui , une petite fille qui paraissait avoir treize ans ,
grassette , brunette aux yeux bleus , aux pieds nus et
mignons , aux mains potelées , aux couleurs vives , au nez

petit, légèrement retroussé, deux fossettes dans les coins de sa bouche comme pour toujours souriré, une petite figure ouverte et affectueuse ; une taille rondelette et bien prise, un maintien alerte, je ne sais quoi d'intelligent, de noble et d'innocent tout à la fois.

Il fut longtemps avant de sortir de l'enchantement ; malgré quelque embarras, il se hasarda à aborder l'aimable enfant qui venait de le ravir.

— Ma petite, puis-je vous demander ce qui vous amène de ce côté ?

— Monsieur Adolphe, j'y viens pour la beauté du lieu, et parce que mon père qui est mort m'y a souvent conduite.

— Comment déjà orpheline ! mais qui était donc votre père ?

— J'ai encore ma mère, qui est de ce village ; mon père a voyagé autrefois, il était valet de chambre de Mr. de Beir, lorsque le comte avait encore un valet de chambre ; il est mort pauvre récemment. Il savait lire et écrire, lui, il était de la société de rhétorique ; moi, il ne m'a appris qu'à venir me reposer dans ce joli angle, vers le soir, toute seule, quand j'ai bien ramassé du bois dans la forêt, que je vais dire ma dernière prière dans la chapelle et rejoindre ma mère, qui m'attend dans ma petite maison, ici près. — Bon soir monsieur.

— Bon soir, ma jolie petite ; mais votre nom ! s'il vous plaît ?

— Mon nom ? Cécile Tangé. Bon soir.

— Bon soir, Cécile, bon soir.

Adolphe a trouvé sa voisine si naturelle, si ouverte de cœur, si malheureuse déjà, orpheline à son âge, et si semblable à lui par ses goûts solitaires, que

le lendemain il est impatient de voir ses sœurs levées,
pour se faire conduire par elles à la demeure de Cécile.
Enfin tous trois y sont arrivés : les petites comtesses trouvent Cécile mal vêtue, la vieille et sa chaumière peu
propres ; et Adolphe a presque besoin de son autorité
d'aîné pour leur faire offrir leur bourse..... que la fille
et la mère repoussent du même geste. Ce refus un
peu bref indispose encore davantage les deux sœurs,
et fait comprendre à Adolphe que Cécile ne sera jamais
leur camarade de jeux, et qu'ainsi il devra la voir seul,
s'il veut la visiter quelquefois. Cette circonstance en
apparence légère, a été cause certainement de la joie
qu'il a éprouvée à voir ses sœurs partir bientôt après
pour la pension.

Pendant plusieurs jours, Adolphe cherche inutilement à rencontrer sa voisine : il se perd en conjectures,
et, quoique torturé par une secrète impatience, il n'ose
point d'abord aller chez elle : enfant lui-même, un
instinct de pudeur, qui ne l'a jamais quitté depuis,
lui fait craindre de paraître chercher la jeune fille.
Tandis qu'il est en proie à cet embarras, et qu'il
marche indécis de côté et d'autre, il trouve enfin
Cécile agenouillée toute seule dans la chapelle, devant
une chandelle fixée à terre au moyen d'un peu de suif :
elle remerciait la Vierge de la guérison de sa mère,
qui s'était levée le matin même, et avait repris son
rouet après une légère maladie de quelques jours. Le
jeune comte trouva Cécile plus gentille, plus intéressante que jamais, ainsi prosternée et dans la sainte
ferveur de la prière ; après qu'elle eut fini, il causa
avec elle longuement ; lui demanda pardon pour ses
sœurs, et trouva dans sa bonté native et spontanée de

nouveaux liens d'attachement et de nouveaux rapports. On conçoit donc qu'ils se rencontrèrent depuis assez fréquemment.

Plusieurs années se passèrent ainsi. Adolphe vit son amie à la dérobée, l'hiver dans sa chaumière, ou dans les environs de la chapelle, l'été au parc : les études du comte n'en allèrent pas mieux, Cécile n'en rapportait pas plus de bois au foyer de sa mère, même lorsque son ami lui venait en aide pour regagner quelque peu le temps perdu. Au parc ils se rencontraient plus volontiers avant le coucher du soleil, parce que c'était l'heure où ils s'étaient abordés la première fois, et que leur île, alors inondée des rayons du soleil, était plus particulièrement belle. Là, le siége d'Adolphe les reçoit tous deux, et leurs délicieuses et innocentes causeries, quelquefois les leçons données par Adolphe, et plus tard leurs lectures, toujours entrecoupées d'affectueux dialogues, s'y prolongent souvent bien avant dans la soirée : les vers luisans qui apparaissent autour d'eux dans l'herbe humide, douces lumières qui répondent aux étincellemens du ciel étoilé, sont leur signal de départ, en une certaine saison. — Longtemps les jeunes amis sont fidèles à leur siége, et restent en dehors de l'île ; mais la curiosité persistante de la jeune fille force son ami à trouver un moyen d'aller dans l'île même, pour la visiter ensemble et s'y installer. Pour cela il arrange, en secret, une espèce de bac, armé d'une rame unique, le porte nuitamment à sa destination, l'attache par une chaîne et un cadenas à un arbre, afin d'en interdire l'usage aux profanes, et le lendemain va remettre *la clef de l'île* à sa compagne. Cécile ne comprend pas, alors il l'entraîne avec lui, prend la clef, détache la

nacelle et y dépose doucement la jeune fille qui a l'air
de résister. Voilà donc Cécile débarquée sur ces bords
tant désirés, sautant d'allégresse et baisant les mains du
jeune homme, de plaisir, de reconnaissance..... j'ajoute-
rais..... et d'amour, si elle n'ignorait pas ce que c'est
que l'amour. — Dans l'île, comme en dehors de l'île, les
paroles agréables et douces ne tarirent point sur leurs
lèvres, les regards de bienveillance et d'affection ne
tarirent point dans leurs yeux; chaque jour la petite
causait plus gentiment, parce qu'elle apprenait à mieux
s'exprimer, en écoutant le comte et en lisant ses livres;
chaque jour elle l'aimait davantage, également parce
qu'elle l'écoutait et pensait avec lui, et parce que
chaque jour leurs sympathies se faisaient mieux sentir :
chaque jour aussi le jeune comte devint plus vivement
épris. Cécile ignorait toujours la nature particulière du
sentiment qu'elle éprouvait; Adolphe commençe à le
deviner aux battemens violens de son cœur, aux agitations qui s'emparent de lui, lorsque quelques jours
Cécile a manqué au rendez-vous. Il est bien heureux,
cependant, si l'on songe aux malheurs de toute sorte
qui ont flétri sa jeunesse : le cœur de l'homme est
ainsi fait que longtemps sevré de toute jouissance,
et ayant reporté les lèvres à la coupe du plaisir,
il n'est point content qu'il ne l'ait vidée jusqu'à la
lie. Il est vrai qu'Adolphe avait droit à quelque compensation après tant de souffrances, si toutefois la
destinée doit jamais rien à l'homme; mais ce bonheur
même qui lui est dû, et qui est dû aussi à Cécile, ce
bonheur peut-il durer ?

Je vous demande pardon, Madame, de vous avoir
tant arrêtée sur cet âge, dont plus tard on a peine à se

rappeler les douces émotions : tout ce bonheur , toutes ces scènes paisibles , invraisemblables peut-être à force de simplicité , tout cela va finir. Cécile a quinze ans , Adolphe en a dix-huit ; déjà l'heure de la séparation a sonné.

On a eu beau racheter Adolphe de la conscription, et sacrifier le dernier et plus innocent luxe du château pour amasser le prix d'un homme ; voici venir la garde d'honneur , qui enlève les jeunes gens respectés par la conscription , derniers épis de cette moisson fauchée par la guerre. Ici tous marchent, les convocations sont personnelles et les ordres précis : la voix de tout ce qui commande de par l'Empereur n'admet point de délai. — Il faut donc partir, dire adieu sur-le-champ aux champêtres travaux, aux douces lectures, aux tendres liaisons ; il faut partir, se taire et cacher ses pleurs.

Atterré de cet appel inattendu, Adolphe n'ose encore l'annoncer à Cécile , car il sent que le coup sera mortel pour elle : il le faut cependant. Il rencontre une dernière fois son amie dans la petite île , et y passe la journée presqu'entière à la consoler. La pauvre fille, au désespoir, veut le retenir, mais l'ordre n'est-il pas irrévocable ? Partir avec lui ! que deviendrait alors sa mère ? Il faut donc rester et pleurer jusqu'au retour , jusqu'au retour à peine espéré. La séparation a appris à la jeune fille qu'elle aime et qu'elle est aimée, et le ciel s'ouvre dans son cœur, à l'instant même où toute l'amertume du malheur s'y répand. Elle serre et presse dans ses bras Adolphe, qui lui passe au col, en gage de retour, une petite croix d'or provenant de la comtesse, sa mère; leurs bouches amoureuses se rencontrent, et les jeunes amans étouffent dans une première étreinte les gémissemens de leurs cœurs.

III.

LA GUERRE.

> Qui pèsera les bienfaits et les calamités de la guerre? moyen quelquefois, nécessité souvent, fléau toujours.
>
> *Les Moralistes.*

Madame, j'ai achevé la partie romanesque de mon récit. Je dis *romanesque* pour me conformer à l'opinion commune, qui traite ainsi tout ce qui se rattache aux penchans de l'adolescence, et aux premières amours, nécessairement ingénues; car, pour le fond, je ne vois rien de romanesque dans le goût des fleurs, des oiseaux et de toutes les beautés naturelles chez des êtres jeunes qui n'ont point désappris ce culte; je ne vois rien de romanesque dans l'affection discrète, et lente à se déclarer de ces mêmes jeunes gens, libres de toute contrainte extérieure, l'un doué d'une imagination vive, nourrie par des lectures qui l'exaltent, l'autre douée de l'ingénuité et de la sainte ignorance qui se rencontrent encore à la campagne. L'âge mûr traite de romanesque tout ce qui regarde les sentimens de la jeunesse: savons-nous de quelle épithète la jeunesse appelle de son côté les sentimens de l'âge mûr? et déciderons-nous quel est le vrai point de vue de la vie et de la réalité, celui de la jeunesse et de ses enchantemens, ou celui de la virilité mûre et de ses aridités? Après cela, qui condamnera la jeunesse de chercher dans la source intime, dans l'abandon et les instincts du cœur les illusions que les *vieux*, dans leur besoin d'être ravis,

demandent à la poésie, au ciel et à l'enfer, aux représentations scéniques, aux hasards de la politique et du
jeu, et à toutes les œuvres des hommes ? Qui la condamnera de ne pas repousser avec ingratitude les dons
de la nature généreuse, et de ne pas désarmer son
cœur devant l'amertume des misères qui l'attendent ?

Je n'aurais point insisté cependant sur cette partie de
l'histoire de mon ami, si l'intelligence de ce qui me
reste à dire ne l'avait impérieusement exigé.

Voilà donc nos amans séparés, Adolphe parti.

C'est le premier voyage, et les premiers voyages ont
le privilége des premières amours, ils produisent de
fortes impressions et laissent de vifs souvenirs. Arrivé
à l'armée du Rhin, sa destination, son premier soin
est d'écrire à son père, en partie pour le consoler
de son départ, et surtout pour le prier de faire quelque
chose en faveur de sa petite voisine, Cécile Tangé,
chez laquelle, dit-il, il a trouvé une intelligence peu
commune. Point de réponse : Mr. de Beir se doute
vaguement du genre d'intérêt qui inspire cette demande.
Adolphe insiste : le comte lui fait alors remarquer avec
quelque amertume, qu'il a à peine de quoi achever
l'éducation de ses propres filles et que, n'ayant à leur
laisser pour toute dot que son nom, il serait coupable
en se montrant généreux envers une étrangère. Quoique
contrarié dans ses désirs, Adolphe sent la malheureuse
justesse de cette réponse : de son côté sous-lieutenant
sans fortune, il ne peut rien non plus. Il faudra donc
abandonner Cécile à l'ignorance et à la misère plus
dégradante qui s'attache aux classes illétrées ; pensée
désolante qui le suit partout le jour et la nuit. Il lui
reste pourtant un moyen, c'est de conquérir une posi-

tion , de se faire une place dans la carrière qui s'ouvre devant lui , d'autant plus brillante que la mort éclaircit rapidement les rangs. Dans ce but , avec ces pensées de triste courage et de désespoir , il s'adonne tout entier à sa profession , étudie en même temps qu'il fait son service , assiste à plusieurs campagnes avec honneur, se distingue en plusieurs rencontres, et obtient le grade de capitaine, avec la croix, sur le champ de bataille. Mais la guerre ne laisse point de répit , la gloire point de repos : Adolphe n'a pas eu le tems de goûter à loisir le bonheur de son élévation , et déjà sa nouvelle compagnie est appelée à la grande armée qui se dirige sur la Russie , et déjà les combats ou plutôt les victoires funestes du départ se succèdent , les bataillons s'avancent vers le centre de l'empire du Czar , en proie à la rigueur de la plus inouie des saisons , en proie aux besoins et aux privations de toute espèce ; déjà enfin des hordes , rares mais acharnées , cruelles comme les lions des déserts du Nord , se ruent sur les soldats français , leur four-nissent l'occasion de déployer mille fois leur bravoure et de soutenir inutilement leur renom.

Le capitaine de Beir fut du nombre des malheureux qui tombèrent de lassitude, de faim et de froid; et cela lui valut, comme vous savez, d'être transporté en Sibérie où , après le rétablissement de sa santé , il fut employé d'abord dans une mine de fer, ensuite dans une fabrique d'armes : triste aboutissement d'une noble ambition , sacrifiée à une ambition plus haute, plus abstraite et plus égoïste en même temps , qui tenait en ce moment l'Europe tout entière dans ses serres d'aigle.

Là , pour Adolphe nulle communication avec le dehors , nul moyen de donner de ses nouvelles à son

père , à ses sœurs , encore moins à Cécile qui ne sait
lire que la lettre moulée , à Cécile dont l'image lui revient plus douce et plus intéressante , après les horreurs
d'une guerre désastreuse et au milieu des maux présens. C'est alors qu'il connaît ce que c'est que la patrie,
et ce que c'est que l'amour : il donnerait dix années de
sa vie , pour revoir un seul moment le château de
Meulebeke , son père , son île cachée , et surtout son
amante.

IV.

MONIQUE.

Le cœur humain participe de l'infini dans le
bien comme dans le mal.
Les Philosophes.

Mais Cécile de son côté que devient-elle? La lettre
qui va suivre, Madame, vous mettra sur ses traces :

A M. Adolphe De Beir , *dans l'armée française.* (Sic.)

J'ai bien souffert et je souffre beaucoup , mon bon ami, de
la dure séparation que ce cruel Empereur a voulue : je ne te
vois plus, je ne t'entends plus jamais auprès de moi, et quand
je vais au parc, près de notre île, et que j'y ai attendu de
longues et tristes heures, je me rappelle en partant que tu ne
peux pas venir. Je ne sais seulement pas de quel côté il faut
me tourner pour avoir vers toi mes yeux, que tu aimais tant
à couvrir de baisers; de quel côté on peut aller à toi , par la
grande ferme, par la chapelle, par le bois ou bien par le bourg.
Comment saurai-je donc si tu recevras cette feuille sur laquelle
je griffonne des caractères d'impression que je tâche d'imiter d'a-
près tes livres? J'ai beaucoup cherché avant de trouver ce moyen,

mais j'avais tant besoin de t'écrire, et j'ai tant prié que la Vierge n'a pas voulu que mon cœur se brisât faute de s'épancher.

Te dire que je t'aime, tu sais cela; te dire que je suis bien seule, tu en éprouves autant toi-même, j'en suis sûr, mon cher Adolphe : tout cela est simple. Mais t'écrire que je suis malheureuse, oui, bien malheureuse, comment le pourrai-je jamais, ô mon ami, moi qui me jetterais au feu pour écarter de toi la moindre peine?

Si cependant il ne s'agissait pas de moi seule, s'il s'agissait de quelque être qui te fût cher à l'égal de moi, et à moi plus cher que moi-même!... Ecoute, mon Adolphe, ne t'afflige pas trop : cela peut se passer bien, peut-être. Depuis ton départ j'ai pleuré beaucoup, et j'ai été longtemps tout entière au sentiment de ton absence; mais je suis devenue souffrante, et ma mère a commencé à faire attention à moi. — Il s'est opéré rapidement dans tout mon être un changement profond, que j'ai attribué à ton éloignement, à ma tristesse, à mon indisposition obstinée, et ma mère a commencé à m'examiner d'un œil plus rigoureux, et à m'interroger en détail : interrogations, examens que je ne comprenais pas, dont je sortais troublée et anxieuse, et qui me faisaient mourir. Je suis tombée aux genoux de ma mère, et ma mère m'a traitée rudement : j'ai pensé à toi et me suis levée, résolue, comme pour t'aller rejoindre, et alors ma mère me ramenant et me posant sur ses genoux, m'a inondée de caresses contraintes qui n'ont point atteint leur but, parce que pour cela il m'aurait fallu dire ton nom, et révéler notre secret à nous, le secret de notre amour, qui me reste cher à jamais.

Je paie cher, mon Adolphe, cette discrétion mal comprise : car il n'est point de jour que ma mère ne m'adresse les plus odieuses insinuations : même, dans ses colères, elle me bat quelquefois avec un si cruel acharnement que je serai forcée de recourir à la fuite — Lorsque, à de certains momens, ma mère a bien voulu avoir la charité de croire que je pourrais donner avec certitude un nom, si je le voulais, elle a fait appuyer ses questions par le curé et par le maître des pauvres; et chaque fois mon silence, nullement arrogant cependant, a été récompensé par les duretés les plus révoltantes. J'ai beau être affectueuse, j'ai beau lui être soumise et obéissante en tout le reste, ma mère ferme son cœur pour ne me tenir compte de rien, et pour oublier qu'elle devrait m'aimer et me soutenir dans ma rude épreuve, non m'être mauvaise ou même rigoureuse. Déjà nos voisins deviennent curieux, si pas méchans, à mon sujet, déjà je sens combien la honte est pour la femme un pesant fardeau. — Odieuse et insupportable à ma mère, je ne puis plus rester avec elle : j'ai cherché dans tout le voisinage un logement pour déposer mon enfant quand le temps sera venu, et partout j'ai été renvoyée avec ignominie. Dieu leur pardonne leur dureté! Monique Lecluze est la seule qui m'offre un asyle. Monique est une vieille et pauvre veuve, qui, à ce que j'apprends, a commis la même faute que moi dans sa jeunesse et durant son veuvage, mais elle a toujours été affable avec moi : je lui dois de la reconnaissance ; coupable moi-même, je n'ai point le droit d'être sévère envers qui m'est bonne, et d'ailleurs je n'ai que cette ressource. Que faire, Adolphe, dans cette extrémité? Eloignée de toi, il m'est doux de te consulter, en m'imaginant que ma pensée doit venir à toi, ainsi que ma prière à Dieu, malgré la distance. Que si, moins heureuse que la prière, ma lettre est lente à t'arriver, je regarderai comme approuvé par toi, ce que je fais sans ton conseil pour notre enfant. O ! ce nom d'enfant, notre enfant, me fait tressaillir d'allégresse et d'espoir, en pensant au bonheur que nous aurons à le serrer dans nos bras et a l'aimer. Reviens donc bien vite, Adolphe, pour que nous goûtions cette félicité ensemble, et réponds-moi dès que tu le pourras. Heureuse ou malheureuse, je ne saurai pas vivre sans toi.

CÉCILE.

A l'*adresse* exactement rapportée de cette lettre, vous aurez jugé, Madame, qu'elle n'est jamais parvenue. Ainsi de communications entre les deux amans, pas la moindre : isolement parfait, et pourtant des deux côtés constance et fidélité.

Dans l'innocence de son cœur, Cécile ignorait que, coupable de la même faute qu'elle, Monique l'avait aggravée par la légèreté et la coquetterie, et que tout cela ayant eu lieu durant son veuvage, elle était fort mal notée dans l'opinion. Elle ne vit donc rien que la bienveillance des procédés de Monique et remercia le ciel avec effusion de cette retraite trouvée. Mais elle ne fut pas plutôt installée chez la vieille veuve que toutes les commères du bourg, y compris les nombreuses sœurs séculières de St.-François, avaient les yeux sur elle ; et sa grossesse avançant et se faisant visible, les mauvaises langues de répandre dans les réunions du coin du feu (c'était au milieu de l'hiver) que Cécile avait *fait la vie* de bonne heure, surtout autour de la chapelle où elle alléchait les étrangers ; qu'il n'était point étonnant dès lors que tous les efforts de sa mère, des autorités ecclésiastiques et civiles réunies, n'eussent pu lui faire révéler le nom d'un père pour son enfant ; que du reste le domicile choisi témoignait assez de la vérité des choses.

Ceux qui ont habité nos campagnes savent que s'il y a peu de mœurs dépravées, il y a en revanche une cruelle et excessive sévérité pour les erreurs les plus excusables de la jeunesse. Cécile, mère de deux jumeaux qui virent le jour neuf mois, date pour date, après le départ d'Adolphe, fut une victime malheureuse entre toutes, de cette rigidité anti-évangélique, et je souffre à vous détailler les épreuves qu'elle dut subir. — Obligée de recourir à la bienfaisance publique pour ne pas mourir de faim, elle et ses deux enfans, elle obtient à peine quelques rares morceaux de pain sec, et encore le tribut amer de l'aumône, supplément forcé de son travail du jour et de la nuit, est-il chaque fois assaisonné d'injures et d'humiliations. O pourquoi Adolphe n'est-il pas là? il ne la laisserait pas en proie au besoin, à l'injustice cruelle et inhumaine, lui! mais éloigné, il ignore ses souffrances, il est mort peut-être, et l'amante tait son nom pour ne pas attirer sur lui la communauté du déshonneur qui l'accable. Loin d'avoir aucune colère contre lui, elle ne cesse de le chérir au fond de son cœur; mort ou vivant, Adolphe est toujours son bien-aimé.

La saison rigoureuse se passe, le printemps est là, et les enfans de Cécile grandissent. Déjà ils réclament moins de soins; leur mère peut les laisser quelques heures à Monique, et aller gagner une plus forte journée à sarcler le jeune blé et les lins déjà verdoyans. Il y a longtemps qu'elle a désiré visiter son île : c'est dimanche, il fait beau : il lui semble qu'elle n'est plus si malheureuse; elle prend donc un de ses enfans dans chacun de ses bras, et se dirige vers le parc. Le bateau d'Adolphe est encore près de l'île; elle y dépose les deux petits, ressemblant l'un à sa mère, l'autre à son père, et ramant des mains, à défaut de l'aviron brisé, elle les a bientôt amenés à l'autre bord et couchés au pied du grand chêne, sur un banc de mousse, le siége des deux amans naguère. C'était une belle après-dinée de printemps, comme lorsqu'elle a trouvé Adolphe pour la première fois; la nature était en fête, tout renaissait comme alors : Cécile se laissa aller au doux enchantement de ses meilleurs souvenirs, et pleura des larmes d'attendrissement et de bonheur... Pourquoi de pareils instants ne peuvent-ils point durer l'éternité entière? Mais bientôt sa pensée revient, avec un effroyable serrement de cœur, à la séparation et aux malheurs survenus, et, dans le secret de son ame, l'absence d'Adolphe est encore de tous les malheurs le plus grand. Oppressée, tourmentée de ces successives et contradictoires émotions, Cécile veut s'arracher à ce lieu de regret : elle se redresse avec peine, soulève ses deux enfans, les dépose de nouveau dans l'informe barquette; mais au moment où elle y pose le pied elle-même, et qu'elle se retourne comme pour saluer encore son île, elle perd l'équilibre, tombe et fait chavirer la barque avec elle. La mère plonge dans l'eau d'un côté, tandis que ses enfans s'enfoncent lentement à travers les herbes aquatiques, de l'autre. Elle lutte longtemps avant de se débarrasser, et lorsqu'elle se précipite pour les sauver, l'un, celui qui ressemble à Adolphe, a disparu pour toujours. Elle a beau plonger ses bras et ses pieds, mère trois fois malheureuse, ses bras et ses pieds ne trouvent, ne touchent rien. Alors elle dépose l'enfant sauvé par elle sur l'herbe, et les pieds nus; toute ruisselante d'une boue liquide, elle court près de la chapelle demander, à cris perçans, du secours, à cette foule que le dimanche a attirée, et la foule accourt avec elle, guidée seulement par la curiosité; puis la première pensée qui vient à ces gens, c'est que la fille-mère s'est jetée à l'eau avec ses deux enfans, et qu'effrayée à l'instant suprême, elle se sera sauvée et n'aura livré à la mort que l'un d'eux, qui était pour elle une surcharge. Cécile a cru chercher des libérateurs pour son enfant, elle trouve des bourreaux pour elle-même : on la traite d'infanticide et de suicide, et tandis que, trop entière à sa douleur, elle dédaigne de répondre, on lui demande, en l'injuriant, ce qu'elle avait à faire dans cette partie cachée de la forêt, pourquoi elle vient toujours rôder autour de ce repaire, pourquoi elle s'est aventurée avec d'aussi petits enfans près de cette eau cachée, si ce n'est pour les y précipiter, et d'où lui vient enfin cette effronterie d'appeler du secours pour faire croire à un simple accident. Tout ce monde, se faisant crédule aux injures et aux paroles dures, s'exalte d'un zèle féroce à la vue d'une femme aussi dénaturée, et la pousse plus morte que vive, vers la demeure du commissaire de police, chargée des malédictions de toute une population ameutée, couverte de boue et les vêtemens en lambeaux. Il fallait être le Christ lui-même, ou bien, mère privée de son enfant, être absorbée dans la douleur de la mort de cet être, pour ne pas mourir sur place. Cécile ne mourut pas, elle était cette mère. Amenée devant le magistrat, elle ne trouva qu'un seul mot à objecter à tant d'accusations : « Je suis innocente ; » et puis elle se tut d'un silence qu'on ne comprit pas : le magistrat écouta la multitude attroupée devant son logis, hurlante et ayant soif d'une exemplaire justice, et la multitude n'avait qu'une voix, ou qu'une vocifération. Cécile appartient donc à la cour d'assises, mais avant l'ouverture de la session, elle a perdu sa raison. Le procès se poursuivit cependant ; et il fournit au ministère public l'occasion d'un beau discours sur le besoin d'une instruction morale et religieuse, et sur la nécessité de pénétrer nos institutions trop démocratiques de cet esprit conservateur sans lequel, naturellement, les sociétés ne se maintiennent pas. L'accusée ne pouvait répondre ni donner à personne la réponse qu'il fallait faire pour elle ; et la circonstance de son aliénation mentale survenue, décisive aux yeux du jury pour la déclarer non coupable, fut décisive aussi aux yeux du public pour faire croire à ce crime, dont l'atrocité même avait dû troubler la tête de la coupable : double façon de juger qui était bonne conformément à la justice humaine, parce que la pauvreté est une présomption contre l'innocence.

Remise en liberté par la Justice, Cécile est envoyée dans une maison de santé, aux frais de sa commune, et là, folle sans malice, toujours douce, toujours affectueuse, occupée du soir au matin à imiter le chant des oiseaux et à se faire une espèce d'herbier, heureuse comme un enfant lorsqu'elle peut obtenir quelque fleur ou quelque plante, elle prévient en sa faveur, elle inspire une si entière sécurité aux gardiens, et d'ailleurs, pauvre et mangeant avec appétit, elle est une si mauvaise cliente à conserver qu'au bout de trois ans elle est renvoyée à sa commune. Phénomène étrange, précieux pour l'étude de l'intelligence humaine : dans ses accès de tritesse ou de gaîté, sa folie ne lui a jamais fait révéler ce nom que les instances et les mauvais traitemens ne lui avaient pas arraché. La discrétion, et par conséquent un reste de volonté saine, avait persisté à travers le dérangement de l'esprit.

De retour à Meulebeke, venue à pied de Bruges, qui en est à six fortes lieues, Cécile va droit à la demeure de sa mère, car même avec une raison aliénée, son cœur ne sait pas être vindicatif; mais sa mère est morte depuis quelque temps, moins sous le poids de la vieillesse que sous celui de la honte qui est tombée sur sa fille et qui a rejailli jusqu'à elle : pauvre victime du sentiment de l'honneur qu'on retrouve encore dans ces classes. — De là Cécile court chez sa vieille veuve, et ici un berceau, gardé par une toute petite fille, frappe

son regard et semble réveiller sa mémoire. Elle s'approche sur la pointe du pied, légère et curieuse seulement jusque là : elle voit la figure d'un gros enfant, rosé,
qui se tourne vers elle et sourit. A ce souris, le souvenir se fait distinct : elle jette un cri et l'enfant reçoit
le plus doux et le plus pénétrant baiser qu'il puisse
recevoir, le baiser de sa mère. Oh! oui, c'est son enfant,
elle le regarde, le retourne et l'examine, c'est son
enfant, il lui sourit encore et mendie de sa bouche
d'ange un nouveau baiser : c'est son enfant, car il fait
entrer le ciel dans son cœur. Mais voilà que Cécile
replace l'enfant dens le berceau, et qu'elle se met à
prier en sanglotant : prières et sanglots bientôt suivis
de la plus folle allégresse, cris et chants d'oiseaux,
gazouillemens et gémissemens, danses et transports qui
font fuir de frayeur la petite fille gardienne du berceau
et appeler la bonne vieille. — Pauvre Cécile, folle, et
mère cependant dans sa folie, mère dans le plus profond des entrailles, folle et sachant pleurer sur son
enfant et prier pour lui ! — Maintenant c'est le moment
de son accès, elle saute, elle siffle, et roule sur la
terre battue qui tient lieu de plancher ; enfin elle se
couche de son long et reste là, immobile et tout étendue, .
jusqu'à ce qu'elle entende des pas mal assurés qui che-
minent vers la chaumière : elle se redresse, écoute et
voit approcher lentement sa vieille bienfaitrice, mais
sa bienfaitrice malade et languissante. Cécile, sans
bouger, la regarde un instant avec effroi, comme si
son instinct, à défaut de sa raison, venait de lui pré-
dire la mort prochaine de Monique, et, tout d'un
bond, comme un léger écureuil, elle s'élance dans ses
bras, la serre contre elle, la caresse et la caline, en

recommençant ses gazouillemens , puis la porte sur une chaise basse , et là se blottit sur ses pieds , ramenant les pâles , longues et osseuses mains de la vieille sur sa chevelure brune et flottante , sur son cou blanc , et sur ses belles épaules. La folle formait là , sans le savoir , le plus touchant groupe que l'homme de cœur puisse contempler , groupe intéressant où les ressemblances et les contrastes s'enlaçaient en foule : l'extrême vieillesse et la jeunesse extrême , ayant failli toutes deux , l'une pour avoir été coquette et imprudente , l'autre pour avoir aimé et ignoré ; toutes deux purifiées dans l'intimité du cœur , l'une par la charité , l'autre par son amour de mère , toutes deux par le malheur et la résignation. Le visage de la jeune fille rayonnait de bonheur , elle avait retrouvé en un jour son enfant , son trésor , et Monique sa bienfaitrice : la figure de la vieille eût arraché des larmes aux yeux les moins habitués à en verser ; car heureuse de posséder de nouveau sa Cécile , elle la revoit folle ; heureuse de la réunir à son enfant , son ame se déchire à penser que la pauvrette , folle et tenue pour infanticide , va rester seule et sans soutien. Monique , Monique , tendre et bonne vieille pécheresse relevée par la charité et le malheur , si je savais peindre , je voudrais , dans un immortel tableau , tracer ta noble figure dans l'attitude que je viens de dire , avec ton enfant adoptif à tes pieds , et au-dessus de vos têtes je placerais le Christ , cet apôtre sublime de l'amour céleste et de la compassion humaine , pour vous donner quelques rayons de son auréole , et épandre sa bénédiction sur vous. O Madelènes , Madelène jeune et aimante , Madelène bienfaisante et vieille !....

Monique ne se fait point illusion (à son âge et après ses douloureuses expériences on ne se trompe plus sur les signes du malheur) : elle sent qu'elle va bientôt mourir , et mourir quand elle aurait tant besoin de vivre encore. Cependant elle réunit toutes ses forces pour s'occuper de l'avenir de sa folle , et se met en quête de quelque bonne ame pour la remplacer , quand Cécile n'aura plus Monique. Elle a cru le cœur des autres semblable au sien : elle s'est trompée cette fois : personne n'a voulu prendre chez soi une folle réputée infanticide , et ce qui est pire pour beaucoup de gens , soupçonnée d'avoir attenté à sa propre vie ; en désespoir de cause , elle est obligée de recourir au Bureau des pauvres , la charité banale et sans entrailles , pour assurer à Cécile et à son enfant du pain et un grabat. En attendant que l'heure fatale soit venue , la vieille se prête , avec tout ce qu'elle y peut mettre d'affectueuse bienveillance , aux goûts , aux désirs et aux caprices de Cécile. Profitant des derniers beaux jours de la saison , elle se laisse conduire presque chaque après-dînée près de l'île , au parc , et là regarde la mère et l'enfant , enfans tous les deux , jouer sur l'herbe avec les fleurs tardives et les plantes qui tombent sous leur main. Ces promenades font le plus grand bien à Cécile et à son enfant : le petit Louis (c'est ainsi qu'il s'appelle) grandit à vue d'œil , devient gros et fort comme un enfant de pauvre , beau et gracieux comme un enfant de riche ; Cécile se calme peu à peu , chante moins , joue moins et devient plus raisonnable , je ne dis pas plus heureuse. Déjà la dernière fois qu'elle est allée au parc , tandis que Monique est tenue au lit , l'idée de son enfant , enfoui dans la boue du fossé marécageux , lui est venue à l'esprit, dans une de ses intermittences lucides, et un frisson d'horreur et d'épouvante l'a fait courir à toutes jambes vers la demeure de sa bonne vieille, pleurant ou plutôt hurlant de terreur. Monique, accablée de la fièvre, entend Cécile et l'appelle d'une voix aimante, mais fort affaiblie. A cet appel plein d'une tendre sollicitude, Cécile se jette sur le lit de sa bienfaitrice en criant : « *Mère Monique, mon enfant, mon enfant! Adolphe, petit Adolphe!* » Ces cris étaient déchirans, ils perçaient le cœur de la pauvre vieille, déjà bien épuisée, et qui n'avait pas besoin de ce surcroît de douleur, de cet attendrissement pénible, pour succomber. Cécile la voit pâlir, serrer les dents, et ses yeux se fixer dans leur orbite ; elle oublie aussitôt ses terreurs et sa propre souffrance : elle baise mille fois la figure de sa Monique chérie, belle malgré la vieillesse et la maigreur, la caresse, l'appelle des plus doux noms, lui dit de revenir, de ne pas quitter sa Cécile ; mais la malade n'a plus ni regard ni ouïe, et la folle, qui a deviné, lui ferme les paupières et tombe en prière au pied de son lit. L'ame de Monique s'est dégagée de son enveloppe mortelle, mais en même temps, cédant aux violentes émotions de la journée, la raison de Cécile, dans ce suprême déchirement, s'est délivrée de ses dernières entraves; Monique est allée à Dieu; moins heureuse, la folle est revenue à elle. C'est ici le lieu de marquer un autre phénomène dans l'esprit de Cécile : elle n'a absolument aucun souvenir de la moindre chose du temps de son aliénation mentale ; et cependant elle a une mémoire fort nette des évènemens qui lui sont antérieurs : entre le présent et le passé d'avant son malheur, il y a un vide, le temps qui le remplit est pour elle comme s'il n'avait point existé.

V.

LES PAUVRES AU VILLAGE.

La charité officielle est la pire des charités.
Les Économistes.

Au mois de février 1820, il y avait foule devant la maison commune de Meulebeke, foule souffreteuse, déguenillée, grommelante, exposée à la neige qui tombait à épais flocons. Il y avait foule aussi à l'intérieur, dans une grande salle du rez-de-chaussée, et cette foule-ci, pauvre encore, avait un peu meilleure apparence. Cinq magistrats étaient assis près d'une cheminée immense, garnie d'un bon nombre de bûches flamboyantes, devant une table large et longue, chargée de registres : un secrétaire écrivait diligemment à leur droite, semblant constituer à lui seul toute l'autorité : il avait près de lui une timballe sur laquelle étaient placées de petites bougies, comme pour une adjudication publique. Devant la grande table il y en avait une petite, plus basse, et devant la petite table une espèce d'escabeau ; sur la petite table était debout un bel enfant à l'œil vif et inquiet, et sur l'escabeau une jeune femme maladive, rouge de honte et les larmes aux yeux, des yeux bleus de toute beauté. — Les pauvres du dehors collaient leur figure sur les vitres ruisselantes et regardaient, simplement curieux ou bien impatients d'avoir audience à leur tour. Ceux de l'intérieur, pauvres établis, semblaient d'un œil avide évaluer les forces corporelles de la femme et de l'enfant, et peser l'appétit probable de tous les deux. Cent francs, soixante-quinze francs, cinquante, a crié le garde-champêtre, faisant l'office de crieur public. — A moi, dit sur le dernier chiffre, une laide femme accroupie dans un coin, et tout le monde se retourna pour voir l'audacieuse. — Cinquante francs, premier feu. — Cinquante francs, deuxième feu. — Comment, crie le garde-champêtre, cinquante francs pour une femme qui a été folle, mais qui ne l'est plus, une femme qui abat de la bonne besogne et mendie fort bien à défaut de travail ; cinquante francs pour un beau marmot qui va pouvoir garder les vaches au printemps, ou faucher de l'herbe pour les chèvres ! cinquante francs, cinquante francs..... Comment personne pour offrir un rabais ? je vais adjuger ; allons, mes amis, courage donc..... — Dam, nous avons de la marmaille chez nous ; cette femme n'a pas fait grace à son propre enfant, qui nous garantira ?.... — Ces paroles horribles, parties du milieu de la salle, ont frappé l'oreille de la jeune femme, qui tressaille, s'évanouit, et tombe sur la tête, à étoiler les dalles rouges du pavé.....

Vous avez deviné, Madame, qui est cette femme, n'est-ce pas ? je ne vous dirai pas les souffrances atroces de Cécile : vous êtes mère, vous êtes femme, et n'avez pas toujours été heureuse : pour vous mon silence sera éloquent. L'adjudication au rabais des pauvres mis en pension ne fut guère interrompue par cette chute ; personne n'avait compris. — On emporta la mère et l'enfant, la foule se ferma insensible sur eux, et si elle se fût apitoyée sur quelqu'un, ce n'eût point été sur Cécile, l'objet de ce public outragé, mais sur la laideron, restée adjudicataire, et chargée d'entretenir pour cinquante francs, durant toute une année, une femme tenue depuis un moment pour cataleptique et un enfant en bas âge.

Je ne vous arrêterai pas sur cet horrible endroit de l'histoire de Cécile. Dans l'hiver même de l'adjudication au rabais, son bel enfant mourut du croup; et quant à elle, assassinée par une faim continuelle et réglée, logée, vêtue et couverte, comme on peut l'être pour cinquante francs par an, en butte aux plus affreuses injures, en proie aux plus poignans souvenirs, sans espoir du retour d'Adolphe, poursuivie de l'idée qu'elle est en horreur aux hommes et se sentant innocente cependant, elle finit par devenir réellement cataleptique, et un matin on la trouva morte dans son lit.

Le Bureau de bienfaisance lui fournit une bière; cette bière fut transportée à l'église, dont elle ne dépassa pas la première entrée sous la tour, et de là fut expédiée au cimetière, seule, sans prières, sans office et sans messe. Personne n'avait consolé la pauvre Cécile, on ne lui avait pas dit une parole douce depuis la mort de Monique; nulle main amie n'avait fermé sa paupière; aucun être humain ne la suivit non plus au dernier asyle; et si le fossoyeur est un être humain pour ceux qui meurent, il ne pleura point sur elle : tout cela est parfaitement conséquent; il faut qu'il y ait des derniers, pour qu'il y ait des premiers; l'échelle ascendante n'existe qu'à la condition des degrés inférieurs.

Aussi bien le fossoyeur ne pouvait se mettre en dépense de commisération : le jour suivant il y avait un service de première classe, par conséquent un enterrement lucratif à faire et une figure piteuse à se donner! Le lendemain, vers midi, en effet, un magnifique cortége sort du bourg et se dirige vers le cimetière, les bannières noires déployées; le clergé revêtu de ses plus riches ornemens funèbres, chasubles de fin velours noir couvertes d'argent mat, et appuyé de ses auxiliaires et serviteurs, le bedeau, le sacristain, l'organiste, les enfans de chœur, marche gravement, en avant, la tête haute, l'œil fier, disant les odes liturgiques, le *Dies iræ*, chant de terreur, le *De profundis*, invocation de détresse, et le *Miserere*, psaume de repentir et d'espoir; la grosse cloche répond à pleines volées aux chants des prêtres et aux beuglemens sinistres du serpent; le cercueil, porté par seize notables qui se relevaient, accompagné d'une suite immense de parens et de connaissances, s'avance lentement et comme en mesure.

Le fossoyeur signale ces chants agréables à son oreille, et, à son appel, une multitude impatiente couvre peu à peu le cimetière. Mais voilà que des jeunes gens, placés sur la fosse fraîche de la veille, ont senti leurs pieds frémir, et entendu un sourd bruit au-dessous. Effrayés, ils courent au fossoyeur, et l'entraînent pour la lui faire ouvrir, car un horrible pressentiment s'est emparé d'eux. Cédant à regret, cet homme impassible va donner son premier coup de bêche dans la terre encore peu foulée, lorsqu'il entend tout près de lui la complainte sacrée : *De profundis clamavi ad te, Domine*, a chanté tout le cortége clérical, et le fossoyeur, s'échappant des mains des jeunes gens, s'est précipité dans la tombe ouverte pour le riche, afin d'avoir, aux yeux des héritiers, l'air de s'exténuer à son fatal labeur. Là une lutte s'engage entre lui et les jeunes gens, lutte qui se prolonge, et les jeunes gens ne pouvant l'arracher hors de la fosse, son bien, son industrie, lui enlèvent enfin sa pelle et se mettent eux-mêmes au travail, chacun à son tour, avec une hâte qui fait honneur à leur humanité. Ils bêchent avec zèle, et le bruit redouble, devient plus intense à mesure qu'ils creusent plus avant ; ils distinguent nettement des coups comme d'un coude dans une bière, un cri humain mais affaibli, mais extrême, s'échappe même de la terre, ils arrivent au cercueil enfin ; alors un des plus jeunes enlève la planche de dessus mal attachée sur cette bière du pauvre, et découvre aux yeux de tout ce monde, attroupé sur un point et terrifié de cet affreux spectacle, le corps d'une jeune femme, aux coudes, aux genoux, aux pieds, aux mains et à la tête tout saignans et meurtris, à la poitrine toute déchirée. Evidemment c'est elle qui a frappé et crié, mais la voilà redevenue immobile, elle est morte maintenant, morte étouffée sous la terre et sanglante de ses efforts pour en soulever le poids. Voilà la déclaration résumée des médecins qui ont examiné le cadavre ce jour-là et les suivans. Le troisième jour, heureux de cette bonne fortune, rare à la campagne, ces messieurs ont disséqué le corps, et ont emporté l'un le bras, l'autre la jambe, le troisième un pied. Pour sa part, le docteur St... s'est approprié la tête, et avec la tête une toute petite croix d'or qu'il avait trouvée cousue dans un ourlet du haut de la chemise. Dans le partage il m'est revenu à moi une lettre qui avait l'air d'être imprimée : c'est celle que j'ai rapportée plus haut.

Pauvre Cécile, enterrée vivante, et persécutée jusque dans le sein de la mort, parce qu'elle a été pauvre, qu'un homme l'a aimée, que cet homme a dû partir, et qu'ensuite des circonstances fatales se sont agencées à celles-là ! Pauvre Cécile, plus malheureuse dans son innocence intime, que la femme adultère sciemment coupable, dans la législation, pourtant sévère entre toutes, du peuple juif! Je ne me livre pas à l'amertume de cette réflexion, pour m'élever contre la constitution sociale : loin de moi cette idée; je sais qu'humainement les choses ne peuvent guère aller autrement; je sais ce qu'il entre de fatalité dans tout destin, qu'il s'agisse d'un individu ou d'une nation; mais je sais aussi qu'on a malheureusement trop de tendance à croire le malheureux coupable par le motif seul qu'il est malheureux, et que nous avons tous peu de compassion pour des misères et des revers dont, malgré toute sagesse et toute prudence, aucun de nous n'est absolument à l'abri.

VI.

L'ÉTRANGER.

Tout change, tout vieillit, tout périt, tout s'oublie ;
Mais qui peut oublier ses premières amours ?

GINGUENÉ.

Un moment de patience, Madame, mon récit va finir.

Au mois de juin 1826, on vit arriver sur la place de Meulebeke un homme d'une haute stature, d'une physionomie noble et distinguée, mais d'une mise bizarre et d'un singulier air. On eût été embarrassé de trouver un signe certain de son âge sur sa figure grecque, pleine et fraîche, ombragée d'une nappe de cheveux parfaitement blancs qui avaient dû être blonds. Vêtu d'une polonaise garnie de fourrures, au milieu de l'été, dans un village où toute personne étrangère à l'endroit est un objet de curiosité et d'ébahissement, il semblait questionner deux bourgeois du lieu : à ses gestes précipités je devinai qu'il ne parlait pas la langue vulgaire ; aux grands yeux bêtes de ses interlocuteurs, je jugeai ceux-ci plus curieux qu'empressés, et je ne sais quel instinct, auquel je rends grace aujourd'hui, me poussa à payer de civilité pour mes concitoyens.

— Monsieur, vous désirez quelque renseignement.

— Précisément, Monsieur, me répondit-il avec un accent qui dénotait un homme de bonne compagnie : je voudrais savoir des nouvelles de la famille de Beir.

— Toute la famille est morte. M. le comte est mort, il y a peu d'années, tout-à-fait ruiné ; une des demoiselles, Camille, est morte sœur hospitalière ; l'autre, Flavie, est morte veuve et sans enfans. Le fils, Adolphe, est on ne sait où ?

— O mon Dieu, tous morts, dites-vous ! — Et après un moment de silence : — Mais est-il survenu quelques changemens au parc du château ?

— Du parc, il n'en reste plus guère de trace : le ruisseau sinueux, son plus bel ornement, a été aligné au cordeau, dans l'intérêt des prairies, car un agronome habile et avare a acheté tout le domaine : les allées ont été plantées de pommes de terre, les arbres abattus, les fossés intérieurs comblés ; le château n'ayant pu être démoli avec avantage, à cause de la solidité de son ciment de seigle, est devenu la grange de ces terres, aujourd'hui merveilleusement fertiles.

— Mais les petites îles, les petites îles, Monsieur ?

— Abolies impitoyablement comme tout le reste. Elles étaient pourtant très-belles, bien sauvages, bien solitaires, bien propices à la mélancolie et à l'imagination rêveuse !

— Quoi, Monsieur, vous savez ? vous devinez ?

— Je ne sais rien, et ne devine rien, Monsieur : tout ce qu'il y a, c'est que j'ai longtemps visité ces îles avec le plus vrai plaisir ; mais depuis que Cécile Tangé y a noyé ou laissé tomber un de ses jumeaux, une secrète terreur m'a empêché d'y retourner.

— Cécile Tangé !... des jumeaux ! avez-vous dit !...

A ce nom de Cécile Tangé, la figure de l'étranger se contracta avec une poignante douleur. Mais dominé un moment par cette préoccupation pénible, il s'y soustraya avec effort, et insista pour savoir tout ce qui regardait cette femme. Ayant conduit l'étranger chez ma mère, je me mis à le satisfaire de mon mieux ; cependant, voyant ses larmes couler à l'endroit de la comparution de Cécile, folle et mère, accusée et innocente, devant la Cour d'assises, je le suppliai de me laisser m'arrêter là, et de lui épargner le reste.

— O , de grace , poursuivez , me dit-il , les mains jointes : je suis le fils unique de Mr. de Beir ; enfant , j'ai souvent joué avec Cécile Tangé , ma voisine , au parc , et je ne me suis échappé de la Sibérie , d'où j'arrive en droite ligne, que pour retrouver ici les objets de mes souvenirs , et à défaut d'eux , quelques mots sur le sort qui leur est échu. — De grace , poursuivez.

Il y avait dans la voix du comte une émotion qui me gagna , et ce ne fut qu'avec une grande crainte de l'affecter trop vivement que je lui racontai ce que je savais de la vie pleine d'évènemens et de la fin affreuse de Cécile. A l'appui de ma narration je lui remis (remise bien tardive) la lettre ramassée près du cercueil de Cécile , et qui lui avait été retournée par la poste , après y avoir été longtemps aux *rebuts*. Cette lettre , écrite en caractères typographiques , émut le comte , comme si , envoyée de la veille , elle eût retracé des faits présens : elle fit plus d'effet sur lui que tout ce que j'avais pu lui dire de plus déplorable. — Pour achever de l'instruire, je le conduisis chez le médecin St..., dépositaire du crâne et de la petite croix , et là , M. De Beir reconnut aussitôt ce petit bijou , doublement précieux pour lui , parce qu'il lui rappelait tout à la fois la plus tendre des mères , et la plus aimée des femmes. — A la vue du crâne , tout bouleversé , il nous dit les relations intimes qui avaient existé entre Cécile et lui ; et cet aveu plein de franchise acheva de faire de la pauvre folle une rare et courageuse femme à nos yeux , et du capitaine De Beir notre ami pour toujours. Comme gage de notre pacte , il reçut du docteur le crâne et la croix : il tenait déjà de moi la lettre de Cécile ; mais jamais nous ne pûmes le décider à parcourir avec nous ce qui restait du domaine paternel : et nous n'insistâmes point , les restes non ensevelis de son fils étaient là.

Le comte De Beir quitta bientôt Meulebeke pour se fixer à Liége , et gagner son pain quotidien , exerçant dans une fabrique d'armes son industrie de prisonnier de guerre. Dans la suite , ayant recueilli un petit capital d'une parente éloignée , il alla demeurer à Bruges où j'eus le plaisir de vous le présenter, Madame. — A Bruges comme à Liége , il portait toujours sur lui , enfermée dans un grand médaillon , la lettre de Cécile , et il avait toujours , attachés au fond de son bureau sur un socle d'ébène , le crâne et la petite croix. Quand il avait trop regardé ce double souvenir , souvenir de sa mère morte et de sa fortune perdue , souvenir de l'amie de son cœur conspuée , persécutée et morte pour lui de la plus épouvantable des morts , c'était alors qu'il avait ces accès de tristesse irréparable où il vous est arrivé de le voir.

Depuis vous savez ce qui s'est passé, Madame. M^r De Beir a servi la cause de don Pédro en Portugal , jusqu'à son complet triomphe : et je tiens de lui, sur ce pays, qui est loin d'en avoir fini avec les dissensions intestines, des documens et des aperçus que je pourrai un jour livrer à la publicité , quand il sera opportun. Ensuite il est passé à l'armée d'Alger, et il vient de mourir de froid, dans une région où il comptait bien ne pas retrouver , même un seul jour, le climat de la Sibérie.

Voilà , Madame, les faits nombreux , compliqués , mais vrais : je n'ai pas cherché à écrire une histoire morale, encore moins à faire du fantasque ou du drame. Je me suis contenté de vous dire les évènemens dans leur succession réelle , qui peut très-bien ne paraître ni logique , ni convenable. N'importe , mon but est atteint : vous connaissez maintenant la cause des tristesses du capitaine De Beir : j'espère que vous lui avez pardonné déjà. Excusez avec la même bonté la sécheresse de mon récit , et que Dieu vous garde , vous et les vôtres , jusqu'à la dixième génération , des revers de fortune et des séparations déchirantes ; de la calomnie , de l'inhumanité des multitudes , et de la charité officielle !

TOUSSAINT.

LETTRES

sur

L'Histoire de la Belgique,

PENDANT LES ANNÉES 1791 A 1795.

QUATRIÈME LETTRE.

J'ai dit un mot de la restauration à Liége. Quelques détails à ce sujet deviennent nécessaires, mais il convient au préalable de résumer, en peu de lignes, les faits qui donnèrent naissance à l'insurrection.

Un point par lui-même insignifiant en fut la cause première. A propos de l'établissement d'une maison de jeu à Spa, s'était élevée la question de savoir si le prince pouvait, dans une semblable matière, disposer sans le concours des Etats. De part et d'autre on faisait arme des *paix* liégeoises, et surtout de la Paix de Fexhe, cette charte remarquable qui, dès le commencement du XIVᵉ siècle, avait stipulé en faveur des libertés populaires les garanties les plus puissantes. Les esprits s'aigrirent par des voies de fait, tout au moins impolitiques de la part du pouvoir, et que dictait évidemment la crainte de perdre les profits d'un monopole immoral. De nouveaux motifs de plainte ne tardèrent pas à surgir, et l'évêque Hoensbroeck, ou plutôt son

Conseil dont il suivait aveuglément les inspirations,
n'ayant pas montré la condescendance que les circonstances semblaient exiger, une explosion devint inévitable.

Le 18 août 1789 , les Liégeois insurgés réclamèrent
le rétablissement de leurs antiques Paix si souvent en-
freintes, par le pouvoir, et particulièrement l'abrogation de certain réglement imposé , en 1684, par Maximilien de Bavière, réglement arbitraire qui avait faussé
complètement le système représentatif du pays. Le
prince céda , et le peuple , fort de cet assentiment ,
procéda sans retard au redressement de ses griefs , et au
renouvellement d'une magistrature obséquieuse qui
avait été choisie conformément au réglement dont
l'abrogation venait d'être décrétée. Les Etats étaient
convoqués par l'évêque pour délibérer sur les modifications à apporter aux institutions constitutionnelles,
lorsque le 27 août, on apprit qu'il avait, pendant la
nuit précédente, quitté furtivement son palais de Se-
raing. Il partit, prétextant que son repos et sa santé
pouvaient être compromis par les discussions qui allaient s'ouvrir; c'était, assurait-il, l'unique cause de son
absence momentanée , et son intention n'était aucunement de porter plainte à la Chambre impériale de
Wetzlaer dont ressortissait, comme partie intégrante
de l'empire germanique, la principauté de Liége.

Ce tribunal suprême n'avait pas attendu la dénonciation de la partie lésée ; le jour même ou Liége apprenait
avec surprise le départ de son souverain , un décret
rendu d'office, du moins on le disait ainsi, déléguait
les princes du cercle du Bas-Rhin et de Westphalie
pour mettre les *rebelles* à la raison , et rétablir les

choses en l'état où elles se trouvaient avant l'insurrection. Le roi de Prusse, en qualité de duc de Clèves,
se vit donc investi, avec le prince-évêque de Munster
et le duc de Juliers, de cette mission délicate. Le
motif qui l'avait porté à encourager la révolution belge
le guida dans cette nouvelle circonstance, et il envoya
sur les lieux, prétenduement pour obtenir une juste
appréciation des faits, M. De Dohm son représentant
au cercle du Bas-Rhin.

L'évêque Hoensbroeck s'était retiré dans l'électorat de
Trèves. Les Etats firent auprès de lui des démarches
pour l'engager à revenir ; il s'y refusa. La situation de
Liége lui en rendait, disait-il, le séjour impossible, et
sa santé d'ailleurs continuait à exiger du repos ; il se
réservait d'approuver, s'il le jugeait nécessaire, ce qu'il
appelait des changemens à la constitution, et ce qui
n'en était en réalité que le rétablissement.

Tout en cherchant à obtenir la révocation de la sentence prononcée contre eux, les Etats décrétèrent, le
12 octobre, le redressement définitif des griefs de la
nation. Des troubles intérieurs avaient éclaté ; le prince
s'en servit pour refuser sa sanction et pour solliciter
l'exécution immédiate du décret rendu en sa faveur. Le
cabinet de Berlin ne consentit à s'en charger qu'à certaines conditions. Il promit aux Liégeois de s'employer
pour obtenir du prince les changemens demandés,
et exigea d'eux à son tour que les magistrats récemm-
ment nommés fussent remplacés par des intérimaires,
jusqu'à ce que l'on procédât à de nouvelles élections,
conformément aux dispositions en vigueur avant le réglement de 1684; ces dispositions n'avaient pu, vu
l'urgence, être observées ni même déterminées lors des

élections du mois d'août, et l'on avait dû réunir des espèces d'assemblées primaires. Les Liégeois agréèrent les dispositions de Fréderic-Guillaume, aux yeux duquel l'abrogation du réglement devenait un fait consommé par l'assentiment de l'évêque lui-même , et l'armée prussienne , avec celle du duc de Juliers , prit d'une manière amicale possession du territoire insurgé ; le représentant du prince-évêque de Munster n'avait pas voulu se prêter à cette voie conciliatrice.

Le souverain exilé déclara alors que ces concessions avaient été extorquées par la violence, et s'obstina à réclamer l'exécution rigoureuse de la sentence de Wetzlaer ; le 4 décembre intervint un nouveau décret confirmatif du premier. La Prusse refusa de l'exécuter; c'eût été manquer à ses engagemens et aux conditions qui lui avaient facilité l'entrée du territoire liégeois.

Il s'agissait donc de savoir si, comme le demandaient les insurgés, l'arrangement à intervenir précéderait le retour du prince , ou bien si , aux termes de la décision de la chambre impériale, sa réintégration s'effectuerait préalablement, sauf à lui à décider ensuite dans sa sagesse s'il y avait lieu d'accéder aux réclamations de ses sujets.

Fréderic-Guillaume lui-même écrivit plusieurs lettres à l'évêque Hoensbroeck pour l'engager à accepter un accommodement qu'il s'offrait de lui faire obtenir. Sollicitations inutiles! Le faible prélat, entraîné par des conseillers vindicatifs, rejeta sa médiation avec dédain et persista dans sa détermination première. Ce refus , et l'exemple de ce qui se passait en France , achevèrent d'exaspérer les esprits. On commença à projeter une assemblée nationale, à parler d'une séparation des pouvoirs spirituel et temporel du souverain, à distinguer la principauté de l'évêché.

Les autres provinces de la Belgique, affranchies de la domination autrichienne, avaient entretemps envoyé des députés à Liége, pour concerter les bases d'une alliauce entre les deux révolutions. Le roi de Prusse n'ayant pu ni fléchir le courroux du prince-évêque, ni obtenir la révocation des sentences de Wetzlaer, regardant d'ailleurs comme dangereuse une exécution qui pouvait, disait-il, compromettre sa propre dignité et les intérêts bien entendu de celui au profit duquel on la prescrivait, donna à son armée l'ordre d'évacuer Liége, ce qu'elle effectua le 16 avril 1790. Trois jours après, un nouveau décret de la chambre impériale chargea quatre autres cercles d'exécuter sans délai ses décisions.

L'opiniâtreté de l'évêque Hoensbroeck eut pour résultat de faire entièrement méconnaître ce qui lui restait d'autorité; on détruisit ses armoiries partout où il s'en trouva, on décréta la saisie de ses revenus pour subvenir aux frais qu'avait occasionnés le séjour des troupes exécutrices, on mit sur pied une force militaire pour s'opposer à l'invasion, et le prince de Rohan fut proclamé régent du pays avec un' conseil composé de membres des trois ordres des Etats.

Un corps d'armée s'était réuni pour mettre à exécution les décrets de Wetzlaer. Les Liégeois résistèrent. Après plusieurs mois passés en escarmouches et en négociations, il intervint à Francfort une convention entre les membres composant le collége électoral réuni pour le choix d'un empereur. Cette convention en quinze articles, qu'on appela *les quinze articles de pénitence,*

fut communiquée aux insurgés. Elle exigeait une soumission sans réserve aucune, et promettait une amnistie; la soumission effectuée, et tout se trouvant
remis sur le pied existant avant le 18 août 1789, le
prince-évêque rentrait dans sa capitale; seulement alors
il devait être procédé à l'examen des griefs nationaux.

Liége se révolta à l'idée d'une soumission imposée
dans les termes les plus humilians, et chercha à négocier.
Le cabinet prussien continuait à flatter son espoir et à lui
faire les promesses les plus brillantes; il ne s'agissait de
rien moins que d'obtenir l'abdication de son souverain.
Les hostilités continuèrent donc entre les milices des
insurgés et les troupes exécutrices campées sur les con-
fins du pays.

Sûr les faits et les négociations qui précèdent, laissons
parler l'un des plus chauds partisans de la cause liégeoise, l'auteur des *Révolutions de France et de Bra-*
bant (1); son opinion est intéressante à connaître, sans
que je veuille toutefois prétendre excuser l'exagération
de ses expressions et de ses idées.

« Quel peuple mérite en ce moment les regards de
» ses contemporains autant que les Liégeois! Leur soi-
» disant souverain s'était persuadé qu'il n'avait qu'à
» quitter son palais, s'enfuir aussi à Metz et appeler tous
» les princes allemands pour venger sa querelle ; que
» bientôt il reviendrait dissoudre à main armée l'assem-
» blée nationale liégeoise et tenir son petit lit de justice.
» Il a quitté la ville, et feignant d'aller habiter quelque
» temps sa maison de campagne, il s'est évadé de ses états;
» il a trompé le peuple, et le peuple en punition l'a dé-
» tioné et a délivré à son souverain une cartouche jaune.

(1) Numéro 50.

»Aussitôt voilà mon prince calottin courant toute
» l'Allemagne pour se faire réintégrer. Les six cours
»électorales Trèves , Mayence , Cologne , Palatin ,
»Brandebourg et Hanovre se sont réunies à Francfort.
»Là elles viennent de dicter au peuple liégeois les con-
»ditions auxquelles il obtiendra grace et pardon. Elles
»ont envoyé à son acceptation quinze articles de *péni-
»tence* (1) qu'on lui impose , mais ce peuple inférieur
»en nombre au plus faible département de la répu-
»blique de France , n'a manifesté que de l'indignation
»au lieu de repentir.

»Les demandes des six cours et la réponse des citoyens
»de Liége méritent d'être connues.

»L'ultimatum de la diète de Francfort portait que
»d'abord , dans une humble supplique , les Liégeois
»demanderaient grace et amnistie aux six cours , au
»prince de Liége , à la chambre impériale , etc.; après
»quoi sa Majesté le Roi de Prusse , de même qu'il leur
»avait *recommandé sérieusement* de se soumettre , inter-
»poserait ses bons offices auprès de leur archicalottin
»pour obtenir de *l'individu* qu'il voulût bien pardonner
»à *la nation.* Il était dit par un article que le ci-devant
»souverain ferait d'abord quelques façons , puis se lais-
»serait fléchir et consentirait à souffrir que le peuple
»liégeois portât son argent à son trésor royal ; qu'alors
»il rentrerait dans sa ville , et que , pour sa *sûreté* et
»pour soutenir *la dignité de son trône épiscopal* , il lui
»serait donné provisoirement une *maison militaire* ,
»c'est-à-dire , douze cents hommes *domestiques soldats* ,

(1) Tous les mots en italique sont imprimés ainsi dans le
journal lui-même.

»*domestiques massacreurs*, comme on dit domestiques
»cochers, domestiques cuisiniers, le tout aux frais de
»messieurs les Liégeois condamnés à tous dépens, dom-
»mages et intérêts. Ce n'est qu'après que cet exécutoire
»délivré par le roi de Prusse aurait été payé et quittancé,
»que les insurgens liégeois seraient entendus sur leurs
»griefs, auxquels le roi de Prusse assurait qu'alors il
»serait porté remède, *si* ces griefs se trouvaient *fondés*.
»Par le dernier article, le ministre de Brandebourg
»s'engageait à employer tous les moyens de force pos-
»sibles pour faire exécuter l'ultimatum. En conséquence
»de ce dernier article, M. de Dohm, ce ministre prus-
»sien qui nous avait d'abord étonné par sa philosophie
»et son zèle à défendre la liberté des Liégeois, a parlé au
»conseil municipal de soumission, et l'a requis d'obtem-
»pérer. Mais toutes les sections convoquées, le peuple
»a opposé son veto avec une fermeté unanime, et il s'est
»fait des motions si vigoureuses que Son Excellence a
»cru de sa sagesse d'obtempérer elle-même à la signifi-
»cation qu'on lui fit de quitter la ville. Il n'y a pas
»d'exemple d'un courage plus heroïque que celui qu'a
»montré en cette occasion le peuple liégeois saisi de
»l'enthousiasme de la patrie. Voici le manifeste immor-
»tel qu'il a publié, et qui fera à jamais l'admiration du
»genre humain, si les faits répondent aux paroles. »

Le journaliste intercale ici la réponse de la garde
nationale de Liége aux propositions du collége électoral.
Cette pièce chaleureuse que publièrent les journaux de
l'époque, était ainsi conçue : « Nous, capitaines, offi-
»ciers et soldats citoyens de la ville, faubourgs et ban-
»lieue de Liége, extraordinairement assemblés pour
»entendre la lecture des propositions remises aux dé-

»putés des Etats et de la ville par les six cours électo-
»rales de Mayence, Trèves, Cologne, Palatin, Bran-
»debourg et Hanovre, réunies à Francfort, déclarons
»n'avoir pu entendre cette lecture sans être affectés d'un
»sentiment profond de surprise et d'indignation, sans
»frémir d'impatience de nous retrouver au champ de
»l'honneur, pour venger cet affront, sauver la patrie
»ou nous ensevelir avec elle. Voici, en attendant, la
»réponse que nous y faisons.

»Nous réitérons solennellement ici, à la face du ciel
»et de la terre, sur l'autel de la patrie et en présence de
»nos concitoyens, notre soumission et fidélité aux lois
»du pays, à la nation, à la constitution que nos ancêtres
»ont si longtemps conservée, et que la révolution de 1789
»nous a rendue, aux dignes magistrats enfin que notre
»volonté libre a choisis.

» Nous n'avons refusé, nous ne refusons point encore
»de reconnaître les liens qui nous unissent au saint
»empire romain ; mais nous osons rappeler à ses tribu-
»naux suprêmes les obligations sacrées et réciproques
»que leur impose le pacte de cette puissante association;
»ils doivent également à tous ses membres protection
»et justice.

» Justice! justice! mais point de pardon. Des crimi-
»nels seuls ont besoin qu'on leur pardonne, de vils
»esclaves peuvent seuls s'abaisser aux humiliantes ex-
»pressions des lettres dont on a prescrit le modèle ; mais
»le langage des Liégeois doit toujours être fier et noble
»comme leur ame. Quand nous aurons fait tous les
»efforts de valeur et d'héroisme que le feu sacré de
»la liberté nous inspire ; quand tout sera perdu, et que
»le dernier de nous sera à son dernier soupir, alors,

»seulement alors, nous consentons qu'on fasse entendre
»de notre part à l'Evêque-prince ces mots terribles :

»Prince, vous l'emportez ! La force et le nombre
»ont triomphé de la justice et du courage; la justice est
»sans défenseurs; la patrie elle-même n'est plus : tous
»ont péri sous ses ruines. Venez, prince, contemplez
»votre ouvrage, que vos yeux se repaissent à loisir du
»spectacle sanglant de nos cadavres, et si ce n'est pas
»assez pour votre ame altérée de vengeance, que vos
»satellites égorgent encore nos femmes et nos enfans,
»qu'ils se partagent nos terres : et vous, prince, régnez
»maintenant, régnez paisiblement sur des sujets dignes
»de vous.

»Voilà l'espèce d'amnistie que nous implorons.

»Grand Dieu ! qu'avons-nous donc fait, pour qu'on
»nous offre l'espoir d'une amnistie, pour qu'on nous
»promette d'oublier le passé ? Est-ce que nous avons
»fui lâchement ? Est-ce que nous avons indignement
»trahi la patrie ? Avons-nous violé les devoirs les plus
»saints ? Avons-nous trempé nos coupables mains dans
»le sang de nos frères ? Avons-nous parjuré le ciel ?
»Avons-nous faussé les sermens les plus sacrés ?

»Non, mais nous avons juré d'être libres ou de mou-
»rir : nous le jurons encore. Quand la patrie nous a
»confié ses armes, nous avons juré de ne les employer
»que pour sa défense, de ne les quitter qu'avec la mort;
»nous le jurons de nouveau. Que le plus hardi s'avance
»pour les prendre, que le plus fort nous les ra-
»visse; mais il ne les aura qu'après nous avoir arraché
»la vie.

»Et alors, s'il faut qu'elles repassent dans des mains
»perfides, qu'elles soient profanées encore par les lâches

22

»suppots de la tyrannie, par les traîtres qui n'étaient
»armés, nourris et entretenus par nous que pour nous
»asservir; s'il faut que le glorieux ouvrage de notre ré-
»génération soit anéanti, que l'ancien ordre de choses
»reparaisse, que les vertueux magistrats en qui le peu-
»ple a mis toute sa confiance, et qui ne trahissent point
»la confiance du peuple, soient remplacés par les ma-
»gistrats inconstitutionnels que la nation a rejetés, ou
»qu'une forme de municipalité combinée par nos tyrans
»succède à celle qui a notre agrément, dont tous les
»jours nous éprouvons les bons effets; s'il faut que cette
»terre infortunée ait encore à gémir sous le poids des
»chaînes, et sous la présence devenue odieuse d'un prince,
»d'un évêque qui a méconnu son peuple, et que son
»peuple méconnaît à son tour; si de nouveau elle doit
»être ravagée, mangée dans sa substance par des troupes
»étrangères, par la dent plus dévorante encore de la
»chicane; ah! du moins ces dernières douleurs nous
»seront épargnées, nous aurons du moins la consola-
»tion de n'en être plus les témoins, et d'emporter dans
»notre tombe tout notre honneur, celui de n'avoir pas
»dégénéré de ces antiques sectateurs de la liberté.

»Mais nos vies seront vendues chèrement : le sang
»des Liégeois a déjà coulé pour la patrie; le même sang
»coule encore dans nos veines, il a conservé toute sa
»pureté, toute sa chaleur; il ne sera pas versé impu-
»nément.

»On nous demande de l'or : nous ne connaissons
»plus ce métal, c'est le Dieu de nos ennemis, c'est le
»Dieu qui nous a perdus; nous n'avons que du fer,
»nous ne pouvons offrir que du fer.»

Après avoir rapporté cette pièce dans toute son éten-

due, Cam. Desmoulins ajoute : « Un peuple qui déploie
»tant d'énergie, est bien digne de l'intérêt qu'il excite
»à l'extrémité de la France. Dans le même temps que la
»nombreuse société des amis de la constitution de Nan-
»tes négociait, par l'entremise de la philosophie, avec
»l'Angleterre, l'alliance des deux peuples, et levait en
»Bretagne la première bannière de la confédération
»universelle, un excellent patriote, M. Melinet, a fait
»dans cette société la motion généreuse de secourir les
»Liégeois, et de ne point laisser donner si près de nous
»l'exemple funeste d'un peuple puni pour avoir recon-
»quis la liberté. Ce n'est point assez que cette motion
»ait été couverte d'applaudissemens, et envoyée à toutes
»les sociétés des amis de la constitution, il faut que
»l'assemblée nationale agrandisse nos destinées, et dé-
»clare la France l'asile de tous les peuples malheureux...
»Lorsqu'une poignée de Liégeois défie seule et sans
»alliés tout le corps germanique, se peut-il que nous ne
»voyions pas que cette poignée d'hommes ce sont les
»trois cents Spartiates qui gardent nos Thermopiles con-
»tre les despotes, et lorsque ce n'est point Xerxès et le
»despotisme qui leur oppose des millions de soldats,
»mais que c'est nous, c'est la France et la liberté qui a
»trois millions de gardes nationaux à lui opposer, se
»peut-il que ces trois millions d'hommes laissent écraser
»leurs frères de Liége, l'avant-garde de la grande armée
»des patriotes, armée que bientôt tous les peuples vont
»grossir à l'envi ! C'est une infamie, lorsque tous les
»princes se liguent pour soutenir un seul homme contre
»tout un peuple, que les peuples ne se liguent pas pour
»défendre une nation contre un seul homme. Il faut
»rétracter tous les éloges que nous nous plaisons à

»donner à la nation française. Non , ce n'est point la
»nation la plus généreuse, c'est aux Liégeois, c'est aux
»Brabançons qu'il faut rendre cet hommage; c'est d'eux
»qu'il faut dire comme César le disait de son temps :
»*Les plus courageux de tous les peuples de la Gaule sont*
»*les Belges ; horum fortissimi sunt Belgæ.* Mais que
»parlé-je de courage à un peuple qui n'a pas seulement
»celui de chasser des ministres qu'il méprise ! Comment
»conspirerait-il pour la liberté d'un autre peuple , lors-
»qu'il a la bassesse de payer servilement à ses ministres
»cent mille livres de rente pour conspirer contre la
»sienne !... Courageux Liégeois , ne vous laissez point
»abattre et ne désespérez point du secours de la France;
»c'est pour les princes vos agresseurs que le péril est
»grand. *Ces chefs des nations voudraient obscurcir le*
»*soleil de la liberté qui luit sur vous et sur les Français,*
»*mais bientôt tous les peuples de la terre se lèveront avec*
»*nous pour l'adorer......*»

En dépit des exhortations et des prédictions de Camille Desmoulins , le gouvernement français ne fit pas le
moindre mouvement , et un décret rendu par la chambre impériale le 20 décembre , décida que le gouvernement général de Bruxelles serait requis de s'adjoindre
aux cercles commis précédemment pour l'exécution.
Ce décret surprit les Liégeois au milieu des trompeuses
illusions dont les berçait encore le cabinet de Berlin.

L'Autriche qui venait de comprimer la révolution
belge , avait le plus grand intérêt à étouffer celle de
Liége ; elle accepta la mission. Pour les insurgés il
n'existait plus dès lors d'autre parti à prendre que celui
de la soumission. Les Etats déclarèrent remettre leur
sort entre les mains de Léopold à qui ils envoyèrent une

députation pour l'intéresser en faveur d'une nation sur laquelle allaient tomber tous les fléaux d'une réaction rigoureuse ; ils le suppliaient de se rendre l'arbitre des différends existans entre eux et leur évêque , d'interposer son autorité pour leur faire obtenir justice , et décréter la reconnaissance préalable des trois points suivans :

1° Pouvoir incontestable du peuple à faire , par l'organe des Etats , ses lois tant en matière de justice que de police ;

2° Son droit de nommer les représentans et les chefs ;

3" L'égalité des charges publiques sans exception.

«Nous avons , disaient-ils dans une adresse à leurs »concitoyens, fait d'inutiles efforts pour terminer nos »querelles à l'amiable , et sans qu'il fût nécessaire »d'avoir dans ce pays des troupes étrangères. La cham- »bre impériale de Wetzlaer en a jugé autrement , en »appelant à l'exécution de ses sentences l'auguste chef »de l'Empire , le monarque puissant qui règne sur les »vastes états héréditaires de la maison d'Autriche..... Il »nous a paru à tous que ce serait une témérité de son- »ger encore à faire résistance. Elle serait inutile , parce »que le monarque appelé aujourd'hui à l'exécution , a »une puissance prépondérante qui nous écraserait in- »failliblement, et que le sang des Liégeois est trop pré- »cieux pour qu'il soit versé en pure perte. Elle serait »inutile surtout, parce que ce monarque est le même »dont la justice, la sagesse, l'humanité ont fait pendant »vingt-cinq années le bonheur de la Toscane. Puisque »Léopold est juste, nos justes droits ne pourront être »méconnus ; puisque Léopold est humain , il ne voudra »pas le malheur d'un peuple généreux qui se jette dans

»ses bras, qui lui remet sa cause avec confiance et sans
»crainte…»

Les Etats s'adressèrent également au roi de Prusse,
« à ce protecteur si dangereux, disait un journal, et
»dont le ministère a su rendre plus cauteleuse sa con-
»duite politique, en y mêlant une sorte de philosophie.»
On lui mandait la nécessité pour les Liégeois de se soumettre; on lui adressait copie de la lettre envoyée à cet
effet au grand juge de Wetzlaer, et on finissait en lui
demandant la continuation « de sa protection toute-
»puissante et de son bienfaisant appui.»

Les États écrivirent aussi à leur Évêque : «Nous avons,
»lui disaient-ils, remis dans les mains du chef suprême
»de l'Empire, le sort de la nation liégeoise. Le vœu
»magnanime de Léopold, ses intentions paternelles
»nous sont connues. Il veut ce que Votre Altesse peut
»opérer avec nous : il veut le bonheur de notre pays;
»il veut que la paix y règne avec la concorde, et nous
»ne souhaitons que la concorde et la paix; il veut que
»l'on dépose tout projet de haine, tout désir de ven-
»geance, et nous jurons que la haine et la vengeance
»sont loin de nos cœurs, que nos cœurs ne respirent
»que pour maintenir le calme dans la patrie et lui
»rendre la liberté. C'est avec ces sentimens sincères
»que nous supplions Sa Majesté impériale d'être l'arbitre
»souverain de notre destinée; nous lui offrons, Mon-
»seigneur, l'hommage du dévouement le plus invio-
»lable et de la soumission la plus respectueuse à sa
»suprême volonté ; nous sommes prêts à faire tout ce
»que commandent l'honneur et le salut de la patrie,
»pour mériter l'olivier de la paix que son auguste main
»nous présente. Ah ! Monseigneur, que toute division

»cesse ! que les cœurs trop longtemps séparés se rap-
»prochent ! que la patrie retrouve un père , et que tous
»ses enfans ne forment plus qu'une famille unie et heu-
»reuse ! Voilà notre but et nos vœux…»

Cette patriotique allocution ne devait pas être comprise d'un souverain livré à de perfides suggestions,
et qui ne sentait pas combien il lui importait de détour-
ner, par le sacrifice d'une partie de ses prérogatives, la
haine d'un peuple qu'il disait être le sien.

Au moment d'envahir le territoire liégeois, l'armée
hésita. La Prusse, semblait-il, avait fait de nouvelles
démarches pour empêcher l'exécution rigoureuse des
décrets de Wetzlaer , le rétablissement du prince-
évêque dans la plénitude des droits qu'il exerçait avant
la révolution. Frédéric-Guillaume était blessé du peu
de condescendance que le prélat avait montrée à son
égard ; il rappelait à l'Empereur les promesses faites
lors de son couronnement, et demandait la nomination
de deux commissaires chargés de pacifier le pays.

Cette intervention rendit quelqu'espoir aux Liégeois.
Le cabinet de Vienne parut redouter de leur part une
résolution désespérée dont il fût résulté pour lui un
sureroît d'embarras. Il y eut de sa part des paroles con-
ciliatrices. Résignez-vous, disait-on aux Etats , à l'accomplissement des formalités prescrites par la convention de Francfort ; pour être complète et efficace, votre
soumission doit être présentée individuellement à chacune des six cours électorales. Ce n'est là qu'une affaire
de forme qui ne tire nullement à conséquence, et d'où
résultera non-seulement la prompte discussion et par
suite le redressement de vos griefs , mais l'emploi de
600 hommes de troupes exécutrices au lieu de 10,000.

Il n'y aura donc plus , à vrai dire , d'exécution et l'occupation ne se fera qu'afin de ne point paraître reculer.

Après une hésitation de quelques jours , hésitation
bien légitime et dont plus tard on se fit une arme contre
eux , les Etats qui n'avaient pu encore souscrire à toutes
les humiliations exigées , se résignèrent à donner au
chef de l'empire cette nouvelle marque de déférence.
« Chers concitoyens , s'écriait le conseil municipal dans
»une adresse où il annonçait cette décision , être libres
»ou mourir est votre devise; vos magistrats l'ont sans
»cesse sous les yeux. Vous serez libres , citoyens , quand
»on vous rendra justice , et vous l'obtiendrez sans
»doute , puisque Fréderic-Guillaume daigne toujours
»s'intéresser à votre cause , puisque vous la confiez au
»chef auguste et bienfaisant de l'empire. Pour parvenir
»à ce but salutaire , nous avons fait , nous ferons cons-
»tamment tout ce qu'exigent votre bonheur et votre
»gloire , tout ce que commande le salut de la patrie.
»Nous lui sacrifierons tout , hormis la liberté et l'hon-
»neur; car nous aimons bien plus l'honneur que la vie,
»nous aimons plus encore la liberté que la patrie.... »

L'espoir flatteur qu'on avait inspiré aux Etats ne fut
pas de longue durée. Le 11 janvier 1791 dans la soirée ,
deux jours après celui où une soumission complète avait
été décidée , arriva subitement à l'hôtel de ville de Liége
le major d'Aspre , un de ces officiers belges dont la bravoure avait puissamment contribué aux succès militaires
de l'Autriche; il venait annoncer pour le surlendemain
l'arrivée de l'armée impériale , et remettre un avertissement du général de Keuhl qui la commandait. Cette
pièce promettait une discipline sévère de la part des
troupes , restreignait l'emploi de la force au seul cas

où des actes de résistance la provoqueraient, et prescrivait l'abandon de tous uniformes, armes, cocardes et autres signes de l'insurrection.

Dans cet instant de crise, en présence d'une force supérieure, quel parti restait-il à prendre? « Il n'en était »qu'un, s'écriait le journaliste déjà cité (1), celui de »céder à la nécessité qui venait, *avec son énorme marteau* »*et ses clous de charrette,* comme la représentaient les »anciens. Une résolution désespérée n'eût servi qu'à »faire répandre sans fruit des flots de sang. » Le conseil municipal se résigna donc à faire publier l'avertissement du général autrichien, et avant de partir pour la terre d'exil, il adressa aux Liégeois cette dernière allocution : « Citoyens, nous ne pouvons plus être utiles »à la chose publique, nous ne pouvons plus vous servir »par notre zèle, nos travaux et nos soins. Que disons- »nous ? notre présence pourrait nuire à vos intérêts »sacrés. Ainsi nous nous éloignons de vous, de la chère »patrie pour laquelle nous serons toujours prêts à »mourir.

»Jusqu'au dernier moment, nous sommes demeurés »fermes dans le poste glorieux où nous avait placés »votre honorable confiance; nous ne rougirons pas, »citoyens, d'avoir occupé ce poste, convaincus, comme »nous le sommes, que si le zèle et le désintéressement »le plus inviolables nous ont valu vos suffrages, nous »avons aussi répondu à votre glorieuse attente, en con- »sacrant toujours au maintien de vos droits ce même »zèle et cet inaltérable désintéressement.

»Tant de courage, tant d'énergie de votre côté, tant

(1) Camille Desmoulins.

»d'efforts du nôtre devaient procurer à votre cause , à
»cette cause si juste, non plus de gloire mais plus de
»succès.

»Ah! gardons-nous, citoyens, de douter de ce succès
»encore; c'est à Léopold que notre sort est confié, et
»Léopold est aussi magnanime que juste.

»Celui qui fut, durant vingt-cinq ans , le père adoré
»de la Toscane, celui qui répond à l'égarement de son
»peuple par ses bienfaits et son amour, ne viendra
»point écraser de sa toute puissance une nation loyale
»et généreuse, digne de ses bontés et de son estime.

»Mais des ministres des sérénissimes électeurs, des
»ministres dont on a surpris la religion et trompé
»l'équité, ces ministres doivent se rendre dans le pays.
»Citoyens, vous savez la conduite qu'une prévention
»aveugle les a engagé à tenir dans la ville de Maseyck;
»vous savez que, maîtres de cette ville, ils ont destitué
»les chefs que vous aviez nommés , qu'ils en ont créé
»d'autres par leur volonté arbitraire, et exigé de la
»part des citoyens un serment contraire à leur devoir,
»un serment opposé à votre liberté, une soumission
»servile à l'évêque-prince, une reconnaissance honteuse
»de la nomination usurpée de vos représentans et d'une
»prétendue souveraineté en matière de police.

»Telles seraient peut-être aussi les conditions avilis-
»santes qu'ils voudraient nous imposer, si nous demeu-
»rions parmi vous. Citoyens , nous sommes prêts à
»mourir pour sauver la liberté de la patrie, mais jamais
»vos chefs ne se déshonoreront pour l'asservir.

»Nous protestons donc, en vertu du droit qui nous
»compète et que vous nous avez confié, en vertu du
»droit que nous conserverons aussi longtemps que votre

»voix libre ne l'aura pas repris, nous protestons contre
»toute violence que l'on pourrait vous faire, contre
»toute atteinte que l'on pourrait porter à votre consti-
»tution, au pouvoir imprescriptible qui appartient au
»peuple de faire ses lois et de nommer ses représentans.

»Nous avons rempli ce dernier devoir. Libres et tran-
»quilles, nous quittons nos foyers et nos biens; qu'on
»les ravisse, citoyens, mais qu'à votre tour vous soyez
»libres, et nous sommes satisfaits, nous sommes heu-
»reux. Dans la terre étrangère où nous allons chercher
»un hospitalier asile, on nous verra écrasés mais pas
»avilis; sur nos fronts purs et sereins l'on reconnaîtra
»vos chefs encore, on reconnaîtra aux vœux· ardens
»qu'ils formeront pour votre bonheur, on reconnaîtra
»à leur honorable pauvreté qu'ils étaient dignes de
»vous. »

Le 13 janvier, les Autrichiens entrèrent dans les murs
de Liége qu'un grand nombre d'habitans, redoutant la
persécution, avait abandonnés. Voici la manière dont
cet évènement est rapporté dans une lettre publiée par
le *Moniteur universel* (1) :

« C'en est fait, le *pacifique* et *magnanime* Léopold
»que nous avons tant encensé, se prête à l'exécution des
»décrets de Wetzlaer. On nous berçait d'un faux espoir;
»on nous leurrait de vaines promesses. Hier les troupes
»autrichiennes sont entrées ici au son de toutes les
»cloches et aux acclamations des vils suppôts du des-
»potisme. On y attend aujourd'hui les troupes muns-

(1) Année 1791, n° 18. Ce journal est celui qui contient le
plus de pièces sur cette période de l'histoire de Liége, ce qui
s'explique par les relations et le grand nombre de partisans
que les patriotes avaient à Paris.

»tériennes et mayençaises. On va donc procéder sans
»délai à l'exécution. Pour la faciliter, les Autrichiens se
»sont d'abord rendus maîtres de la place du marché,
»de l'hôtel de ville, qu'ils ont rempli de soldats et en-
»tourés de dragons. Ils ont placé des sentinelles à tous
»les coins des rues, et le silence de cette nuit de deuil
»n'a été troublé que par les mouvemens de cette solda-
»tesque.

»Le présage le plus sinistre des malheurs qui nous sont
»réservés, c'est le retour de l'ennemi le plus déclaré du
»bien public et de la liberté, de M. Wasseige, chanoine
»tréfoncier, digne ministre de l'évêque-prince. Il n'a pas
»craint de s'offrir l'un des premiers aux yeux d'un peuple
»à qui il est en horreur, et il est rentré accompagné des
»nommés Hayot et Stassart, ses agens subalternes. Ces
»deux hommes viennent de traverser la ville le sabre à
»la main, et ils ont insulté une sentinelle en faction au
»palais.

»Les anti-patriotes rentrent en criant : Vive Hoens-
»broeck ! Plusieurs ont déjà arboré la cocarde noire et
»blanche; mais plusieurs aussi en ont été punis sur
»l'heure par de courageux citoyens qui la leur ont ar-
»rachée. Un jeune homme décoré de ce signe de la
»servitude, passait hier sur le Pont-des-Arches en
»criant : Vive l'évêque-prince ! Il a failli payer chèrement
»cette insolente bassesse et être jeté à l'eau. Dans ces
»rixes particulières, les Autrichiens, dit-on, n'ont pris
»parti ni pour l'un ni pour l'autre.

»On assure que le prince-évêque est à Aix-la-Chapelle.
»Ce qui nous jette dans la plus cruelle des perplexités,
»c'est le départ de nos chefs, forcés de se réfugier sous
»un ciel libre et propice à l'innocence; ils ont pris tous

»la route de Givet.... La France sera leur asile. La
»France!... Ah! nous sommes convaincus qu'ils n'ont
»pris un parti aussi extrême que d'après les craintes les
»plus fondées. Fallait-il qu'ils restassent exposés aux
»caprices cruels du despotisme et de la perfidie?.... »

Ce tréfoncier Wasseige si odieux aux patriotes liégeois, qui rentrait dans sa patrie escorté par des hulans
et des dragons autrichiens, était celui des conseillers du
prince auquel on attribuait toutes les mesures violentes,
l'homme que l'on accusait ouvertement d'avoir provoqué et obtenu une exécution qui pouvait ruiner son
pays ; l'évêque Hoensbroeck l'avait choisi pour son
ministre plénipotentiaire, et ne pouvait faire un choix
plus significatif. Des poursuites et des proscriptions ne
tardèrent pas à signaler sa présence à Liége. Le jour
même de son arrivée parut de lui une proclamation dans laquelle il consacrait une ligne à la clémence
et dix *aux châtimens mérités pour les méchans qui
avaient égaré le peuple.*

«Courons, disait-il, vers un bon prince qui nous tend
»les bras d'un tendre père. Il n'a souffert que des peines
»que nous souffrions ; que notre joie et nos transports
»les lui fassent oublier ; s'il s'en souvient, ce ne sera
»que pour nous préserver à jamais d'en éprouver de
»semblables. Laissons à la loi à laquelle nous sommes
»tous soumis, innocents, souffrants ou coupables, le
»soin d'achever le rétablissement public qui lui est
»confié... »

Il n'y avait certes rien de bien rassurant dans cet
appel à la loi ; après une crise politique, on sait que
d'ordinaire la loi devient contre le vaincu, et au profit
du vainqueur, un instrument obéissant et souple.

Cette pièce, indice certain des réactions projetées, fut suivie le lendemain de la publication d'une lettre du représentant prussien au maréchal Bender. L'importance de son contenu et son caractère officiel me font un devoir de m'y arrêter quelques instans.

Mr. de Dohm commence par rappeler au général que lors du couronnement de Léopold à Francfort, il fut reconnu par tous les princes électeurs que la chambre impériale y avait appelés, «que l'exécution »littérale des décrets ne pourrait mener au but salu- »taire, et qu'on y était convenu, entre les ambassadeurs »des six électeurs y assemblés pour l'élection de l'Em- »pereur, de certains points sur lesquels les différends »devraient être arrangés amiablement;» que les bases de cet arrangement étaient un oubli parfait, le rétablissement du prince-évêque dans tous ses droits constitutionnels, et le redressement des griefs populaires. Il ajoute que les Liégeois ayant fait leur soumission, cette soumission devait être acceptée et réalisée conformément aux points arrêtés à Francfort. «Le courier chargé »de ces explications, dit-il en terminant, est parti le »deux de ce mois de Berlin pour Vienne. La distance »des lieux ne permettant pas que Votre Excellence »puisse déjà être munie, dans ces momens, des instruc- »tions ultérieures qui en ont été la suite, j'ai cru de »mon devoir de l'informer de tout ceci. Comme il »n'existe pas une possibilité d'envisager cette affaire »d'une manière différente de celle que le roi mon maître »a témoignée à Sa Majesté l'Empereur, la justice et le »zèle pour le maintien de la constitution de l'empire »de cet auguste monarque, ne laissent pas le moindre »doute que nos deux cours soient parfaitement d'ac-

»cord dans ces momens. En attendant que Votre Ex-
»cellence puisse en recevoir l'information officielle, elle
»sentira elle-même la nécessité absolue de laisser tout
»dans l'état où il est, vu que celui-ci ne peut être
»changé qu'en conformité de l'arrangement de Franc-
»fort, et par les princes qui l'ont conclu. Votre Excel-
»lence aura donc la bonté de prescrire aux troupes qui
»se trouvent dans le pays de Liége de maintenir l'état
»actuel, et de se borner absolument à la conservation
»de l'ordre et de la tranquillité publics.»

La lettre de Mr. de Dohm fut imprimée aussitôt que
faite, car le cabinet de Berlin avait à cette époque un
prodigieux amour de la publicité; on a dit qu'il voulait
passer pour faire de la politique à jeu découvert. Que
l'allégation fût vraie ou non, le maréchal Bender préten-
dit avoir reçu l'original deux jours après l'imprimé, et
commença par contester l'authenticité du document en
l'attribuant à *quelque mal-intentionné ennemi du bien
public.* Le ministre prussien se formalisa singulièrement
du quiproquo, et il en résulta entre le général commandant l'expédition et lui, une correspondance très-verte
et des procédés peu diplomatiques, ce qui n'empêcha
pas la commission impériale de commencer ses opérations.

La manière dont fut brusquée l'invasion du territoire
insurgé, les incidens qui en furent la suite et qui pouvaient amener une rupture entre les deux cours, si les
circonstances n'avaient pas été de nature à effectuer
un rapprochement en dépit même du mauvais vouloir
dont elles étaient animées l'une envers l'autre, ne laissèrent pas que de causer de vives inquiétudes au comte
de Mercy. Sa correspondance avec le prince de Kaunitz

renferme une lettre fort curieuse qui démontré l'o-
dieuse duplicité dont les patriotes liégeois se virent
les victimes, l'irrésolution du cabinet de Vienne, et le
fondement des bruits répandus dans le public qu'il n'y
avait pas uniformité de vues entre le commandant général des troupes et le ministre plénipotentiaire.

«Je ne ferai pas de réflexions sur l'affaire de Liége,
»écrivait celui-ci au chancelier de cour et d'état (1),
»parce que c'est chose décidée par la volonté suprême
»de l'Empereur; j'aurais répugné à en donner le conseil,
»et il est surtout bien fâcheux que Mr. le maréchal
»de Bender n'ait pas attendu les ordres de la cour, non-
»seulement pour agir, mais pour se déclarer comme
»il l'a fait. Que diront les Liégeois, que dira l'Europe,
»que dira la cour de Berlin. que dira la France de ce
»que l'Empereur, au nom de qui se prononce la sen-
»tence de Wetzlaer, prend part à l'exécution, et de ce
»qu'après avoir annoncé par écrit aux Liégeois qu'on
»entrerait dans le pays comme ami, tandis que le
»peuple tend les bras, sur la foi de cette déclaration, aux
»troupes de Sa Majesté, elles prennent tout-à-coup la
»qualité d'exécutrices! Ce n'est plus le moment de cher-
»cher dans l'avenir ce qui arriverait si les Liégeois fu-
»rieux s'armaient, et faisaient quelqu'hostilité soit contre
»nos troupes ou contre celles de Bamberg et Wuzbourg,
»et si, contre ces dernières déployant nos drapeaux, ils
»avaient quelque succès. Je sens des craintes sur les
»conséquences de cette résolution et ne puis me dis-
»penser de les exprimer à Votre Altesse.»

«Pour ce qui est de l'affaire de Liége, répondit le

(1) Lettre du 12 janvier.

»prince de Kaunitz (1), on ne s'est point dissimulé tout
»ce qui pouvait nous déconseiller de nous en mêler,
»mais il a été impossible de nous en dispenser..... La
»tournure que les choses ont prise donne tout lieu de
»nous assurer que l'affaire n'aura pas de suites embar-
»rassantes pour nous, tandis que la réduction des in-
»surgens liégeois sera toujours avantageuse aux Pays-
»Bas. »

Les craintes du ministre plénipotentiaire ne se réali-
sèrent pas. Entre souverains ayant un intérêt commun
à défendre, un même ennemi à combattre, les choses
devaient nécessairement aboutir à un arrangement. Peu
importait en cela que l'on manquât à des promesses
sacrées, aux engagemens les plus formels contractés envers un peuple trop confiant. La cour de Berlin ne tarda
pas à se désister d'une opposition que l'on fut en droit
de ne pas croire sérieuse, et la noble cité de Liége fut
abandonnée honteusement à la vengeance de son Prince-
évêque qui y rentra le 13 février.

Je crois devoir puiser le détail des circonstances de
cet évènement dans un journal (2) d'opinion contraire
à celui qui m'a fourni la description de l'arrivée des
troupes autrichiennes; ce n'est qu'une compensation.

« Notre gracieux évêque-prince est rentré en cette
»capitale vers les trois heures de l'après-dîner, par la
»porte d'Amercœur; jamais évènement n'a été célébré
»dans cette ville avec plus de pompe, et une satisfaction
»plus générale et plus complète. Dès le matin, les seig-
»neurs bourguemestres (3) étaient allés à sa rencontre

_____

(1) Lettre du 25 janvier.
(2) *Esprit des Gasettes.* Année 1791, vol. I, pag. 172.
(3) MM. Villenfagne et Ghaye qui occupaient ces fonctions

»jusqu'aux limites du pays. Son Altesse arriva avant
»midi à la Chartreuse, où le grand prévôt, les tréfon-
»ciers, les abbés, les doyens des collégiales s'empres-
»sèrent de se rendre, de même que le feld-maréchal
»lieutenant M. de Kheul, les officiers de l'état-major, et
»leurs excellences les ministres directoriaux, pour la
»féliciter sur son heureux retour. Vers les deux heures,
»son départ de la Chartreuse et son entrée publique en
»ville furent annoncées par des décharges d'artillerie et
»le son de toutes les cloches. Le major des portes
»ouvrait la marche, au bruit des timballes et des trom-
»pettes de la cité. Suivaient des détachemens de dragons
»et de hussards. Près de deux cents voitures dans les-
»quelles se trouvaient presque toutes les personnes de
»distinction du pays, les seigneurs tréfonciers, les ré-
»vérendissimes abbés, le magistrat et les membres des
»tribunaux formaient le plus brillant cortége. Parmi
»une multitude de citoyens de toutes les paroisses qui
»augmentaient ce cortége, on distinguait les paroissiens
»de St.-Christophe. Une garde d'honneur à cheval, en
»uniforme superbe, composée de soixante de nos prin-
»cipaux citoyens, ayant à leur tête MM. le comte de
»Méan et de Beaurieux, grand-mayeur, M. le baron de
»Hayme de Bomal, et pour major M. de Wasseige,
»frère du tréfoncier, précédait le carosse du prince. La
»marche était fermée par un détachement de cavalerie,
»et par un peuple immense qui faisait retentir l'air de
»ses cris d'allégresse; mais le moment surtout où il
»donna un plus vif essor à son enthousiasme, fut celui

avant le 18 août 1789, et qui venaient de remplacer les magistrats patriotes Fabry et de Chestret.

»où Son Altesse, arrivée au beau portail de la cathé-
»drale qui depuis un demi-siècle n'avait pas été ouvert,
»descendit de son carosse pour se rendre à l'église.
»M. l'archidiacre de Fabri Beckers, à la tête des curés
»en flambeaux, vint lui présenter l'eau bénite à l'entrée
»de l'église, et entonna l'antienne : *Ecce sacerdos magnus*.
»De là son Altesse étant arrivée au chœur, le même
»seigneur archidiacre chanta le *Te Deum*, pour remer-
»cier le Seigneur d'avoir ramené au milieu de ses ouailles
»un pasteur si digne de les conduire. Pendant cette
»cérémonie, tout à la fois pompeuse et touchante, les
»voûtes ne retentirent que d'acclamations, que de :
» *Vive Constantin! vive notre bon prince !* Sans doute
»qu'un profond et respectueux silence aurait mieux
»convenu à la majesté du lieu saint; mais il n'était
»guère possible qu'un peuple de fidèles l'observât dans
»une circonstance où le retour si longtemps et si impa-
»tiemment désiré de son vertueux pontife, n'était point
»un objet indifférent à la religion elle-même.

»Après le *Te Deum*, son Altesse fut reconduite par
»le vieux marché au Palais, au milieu de tout le clergé
»en habit de chœur. Le corps diplomatique . . . l'y at-
»tendait pour le féliciter sur son heureux retour...
»Cette journée devait se terminer par une illumination
»générale, mais une pluie continuelle obligea de la
»différer. Du reste cette époque sera la plus belle et la
»plus touchante de nos annales. La postérité ne pourra,
»sans une douce émotion, prononcer les noms augustes
»de nos libérateurs ni celui de Constantin, de ce prince
»trop occupé du bonheur de ses sujets, trop zélé pour
»le maintien de la constitution et surtout de la religion
»de nos pères, pour n'avoir pas déplu à quelques hom-

»mes ambitieux et impies qui , à la faveur d'une anar-
»chique liberté , ne songeaient à rien moins qu'à cul-
»buter du même coup et le trône et l'autel, en dépit
»d'une nation sage et foncièrement chrétienne qui , de
»tout temps , a fait consister sa gloire dans l'affermisse-
»ment de l'un et de l'autre. »

Il peut être curieux de rapprocher de cette description celle qu'en fait le correspondant du *Moniteur ;* elle
en diffère quelque peu. Ni l'un ni l'autre n'était sans
doute dans l'exacte vérité , car si les partis sont clair-
voyants pour eux - mêmes , ils sont singulièrement
myopes pour leurs adversaires. «Le prince-évêque , dit
»le correspondant (1) , est arrivé le 13 à trois heures.
»La *Gazette de Liége* raconte cette entrée comme un
»triomphe ; elle avait l'air d'un convoi funèbre. Tout
»le quartier d'Outre-Meuse qui , en population et en
»étendue , forme plus du tiers de la ville , avait ,
»depuis plusieurs jours , manifesté l'intention de ne
»prendre aucune part à cette fête. On lui avait envoyé
»des gardes pour l'empêcher de la troubler. Chaque
»maison de ce quartier avait deux sentinelles à sa porte;
»les citoyens y sont restés cachés , et son Altesse n'a
»commencé à voir ses *fidèles sujets* qu'après avoir passé
»le Pont-des-Arches. Ce seul faubourg, orné de co-
»cardes, a crié : *vivat*, a présenté un bouquet au prince,
»et a fait partie du cortège , dont il formait l'avant-
»garde ; suivaient soixante-six carosses en partie de
»louage, dont chacun renfermait ou un échevin ou un
»courtisan ; suivait un détachement de dragons de sa
»cour , précédé de quelques officiers et du général de

(1) *Moniteur universel* , année 1791 , n° 61.

»Keuhl ; puis venait une cavalcade de cinquante per-
»sonnes habillées aux couleurs du prince, puis le prince
»lui-même, morne, silencieux, dans un carosse at-
»telé de six chevaux noirs. Il paraissait avoir les yeux
»baissés. Il avait avec lui son ministre Wasseige dont
»le visage assuré portait l'air de la satisfaction et du
»plaisir que fait la vengeance. On est parvenu ainsi,
»à travers la consternation et le silence du grand nom-
»bre, interrompus de loin en loin par quelques accla-
»mations soldées, jusqu'à l'église cathédrale, où l'on
»a chanté un *Te Deum ;* enfin son Altesse est rentrée dans
»son palais pour y recevoir l'hommage des courtisans.
»Le ministre de Prusse lui a fait sa visite comme les
»autres ; elle a été courte. Cette excellence est sortie
»aussitôt et a été huée dans l'escalier par les gardes du
»prince, et dans la cour par le peuple qui criait : *Vive*
»*Léopold ! au diable le roi de Prusse!*

»Cette journée devait se terminer par des illumina-
»tions. Tout était préparé ; on en avait fait une loi
»sévère pour tous les habitans; mais le ciel ce jour là
»a servi la cause du patriotisme. Une pluie continuelle
»a secondé le deuil public.

»Peu de jours après son retour, à l'issue d'une messe
»où il assista, le prélat monta en chaire pour y débiter
»une allocution que ses partisans qualifièrent d'amnistie
»et qui présageait bien des mesures réactionnaires.

»L'épanchement, l'abondance de cœur avec lesquels
»vous me revoyez, vous me recevez, dit-il, pouvaient
»seuls me faire oublier les jours si longs, si tristes et
»si amers que j'ai passés sans vous voir ; les jours fu-
»nestes où, loin de vous, je vous ai su en proie à la
»fureur ambitieuse et cruelle des novateurs séditieux
»qui avaient tout envahi et tout renversé.

»A en juger par d'autres exemples, je n'eusse ni di-
»minué ni adouci vos peines, en les partageant parmi
»vous; j'ai été les pleurer dans la retraite, en attendant
»les jugemens de Dieu, et ceux des suprêmes justices
»auxquelles il nous a soumis sur la terre.

»Les voilà arrivés, les voilà qui s'accomplissent;
»puissent les hommes pervers même qui les ont pro-
»voqués, en prévenir les rigueurs et la justice! qu'un
»chacun commence par se juger soi-même; c'est le
»seul moyen de savoir ce qu'il peut avoir à craindre ou
»à espérer de ces jugemens.

» Je permets à un chacun de rayer de la liste de ses
» crimes et de ses torts, tous ceux qu'il peut avoir à se
» reprocher à l'égard de ma personne; s'il en a à ré-
» parer, à expier envers la société dont il était membre,
» envers le citoyen qui la formait avec lui, c'est à ce
» citoyen, c'est à la société à faire que la loi le décide.

» Le chatiment des coupables ne répare guère; il a
» moins pour but le mal qu'ils ont fait, que celui qu'ils
» pourraient occasionner et faire encore. C'est dans cet
» esprit que chacun doit se juger et se conduire, pour
» savoir à quel degré il peut se livrer à l'espoir d'être
» pardonné; en se jugeant ainsi, chacun verra jusqu'où
» il peut être l'arbitre de son sort, et combien le sort
» d'un chacun doit dépendre du sort, du repos et de la
» sûreté que l'autorité et la loi doivent à la société.

» Ce n'est qu'à elle, ce n'est qu'à vous, citoyens chéris,
» ouailles aimées, que je puis, que je dois me vouer
» tout entier; s'il est parmi vous des sujets, des brebis
» qui ne puissent trouver et leur bien-être et leur sûreté
» dans celle que je dois procurer à la société que je
» forme avec vous, ils n'ont qu'à s'imputer la nécessité

» où l'on est de les en retrancher et de les en tenir
» éloignés.

» Heureusement que cette douloureuse nécessité ne
» peut s'étendre qu'au petit nombre de ceux qui ont été
» les chefs, les fauteurs et les instigateurs principaux de
» la révolte et des désordres qui en sont résultés.

» Je pardonne volontiers à la multitude de ceux qui,
» sans s'être rendus coupables de faits atroces, n'auraient
» à se reprocher que d'avoir été les instrumens, les
» complices aveugles, séduits ou forcés des premiers... »

Le prince-évêque avait été précédé dans sa capitale
par un décret du tribunal de l'empire, qui permettait
de contracter un emprunt d'un million d'écus de Liége,
pour payer les frais d'exécution, prescrivait de poursuivre « les auteurs et fauteurs de la rébellion, ceux
» qui étaient cause des excès commis pendant ce temps
» de révolte, comme aussi les auteurs des écrits inju-
» rieux, » et recommandait de saisir les biens des fu-
gitifs.

C'était, il faut le dire, rentrer dans ses foyers sous de
sinistres auspices.

A. BORGNET.

ANALYSES CRITIQUES.

Influence des chemins de fer sur la civilisation, *par* C. E. D'HANENS.
Liége 1837. (Brochure de 28 pages in-8° et VIII liminaires).

Ce mémoire présenté au Congrès scientifique de Liége, en réponse à la cinquième question qui avait été proposée par la quatrième section, du Congrès, avait été goûté par les différens membres qui, en avaient pris connaissance en comité; mais la lecture qui en avait été faite d'une voix faible en assemblée publique n'avait pas produit le même effet : il est cependant du nombre des mémoires dont l'impression a été votée. M. D'Hanens sera mieux jugé maintenant que chacun peut lire son travail en une demi-heure de temps, et il nous semble qu'il en vaut la peine.

Toute la première partie énumère les effets de l'influence de ces communications rapides, sur l'industrie, le commerce et l'agriculture. Les personnes mêmes qui sont moins versées que l'auteur dans la connaissance des procédés industriels et agricoles saisiront sans peine, quoiqu'avec surprise, l'enchaînement des nombreuses et importantes améliorations qu'il prédit comme résultats certains de ces grands moyens de civilisation, parce que l'auteur est toujours très-clair dans son style et très-simple dans sa manière d'exposer ses vues. Il ne disserte pas : il se borne à énoncer ce qu'il croit; mais de la manière dont il a agencé ses déductions et rapproché les résultats qu'il annonce, ses prédictions ont l'air d'être des démonstrations, tant elles sortent naturellement du simple contact des faits connus et des définitions les plus vulgaires. Tout ce qu'il annonce sous le rapport de l'influence morale du rapprochement des populations éloignées, de l'augmentation d'aisance et d'instruction, et par suite des habitudes d'ordre, de travail et de moralité, nous semble également incontestable. On ne peut pas en dire autant, quoique nous n'ayons pas l'intention d'en nier la possibilité, de la langue universelle au moyen d'une écriture *idéographique*.

Cette idée dont se sont occupés déjà plusieurs hommes célèbres, et entre autres Condorcet sur la fin du siècle dernier, et Ch. Nodier de nos jours, a malheureusement été présentée par le premier concurremment avec la perspective de la prolongation indéfinie de la vie humaine, et par le second avec la proscription absolue des procédés de l'enseignement mutuel, et peut-être que ce fâcheux voisinage l'a empêchée d'être méditée avec le soin qu'exigerait l'examen d'un problème aussi important. Nous ne voulons donc pas dire que M. D'Hanens n'a fait qu'un beau rêve sur ce sujet ; nous nous bornons à faire remarquer que cette partie de son mémoire est nécessairement beaucoup moins évidente que la première.

Dans son ensemble, c'est un mémoire essentiellement utile et qui suffirait pour prouver que l'auteur a beaucoup vu et beaucoup comparé, et que son attention a presque toujours été entièrement occupée des choses qui influent le plus sur l'aisance et la moralité des peuples.

Précis de l'histoire de la Belgique et des Belges, depuis l'invasion des Romains jusqu'à la réunion des principautés sous Philippe-le-Bon, par Aug. MAUVY, professeur de belles-lettres, membre de plusieurs sociétés savantes. Brux. 1836. 1 vol. in-8°.

On s'est plaint avec raison de la multitude de *Résumés* et de *précis* historiques dont nous avons été accablés, sans profit pour les progrès des connaissances historiques et souvent au détriment de la véritable étude de l'histoire, depuis que le juste succès des *Résumés* de Félix Bodin a mis en mouvement le troupeau des imitateurs qui n'est pas moins nombreux aujourd'hui que du temps d'Horace. Ce n'est cependant pas une raison pour préjuger défavorablement un ouvrage consacré à notre histoire nationale, car la Belgique est une des parties de l'Europe sur laquelle on s'est le moins exercé dans ce genre.

En fait de chroniques, de légendes, d'histoires particulières des provinces ou des villes, de travaux d'érudition, de mémoires particuliers sur des points obscurs de chronologie, sur

d'anciennes chartes, sur la filiation des comtes de Flandre,
de Hainaut et de Namur et des ducs de Brabant et de Luxembourg, etc., et pour ce qui regarde particulièrement l'ancienne
principauté de Liége, il est peu de contrées qui puissent rivaliser
de richesses avec la Belgique; mais pour l'histoire générale,
développée ou résumée, malgré les justes éloges que méritent,
à beaucoup d'égards, les travaux de M. Dewez et de M. Desmet,
il est permis, sans excès de présomption, de se remettre à la
tâche dans l'espoir d'améliorer et de compléter leurs estimables
essais.

L'histoire générale de la Belgique, en effet, est peut-être l'une
des plus difficiles à composer, par la difficulté de saisir le lien
qui doit lui donner le caractère d'unité sans lequel il n'est
pas plus possible de faire une histoire que toute autre œuvre
d'art. Pour les autres peuples cette unité est toute trouvée ou
par la circonscription peu variable de leur territoire, ou par
la série des princes d'une même famille ou de plusieurs dynasties
successives. En Belgique il est impossible de se rattacher à rien
de semblable : depuis César jusqu'à l'époque de la révolution
de 1830, division de territoires, institutions, coutumes, dynasties, alliances, tous les signes saillans et extérieurs ont constamment varié d'une province à l'autre. En conclurons-nous qu'il
est impossible de ramener toutes ces parties divergentes à un
point central, et par conséquent de faire une histoire de la
Belgique ?

Pour la science seule, oui, nous croyons le problème inso-
luble, parce que l'érudition, excellente pour signaler et noter
avec soin les faits qui se diversifient à l'infini, est impuissante à
rassembler ces membres épars et à leur donner la vie dont
ils doivent se montrer animés dans une véritable histoire. Nous
ajouterons même que le don d'une imagination créatrice, habile à coordonner les matériaux de toute autre reconstruction,
ne suffirait pas encore pour faire une histoire de la Belgique,
si l'homme qui en est doué n'y joint un amour ardent et sincère pour son pays, et entièrement dégagé de l'esprit de localité
qui en a tenu si longtemps divisées les diverses parties.

C'est là, selon nous, que gît la principale condition de succès pour l'écrivain qui veut entreprendre l'histoire de la Belgique. Etes-vous Brabançon, Namurois, Flamand, Hennuyer ou Liégeois avant tout; votre ame encore imbue des traditions de vos pères n'a-t-elle de vives émotions que pour les succès ou les revers obtenus ou essuyés par la province qui vous a vu naître; circonscrivez vos essais historiques dans les limites du comté de Flandre ou de Namur, mais renoncez à écrire l'histoire de la Belgique : vos préoccupations vous empêcheraient d'en trouver le fil.

Mais, dégagé de cet esprit de localité, vous sentez-vous néanmoins fier du nom de Belge? les éloges que nos ancêtres ont obtenus de Strabon, de César ou de Tacite vous font-ils autant de plaisir que ceux qui ont été mérités par les habitans de votre ville? en étudiant les annales de votre pays avez-vous gémi des dissentions qui ont si souvent divisé ses provinces? au milieu même de ces querelles avez-vous reconnu avec joie la franchise, la loyauté, la bravoure, la générosité du Belge dans les héros des camps opposés? à Gand comme à Liége, à Bruxelles comme à Mons ou à Namur, avez-vous distingué, à presque toutes les époques, cet amour indestructible de l'indépendance, cet attachement passionné aux vieilles libertés consacrées par les anciennes chartes? les noms des Godefroid de Bouillon, des T'Serclaes, des Artevelde, des Anneessens, des Marie De Lalaing, des Beekman et des Laruelle font-ils également vibrer les fibres de votre cœur belge? avez-vous été joyeux d'apprendre que l'industrie des Flandres brillait, dès le moyen âge, entre toutes les industries de l'Europe, et a servi de modèle et de point de départ aux perfectionnemens industriels de l'Italie, de la France et de l'Angleterre? n'avez-vous besoin de faire aucun effort sur vous-même, pour vous glorifier, si vous êtes Wallon, des nombreux chefs-d'œuvre en peinture qu'a produits l'école flamande, ou par admettre avec plaisir, si vous êtes Flamand, que les Liégeois ont aussi produit des peintres distingués? vous sentez-vous encouragé par l'idée que le premier narrateur des temps modernes qui a mérité le nom d'historien, les Italiens exceptés, était un Belge? Alors mettez-vous à l'œuvre avec confiance : remuez tous ces maté-

riaux rassemblés par la science ; faites-nous revivre toutes ces
grandes figures de nos ancêtres, mettez-les successivement en
face de César, et sous les murs de Jérusalem, aux champs
de mai de Charlemagne, et a la bataille des Eperons, au pied
du Perron de Liége ou du Beffroi de Gand; représentez-les mêlés
à toutes les révolutions du voisinage, comme ils doivent l'être,
et divisés entre eux par les intrigues ou les passions de leurs
chefs ; mais, attentif à signaler le caractère commun qui les
a toujours distingués des peuples voisins, faites ressortir, avec
cette chaleur d'ame qu'inspire le vrai patriotisme, tout ce qu'il
y a d'honorable pour eux dans cette longue série de faits divers;
signalez même avec franchise les fautes qu'ils ont commises,
les défauts qui déparaient leurs belles qualités, et si ce pur
sentiment de patriotisme est en vous profond et sincère, tant
qu'il ne vous abandonnera pas, il vous révelera, plus sûrement
que tout autre guide, le moyen de grouper tous les lambeaux
épars de notre belle histoire nationale.

C'est parce que nous avons cru reconnaître l'empreinte de
ce sentiment inspirateur dans l'Essai de M. Mauvy, que nous
nous sommes occupé particulièrement de la publication qu'il
vient de faire.

La partie de notre histoire qu'il a esquissée est précisément
la plus difficile à traiter sous le point de vue que nous venons
d'envisager. Depuis Charlemagne jusquà Philippe-le-Bon, il y
a nécessité pour l'historien belge, après avoir posé quelques
grands faits comme jalons de son travail, de reprendre successivement en sous-œuvre, et par séries chronologiques, la
Flandre, le Brabant, Liége, le Hainaut, Namur, le Luxembourg et quelquefois même, en particulier, le Limbourg, le
marquisat d'Anvers, la seigneurie de Malines, Maestricht, etc.
Nous ne dirons pas que M. Mauvy ait complètement réussi
à trouver constamment, et dans toutes les parties de son
travail, l'ordre le plus lumineux qu'il soit possible de suivre,
pour coordonner une si grande abondance de matières diverses;
mais nous dirons du moins que son livre est un de ceux où
l'on sent le moins la fatigue inséparable de l'étude de pareilles
annales, parce qu'il soutient et ranime fréquemment notre at-

tention par l'expression vraie de ce patriotisme pur qui peut seul guider sûrement l'historien de la Belgique.

Après un éloge aussi sincère, on s'attend bien sans doute à nous voir faire à la critique une part également franche. Si le livre de M. Mauvy nous paraissait moins important nous ferions taire nos scrupules, mais comme l'ouvrage même nous semble prouver que l'auteur est en état de l'améliorer encore, nous lui soumettrons sans hésiter les observations qu'une première lecture nous a suggérées.

Quant au style d'abord, et M. Mauvy écrit en général d'une manière trop soignée pour qu'il soit nécessaire de lui rappeler que le style est une condition essentielle de succès dans une composition historique; nous nous permettrons de lui représenter qu'il a trop souvent adopté les formes et les locutions mises à la mode par les romanciers modernes et les jeunes écrivains des revues françaises. Il y a surtout une de ces tournures de phrase qui revient sans cesse, et que nous ne pouvons nous dispenser de signaler comme un écueil qu'il doit s'efforcer d'éviter, parce qu'elle répugne essentiellement au génie de la langue française ; en voici quelques exemples : « L'histoire offrira plus »de lucidité, *moins compliquée qu'elle sera* de faits, etc., p. 62. »— Jetons un regard vers cette race qui va finir, *déplacée qu'elle »se trouve* au milieu de cette France agrandie, etc., p. 65. »— Le château qu'avait fait bâtir leur mère, dans sa terre de »Baisy, *attirée qu'était cette princesse par le voisinage*, etc., p. 82. »— La dignité de l'histoire n'a jamais été plus compromise, *obligée »qu'est* cette noble muse, etc., p. 154. — Il s'était arrêté à »Hal, *souffrant qu'il était*, etc.

M. Mauvy a bien fait, ce nous semble, d'adopter pour les noms *Franks* l'ortographe *germanique* qui peut seule donner l'explication du sens des dénominations patronimiques des rois et des principaux personnages historiques des deux premières races; mais il aurait dû mettre constamment à côté de ces noms réels les traductions depuis longtemps adoptées de *Clovis*, *Clodion*, *Dagobert*, etc., au lieu de se borner à en offrir une table générale au commencement du livre.

Dans la partie relative à la Flandre, M. Mauvy cite assez

fréquemment ses autorités, les mémoires du chanoine de Bast, les annales de Meyer et d'Oudegherst et même les travaux récens de MM. Jules Van Praedt, Voisin, etc., auxquels il se plait à rendre justice. C'est toujours d'une manière honorable qu'il cite aussi, dans les autres parties de son livre, les ouvrages de MM. Dewez, Desmet, de Reiffemberg, etc.; mais nous voudrions, pour notre part, qu'il citât plus fréquemment les sources. Sans être partisan d'un luxe de citations germanique, nous pensons qu'en histoire surtout, c'est toujours chose utile que d'indiquer les autorités; et puis ceux qui ne les aiment pas, ne sont pas obligés de lire les notes; mais l'écrivain fait preuve ainsi, pour les gens difficiles, de la réalité et de l'importance des recherches auxquelles il s'est livré.

La prédilection qu'a M. Mauvy pour les historiens de l'école moderne, dont nous sommes d'ailleurs bien éloignés de méconnaître les services, l'a aussi conduit parfois à des appréciations inexactes : nous n'en citerons qu'un exemple. En parlant de l'influence des croisades sur les progrès de la civilisation, l'auteur du *Précis de l'histoire de la Belgique* semble croire que c'est l'école moderne qui s'est aperçue la première de cette influence, et accuse la philosophie du 18e siècle d'avoir travesti ces grands faits du moyen âge. Ce ne sont pas les philosophes du 18e siècle qui ont blâmé le plus sévèrement les croisades, mais des écrivains pieux, animés d'indignation contre les désordres inouis dont elles furent l'occasion. Nul n'en a parlé avec plus d'énergie que l'abbé Fleury dans ses discours sur les différentes divisions de son histoire ecclésiastique. Quant aux résultats utiles des croisades sur la civilisation européenne, D'Alembert, dans les éloges des académiciens qui ont eu l'occasion de faire des panégyriques de St. Louis, et Condorcet dans son *Esquisse d'un tableau historique des progrès de l'esprit humain*, les avaient signalés longtemps avant MM. de Châteaubriand et Michaud.

Quand Marmontel s'avisait de parler de Boileau avec trop peu de respect devant Voltaire. — « Ne dites pas de mal de *Nicolas*, répondait Voltaire, cela porte malheur aux poètes. » Nous serions bien tentés, sans aucune comparaison, de dire

la même chose aux jeunes écrivains qui s'occupent de l'histoire.
A qui donc devons-nous la direction donnée aux études historiques, si ce n'est à ces hommes du 18e siècle qui ont senti
les premiers que l'histoire, pour être utile, devait s'occuper
beaucoup plus des institutions, des mœurs des nations, de leurs
arts et de leur littérature, que de la généalogie de leurs princes
et des batailles et des sièges? La reconnaissance pour les grands
écrivains qui nous ont ouvert la route dans toutes les parties
du domaine de l'intelligence, est un sentiment si naturel à
toute ame bien née, que M. Mauvy, mieux que personne,
sentira la justesse de notre observation. Un homme qni n'a ni
jalousie ni fiel, et qui ne croit pas avoir besoin de détruire
aucune gloire pour mériter une portion de l'estime publique,
ne doit pas suivre l'exemple de ces pygmées littéraires, qui
s'efforcent de briser ou de renverser les statues pour tâcher
de hisser ensuite leurs petites figures dans l'une des niches
qu'ils auront vidées.

En résumé le *Précis de l'histoire de la Belgique* de M. Mauvy,
pourrait, à notre avis, recevoir à peu de frais des améliorations que nous considérons comme assez importantes. Tel
qu'il est, c'est un des meilleurs manuels de notre histoire et
peut-être le plus intéressant de ceux qui ont été publiés sur
la partie ancienne de nos annales, et nous souhaitons vivement
que l'auteur complète son ouvrage, en l'amenant jusqu'au temps
de notre réunion momentanée à la France.

F. A. V. H.

Pensées et Maximes, par Félix Bogaerts.

L'auteur de ce petit livre est déjà connu par la publication d'un
drame national intitulé *Alvarez de Tolède*, qui fut représenté
au théâtre de Bruxelles, il y a deux ou trois ans, et obtint
un succès d'estime. Quoique cette œuvre fût défectueuse sous
beaucoup de rapports, on y remarquait cependant quelques
scènes dramatiques, et deux caractères, celui du Duc d'Albe
et de Viglius, tracés avec assez d'habileté. C'était un premier

essai qui faisait bien augurer, pour l'avenir, du talent de l'auteur. Mais par un de ces brusques retours qu'il ne faut attribuer qu'au peu d'encouragement et de sympathie que nos littérateurs rencontrent auprès du public, M. Bogaerts en resta là, et ne reprit la plume que pour écrire, sous le titre de *Pensées et Maximes*, une élégie sur la perte des illusions de la vie. Il nous semble que l'auteur eût pu mieux employer ses loisirs et choisir son sujet avec plus de discernement. La plupart des vérités que renferme son recueil ont été dites très-souvent, et sont passées aujourd'hui dans le domaine commun des intelligences. Il n'y a que la forme sous laquelle M. Bogaerts a su les reproduire, qui soit différente de celle dont plusieurs auteurs, avant lui, les ont revêtues, et, hâtons-nous de le dire, c'est déjà beaucoup. L'élégance et la concision en font le principal mérite, et c'est aussi le seul que M. Bogaerts ait pu raisonnablement ambitionner. Ce n'est pas à l'âge de trente ans que l'on peut avoir acquis cette expérience des hommes et des choses qui permette de porter sur les uns et les autres des jugemens neufs et profonds.

Préludes poétiques et religieux, par M. ALFRED MOTTE.

Des pensées poétiques, de la verve, de l'énergie, mais des incorrections sans nombre, et une malheureuse manie d'imitation, telles sont les qualités et les défauts de ce livre. L'auteur s'est nourri de la lecture de Lamartine et de Victor Hugo. Ce sont là sans doute d'excellens modèles, mais il faut savoir les étudier avec goût. M. Motte, en coulant sa pensée dans le moule qui a servi à ces grands écrivains, n'a fait qu'une œuvre médiocre, parce qu'elle est dépourvue de toute originalité. Il a cependant assez de talent pour pouvoir s'affranchir d'un pareil servilisme. Qu'il se confie à ses propres ailes, et nous lui prédisons succès et renommée.

Souvenirs de Vacances.

..... olim meminisse juvabit.

VIRGILE.

Au moment où les études historiques ressuscitent de toutes parts les grands et honorables souvenirs dont la Belgique fera probablement les plus beaux titres de sa *nationalité*, personne encore, que je sache, n'a consacré sa plume à décrire le sol qui en revendique la gloire. Ce sol n'est cependant pas moins riche en beautés naturelles qu'en illustrations historiques. Ce rapprochement me fait même penser que si, en écrivant l'histoire, on s'occupait davantage de la description des lieux, on dépouillerait peut-être ce genre d'écrits de l'aridité qu'on lui reproche, et à laquelle le lecteur ne se soumet que parce que son plaisir lui importe, en pareil cas, moins que son instruction. Selon moi, la connaissance exacte de l'histoire ne peut s'acquérir sans la connaissance des lieux : celle-ci étaie en quelque sorte la première. Qu'est-ce qui rend la lecture de l'immortel ouvrage de Barthélemy (*Voyage d'Anacharsis*) si instructive et si attachante à la fois ? C'est peut-être le soin qu'a pris l'auteur de toujours faire voir les lieux témoins de l'action qu'il raconte : à l'intérêt de l'histoire il ajoute celui du roman ; en parlant de la Grèce, il la peint ;

24

maniant à la fois le burin de l'historien et le pinceau du poète, il instruit et il amuse. Ecrire l'histoire d'un peuple, c'est reproduire ce peuple; cette reproduction est-elle complète, quand on ne donne que des faits et des dates? Je ne le pense pas. Ce qu'il faut encore reproduire, c'est le caractère national : celui-ci ne dépend pas seulement des mœurs et de l'éducation, il dépend aussi de la nature des lieux. Ce caractère, dira-t-on, ressort assez de la nature des faits; oui, pour vous qui savez étudier et déduire, mais pour le commun des lecteurs qui ne le font pas, faute d'instruction ou de recherches, j'ai peine à croire que cela soit suffisant. Ces réflexions m'ont souvent conduit à comparer certains historiens à un peintre qui, après avoir parfaitement dessiné des personnages, négligerait de reproduire autour d'eux la verdure ou les draperies, les ciels ou les murailles, enfin ces parties environnantes, secondaires si vous voulez, mais qui achèveraient de mettre en situation les figures qu'il a tracées.

On veut que la connaissance de l'histoire qui, jusqu'à présent, semble avoir été parmi nous le partage exclusif des hommes instruits, pénètre jusque dans les classes inférieures; et cette pensée est utile et belle, car on aime d'autant plus sa patrie qu'on est plus initié à sa gloire. Populariser l'histoire, c'est développer le patriotisme : là où il n'était qu'un instinct, il devient une vertu. Mais pour que le peuple lise l'histoire, pour qu'il la comprenne et s'y intéresse, il faut la lui tracer grande et complète, il faut qu'il la voie, qu'il la sente comme un immense tableau qu'on déroulerait sous ses yeux; il faut que son passé lui soit rendu, non pas nu et sans vie, mais avec ses mœurs, ses usages, ses traditions, ses

villes, ses champs, son ciel, toute sa nature, en un mot;
pour le peuple, il faut que l'histoire soit comme un
miroir où tout se réfléchisse nettement, où il retrouve
ses héros, son pays; où il se reconnaisse lui-même,
sinon tout entier, du moins avec les traits qu'il a gardés
de son ancienne physionomie, si toutefois il lui en
reste. L'histoire du peuple, c'est le portrait de ses aïeux,
c'est le tableau de ses agitations, c'est la reproduction
de son sol : peignez donc. Après avoir montré l'homme,
faites qu'on le reconnaisse partout; faites qu'en lisant
l'émeute ou la bataille, on dise : c'était là !

Maintenant, vous allez peut-être me demander, et
c'est bien naturel, si les quelques pages qui vont suivre
sont un échantillon de cette manière d'écrire l'histoire.
Hélas, non; je n'ai ni ce talent ni cette prétention. Il
me semble seulement qu'écrite ainsi, elle serait plus
intéressante et plus instructive. Ce qu'il me reste à dire
est même si peu de chose que je suis un peu honteux
de vous le donner après un préambule qui a presque
l'air de promettre beaucoup.

Les environs de Liége sont fort beaux : ils fourmillent
de curiosités naturelles et de débris historiques; cependant nous les connaissons trop peu; l'étranger même
les a souvent plus visités que nous. Mon but est simplement d'en décrire quelques-uns, et de rendre les
impressions que j'ai éprouvées en les parcourant. Trop
heureux si je suggère à d'autres le désir de les visiter,
car je n'ose espérer qu'on trouve dans ces pages, rapidement écrites, quelques données propres à expliquer la
pensée que je viens d'exposer. J'ai été dans les champs,
et j'en ai rapporté une fleur : c'est à vous de juger si
elle a quelque parfum.

I.

AYWAILLE.

En septembre 183..., j'allai passer quelques jours à Aywaille, chez M. G..., un des plus riches propriétaires du lieu. Aywaille est un beau village à quatre lieues de Liége. Depuis longtemps on m'avait vanté le pays, et je brûlais de le visiter; enfin, une après-dînée, je montai dans le char-à-bancs officiel, et me voilà en route. J'avais pris soin de me placer sur la première banquette, derrière le conducteur, pour mieux jouir de l'aspect des campagnes que nous avions à parcourir. Dans la rapidité de la course, c'est un passe-temps assez agréable de voir se dérouler sous vos yeux, comme un tableau mouvant, la colline et la prairie sur lesquelles vous jetez un regard, et qui vous échappent aussitôt. Au bruit du char qui roule, la jeune fille que vous apercevez là bas, dans la plaine, près d'un troupeau, tourne la tête et sourit; le mendiant, assis sur la borne du chemin, recommence sa prière; la mère, tenant son enfant dans ses bras, quitte le foyer, et vient sur le seuil de sa porte pour vous regarder passer; vous jetez à tous un rapide coup d'œil, on n'a pas le temps de jeter autre chose au mendiant, et déjà ils ont disparu. Ainsi de la vie, où l'homme, emporté par le temps, ne peut donner, même à ce qu'il chérit, que de courtes et fugitives heures. — Il me tardait d'arriver. Par malheur, le brave homme qui nous conduisait était d'une complaisance extrême, et presque de quart d'heure en quart d'heure, il arrêtait ses chevaux, tantôt pour déposer des malles, mais le plus souvent pour permettre à quelques-uns de ses voyageurs de descendre et de se rafraîchir. Il y a des gens qui ont toujours soif. Mon Phaéton était sans doute du nombre, car je le voyais trinquer avec la compagnie de la meilleure grace du monde. Cela nous faisait perdre un temps infini. Je lui en fis l'observation : il l'accueillit comme un petit verre, et l'on s'arrêta moins souvent. Le jour baissait, et les teintes sombres que le ciel avait revêtues ne permettaient plus guère de distinguer les objets ; ils fuyaient devant nous comme des ombres. Jusque-là, mes compagnons, gais et babillards, avaient fait un bruit charmant. A mesure que le jour se retirait, ils devinrent insensiblement moins causeurs, et bientôt tout fut tranquille. J'ai souvent remarqué qu'au moment où la terre s'enveloppe de ténèbres, une pensée triste descend dans les esprits, et il se fait comme une heure de silence pendant laquelle chacun semble se recueillir et méditer. Au dehors, tout était également silencieux, et l'on n'entendait plus, sur les chemins déserts, que le roulement de la voiture. Je commençais à m'assoupir légèrement comme les autres, lorsque des coups de fouet répétés et les cris de quelques paysans tirèrent chacun de sa rêverie ; nous étions à Florzée. Le char-à-bancs s'arrêtait là, et n'allait pas plus loin. Je descendis. Il était huit heures du soir, et j'avais encore une demi-lieue à faire avant d'arriver à ma destination. Heureusement Mme G..., prévenue de mon arrivée, avait envoyé son chasseur à ma rencontre. Je le trouvai à Florzée ; le pauvre garçon m'attendait depuis plus d'une heure. Il se chargea de mon porte-manteau, alluma une lanterne, car l'obscurité était complète, et nous descendîmes, lui me précédant, la chaussée dite de Florzée. La crue des eaux avait, il y a quelques années, rompu cette espèce de digue, et les communications par cette voie étaient devenues très-difficiles. Graces aux soins des riches propriétaires des environs, elle venait d'être réparée à force d'argent et de travaux, et je foulais une levée large et belle, quoique un peu pierreuse, construite sur les débris de l'ancienne.

A mesure que nous avancions, je voyais grandir les collines qui bordent le chemin : il se trouva bientôt resserré entre deux montagnes. De temps en temps, je levais les yeux vers leur crête noire, et je me réjouissais à l'idée de voir le soleil éclairer le lendemain leur beauté sauvage. Arrivés au bas de la descente, mon guide me dit : voilà Aywaille. Je ne vis que des masses noires où brillaient çà et là quelques feux. — Et la maison de Mr. G..., , lui dis-je, est-elle fort avant dans le village ? — Voyez-vous, me répondit-il, cette maison blanche qui s'élève ici-près sur les bords de l'Amblève ? c'est là. — Nous traversâmes le pont qui nous séparait du village, et cinq minutes après, j'étais dans une vaste cour. J'entendis aussitôt d'assez loin la voix de Mad. G..., et celle de sa charmante fille. Le son d'une voix connue, entendu dans des lieux étrangers, porte toujours au cœur. — Par ici ! par ici ! disaient-elles en s'avançant au-devant de nous. Soyez le bien venu !....

Après le plus aimable accueil, on soupa, et chacun se retira dans son appartement.

J'avais une trop forte démangeaison de voir le pays pour dormir longtemps et bien. Aussi le crépuscule annonçait à peine le jour, que je me hâtai de descendre. A l'exception de quelques domestiques, tout dormait encore dans l'habitation. Je me rendis dans le jardin contigu à la cour , et je promenai sur tout ce qui m'entourait un regard d'ineffable curiosité. Jamais , je crois , je n'oublierai le spectacle qui s'offrit à ma vue. Il me frappa au point que maintenant encore , je le revois tel qu'il m'apparut alors. J'étais dans une vallée délicieuse. La maison de mon hôte , blanche , avec des persiennes vertes , s'élevait charmante aux bords de l'Amblève dont elle n'était séparée que par quelques mètres de terrain. Sur la rive opposée , une chaîne de montagnes brunes et sans végétation s'étendait assez loin (1). Long-temps je ne pus en détacher ma vue : la sauvage nudité de ces monts , leurs cimes élevées, tremblantes dans les vapeurs du matin , les douteuses clartés du jour répandant sur elles comme un voile de tristesse , tout cela plaisait à mon cœur. Il y avait si longtemps que j'as-pirais à m'enivrer d'une belle nature. Si je n'avais craint de passer pour un impatient aux yeux de mes hôtes qui se réservaient sans doute le plaisir de me faire voir le pays , j'aurais franchi la faible barrière qui me séparait des séduisantes beautés que j'apercevais dans le lointain, mais je me modérai , et pour contempler plus à loisir la scène qui se présentait devant moi , j'allai m'asseoir au bord de l'eau sur un banc humide encore de rosée. Ma

(1) C'est là que le 18 septembre 1794 , était rangée une partie de l'armée autrichienne commandée par le général Latour , lorsqu'un corps d'armée française sous les ordres de Schérer , se précipita dans l'eau sous le feu d'une artillerie formidable, et franchissant l'escarpement, força Latour à lever le camp et à se replier sur l'armée impériale. — Par une ren-contre singulière , le jour où je considérais ces hauteurs était l'anniversaire de la bataille ; il y avait juste quarante-un ans qu'elle avait eu lieu.

vue, remontant la rivière, s'égarait parmi des prairies
entrecoupées de sentiers et de bosquets ; au fond, dans
une sorte de clairière, l'église du village élevant son
faîte couronné de la croix, apparaissait comme le
dernier trait du paysage. Bientôt l'horizon s'éclairant de
mille feux annonça le soleil, et ses premiers rayons
glissant dans la vallée, me découvrirent une foule de
beautés nouvelles; les eaux de l'Amblève, basses et
limpides, réfléchirent, avec les couleurs du ciel, les
vagues cimes des monts ; autour de moi, les fleurs
du jardin, relevant leurs calices mouillés, exhalèrent de
nouveaux parfums, et les oiseaux s'éveillant, saluèrent
le jour des plus harmonieux concerts. J'étais ravi. Un
moment je pus me croire transporté devant un de ces
sites enchanteurs de la Suisse dont tant de voyageurs
nous ont peint les merveilleux aspects. La cloche du
temple, sonnant l'*Angelus*, vint mêler sa voix sacrée
aux voix de la nature, et bientôt sur ma tête, à
mes pieds, autour de moi, tout ne fut plus que lumière,
harmonie et parfum. En présence de tant de magnificence et de grandeur, ma pensée s'éleva d'elle-même
jusqu'à celui que tout célébrait, et il n'y eut plus dans
mon cœur de place que pour la reconnaissance, la prière
et l'amour!.....

Une voix enfantine qui retentit légèrement derrière
moi m'enleva à ma rêverie. C'était Mlle. G... qui,
joyeuse et sautillante, venait aspirer aussi la fraîcheur
du matin. Sa mère ne tarda pas à nous rejoindre, et
après un instant donné aux premières civilités, nous
causâmes du spectacle que nous avions sous les yeux.
On partagea mon admiration, moitié par sentiment,
moitié par complaisance ; et cela était naturel, car ces

dames ayant souvent joui d'un pareil plaisir, ne pouvaient pas partager mon engouement.

Nous rentrâmes pour déjeûner.

Immédiatement après, nous nous rendîmes tous les
trois à la messe; c'était un dimanche. Pour arriver à
l'église, celle que j'avais aperçue le matin, nous traversâmes quelques sentiers fleuris entre des prairies
odorantes plantées d'arbres fruitiers. Les habitants du
lieu et des environs s'y rendaient en foule.

L'air de santé et de joie qui brillait sur leurs visages,
la décente propreté de leur mise, la simplicité de leurs
manières attirèrent tout de suite mon attention. Pour
qui vit habituellement au sein des villes, cette bonhomie
campagnarde contraste si fort avec la fatuité de nos
dandys et l'afféterie de nos petites-maîtresses, qu'il est
difficile de ne pas la remarquer. Lorsque nous rencon-
trions des paysans de la connaissance de Mad. G..., et
ils la connaissaient presque tous, car elle jouit parmi eux
de la réputation que donne toujours la bienfaisance,
même quand elle est discrète, ils nous saluaient poli-
ment. La bienfaisance semble devoir excuser la richesse
aux yeux du pauvre : ce n'est souvent même qu'à ce
prix qu'il peut la voir sans envie.

La messe commença. Après l'évangile, un vieux
prêtre courbé et à cheveux blancs sortit de la sacristie,
et s'avança jusqu'à l'entrée du chœur; c'était le curé. Il
était trop infirme, me dit plus tard Mad. G..., pour
monter en chaire. Pauvre vieillard, il est mort aujour-
d'hui ! La dernière fois que je le vis, c'était au détour
d'une allée où je l'avais accompagné en le reconduisant
un jour que Mad. G... l'avait prié à dîner avec nous.
Au moment de nous séparer, il me serrait la main, et

me disait : puisque le pays vous plaît tant, venez me voir aux prochaines vacances, nous resserrerons notre liaison. Cette franche cordialité m'avait ému, mais ni lui ni moi nous ne nous doutions alors que, si nous devions un jour nous revoir, ce n'était pas ici bas.

Le dimanche dont je vous parle, il fit un court sermon. Sa voix tremblante et cassée ne me permit d'en saisir que peu de mots. En entendant un pareil orateur, nos beaux-esprits auraient peut-être souri. Ici, tout demeura silence et respect. Est-ce que l'habitude d'entendre leur pasteur rendait sa parole intelligible à ces bonnes gens, ou bien était-ce piété de leur part ? Je me plus à croire que c'était pour ces deux raisons, et, la messe finie, je sortis de l'église avec cette pensée consolante, et qu'on n'emporte malheureusement pas toujours : la foi n'est pas encore toute retirée dans le ciel !

Vers midi, le temps s'obscurcit et il commença à pleuvoir. Cet accident me contraria, car je voyais s'évanouir l'espoir d'une première excursion champêtre ; on ne va pas à la campagne pour s'enfermer dans un salon. Heureusement quelques personnes nous arrivèrent ; deux dames étaient du nombre. Leur présence me fit oublier un instant la peine que me causait la pluie, car je vis que notre petite société allait en devenir plus agréable encore. Les femmes prêtent à l'existence un charme qu'on y chercherait vainement sans elles. On ne tarda pas à se mettre à table. Vers la fin du repas, quelqu'un proposa d'aller visiter la célèbre grotte de Remouchamps. On applaudit à la proposition, et chacun se leva pour se disposer à partir.

II.

REMOUCHAMPS.

Remouchamps , petit village fort agreste dépendant de la commune d'Aywaille , n'en est éloigné que d'une demi-lieue. Après avoir traversé l'Amblève et les prairies qu'elle arrose , on côtoie les maisons du village de Sougnez qui fait partie de la commune de Sprimont. La dépendance communale de ces deux villages est tout-à-fait opposée à leur situation géographique qui exigerait pour Remouchamps la dépendance de Sprimont, et pour Sougnez , celle d'Aywaille ; mais ce n'est là qu'une remarque assez indifférente à notre sujet; d'ailleurs , il est probable qu'il y ait, pour qu'il en soit ainsi , d'excellentes raisons que je ne connais pas. La grotte qui a rendu Remouchamps célèbre est connue des habitants du pays depuis des temps très-reculés ; ils la désignent quelquefois sous le nom de *trô dès sotai* , trou des nains. Une croyance autrefois très-répandue parmi eux attribuait au travail ingénieux de ces nains les innombrables beautés de la grotte ; on n'y croit plus guère aujourd'hui , car là , comme ailleurs , le raisonnement a tué la tradition ; celle-ci , souvent gracieuse et charmante, quand elle n'est pas grande et solennelle , rapportait que, si l'on avait un ouvrage très-difficile à faire , on n'avait qu'à le porter dans la grotte , et qu'on l'y retrouvait parfaitement achevé le lendemain. Inutile de dire que les *sotai* en étaient les ouvriers. Ce devait être le bon temps pour les paresseux et les ignorants.

On s'accorde généralement à dire que la grotte de

Remouchamps est une des plus belles du pays , où l'on en compte d'ailleurs un grand nombre de remarquables; mais on ne s'accorde pas sur le degré de péril qu'il y a à la visiter : selon qu'on est plus téméraire ou plus prudent , l'opinion varie à cet égard. Pour mon compte , bien que désireux de la parcourir , je ne me souciais cependant pas de me casser le cou , pour satisfaire ma curiosité ; en conséquence , je résolus de n'avancer qu'avec beaucoup de précaution. Munis d'un bout de chandelle que les personnes, chargées d'ouvrir et de montrer la grotte aux curieux , nous mirent à chacun à la main, nous gravîmes une petite côte , et cinq minutes après , nous étions à l'entrée du rocher souterrain qui devait nous recevoir pour quelques heures. Des plantes chétives et un peu de mousse blanche recouvrent à peine l'immense crète de ce chef-d'œuvre de la nature; un simple grillage en bois lui sert de porte. Hommes , femmes , enfants , nous la franchîmes tous , et nous nous trouvâmes aussitôt au milieu d'une vaste salle voûtée , sombre et noire comme une antichambre de l'enfer. Là , chacun alluma sa chandelle , et promena de tous côtés ses avides regards. Des pierres calcaires brunies par les siècles , très-irrégulièrement placées, de formes variées , et offrant l'image d'un rocher concave , telle est l'architecture naturelle qui se présente au premier coup d'œil. Un sol inégal , semé d'enfoncements , atteste les fouilles qu'on y a faites. Si l'on en croit les savants , cette grotte , comme beaucoup d'autres , servait de retraite aux animaux féroces qui s'y livraient des combats à mort ; les ossements fossiles d'hyènes , qu'on y a exhumés semblent même ne laisser aucun doute à cet égard. Il y a loin de cela aux petits *sotai*.

Nous ne nous arrêtâmes pas longtemps dans cette première salle qui n'offrait à dire vrai rien de remarquable. Il fallait pénétrer plus avant pour admirer ces belles stalactites qui pendent des voûtes comme des franges de cristal , et pour voir combien la nature est encore sublime jusques dans ses désordres (1).

Précédés par nos guides , nous nous dirigeâmes par des sentiers étroits et glissants vers les autres parties de la grotte. Une rampe mal assurée nous prêtait parfois son faible appui. A mesure que nous avancions , sans cesse montant ou descendant , les voûtes déroulant leurs galeries de stalactites , offraient des cristallisations plus nombreuses , tandis que des stalagmites , autres concrétions pierreuses, surgissant de tous les points du sol , étalaient leurs mamelons polis, ou affectaient des formes d'animaux. Arrivés à cent mètres de l'entrée, c'est-à-dire environ à la cinquième partie de la grotte , nous fûmes arrêtés par une rivière qu'alimentent les eaux de plusieurs ruisseaux assez considérables qui s'introduisent

(1) Il paraît que , dans les grandes commotions à la suite de tremblements de terre, les bancs calcaires se séparent par couches qui ont une grande épaisseur et une vaste dimension ; c'est dans l'espace d'une couche à l'autre que se forment les grottes , et cela d'autant plus facilement que les couches , ou bancs calcaires , s'approchent plus de la ligne perpendiculaire que de l'horizontale ; dans cette dernière situation, il survient le plus habituellement des éboulements et les cavités disparaissent : dans la première , au contraire, elles ont une grande solidité , attestée par les siècles inscrits sur les stalactites ; car on sait combien ces cristallisations se forment lentement. Le calcaire qui constitue la grotte de Remouchamps porte les noms de *calcaire anthraxifère* , *calcaire carbonifère* , *calcaire bituminifère* : c'est ce qu'on appelle vulgairement pierre à chaux ou pierre de Namur.

dans la montagne près du village d'Adseux. Un pont sert à la traverser ; mais quel pont, grand Dieu ! figurez-vous une mauvaise planche recouvrant à peine une échelle de maçon dont les extrémités s'appuient tant bien que mal sur deux blocs de rocher. On ne connaît point la profondeur de ce nouveau styx, mais si l'on considère seulement la distance qui sépare le pont de la surface de l'eau, cette profondeur doit être grande, et ne le fût-elle même pas, nul d'entre nous n'eût été charmé d'y faire le saut : n'importe, il faut la franchir. Le guide passe, nous le suivons ; on se tend l'un à l'autre la main pour s'aider..... le pont tremble..... la planche glisse.... gare !... En ce moment, les sensations sont toutes différentes de celles qu'on éprouve ordinairement. La silencieuse solitude de ces souterrains, la sombre majesté de leurs voûtes, l'aspect d'énormes blocs de rocher suspendus au-dessus de l'abîme, et menaçant de se détacher en avalanches à la résonnance d'un bruit trop prononcé, l'éternelle nuit de ces lieux où la lumière de nos flambeaux, à demi absorbée par les murs noircis, laissait régner une vague et fantastique obscurité, tout cela joint au danger de la position, portait jusqu'à l'ame une sorte de terreur. Insensiblement nous nous identifiâmes avec tout ce qui nous environnait, et nous appartînmes bientôt tout entiers à ce nouveau monde.

Le pont franchi, l'admiration qu'inspirent de nouvelles beautés distrait la pensée de toute crainte. — Regardez ! s'écrie le guide, et promenant sa lumière derrière un pan de cristal, il découvre à nos regards surpris un vaste rideau diaphane liséré de rouge, car ces salons souterrains ont aussi leurs draperies. La nature comme jalouse de ses propres beautés, puisqu'elle les cache jusques dans les profondeurs de la terre, a recouvert sur certains points, les parois latérales de la grotte d'une draperie si élégante et de bas-reliefs si gracieux que l'art en ferait ses modèles. Ici les stalactites et les stalagmites ont acquis une telle longueur qu'elles finissent par se rencontrer et offrent l'image de deux cierges qui se touchent par leur sommet : enfin, par la suite des temps, leurs extrémités très-effilées au moment de leur jonction, augmentent de volume, acquièrent celui de leur base, et forment des colonnes. Plus loin, la salle des *Fées* captive toute votre attention par son buffet d'orgues dont les anches, légèrement touchées, rendent des sons divers. Pour les esprits un peu rêveurs, cette dénomination de salle des *Fées* augmente la poésie des lieux. A l'aspect des merveilleuses décorations qui vous environnent, réfléchissant comme des tentures diamantées les rayons de la lumière, on s'attend à voir paraître le génie de ces palais enchanteurs qui, la baguette à la main, va vous dévoiler l'avenir; mais cette illusion dure peu : la rude voix du guide vous rappelle bientôt à la réalité.

Un second pont, jeté comme le premier sur la rivière dont j'ai parlé, et qui est navigable dans un cours de plus de trois cents mètres, se trouva bientôt sur notre passage; mais celui-ci n'offrait aucun danger; il était large et ferme. On le franchit gaîment. Parvenu là, on est sur un point très-élevé, car une pierre jetée dans la rivière met plusieurs secondes à y arriver. Après avoir traversé quelques salles dont les beautés ne différaient point de celles des salles précédentes, nous nous trouvâmes arrêtés par un rocher auquel une crevasse très-rapprochée du sol, et à peine assez large pour laisser passer un homme, servait d'entrée. — Voici la nouvelle grotte, nous dit le guide, découverte seulement depuis une couple d'années par un voyageur anglais. — Un Anglais! ajoutai-je en moi-même; au fait, il n'y a là rien de très-étonnant; ces gens-là cherchent toujours, ils seraient bien maladroits s'ils ne découvraient rien. — Pour pénétrer dans cette grotte, continua le guide, il vous faut descendre le long de cette échelle. — En disant ces mots, il avançait son flambeau vers l'ouverture du rocher; j'y plongeai un regard, mais je ne vis rien. Une nuit impénétrable dérobait tout à la vue. Je baissai la tête et j'écoutai. Un mugissement sourd comme celui d'un torrent qui tombe d'une montagne fut tout ce qui m'arriva de l'intérieur de cette caverne. Ce bruit avait quelque chose de sinistre qui m'effraya; me penchant alors au-dessus du crypte, j'aperçus, à l'aide d'une chandelle allumée, l'extrémité supérieure de l'échelle dont le guide nous parlait. Nous lui demandâmes s'il n'y avait pas trop de danger à visiter cette nouvelle grotte. Il nous fit entendre que non; mais sa manière de nous rassurer avait quelque chose d'évasif qui nous laissa un peu douter de la vérité de son assertion. D'un côté la crainte nous retenait; de l'autre, la curiosité, et peut-être le désir de passer pour braves, nous aiguillonnait; pendant que nous hésitions, le guide, descendant les premiers échelons, s'écria : allons, Messieurs, du courage, et suivez-moi! ceci est encore plus remarquable que tout le reste! — Ces mots achevèrent de nous décider. — Je vous confie mon fils, dit M. ***, en remettant son enfant, âgé de douze ans, aux soins du guide; c'est ce que j'ai de plus cher au monde. — Je réponds de lui, reprit le guide ; et chacun se mit à descendre. Les dames seules ne nous accompagnèrent point dans cette nouvelle excursion ; il n'y a guère que des Anglaises qui la tentent.

D'une main tenant une lumière, et de l'autre me cramponnant aux échelons, je commençai à descendre aussi ; j'étais le dernier. — Lentement! me cria le guide, et lorsque vous serez arrivé au dernier échelon, gardez-vous bien, en touchant le sol, de vous jeter trop en arrière, car à deux pas de l'échelle, il y a un gouffre. — Ce mot me fit tellement redoubler de précaution que j'oubliai de répondre. — Entendez-vous! ajouta-t-il ; en quittant l'échelle, vous vous dirigerez à gauche. — Par un mouvement involontaire, et comme pour mesurer le danger de ma situation, je regardai en bas, et je me vis suspendu au-dessus de l'abîme. J'éprouvai une sorte d'effroi, et le vertige m'eût pris en ce moment si je ne m'étais hâté, en retirant ma vue de ces noires profondeurs, d'en rappeler aussi ma pensée ; si on ne la maîtrise en pareille occasion, le danger devient une idée fixe, et la chute est certaine.

Suivant le conseil de mon guide, j'achevai lentement ma descente, et bientôt je touchai la terre. Quand on passe ainsi du péril à la sécurité, la poitrine, un moment oppressée, se dilate avec bonheur, et la respiration devient la plus délicieuse fonction de l'économie.

La grotte où nous venions de pénétrer est beaucoup plus difficile à parcourir que la précédente ; la main de l'homme, qui n'a presque rien fait encore pour en rendre les sentiers praticables, y a laissé subsister des dangers qui détournent souvent les voyageurs d'y descendre. Mais que de beautés rachètent ces inconvénients! La nature déploie dans ce ténébreux séjour une magnificence si grande, des caprices si merveilleux, qu'on n'a plus de sentiment que pour l'admiration. Les stalactites blanches et transparentes y forment des galeries demi-circulaires où l'œil erre de surprise en surprise; çà et là dès monticules demi-perpendiculaires et polis comme l'albâtre, présentent une suite irrégulière de sommets que je comparerais volontiers à des coussins de velours blanc placés d'étage en étage. On croit voir les glaciers de la Suisse. L'élévation de ces monticules ne permet pas toujours de les gravir; néanmoins on ne peut s'en dispenser tout-à-fait si l'on veut pénétrer plus avant; et qui ne le voudrait alors? mais la chose est passablement difficile : ces rocs polis, à pente rapide, ne donnent guère de prise; souvent même ils sont bordés de précipices affreux, et il y aurait les plus grands dangers à courir si l'on n'avait fait dans le roc quelques entaillures pour y poser les pieds et les mains; encore sont-elles en si petit nombre et tellement calculées dans leur disposition que le guide, parvenu au sommet, tient une main étendue en cas qu'on fît un faux pas, tandis que de l'autre, il indique les endroits où il faut poser les pieds. Cet homme dont le secours nous était indispensable franchissait tous les obstacles, bravait tous les périls avec une tranquillité parfaite. L'habitude de parcourir ces lieux avait aguerri son œil au danger, et les moindres curiosités de la grotte lui étaient connues. Il y descendait souvent jusqu'à quatre fois par jour, et chaque fois il répétait ses démonstrations de cicérone avec le même calme qu'il exposait sa vie. Jusque-là nous l'avions écouté et suivi sans trop nous embarrasser de sa personne, tant nous étions occupés de la nôtre, et il avait paru ne pas s'en apercevoir. Demeurant froidement courageux et complaisant, il parlait, et nous admirions ; mais pour qui n'est pas un égoïste *achevé*, le dévouement obscur, même quand il est payé, si l'on peut payer le dévouement, ne passe point inaperçu. Nous sentîmes que les obligations que nous avions à notre guide ne pouvaient s'acquitter toutes avec de l'argent, et dès ce moment, nous lui témoignâmes une affectueuse estime. Il remarqua ce changement, et sourit comme un homme qui sent peut-être qu'on la lui doit, mais qui n'ose y prétendre, parce qu'il n'est pas habitué à en être l'objet. Ce sourire avait quelque chose de bon et de triste à la fois. J'examinai plus attentivement cet homme. Il était trapu et vigoureux ; il avait la figure large et mâle. Un tablier de cuir recouvrait sa poitrine et ses jambes. Nous lui demandâmes pourquoi il portait un pareil accoutrement dans ses excursions. «Je suis charron, répondit-il, et comme j'étais à l'ouvrage quand on est venu m'annoncer que vous vouliez visiter la grotte j'ai oublié, en quittant la besogne, d'ôter mon tablier. »

Nous achevâmes notre excursion en traversant un chemin très-étroit, très-raide, et que la rivière bordait dans toute sa longueur. La voûte très-rapprochée du sol nous forçait à nous tenir courbés durant le trajet. La gêne d'une pareille attitude était d'autant plus douloureuse qu'on était d'une taille plus élevée. Comme il avait plu le jour même, ainsi que les jours précédents, l'eau filtrant à travers le rocher, tombait en gouttes jaunâtres sur notre visage et sur nos vêtements, tandis qu'une sueur chaude les mouillait, et découlait de nos fronts sans qu'il nous fût possible de l'essuyer.

Insensiblement la voûte se releva , et nous arrivâmes en face de galeries et de monticules d'un magnifique aspect. Ceux-ci trop élevés et trop perpendiculaires pour être gravis limitèrent notre course. Nous nous arrêtâmes auprès d'un énorme stalagmite qui , enveloppé de son poli blanchâtre comme d'un linceul , a reçu le nom de *dame blanche*. Quelques autres stalagmites remarquables par leurs formes ont reçu des dénominations différentes ; c'est ainsi qu'on a la station du *chat* , de la *sentinelle* , etc. Ces dénominations ne sont cependant pas tellement nombreuses et déterminées qu'elles puissent servir d'indicateurs aux curieux; cela viendra sans doute avec le temps. Il est d'usage d'inscrire son nom à l'endroit où l'on est parvenu ; les murs en portent sur différents points ; nous y inscrivîmes les nôtres au moyen d'un caillou anguleux. Vanité de l'homme , qui pour échapper au néant qui le presse, veut au moins laisser un signe de sa présence à tous les lieux qui l'ont reçu !

Ne pouvant pénétrer plus avant dans ces profondeurs souterraines sans nous exposer à des périls qu'il eût été imprudent de vouloir braver , même au dire de notre guide, nous retournâmes sur nos pas. Nous allions, il est vrai , retrouver les périls , mais nous allions aussi revoir tout ce qui nous avait déjà surpris et charmés ; d'ailleurs , plus familiarisés avec la nature des lieux , nous étions devenus moins craintifs à les parcourir , et plus habiles à les admirer.

Nous arrivâmes enfin à l'entrée de la grotte. Après avoir été pendant quatre heures environnés de ténèbres et de dangers , que la lumière du jour est agréable à voir ! La pensée , détachée d'un monde où tout la surprenait , se relève délicieusement , comme une fleur fanée reprend sa grace et retrouve son parfum aux rayons du soleil. A part cette élévation de sentiment qui dut ravir le cœur de l'artiste, retrouvant la lumière, après avoir été pendant dix heures égaré dans les catacombes, j'aurais pu m'écrier avec l'auteur du poème de l'*Imagination* :

Oh ! quel ravissement quand il revoit les cieux
Qu'il croyait pour toujours éclipsés à ses yeux ;
Avec quel doux transport il promène sa vue
Sur leur majestueuse et brillante étendue !
La cité, le hameau, la verdure, les bois,
Semblent s'offrir à lui pour la première fois,
Et, rempli d'une joie inconnue et profonde,
Son cœur croit assister au premier jour du monde.

III.

BARZÉ.

Dans nos excursions journalières à travers les champs et les montagnes, nous avions visité l'antique château de Montjardin et celui de l'Amblève. Ce dernier, connu sous le nom de château des *Quatre fils Aymon* avait surtout attiré notre attention par les souvenirs historiques qu'il rappelle, et par sa magnifique situation sur un rocher à pic très-élevé. Il n'est plus aujourd'hui qu'une grande ruine. Quelques pans de muraille recouverts de lierre, séjour habituel des lézards, voilà ce qui reste du manoir fortifié qu'habitait au XVe siècle le farouche Guillaume de la Marck, surnommé le sanglier des Ardennes. En présence de ces débris fameux, l'esprit, fouillant dans le passé, se retrace en frémissant cette époque sanglante de notre histoire où Liége, après la mort de son évêque Louis de Bourbon, demeurant en proie à la dévastation et à l'anarchie, se débattit pendant deux ans sous la main sanguinaire du terrible Guillaume.

Le château de l'Amblève et les évènemens historiques qui s'y rattachent étant généralement connus, je n'en dirai rien de plus, et je conduirai tout de suite le lecteur au château de Harzé dont il n'existe pas, que je sache, de description.

Harzé, petit village situé sur une hauteur à trois quarts de lieue sud d'Aywaille, n'est remarquable que par son château. J'en demande pardon aux amateurs de ruines, mais celui-ci est heureusement encore entier. L'imagination un peu touchée de tout ce que les écrivains modernes nous ont conté des monuments du moyen âge ressuscité par eux, je n'avais rêvé, depuis l'heure où l'on m'apprit que nous irions visiter cet ancien château, que ponts-levis, crénaux, tourelles, châtelaines et troubadours. C'est qu'en effet, ce moyen âge, que je suis loin de regretter pourtant, apparaît, malgré les maux de son régime féodal, si éclatant de grandeur et de poésie, qu'il est bien difficile de ne pas céder à tout ce qu'il inspire de chimériques pensées. Et si, nous plaçant à un point de vue plus élevé, nous le considérons comme le dépositaire de la philosophie divine qui apparut à son aurore, séparant la société ancienne de la société nouvelle ; si nous le suivons de siècle en siècle portant dans son sein le christianisme comme un flambeau qui ne l'éclairait que pour l'embrâser, quelles grandes méditations le moyen âge n'inspire-t-il pas! C'est l'humanité qui se régénère, c'est l'humanité qui s'affranchit et qui proclame, au nom de la croix, la liberté universelle.

Par une belle après-dînée, notre petite société quitta Aywaille, et se dirigea par des sentiers montueux vers le village de Harzé. Après une demi-heure de marche environ, nous arrivâmes dans le plus joli vallon que j'aie parcouru de ma vie. Avez-vous entendu parler de ces délicieuses vallées de la Thessalie où la terre se déroule sous vos pas en tapis de gazons et de fleurs, où l'air qu'on respire est embaumé, où les collines bordées de peupliers et de platanes laissent passer, dans les étroits intervalles que présentent leurs sommets, un jour mystérieux où l'œil se repose avec une volupté secrète, comme l'ame dans une vague pensée d'amour, où les oiseaux font entendre des chants que la solitude rend plus harmonieux encore ? et bien, tel était le vallon où nous venions d'entrer. Un cri unanime de surprise et de plaisir s'échappa de nos lèvres à l'aspect de ces lieux charmants. Nous les traversâmes avec lenteur comme si nous avions craint de les quitter trop tôt, et lorsque nous arrivâmes au château, nous étions encore sous l'influence des émotions que nous avait fait éprouver l'aspect de cette belle nature.

Si je ne m'attendais pas précisément à un pont-levis, je m'attendais du moins à un pont, et cette attente ne fut pas vaine. Un petit pont de pierres, jeté sur un fossé desséché entourant une partie du château, conduit à la porte principale. Celle-ci, vieille et large, portait à sa partie supérieure une couronne de comte ou de marquis, je ne m'en souviens pas bien, avec la date de la construction du château, que je ne me rappelle pas davantage; ce que je puis assurer, c'est qu'elle indiquait le XVᵉ ou le XVIᵉ siècle. Dans ce dernier cas, le château n'appartiendrait pas tout-à-fait au moyen âge, si nous plaçons la première période de l'histoire moderne à l'invasion de Constantinople par les Turcs-Ottomans (1453). D'ailleurs, je ne me doutais pas alors qu'il me prît un jour fantaisie d'écrire ces esquisses, car il est probable si j'avais eu cette pensée, que j'eusse été soigneux de recueillir des notes. Un autre comblera sans doute cette lacune, qui ne m'importe guère.

Deux chênes *aussi vieux que la terre où ils sont plantés*, comme on dit en style descriptif, se présentaient aux deux côtés de la porte. Cette vieillesse de la nature à côté de cette autre vieillesse de l'œuvre des hommes avait quelque chose de triste et d'imposant. En franchissant le portail seigneurial, je sentis battre mon cœur, comme si l'ancien maître du château allait nous recevoir; c'était sans doute une réminiscence de mes lectures moyen âge. Nous entrâmes bientôt dans la cour principale, et tout ce que je vis, ne fit que raviver mes illusions. A gauche, une longue colonnade en pierres de taille soutenait le principal corps de bâtiment. Si vous avez vu la colonnade de la cour du Palais de Justice de Liége, vous avez vu celle du château de Harzé. Sous la galerie que forme cette colonnade, on voyait de distance en distance de grands lavabos en marbre noir. Ces restes abandonnés d'un séjour jadis si animé sans doute, aujourd'hui silencieux et solitaire, me firent une impression que je n'avais pas encore éprouvée. Comme René visitant une dernière fois le château de ses pères, je fus touché en voyant les marches du perron couvertes de mousse, et le gazon croissant entre les pierres disjointes. Je n'allais pas, comme lui, chercher des pleurs et des souvenirs chéris, mais j'allais respirer la poussière de trois siècles , et l'homme s'émeut toujours devant un tel passé.

Après avoir donné quelques instants à la visite de l'extérieur , nous entrâmes dans les appartements. De longs vestibules étroits et sombres nous conduisirent d'abord dans une petite salle garnie de hautes armoires. On n'y voyait qu'une croisée. «C'est la chambre du *fou*,» nous dit Mad. G... qui pour le moment voulait bien être notre cicérone. « Le seigneur du château avait un fils atteint d'aliénation mentale ; pour éviter les accidents qu'aurait pu amener la liberté du jeune homme , dans ses accès de folie , il le tint renfermé ici jusqu'à sa mort. » — Infortuné , pensai-je , quelle vie, ou plutôt quelle mort ! Si, dans les jours malheureux que la Providence te mesurait ici , une lueur de raison éclaira jamais ton intelligence ; si , en présence des belles campagnes que tu pouvais contempler à travers les barreaux de ta prison , le sentiment de la liberté émut une seule fois ton cœur, que n'eût-il pas à souffrir quand tu reportais la vue sur les quatre murs de ta cage ! Pauvre fou !.....

De cette salle , où tout ne portait à l'esprit que des idées tristes , nous passâmes successivement dans plusieurs autres. Partout des murs noircis et délabrés , des parquets crevassés , des fenêtres fermées ou à demibrisées , attestaient l'ancienneté et l'abandon de ces lieux. Nous arrivâmes enfin dans une salle beaucoup plus grande que toutes celles que nous avions parcourues , et qu'on nous dit être la salle de réception. Bien qu'elle fût aussi nue que les autres , j'éprouvai le désir de m'y arrêter plus longtemps. A l'une des extrémités , la cheminée surmontée de son large manteau sculpté me

rappelait quelques-unes des habitudes de la vie sévère
du moyen âge, où la famille, réunie le soir autour de
l'âtre pétillant, écoutait la lecture de la Bible ou le récit
des exploits de ses aïeux. Les murs de cette salle, d'une
extrême épaisseur, étaient garnis de croisées très-hautes,
mais si étroites que deux personnes seulement pouvaient
y regarder à la fois ; deux petites banquettes disposées
dans chaque embrâsure, et probablement destinées à
d'intimes causeries, le prouvaient de reste. En examinant cet intérieur, je regrettai de le trouver si dégarni.
Quel dommage, disais-je, qu'il ne se trouve pas ici
quelques vieux meubles, quelques portraits de famille!
— On a encore celui du châtelain, reprit Mᵐᵉ. G.... ;
mais où donc est-il? Je ne le vois plus. — On l'a transporté dans la pièce voisine, répondit la jolie fermière
qui nous ouvrait les appartements ; car le fermier a
remplacé le seigneur dans cet antique manoir. — Nous
la priâmes de nous faire voir ce portrait, mais il arriva
qu'elle ne pût retrouver la clef de la chambre qui le
renfermait. Ce petit accident eût été de nature à me
contrarier, si l'on ne m'avait tout de suite donné une
compensation. Une dame, sans doute plus attentive
que nous tous à examiner la salle, s'écria, en étendant
un bras vers le plafond : Voilà un portrait! — Je levai
les yeux, et je vis en effet un vieux tableau suspendu
tout au haut du mur; c'était un portrait de femme. —
Serait-ce par hasard le portrait de la châtelaine, dis-je
en m'adressant à Mᵐᵉ. G....? — C'est celui de la *dame
blanche,* répondit-elle. — Pour ceux qui connaissent
le charmant opéra de Boyeldieu, vous concevez que
cette réponse était piquante. Il paraît, du reste, que
les dames blanches sont communes dans ce pays-là, car

la grotte de Remouchamps a aussi la sienne ; je crois vous l'avoir dit. Chacun de nous s'empressa donc de demander une explication à ce sujet. Voici ce que rapportent les traditions du pays.

Au temps des derniers seigneurs de Harzé, il existait, dans les environs du château, une noble dame d'une beauté remarquable ; malheureusement elle était somnambule, et il arrivait souvent que pendant la nuit, elle quittait son castel , pour aller en longs vêtements blancs , errer dans la campagne , ce qui la fit appeler *dame blanche* par les habitants du lieu. Les paysans superstitieux la prenaient pour un fantôme, et en concevaient de grandes frayeurs. On rapporte que dans ses promenades nocturnes, elle venait quelquefois jusques sous les murs du château de Harzé, et qu'on était ordinairement averti de son approche par les doux accents de sa voix qui répétait un air plaintif.

Ce récit donné dans des lieux si propres à en favoriser l'effet, nous fit à tous beaucoup de plaisir. O moyen âge, pensai-je, que tes traditions sont poétiques ! — Et relevant les yeux vers le portrait, je considérai quelque temps encore la belle et noble dame.

Nous ne quittâmes cette salle que pour passer dans une pièce voisine où se trouvaient les archives du château. Une vieille armoire ouverte, pleine de registres et de papiers, s'y offrit à nos regards. Je n'ai pas la prétention si commune aujourd'hui, de passer pour un antiquaire, et nulle des personnes avec qui j'étais, ne l'avait davantage ; cependant on nous eût à peine informés qu'à deux pas de nous se trouvaient de vieux manuscrits, que chacun, se précipitant dans la chambre, plongea le bras dans la poudreuse bibliothèque avec un

empressement aveugle. Je m'emparai comme les autres
du premier registre qui me tomba sous la main, et je
commençais à le feuilleter, quand je me pris à regarder
nos dames. Elles offraient une scène charmante. Toutes,
au risque de souiller leur fraîche toilette d'été, parcouraient avec des yeux avides les in-quarto et les in-folio
dont elles s'étaient saisies ; les plus jeunes avaient les
plus gros. Leurs petites mains blanches diparaissant
dans les grands feuillets de ces lourdes paperasses, en
partie rongées par les souris, en sortaient couvertes
de poussière. C'était à faire rire les plus sérieux. A
peine avait-on lu deux lignes, que chacun voulant les
communiquer aux autres, tous parlaient à la fois, et il
s'ensuivait un petit désordre très-amusant. Nos recherches ne restèrent cependant pas sans résultat. Un
de ces registres, parcouru un peu plus longuement que
les autres, nous donna connaissance d'un procès intenté par un seigneur de Harzé au messager Gilson.
Celui-ci était accusé d'avoir fait payer vingt-cinq sous
un comestible du prix de dix-huit, et qu'en sa qualité
de messager, il était allé chercher à Liége, pour figurer
dans un repas que le noble seigneur donnait à ses parents et connaissances après la mort de son épouse.
Harzé avait une cour de justice où le pauvre Gilson fut
jugé et peut-être condamné. Je dis *peut-être*, car n'ayant
pas eu le temps de continuer nos recherches, nous
sortîmes de la salle ignorants de ce qui advint de l'accusé qui nous intéressait déjà. Cependant comme il y
avait toujours, dans ces temps de justice exceptionnelle,
plus de chances probables pour la corde que pour le
pardon, chacun de nous put, en se retirant, faire à
son aise les réflexions qu'il trouva convenables, sur la
parcimonie et la justice de nos vénérables ancêtres.

Un magnifique escalier royal bordé par une rampe en fer d'un assez beau travail nous conduisit dans les appartements supérieurs dont je ne dirai rien par une excellente raison : c'est qu'il n'y a rien à en dire. En effet, c'étaient toujours des chambres nues et délabrées, sans aucun vestige remarquable. Nous arrivâmes ensuite à la chapelle du château ; nous l'examinâmes du haut d'une espèce de tribune communiquant avec les appartements par un petit corridor : cette tribune, sorte de loge réservée, y occupe la place du jubé dans nos églises. C'est là que le châtelain et sa famille allaient entendre l'office. Un prie-dieu et quelques escabeaux chargés de poussière s'y voient encore. Bien qu'ils n'eussent en eux-mêmes rien d'extraordinaire, je les considérai longtemps ; ils me rappelaient le moyen âge, et je l'ai déjà dit., j'aspirais sans cesse à rencontrer quelques restes des temps de la féodalité. — Ici donc, me disais-je, s'est humblement agenouillé un de ces fiers seigneurs dont le genou ne se pliait que devant Dieu et leur dame ; ici s'est réunie pour la prière, besoin du cœur par qui tous sont encore égaux, une de ces familles à qui la force conférait sous le titre de privilèges, le droit odieux d'opprimer. La hache des révolutions a passé sur ces temps d'inégalités absurdes et de tyranniques injustices ; le moyen âge a fait place à une société libre où le mouvement civilisateur est immense, et à laquelle je ne reproche que deux choses qui, à dire vrai, lui ont souvent été reprochées : la première, c'est d'avoir substitué à l'aristocratie féodale l'aristocratie de l'or ; la seconde, c'est la guillotine.

Nous traversions pour quitter le château, la grande cour par laquelle nous y étions entrés, quand on nous proposa de visiter une dernière pièce. Heureux de trouver encore une occasion d'exercer notre insatiable curiosité, nous acceptâmes. Aussitôt une petite porte glissa en criant sur ses gonds rouillés, s'ouvrit, et nous fit voir un cabinet des plus riants. De ses croisées étroites et hautes, la vue errait avec plaisir sur une vaste étendue de campagnes, variée de tous les accidents d'un sol pittoresque. Les murs du cabinet étaient couverts d'une tenture assez bien conservée représentant la vie de l'enfant prodigue ; mais ce qui nous causa la plus agréable surprise, ce furent les bas-reliefs dont les hautes plinthes étaient ornées. Les prenant pour des sculptures, je promenai innocemment le bout de ma canne sur leurs gracieux contours ; tout-à-coup ma canne glisse ; je me baisse pour regarder ; c'était de la peinture en fresque, mais si naturelle, si vraie, qu'un plus habile en eût sans doute été la dupe. C'était, sauf le talent, Zeuxis cherchant à soulever le rideau d'Apelle.

Cet antique château peuplé de souvenirs et de traditions, si vaste, si sombre et si désert, nous retenait depuis plusieurs heures ; nous le quittâmes enfin, charmés de la manière dont nous y avions passé notre temps. Le soleil se couchait, et ses derniers rayons, luttant avec les premières ombres, ne projetaient plus que de vagues lueurs. Il faisait nuit quand nous rentrâmes à Aywaille. Si quelque jour je retourne dans ce beau pays, j'irai revoir le château de Harzé, mais ce ne sera que pour traverser encore le charmant vallon qui y mène.

F. H. COLSON.

Politique Internationale.

LE DROIT D'AUBAINE.

(DEUXIÈME ARTICLE).

Nous avons vu , dans un premier article , que le tribunal de Tournay avait posé un précédent trois fois désastreux , 1° en repoussant l'étranger des successions ouvertes en Belgique et en violant ainsi à son égard les lois de la propriété et de l'hérédité ; 2° en répudiant le droit de réciprocité , et en maintenant l'incapacité de l'étranger dans le cas même où un Belge serait admis , en vertu des lois , à succéder dans le pays auquel appartient l'étranger ; 3° enfin , en refusant à l'étranger le droit de concourir avec des indigènes , nonobstant l'existence de traités formels qui auraient aboli, en sa faveur, les droits d'aubaine et de détraction. Nous avons dit que cette décision était profondément hostile aux principes nouveaux qui doivent régir les relations internationales, qu'elle allait au-delà de l'esprit et du texte de la législation impériale , et qu'elle aggravait encore gratuitement, et en haine de l'étranger , des rigueurs déjà intolérables. Enfin nous avons démontré qu'il suffisait d'ouvrir notre Constitution pour se convaincre que les garanties données à la propriété, que la protection spéciale accordée à l'étranger, à sa personne et à ses biens, devaient à tout jamais faire reculer et évanouir le droit d'aubaine, son principe et toutes ses conséquences.

Pendant que le tribunal de Tournay semblait ainsi comme à plaisir relever le drapeau des hostilités internationales, et appeler sur la Belgique, par une provocation imprudente, de dures représailles, le tribunal de Liége suivait, lui, d'autres inspirations, et accordait une première satisfaction aux réclamations de l'équité et aux exigences de la politique. Dans un jugement mémorable et que nous regrettons de ne pouvoir reproduire textuellement, il plaçait l'étranger en Belgique sous la protection du traité de Paris, du 30 mai 1814, et il prouvait à l'évidence, avec toute l'autorité de la loi, du droit et de la raison, que les traités abolitifs du droit d'aubaine effaçaient la double incapacité de l'étranger, et le plaçaient, sous tous ses rapports, sur la même ligne que l'indigène.

Voilà donc la jurisprudence qui, sur cette importante question, hésite, doute, se combat et se réfute elle-même : c'est beaucoup. A Tournay, l'incapacité de l'étranger, même en présence des traités qui abolissent le droit d'aubaine, résulte d'un article du Code, et est presque considérée comme un article de foi ; à Liége, on en juge autrement, et, dans ce cas, on appelle libéralement l'étranger aux bénéfices du droit commun. Ce n'est plus maintenant, comme du temps de Pascal, une rivière ou une montagne qui sépare la vérité de l'erreur et décide du bien et du mal ; dans le même pays, à quelques lieues de distance, la même loi recevra les interprétations les plus opposées , et la même personne sera tour-à-tour incapable à Tournay et capable à Liége , au gré des décisions contradictoires de l'arbitraire judiciaire. Et nous vivons sous l'empire de la codification et de l'unité de jurisprudence !...

Comment donc sortir de cette anarchie et que faire ? Attendre que les jurisconsultes oublient leur humeur querelleuse pour adopter avec une touchante unanimité une règle uniforme ; que les Cours d'appel , saisies de l'examen de la question , dissipent l'obscurité qui l'embrouille ; que la Cour de cassation vienne à son tour clore le débat , en jetant dans la balance le poids de son expérience et de son autorité ? Attendre ! quand les Cours d'appel vont sans doute reproduire entre elles le conflit qui a divisé les premiers juges ; quand la Cour de cassation elle-même sera impuissante à trancher la difficulté ; quand, malgré l'autorité de sa décision , un obscur tribunal de 1re instance pourra recommencer la querelle , et quand un demi-siècle peut-être nous verra roulant dans le même cercle vicieux de contradictions en contradictions et d'absurdités en absurdités. Attendre ! quand chaque jour, à chaque heure , la propriété peut être violée , l'hérédité ébranlée , et la parenté outragée jusques dans ses prérogatives les plus saintes. Attendre ! quand la nature , l'humanité et le droit sont là qui nous dénoncent des attentats sacriléges et en demandent justice.

Non, non , hâtons-nous, car il n'y pas de temps à perdre. Dénonçons au pouvoir législatif, comme une calamité publique , l'arrêt de proscription lancé contre les étrangers ; disons et répétons à satiété que l'existence du droit d'aubaine au XIXe siècle est une honte pour le pays qui le supporte. Législateurs , juges , publicistes, jurisconsultes et citoyens , réunissons nos efforts pour qu'une institution souillée d'iniquité et qui n'a que trop longtemps révolté toutes les sympathies humaines , soit rejetée de nos codes , et cesse de porter à la moralité publique et à l'honneur national les plus funestes atteintes (1).

Comment donc cet usage impie s'est-il mêlé à la législation des peuples modernes et est-il arrivé jusqu'à nous ? Pour en expliquer l'origine , on s'est livré à de nombreuses recherches , à d'interminables discussions, et cent hypothèses contradictoires ont été hasardées. Les uns l'ont fait venir des Lombards , les autres l'ont fait découler de la loi Salique ; les uns ont cité Charlemagne et les autres Louis-le-Débonnaire ; ceux-ci n'y ont vu qu'une réminiscence des traditions de l'antiquité et ceux-là ont prétendu qu'il avait été introduit en France en haine des Anglais , pour répondre à la défense que fit Eduard III aux Français d'habiter dans ses états *sous peine de la vie*. On s'est ainsi perdu en efforts et en subtilités pour éclaircir un problème historique assez insignifiant : quant à la question morale, on a passé outre avec dédain , personne ne s'en est occupé, et parmi les publicistes et les jurisconsultes de la vieille école , il ne s'est pas trouvé une seule voix pour plaider

(1) On nous assure qu'une circulaire de M. le ministre de la justice vient d'être adressée aux tribunaux, pour constater l'état de la jurisprudence dans ses rapports avec les diverses questions que soulève le droit d'aubaine. S'il est permis de se livrer aux espérances que cette honorable initiative fait concevoir, le scandale, que nous avons dénoncé, ne tardera pas à disparaître.

la cause de la sociabilité et pour jeter à une iniquité révoltante un cri de colère et d'anathème.

Pour comprendre cette indifférence, il faut se rappeler la dégradation qui avait pesé sur le monde à la suite de l'anarchie féodale. Au sein de cette féodalité pillarde et guerrière, les exactions les plus odieuses se couvraient du nom de droits. Ces nobles aventuriers qu'on vit successivement commander les Cotteraux, les Aragonais, les Basques, les Mainades, les Malandrins, les Tardsvenus, les Escorcheurs, les Grandes compagnies, les Mille diables, les Gailleris, etc., étaient plus propres à rédiger le Code du brigandage que le Code du droit des gens. Propriété, liberté, famille, droits et devoirs, morale et justice, tout ce qu'il y a de saint parmi les hommes, était impudemment foulé aux pieds par l'aristocratie en délire. L'étranger ne devait pas être traité avec plus de faveur que le serf; comme lui il devait être taillable et corvéable à merci, et le droit d'aubaine n'avait pas, après tout, un caractère plus odieux que les droits d'échouage, d'épave, de bâtardise, de main-morte, de prélibation, et cent autres attentats dont on ne pensait pas même à contester la légitimité.

Remontez plus loin, jetez un regard sur cette antiquité, que le pédantisme de collége nous a fait longtemps considérer comme l'école du perfectionnement social, et vous y verrez des rigueurs plus odieuses et des doctrines plus impitoyables encore. L'étranger est un ennemi (1), son pied souille le sol qu'il foule, son haleine empoisonne l'air qu'il respire, sa présence est

_____

(1) *Peregrinus antea dictus hostis.* (Cicéron.)

une insulte aux Dieux et aux lois de la cité ; qu'il fuie ou qu'il meure.

Le peuple scythe immole à Diane, et, s'il faut en croire les historiens, mange les étrangers que la fatalité pousse sur son territoire. Sparte les chasse de son sol pour les empêcher de corrompre ses mœurs farouches et de surprendre les prétendus secrets de l'état ; Athènes elle-même, la ville au beau langage, aux formes élégantes, à la civilisation avancée, ne se montre pas moins intolérante, et Rome à son tour succède à ces rigueurs, en portant, dans les lois *Mutia* et *Licinia*, la peine de mort contre les étrangers qui viendraient résider dans ses murs.

Voilà l'antiquité et son droit public ! En adoptant ce point de départ, il fallait des siècles avant que l'humanité pût secouer des traditions de vengeance et de sang. Aussi, vainement la parole chrétienne vient-elle faire retentir au sein de ce vieux monde, qui appelle une régénération radicale, le dogme saint de la fraternité des hommes ; les divisions et les haines se perpétuent, et les préventions populaires résistent, tant les doctrines du progrès ont d'obstacles à vaincre pour se répandre, tant est lent le travail de décomposition que les sociétés ont à subir, pour se dépouiller des langes du passé et arriver à une vie nouvelle.

Aussi, quand, pour la première fois, il fut question de lever en partie l'interdit qui frappait l'étranger, et de restreindre les effets les plus désastreux du droit d'aubaine, l'humanité, la morale et l'équité n'eurent pas même l'honneur de cette initiative, car elle fut inspirée par des considérations toutes positives, par des considérations d'ordre matériel : l'accroissement du commerce et les progrès de l'industrie (1).

C'est ainsi qu'en France, dès le temps des foires de Champagne et pour en augmenter l'importance, l'exemption d'aubaine fut accordée aux marchands étrangers qui s'y rendaient. Plus tard ce privilége fut étendu à d'autres foires et concédé à la ville de Lyon entre autres par lettres-patentes de Charles VII, Louis XI et Charles IX. Les lettres-patentes autorisaient le marchand étranger à disposer de ses biens à titre gratuit, elles validaient le testament qu'il aurait pu faire, et abandonnaient sa succession *ab intestat* à ses héritiers naturels sans qu'ils fussent tenus de payer aucune finance. Quand enfin Louis XIV voulut importer en France les principales industries des nations voisines, et élever ces manufactures royales, seul souvenir durable des magnificences dispendieuses de son règne, il s'empressa d'y appeler les étrangers en les affranchissant du droit d'aubaine, et il accorda la même faveur à ceux qui viendraient travailler aux mines, au desséchement des marais, ou prendre du service dans la marine. (Edits de 1662, 1663, 1664, 1687, etc.).

Ce n'était là toutefois qu'une tentative tronquée et qu'une réparation incomplète. Qui donc viendra mettre un terme à l'injustice, raffermir l'empire de la morale, et rappeler à la France et au monde l'inviolabilité des droits et le respect des devoirs sociaux ? Qui ? l'Assem-

_____

(1) Citons une louable exception : les écoliers étrangers n'étaient pas soumis au droit d'aubaine. Ils en ont été dispensés en faveur des sciences *dont l'empire spirituel s'étend par tout l'univers et n'a de bornes que l'ignorance et la barbarie.* (Edit de 1315).

blée constituante. A elle la gloire d'avoir déroulé le magnifique programme des réformes et des bienfaits qui allaient découler d'un ordre nouveau. Inspirée par les révélations de l'esprit philosophique, elle brise d'un même coup l'aristocratie des castes et celle des nations; elle introduit dans l'ordre civil le principe de l'égalité des hommes et jette dans l'ordre politique les bases de la confédération des peuples, et, en même temps qu'elle décrète l'indépendance des citoyens, elle prononce la réhabilitation de l'étranger; le droit d'aubaine tombe et s'écroule avec les débris de la féodalité, et, pour donner à cette abrogation la plus imposante des garanties, elle en fait une disposition fondamentale qu'elle insère dans la Constitution du 3 septembre 1791.

Quelques années plus tard, et ces inspirations généreuses sont oubliées, et l'on se retrouve en pleine réaction d'idées et d'intérêts. Les nations sont aux prises, l'ambition d'un homme les pousse les unes contre les autres, et la conquête et la guerre ressuscitent d'implacables inimitiés; le despotisme efface, de la pointe de son épée, le décret de l'Assemblée constituante, le Code civil remplace la Constitution de 91, et l'étranger est de nouveau frappé d'une exclusion, dont on cherche vainement à dissimuler le caractère odieux, en lui donnant pour excuse la légitimité des représailles.

. Certes jamais gouvernement ne fut plus hostile aux idées progressives que celui des Bourbons. Eh bien! ce fut ce gouvernement, qui semblait avoir pris pour mission de faire reculer la France du XIXᵉ siècle jusqu'au sein des misères et des absurdités de l'ancien régime, ce fut ce gouvernement, aveugle et rétrograde, qui fut contraint, par la force des choses et des idées, d'en revenir à la réforme de 91. Les articles 726 et 912 du C. C. furent abrogés par la loi du 14 juillet 1819, et les étrangers admis à succéder, à disposer et à recevoir de la même manière que les Français dans toute l'étendue du royaume.

Voilà ce que la restauration a fait en France en 1819. Et nous, en Belgique, où en sommes-nous? En 1836, une décision judiciaire est venue, à la face du monde, briser les nœuds de la parenté, violer la propriété, nier la loi de l'hérédité, flétrir l'étranger du signe de la réprobation, confisquer ses biens et ses droits, est allée enfin jusqu'à lui refuser les avantages de la réciprocité et des traités abolitifs du droit d'aubaine. Et le pouvoir législatif resterait impassible spectateur de ces exagérations subversives !

Non, il n'en sera pas ainsi, car il faudrait avant tout faire reculer notre civilisation de quelques siècles, et effacer de notre loi constitutionnelle ses principales garanties et ses plus belles dispositions.

Quand elle proclamait l'inviolabilité de la propriété (art. 11), ce n'était pas sans doute pour abandonner ensuite la propriété aux violences d'une sorte de pillage.

Quand elle repoussait avec dégoût la confiscation, refusant même de l'appliquer au crime et d'en punir le coupable (art. 12), ce n'était pas pour rétablir la confiscation sous un autre nom, et en frapper la faiblesse, l'innocence et le malheur.

Quand elle prononçait à tout jamais l'abolition de la mort civile (art. 13), ce n'était pas pour appliquer cette immorale fiction à l'étranger, et pour le traiter avec plus de rigueur que le meurtrier.

Quand elle assurait à l'étranger en Belgique la protection accordée aux personnes et aux biens (art. 128), ce n'était pas pour le dépouiller de ses biens et de ses droits, et lui offrir la spoliation et la misère en échange de sa confiance et de sa sympathie.

Quand enfin elle exaltait à chaque ligne les droits et l'indépendance des citoyens, ce n'était pas pour les soumettre à l'ignominie d'une sorte de main-morte, en frappant leurs biens d'indisponibilité, leur personne d'incapacité, toutes les fois qu'ils voudraient acquitter envers l'étranger la dette de la gratitude, de l'affection ou de la parenté.

Avant tout, il faut être conséquent. Veut-on en revenir à ces préventions égoïstes, ressuscitées de l'antiquité, qui poursuivaient l'étranger comme un ennemi? Eh bien! imitons l'antiquité et sa rudesse : avouons hautement nos haines, fermons nos frontières à l'étranger, chassons-le de notre pays, et qu'il connaisse bien, en mettant le pied sur notre territoire, les dangers qui l'attendent et la peine qui le menace. Si ces rigueurs ne nous paraissent plus aujourd'hui au contraire que d'absurdes anomalies, si l'étranger n'est plus pour nous un ennemi qu'il faut combattre, mais un allié qu'il faut accueillir, un frère qu'il faut aimer, respectons ses droits, défendons sa personne, protégeons ses biens, et que, pour lui comme pour nous, notre Constitution devienne une vérité.

Encore une fois il faut opter, car il y aurait fraude et hypocrisie à faire briller aux yeux de l'étranger les séductions d'une hospitalité généreuse pour le frapper ensuite d'une mise hors la loi. L'appeler dans notre pays en lui vantant la justice de nos lois, et lui refuser les plus simples garanties du droit civil, lui promettre

avec ostentation la même protection qu'aux Belges,
et lui ravir jusqu'aux prérogatives de la famille, l'exciter à nous apporter le tribut de son activité, de
ses capitaux et de son génie pour s'approprier ensuite
les fruits de ses travaux — mensonge, lâcheté et perfidie! De la part d'un simple citoyen, une telle dé-
loyauté constituerait une véritable escroquerie : perd-
elle ce caractère parce qu'elle serait consacrée par les
tribunaux, et parce qu'on prétendrait la faire résulter
d'un article du code?

Lorsque le droit, l'équité, l'humanité, les principes
de notre Constitution se réunissent pour protester
contre le droit d'aubaine, à quoi bon prouver maintenant qu'il est aussi désastreux pour les intérêts
matériels que pour les intérêts moraux, et que la
nation qui l'exploite en est la première victime? Toujours l'injustice retombe sur ceux qui y ont recours;
cette loi est vraie pour les peuples comme pour les
individus, et, s'il en était autrement, il faudrait nier la
Providence. L'effet du droit d'aubaine n'est pas seulement de provoquer des représailles et des hostilités;
en pesant comme une perpétuelle menace sur la tête
de l'étranger, il l'éloigne d'une terre inhospitalière,
il le force de porter ailleurs les ressources de son
activité et de son industrie, il enchaîne cet élan qui
porte aujourd'hui les peuples à s'unir et à confondre
leurs idées, leurs sympathies, leurs besoins et leurs
intérêts; il suffira bientôt pour mettre un pays au ban
des nations, pour le renfermer dans l'isolement et le
conduire par l'isolement au suicide.

Brisez donc les entraves et appelez l'étranger à prendre
part au concours. Qu'il vienne admirer et seconder le

développement industriel qui remue le pays , nous apporter et recevoir de nous des initiations à des progrès nouveaux. Qu'il trouve, parmi nous , des lois pour
protéger sa personne et ses biens, et des tribunaux,
non pour légitimer , mais pour venger les atteintes qui
leur seraient portées. Respect au travail , à l'industrie,
à la propriété, à la famille! Une société morale et tra-
vailleuse a mieux à faire que de suivre les traditions
du brigandage féodal. Si l'hospitalité est un devoir pour
les individus , elle est pour les nations un calcul de
prudence, car toujours elles y trouvent de nouvelles
sources de prospérité , de grandeur et de puissance.

Toutes ces vérités sont depuis longtemps devenues
triviales à force d'être répétées, et le droit d'aubaine
lui-même est tombé aujourd'hui dans un tel discrédit,
que le gouvernement a volontairement abdiqué l'odieuse
prérogative que la jurisprudence voudrait lui restituer.
Depuis 1830 de nombreuses successions se sont ouvertes
en Belgique, elles comprenaient des immeubles , elles
appartenaient et étaient dévolues à des étrangers qui
ne pouvaient invoquer ici ni l'autorité des traités, ni
même le droit de réciprocité , et le gouvernement
n'a pu ignorer ces diverses circonstances. Eh bien!
il a respecté le droit des héritiers naturels , ils se sont
mis en possession des biens , ils les ont aliénés sans
opposition, et, par cette tolérance, le gouvernement
s'est rendu le digne interprète des sentimens de justice
et de moralité du pays.

Le droit d'aubaine peut donc être considéré, dès à
présent, comme aboli de fait, mais cette abrogation
tacite ne suffit pas. L'intérêt privé est prompt à s'effrayer,
des doutes existent dans quelques esprits , et la décision

du tribunal de Tournay vient de leur donner une nouvelle consistance. En ce moment, et à la suite de cette fatale décision, de vastes propriétés sont frappées d'inaliénabilité, d'importantes transactions suspendues, et une foule de familles menacées jusques dans leurs moyens d'existence. Il est temps que la loi parle et qu'elle parle hautement, car il faut raffermir la propriété, relever l'hérédité, protéger les intérêts légitimes, défendre les droits acquis, faciliter la transmission des biens, rassurer ces nombreux étrangers qui peuplent notre territoire, et leur prouver que la nation belge a d'autres ressources que la confiscation et le pillage pour remplir les caisses de l'état.

Le droit d'aubaine aboli, ce n'est donc plus que le droit de *succéder aux regnicoles et en concurrence avec eux,* qu'on peut contester à l'étranger, suivant la distinction introduite par le tribunal de Tournay et puissamment réfutée par le tribunal de Liége. Fondée ou non, cette distinction doit tomber devant la prévoyance de la loi dont le pays sans doute ne tardera pas à être doté. Après avoir proscrit, au nom de la dignité nationale, et dans un intérêt de politique et d'équité, l'un des plus grands abus des temps modernes, le législateur ne souffrira pas qu'il reparaisse sous le masque de l'égoïsme individuel. La confiscation, exercée dans un intérêt privé, est bien plus odieuse encore que lorsqu'elle est réclamée par l'état. Dans les mains du gouvernement le droit d'aubaine peut à la rigueur se confondre avec le droit de conquête; mais, dans les mains des particuliers, il reprend son véritable caractère et ne peut plus être considéré que comme une sorte de vol, qu'on nous passe l'expression.

Et si la diplomatie refuse de s'associer aux intentions bienfaisantes de la loi que nous sollicitons, si elle n'en continue pas moins à faire peser sur nous, chez les nations étrangères, les violences auxquelles nous aurons renoncé, que faire? persister à accomplir un devoir de dignité nationale et de convenance politique. Que le gouvernement belge s'efforce de stipuler avec les autres nations les avantages de la réciprocité, nous encouragerons ses efforts et nous applaudirons à son succès. Mais dût-il échouer dans cette mission, nous n'en demanderions pas moins qu'on effaçât immédiatement du Code civil les articles 726 et 912, et que la propriété, l'hérédité et la famille reçussent une nouvelle sanction d'inviolabilité. La réciprocité, un moment refusée, résulterait inévitablement de la force des choses, car il n'est pas de gouvernement assez inique pour pouvoir longtemps répondre à de généreuses concessions par des actes d'une violence brutale, et si un aussi stupide égoïsme pouvait exister, mieux vaudrait encore en être victime qu'en partager la honte.

Dans tous les cas, sachons faire la part des peuples et celle des gouvernemens, et gardons-nous de faire retomber sur les individus la responsabilité des fautes et des méfaits de ceux qui les exploitent. La politique de l'absolutisme, dans l'espoir de prolonger de quelques jours encore son agonie, peut s'appliquer à relever des barrières qui de toutes parts s'écroulent, à diviser les nations et à perpétuer leurs inimitiés; mais la politique de la liberté doit distinguer les innocens des coupables, et adopter d'enthousiasme tout ce qui peut établir entre les peuples la solidarité des droits, des devoirs, des idées et des intérêts.

Qu'on se rassure donc : il ne s'agit, en réhabilitant l'étranger, ni de sacrifier les droits des citoyens, ni de froisser les exigences de l'honneur national. L'entraînement du devoir est ici d'accord avec les exigences de l'intérêt. Croyons-en le témoignage d'une voix grave et impartiale. « Ce n'est pas, disait Mr. de Serre »en présentant à la chambre des pairs le projet de loi »relatif à la suppression du droit d'aubaine, ce n'est »point par un mouvement de générosité que nous vou- »lons effacer les différences relatives aux successions »et aux transmissions de biens, *c'est par calcul.* »

Avant lui, et en 1789 déjà, au moment où il s'agissait de réduire au paiement du 10ᵉ le droit d'aubaine, le comte de Vergennes écrivait les lignes suivantes: « l'objet de la loi proposée est d'appeler les étrangers en »France et de les déterminer à y former des établis- »semens permanens. Nous n'avons aucun intérêt à »désirer que notre exemple soit suivi par les puis- »sances étrangères ; bien au contraire, si nous avions »quelque vœu à former à cet égard, ce serait qu'elles »voulussent bien multiplier les gênes que les sujets du »roi éprouvent en fixant leur demeure dans leurs états, »et qu'au lieu de les attirer chez elles par des faveurs, »elles les repoussassent par des vexations. C'est ici l'un »des cas où le défaut de réciprocité de la part des »autres doit tourner essentiellement à notre avantage. »

Necker aussi avait dit en 1789. « Ce n'est pas sur la »demande du ministère anglais qu'il faut se presser »d'abolir le droit d'aubaine, c'est plutôt malgré lui »qu'il faut le faire. Cette suppression ne doit pas être »considérée comme un acte de condescendance mais »comme un acte de politique. La réciprocité n'est

»jamais raisonnable quand elle ne peut exister qu'à
»son propre dommage, et le droit d'aubaine est encore
»plus nuisible aux nations qui l'exercent, qu'aux étran-
»gers dont on usurpe ainsi la fortune. »

C'en est assez, ce nous semble ; finissons-en donc car
c'est prostituer le raisonnement que de s'en servir pour
démontrer des vérités, dont l'évidence doit frapper
tous les esprits et dominer toutes les consciences. Le
libéralisme de 1837 ne sera pas moins généreux que
l'absolutisme de 1787, et la Belgique affranchie ne se
laissera pas surpasser par la France de la restauration.
Il y va pour elle d'une question d'honneur, d'intérêt
et d'avenir. Cette illustration, qui s'attachait jadis aux
trophées de la guerre et aux lauriers de la victoire,
elle peut la conquérir aujourd'hui par la sagesse de
ses lois, la tolérance de ses mœurs, la dignité de
ses institutions. Déjà ses lois politiques l'ont placée à la
tête de la civilisation européenne, et elle ne quittera
pas ce noble poste pour se remettre à la queue de la
féodalité et perpétuer le legs de la barbarie. Elle a
d'autres inspirations à suivre et d'autres exemples à
donner : opposer au fait le droit, à la force brutale
l'intelligence, répudier à jamais les préjugés de l'erreur
et les exactions de la violence, laisser aux derniers
représentants de l'absolutisme le triste privilége de
fouler aux pieds les droits des individus et des nations,
les pousser par l'excitation de l'exemple, dans les voies
de la réforme appeler à elle les sympathies des peuples
et placer le nouveau code du droit des gens sous la
sanction des principes de la morale universelle, tels
sont les devoirs qu'imposent à notre nationalité son
origine démocratique, la foi des promesses et les espé-

rances d'avenir. Ces devoirs, la Belgique saura les remplir, et elle sera fière de prouver au monde, en effaçant de ses lois une monstrueuse iniquité, qu'il n'y a de moralité que dans la liberté, et que les peuples les plus libres sont aussi les plus justes (1).

ADELSON GASTIAU.

(1) M. le ministre de la justice vient de présenter à la chambre des représentans (séance du 5 avril), un projet de loi relatif à *la réciprocité internationale en matière de succession*. Espérons que la chambre s'occupera encore, dans la session actuelle, de l'examen de cet important projet, dont l'adoption ne saurait rencontrer la moindre difficulté, s'il est conforme, comme nous l'espérons, aux principes de morale et d'éternelle justice que nous avons exposés et développés.

LA BELGIQUE EN 1577

ET

𝕸𝖆𝖗𝖌𝖚𝖊𝖗𝖎𝖙𝖊 𝖉𝖊 𝕹𝖆𝖛𝖆𝖗𝖗𝖊 (1).

PREMIER FRAGMENT.

Don Juan d'Autriche, fils naturel de Charles-Quint, précédé de l'immense renommée qu'il avait acquise durant les guerres contre les Turcs, battus par lui cinq années auparavant (2), mais entouré de toutes les défiances que jetait sur un fondé de pouvoirs un commet-

(1) Il s'agit ici de la fille de Catherine de Médicis, épouse de Henri, roi de Navarre (le Béarnais), et sœur du roi de France Henri III. On sait que cette princesse était aussi célèbre par sa beauté que par la dissolution de ses mœurs et par son esprit : elle a laissé des *Mémoires* délicieusement écrits.

(2) Le baron de Jomini, dans l'*Aperçu des principales expéditions d'outre mer*, fait remarquer que la fameuse bataille de Lépante, dans laquelle les Turcs perdirent 30,000 hommes et 200 vaisseaux, arrêta Mustapha-le-Cruel dans une invasion qui eût enseveli le monde : il est permis de dire que Don Juan sauva la civilisation. C'est dans ce sens que l'on peut rappeler ces paroles de l'abbé de Choisy, dans l'*Histoire de l'Eglise :* « Don Juan, »comme vengeur de la chrétienté, est le héros de toutes les »nations. »

tant de Philippe II , était arrivé à Luxembourg le 4 novembre 1576.

Par une coïncidence singulière , les troupes espagnoles , privées de solde et livrées à l'indiscipline la plus effrayante , avaient , précisément le même jour , fait irruption dans l'opulente ville d'Anvers qu'ils avaient livrée au massacre et au pillage (1).

Bien des gens , et surtout les patriotes belges , avaient tiré de cet évènement un horoscope sinistre ; ils avaient hautement déclaré que le sang qui venait de couler , que les richesses qui venaient d'être anéanties dans la première cité des Pays-Bas , annonçaient assez que le ciel n'était pas pour le gouvernement nouveau qui allait s'établir (2) : Don Juan lui-même frémit d'épouvante et d'indignation à la nouvelle du sac d'Anvers , la première ville maritime du monde à cette époque.

D'ailleurs , une longue expérience des maux qu'avait causés à notre malheureuse patrie l'administration de l'Espagne , portait tous les esprits à la défiance : le duc d'Albe avait trempé le sol belge d'un sang qui semblait ne pas vouloir y pénétrer , et qui restait à la surface pour crier vengeance.

Vainement , depuis six années , vingt mille têtes étaient tombées sous la hache du Conseil des Troubles (3) ; vainement la terreur avait été opposée à l'insurrection ; vainement une nouvelle législation criminelle avait semblé offrir des facilités à la répression (4) ;

---

(1) Strada et tous les historiens.
(2) Vandervinck , l'abbé Pagi.
(3) Muller , *Histoire universelle*.
(4) Les édits du 9 juillet 1570.

27

lous ces moyens extrêmes, semblables au souffle révolutionnaire, n'avaient fait qu'attiser le feu de la révolte, que fortifier l'esprit d'indépendance. Il eût fallu, dans ces temps d'exaltation furieuse, arracher le cœur au dernier des Belges, pour rétablir l'ordre dans les provinces bouleversées.

Le duc d'Albe avait rendu insoutenable la position déjà si difficile du gouvernement espagnol. Il fallut finir par transiger avec l'atrocité, et l'on envoya, pour calmer la tempête, le faible commandeur de Castille. Requesens ne fit rien. Placé dans une alternative pénible, il ne pouvait donner ni raison, ni satisfaction aux révolutionnaires ; ne se dessinant jamais, il ne sut inspirer aucune confiance, et la finesse qu'il croyait posséder, lui manquait. Enfin, il mourut subitement (1) sans avoir rien réparé, abandonnant à l'anarchie le pays déjà déchiré par la révolution.

Le conseil d'état se saisit de l'administration ; suivant les règles constitutionnelles, cette compagnie politique était, dans l'absence d'un gouverneur-général, investie du pouvoir : mais le prince d'Orange, les Etats de Hollande et la partie la plus exaltée des patriotes, trouvèrent dans cette circonstance une raison plausible de secouer immédiatement le joug espagnol, et de proclamer l'indépendance.

Guillaume-le-Taciturne agit dans ce sens ; il parvint à dissoudre le conseil d'état ; il renferma quelques-uns de ses membres (2), et il se croyait à même de réaliser son projet, quand le duc d'Aerschot, aussi ambitieux

(1) Le 5 mars 1576.
(2) Dejonghe, *Collection des résolutions des États-Généraux.*

que le prince, et soupçonnant que l'intention de ce
dernier était de réunir en lui-même le pouvoir souverain, souleva des protestations puissantes qui l'arrêtè-
rent dans ses entreprises.

Guillaume était trop adroit pour se laisser convaincre ;
peut-être les intentions qu'on lui prêtait n'étaient-elles
pas réelles : quoiqu'il en soit, il se hâta de provoquer
la réunion des Etats-Généraux des provinces pour délibérer sur les destinées du pays.

La réunion eut lieu : peu de jours suffirent pour
poser les bases d'un traité à arrêter avec le gouvernement espagnol ; l'opinion à peu près unanime des députés rendit facile la fixation des garanties qui parais-
saient indispensables, et dès le 8 novembre 1576, l'acte
connu sous le nom de PACIFICATION DE GAND était proclamé.

Il s'agissait de le faire accepter par le cabinet de Ma-
drid, et certes, avec un homme comme Philippe II, ce
n'était pas chose facile (1). Les Etats demandaient beaucoup dans les dix-neuf articles du traité : il fallait un
oubli du passé, le départ des troupes espagnoles, la
suspension de tous les décrets et la destruction de tous
les monuments du duc d'Albe, d'odieuse mémoire ; on
réclamait, outre l'amnistie, des garanties contre l'op-
pression et les empiétements à venir ; pardessus tout,
la conservation des franchises et des priviléges de la
nation.

Les négociations avec Don Juan, qui s'était arrêté à
Marche en Famenne, furent pénibles et longues au gré
de l'impatience populaire. Don Juan réclama l'intervention de Gérard de Groesbeek, prince-évêque de Liége,

---

(1) Eremundus, *Origo belgarum tumultuum.*

pour applanir les difficultés et pour engager les états-généraux à apporter moins de raideur et moins d'inflexibilité dans leurs exigences. Philippe II lui-même invoqua la médiation de l'empereur Rodolphe qui ne fit rien et qui n'empêcha pas que, grace à la noble persévérance des Etats, la pacification de Gand ne fût publiée, le 17 février 1577, sous le nom d'*Edit perpétuel*, sorte de Charte qui fut ratifiée par le roi d'Espagne le 7 avril suivant.

La joie des populations fut délirante (1) ; une loi venait d'être imposée à Philippe II ; son ministre Don Juan fut forcé de s'y soumettre et ne conservait qu'un pouvoir borné ; il semblait désormais impossible de voir la tyrannie et l'arbitraire s'étendre sur le peuple. L'avenir apparaissait aux classes inférieures sous l'aspect le plus riant : la paix enfin luirait sur la malheureuse patrie ; le commerce, garanti libre par l'édit, allait rouvrir ses sources longtemps taries : un peu de bonheur enfin après tant de maux soufferts !

Mais les esprits prévoyants et les hommes publics ne partageaient pas cette joyeuse sécurité (2). Ils connaissaient l'esprit espagnol ; ils connaissaient cette inépuisable duplicité qui faisait de Philippe II un tyran si accompli ; ils savaient que les appétences inquisitoriales ne cesseraient pas après les premières tentatives. Il fallait donc rester sur le *qui vive*, armé de toute l'énergie que donne la liberté ; il fallait répondre par la défiance à l'hypocrisie : le prince d'Orange savait fort bien que Don Juan avait eu la main forcée pour la signature

(1) Chapeanville, *Histoire de Liége*.
(2) Chapeauville.

donnée à Marche en Famenne, et il jugeait prudent de le surveiller.

Ces dispositions ne contribuèrent pas peu à soulever dès l'origine de graves soupçons dans la pensée, d'un grand nombre : toutefois le 1er mai 1577, Don Juan, ayant à sa droite le nonce du Pape, à sa gauche l'évêque de Liége, entouré de sept cents chevaux, précédé de deux mille quatre cents bourgeois rangés sous leurs bannières, fit son entrée au son de la *Storme* de Sainte-Gudule, dont la grande voix dominait les cris d'allégresse de la population (1).

Le pensionnaire de Bruxelles, sur le pas de l'hôtel de ville, adressa au nouveau gouverneur une allocution dans laquelle on trouvait toute la dignité d'une nation qui reçoit chez elle son souverain : le prince protesta de ses bonnes intentions. Ce fut le 3 mai qu'une députation fut nommée pour prier Don Juan, au nom des Etats, d'accepter le gouvernement ; dans la soirée l'acceptation fut proclamée à son de trompe. Dès lors la nouvelle administration était constituée.

Ce retour rapide vers des évènements récemment accomplis était nécessaire pour faire comprendre l'intervention de la reine Marguerite dans la narration qui va suivre :

Quand mourut inopinément le commandeur Requesens, quand les provinces belges se furent trouvées sans maîtres (car là où il y a trop de maîtres il n'y en a pas), la pensée fut suggérée au duc d'Alençon, frère de Henri III et de Marguerite, de pacifier et de gouverner la Belgique : des agents secrets furent expédiés dans les

(1) Dejonghe, o, c.

villes et près des hommes influents pour sonder les esprits et pour apprécier les chances de succès que pourraient rencontrer les nouveaux projets.

Parmi ces agents, nous ne citerons que Mondoucet, secrétaire du duc, homme adroit et hardi, qui parcourut beaucoup de provinces, vit beaucoup de monde et recueillit beaucoup d'espérance. Il revint, à la fin de juin 1577, rendre compte de ses démarches, et l'on conclut des renseignements obtenus qu'il était nécessaire qu'une influence décisive agît dans le sens donné, sur les personnages les plus considérables des Pays-Bas.

Mais quelle sera cette influence?

L'histoire nous apprend qu'il existait entre le duc d'Alençon et sa sœur, une amitié fort vive. Différents pamphlets de l'époque (1), des écrivains recommandables même (2) ont été jusqu'à prétendre que cette amitié avait engendré des relations que la nature range au nombre des crimes. Le duc, connaissant l'esprit fin de Marguerite, et prévoyant bien qu'elle saurait profiter de tous les avantages que lui donnait son éclatante beauté, n'hésita pas à lui développer ses vues; il lui déclara qu'il comptait sur elle pour populariser son nom et ses prétentions en Belgique; Marguerite accepta cette mission avec empressement (3).

(1) Nous citerons entr'autres deux pamphlets virulents, très-curieux à lire, intitulés : l'un *Le divorce satyrique*, et l'autre *La confession de Saucy*. On se ferait difficilement une idée de la crudité de ces écrits.

(2) M. Delacretelle, *Histoire du XVIᵉ siècle*, et plusieurs autres.

(3) Brantome fait de Marguerite l'éloge le plus ampoulé, et le portrait qu'il en donne est ravissant.

· Si ce que de méchants mémoires nous apprennent
est vrai (1), le Béarnais (depuis Henri IV) ne devait pas
être fort séduisant ; entraîné dans ces guerres cruelles et
à peine interrompues qui avaient pris naissance dans la
fameuse conjuration d'Amboise, et qu'attisa la ligue de
Péronne, il ne pouvait pas s'occuper d'une femme qu'il
n'avait jamais aimée, qu'il n'avait épousée que par
convention politique, et dont le mariage fut signalé et
ensanglanté par le massacre de la saint Barthélemy (2).

De son côté, Marguerite éprouvait pour son époux
une répugnance qu'elle ne cherchait pas à dissimuler :
tout la portait à embrasser avec ardeur la cause de son
frère, homme d'ailleurs perdu de débauches et privé
de ressources personnelles. Il ne fallait qu'un prétexte
pour justifier un voyage, et on le trouva bientôt.

Marguerite était à la cour de Henri III au moment où
la sixième guerre civile éclata, peu de temps après la
conclusion de la ligue : le Béarnais qui agissait contre
le roi, semblait ne pas permettre à son épouse de résider
dans une cour ennemie : de son côté Henri défendit à
sa sœur de rejoindre son mari. Dans cette perplexité,
Marguerite offrit innocemment d'aller, pendant la
guerre, prendre les eaux de Spa qu'elle se fit ordonner par son médecin pour un prétendu érésipèle au
bras, et comme la princesse de la Roche-sur-Yon se
disposait à faire le même voyage, tout fut bientôt ar-
rangé, et les deux princesses, avec leur suite, quittèrent
Paris au commencement de juillet 1577.

(1) Les *Mémoires* de Tallement de Réaux.

(2) On célébra le mariage de Henri IV, la nuit du 23 au 24
août 1572.

Don Juan fut instruit de ce voyage dont il connaissait le motif réel. Dès le mois de juin, il avait fait part aux états de ces intrigues qui l'offusquaient (1), mais obligé de dissimuler, il prit la résolution de recevoir magnifiquement la reine de Navarre, et le 7 juillet il écrivait au compte de Lalain, gouverneur de Hainaut, pour l'informer de l'arrivée de la reine qui voyageait sous le nom de duchesse de Vendôme, et pour lui donner l'ordre de se rendre aux limites de la province avec toute la noblesse qu'il pourrait rassembler, afin de recevoir dignement la fille, la sœur et l'épouse de monarques puissants.

Don Juan écrivit en outre qu'il se rendrait de son côté à Namur où il recevrait la reine. Ce projet parut singulier au comte qui répondit, le 8 juillet, qu'il était plus naturel et plus conforme à l'étiquette de se rendre à la frontière pour recevoir une reine régnante; mais Don Juan ne changea point de résolution, et il avait pour cela de puissantes raisons. (2),

Ces raisons, les voici :

Dès son entrée en Belgique, le soupçon s'était emparé de l'esprit de Don Juan; il se défiait du prince d'Orange qu'il avait voulu s'attacher en l'investissant d'un grand pouvoir; il voyait un ennemi puissant dans le duc d'Aerschot qui occupait la citadelle d'Anvers; il haïssait les Etats dont l'autorité toute populaire s'exerçait aux dépens de la sienne: enfin il ne rêvait qu'embûches,

(1) Dejonghe.
(2) Ces détails nous sont fournis par la correspondance originale de Don Juan, laquelle repose aux Archives du royaume, et que nous avons lue attentivement.

conspirations , attentats. Ces désolantes convictions étaient nourries par Octave de Gonsague, son confident et son ami, qui avait les Belges en horreur et qui était grand partisan de la sainte inquisition et de Philippe II.

De leur côté, les Etats renvoyaient au gouverneur-général la défiance qui les tourmentait. Des lettres écrites en chiffres par Don Juan à Philippe II, et dans lesquelles celui-là demandait, contrairement à la Pacification, des troupes espagnoles, des fonds et l'autorisation de récupérer une autorité presque annullée, avaient été interceptées et remises au Béarnais qui les envoya au prince d'Orange, son ami politique: elles furent publiées (1); cette publication dépopularisa complètement le gouverneur et réveilla contre lui toutes les haines endormies.

Don Juan le comprit, et dès lors il chercha à pourvoir à sa sûreté; il profita du passage de Marguerite à Namur, pour se rendre dans cette ville; il avait l'intention de s'emparer de la citadelle, commandée en ce moment par le comte de Berlaimont qui lui était dévoué; une fois maître de cette position, il se croyait assez fort pour affronter les évènements (2).

De son côté la reine de Navarre ne perdit point de tems. Le 15 juillet elle arriva à Cambray. Bauduin de Gavre, sire d'Inchy, gouverneur de cette ville, reçut

_____

(1) Voltaire, l'abbé Pagi, et tous les historiens.

(2) Ce projet réussit le 24 juillet 1577, et les Etats ressentirent une vive indignation que ne calmèrent point les explications fournies par le baron de Rassenghien de la part de Don Juan. Ce fut peu de temps après que le duc de Parme arriva en Belgique.

la belle voyageuse avec une galanterie charmante : ce
qui se passa dans le palais du bon gouverneur, nous ne
saurions le dire, mais il est certain que le pauvre d'Inchy fut complètement séduit, et qu'il fit toutes les
promesses désirables. Marguerite, escortée par d'Inchy,
partit pour Mons, où elle arriva le 17 dans la soirée.
Le compte Philippe de Lalain avait été la recevoir à
Valenciennes, avec deux ou trois cents cavaliers de la
noblesse lesquels lui firent fête et courtoisie.

La reine trouva sans doute la conquête de De Lalain
plus difficile que celle de d'Inchy, car elle resta à
Mons jusqu'au 23 juillet ; elle jugea cette conquête
d'autant plus importante que le comte était un des seigneurs les plus puissants des Pays-Bas, peu partisan de
Don Juan, mais caressant pour son pays des idées
d'indépendance dont il fallait fléchir la rigueur. Aussi,
pour amollir les résistances qu'elle rencontrait, la jeune
reine de vingt-cinq ans déploya toutes ses séductions et
toutes les ressources de son esprit, et elle finit si bien
par se concilier les cœurs, qu'elle laissa à Mons une
foule de partisans, au nombre desquels se trouva
De Lalain.

Il se passa peu de chose à Namur : la réception y fut
magnifique ; le 24 juillet Don Juan offrit un festin d'apparat auquel assistèrent la suite de Marguerite, toute
la noblesse flamande convoquée à cette occasion et les
autorités de la ville ; la plus stricte étiquette fut observée : Don Juan, connaissant les projets de Marguerite, ne l'eût sans doute pas fêtée avec tant d'éclat, s'il
n'avait eu en vue de s'emparer de la citadelle de Namur ;
d'un autre côté, Marguerite qui voyait, dans son hôte,
un obstacle vivant à l'accomplissement des projets du

duc d'Alançon, ne pouvait que simuler une affabilité qu'elle ne puisait pas dans son cœur (I).

Toutefois Don Juan ne revit pas Marguerite sans quelque émotion : il y avait peu de mois que, traversant la France pour se rendre en Belgique, déguisé, et passant pour le secrétaire d'Octave de Gonsague, il s'était arrêté à Paris afin de conférer avec l'ambassadeur d'Espagne ; il avait profité de ce séjour pour visiter les Tuileries, recemment achevées, et pour voir toute la cour à un grand repas où le public était admis comme spectateur. Là il fut frappé de la saisissante beauté de Marguerite : en quittant Paris il emporta cette image charmante qu'il aimait à revoir dans ses souvenirs. Depuis, la politique et les embarras de son gouvernement avaient détruit une passion naissante, qui ne laissa pas de faire monter quelque fumée au cerveau du jeune gouverneur de trente-deux ans, lorsqu'il revit celle qu'il avait presque aimée.

En quittant Namur, Marguerite ne croyait pas qu'une imprudente démarche allait perdre à jamais l'homme qu'elle regardait comme le compétiteur du duc d'Alençon. Au reste, se rendait-elle à Liége seulement parce que la princesse de la Roche-sur-Yon s'y rendait, et pour soigner sa santé ? Ne cachait-elle pas quelque projet d'alliance, ne chercherait-elle pas à engager le puissant Evêque de Liége à servir son frère ? Il est permis de le croire si l'on considère que le voyage de la reine de Navarre n'avait qu'un but. D'ailleurs, il est à

(1) Marguerite donne dans ses mémoires une foule de détails charmants ; nous citerons ceux qui concernent la vie privée de la famille De Lalain.

remarquer que Liége avait beaucoup souffert de l'état de troubles dans lequel se trouvait les Pays-Bas , soit à cause du passage fréquent des troupes espagnoles , soit par le siége que le prince-évêque et le peuple liégeois avaient eu à soutenir contre le prince d'Orange , soit enfin à cause de l'invasion des idées démocratiques et schismatiques que trouvaient des partisans hardis dans quelques nobles bourgeois de la cité. L'Evêque devait donc désirer la pacification des Pays-Bas et y prêter les mains si l'occasion se présentait; le duc d'Alançon servirait en outre de barrière au luthéranisme , cause première de la révolution. D'après cela , nous pouvons croire qu'au moment où elle apparut comme la Déesse de Grâces au milieu du peuple liégeois , la belle reine avait formé un plan d'attaque fort habile et dont certes on ne l'eût pas crue capable, à voir ses séduisantes coquetteries et sa jeune candeur.

CH. FAIDER.

Tribunaux Vhémiques.

PROCÈS ET CONDAMNATION DE HENRI-LE-RICHE.

DUC DE BAVIÈRE.

1429.

En 1835, le docteur Tiersch, bibliothécaire à Dortmund, petite ville située en Westphalie, à 15 lieues de Cologne, y découvrit, dans le local des Archives, sous une trappe en fer, une liasse de papiers dont l'étiquette portait : *Nul homme vivant, hormis un Franc Juge, ne lira ceci.*

Parmi ces pièces, relatives à trois grands procès qui eurent lieu de 1420 à 1435, on trouva *trente actes* ayant pour objet la condamnation, par un tribunal vhémique, de Henri-le-Riche, duc de Bavière. Tous étaient remarquables ; non seulement ils présentaient une procédure complète, mais encore ils faisaient connaître, mieux que les traités qui ont été écrits sur ce sujet, la constitution et la puissance d'un tribunal contre lequel l'autorité impériale vint se briser plus d'une fois. Outre la plainte, les trois citations et le jugement, ce dossier contenait les lettres pleines d'arrogance et de menaces de l'empereur Sigismond, les réponses pleines de dignité et de force des Francs-Comtes, et les circulaires du tribunal vhémique portant ordre à tous les initiés d'exécuter la sentence.

Les pièces qui ont été envoyées à Dortmund, de la Westphalie, sont en original et munies des sceaux de l'empereur et des princes. Quant à celles qui ont été expédiées de Dortmund, il n'en existe que des copies, et quelquefois des minutes fort difficiles à lire.

Avant de donner l'historique du procès intenté au duc Henri, disons deux mots sur la nature de la juridiction des tribunaux vhémiques. Cette juridiction, en tant qu'elle relevait immédiatement de l'empire, sans aucune dépendance des seigneurs territoriaux, était secrète ou publique. La juridiction secrète avait pour objet en règle générale la répression des crimes, et était exclusivement exercée par les Francs Comtes et les Francs Juges, initiés aux secrets de la Vheme, conformément aux statuts publiés par Charlemagne et confirmés par ses successeurs. La jurisdiction publique s'étendait sur les affaires civiles et les moindres délits, et pouvait être exercée par tout noble ou chevalier investi de ce mandat par l'empereur. Longtemps les séances des tribunaux vhémiques, secrets et publics, se tinrent dans les mêmes lieux, et en plein air, avec cette différence cependant que les initiés seuls pouvaient assister à celles des tribunaux secrets.

Tous les habitans du Saint-Empire étaient justiciables des tribunaux vhémiques *secrets*, qui siégeaient même, en certains cas, comme tribunaux d'appel, et exerçaient alors le suprême pouvoir. Ainsi, quiconque ne pouvait obtenir justice devant la juridiction dont il ressortait immédiatement, trouvait un appui dans ces tribunaux. Un déni de justice quel qu'il fût suffisait pour donner à la cause un caractère vhémique.

Chaque initié (Franc Juge) était obligé, par son serment, de dénoncer au tribunal secret tout délit vhémique *suffisamment établi*, et de provoquer la condamnation de l'accusé; d'où il résultait que, dans le système de la procédure vhémique, la plainte emportait présomption de culpabilité, et imposait au prévenu l'obligation de se justifier par tous les moyens de droit.

Dès qu'un tribunal secret avait admis une plainte, il en donnait acte au plaignant, qui, muni de ce titre, pouvait se présenter devant tout autre siége, et y poursuivre la condamnation de son adversaire. La plainte devait être faite par un initié, et c'était aussi à un initié que l'accusé devait confier sa défense.

Les Francs Juges joignaient à la juridiction le pouvoir exécutif, et comme ils étaient répandus sur toute la surface de l'Allemagne, l'exécution de-leurs sentences était presqu'inévitable.

Les tribunaux vhémiques ne pouvaient siéger que sur la *terre rouge*, c'est-à-dire en Westphalie, où devait également se conférer l'initiation. Il en existait un dans les environs de Dortmund, et un autre à Bodelswinck. C'est par ce dernier que fut jugé le duc Henri dont nous allons maintenant relater le procès.

Le Concile de Constance avait mis un terme au grand schisme d'Occident; mais les troubles de l'Empire continuaient, et acqueraient, chaque jour, une gravité nouvelle, par le développement de l'hérésie des Hussites. A la faveur de ces désordres, les différentes branches de la maison de Bavière, qui se prétendaient lésées par l'inégalité de partages faits à une époque antérieure, saisirent l'occasion d'en appeler à la voie des armes, pour

faire redresser les injustices dont elles se plaignaient.
Deux maisons puissantes, celles de Landshut et d'Ingolstadt, se signalèrent par l'acharnement de leur lutte.

La maison de Landshut était représentée par Henri-
le-Riche, Comte Palatin du Rhin. Entraîné par ses passions ardentes dans une carrière de vices et de crimes,
ce prince avait de bonne heure dissipé son héritage, et
soulevé contre lui, par ses rapines et ses violences, les
habitans des pays soumis à sa domination. Pour se
soustraire à la haine qui le poursuivait, il avait été
obligé de remettre les soins de son gouvernement à un
haut dignitaire de l'église, et de se retirer en Prusse,
où il était entré au service de l'ordre teutonique. Mais
après une absence de quelques années, il revint dans
ses états et reprit les rênes du pouvoir, malgré l'opposition qu'il rencontra de la part de quelques grands
vassaux. Un changement profond s'était opéré en lui.
A ses habitudes de prodigalité et de dissipation avait
succédé un esprit d'économie et d'avarice poussé au-
delà de toutes les bornes. Le besoin d'amasser de l'or
le tourmentait au point qu'il avait fait, disait-on, remplir d'argent et de joyaux la tour de Borghausen. Une
semblable passion devait naturellement le porter à de
nouveaux excès. Pour la satisfaire, il ne tarda point à
recommencer le cours de ses brigandages, et à susciter
aux princes, ses voisins, des querelles meurtrières.

Au nombre de ces derniers se trouvait le chef de la
maison d'Ingolstadt, Louis-le-Barbu, qui, ainsi que
Henri, portait les titres de Comte Palatin du Rhin et
Duc de Bavière. Le caractère de ce prince était humain
et pacifique. Jamais il n'avait fait mettre à mort aucun
de ses vassaux, pour quelque crime que ce fût, tant il

avait horreur du sang. Aussi fallait-il qu'il fût bien pénétré de la justice de sa cause pour se décider à la défendre les armes à la main. Adversaire déclaré de Henri, il aurait bien voulu transiger avec lui sur différens droits de propriété en litige, mais sentant que Henri était trop fougueux pour prêter l'oreille à de semblables propositions, il recourut à la force.

Pendant quelque temps, Louis, appuyé par la majorité de la noblesse et surtout par les villes, lutta, avec avantage, contre Henri. Mais bientôt, fatigué de la prolongation d'une guerre aussi antipathique à ses mœurs, il se retira en France auprès de sa sœur Isabelle, femme de Charles VI. Là, il épousa la duchesse Anne de Bourbon, dont il eut Louis-le-Bossu, et plus tard, en secondes noces, Catherine d'Aleson, sœur de la reine de Chypre. Mais ayant eu la douleur de perdre ses deux femmes, dans un court espace de temps, et ne pouvant s'habituer à vivre au milieu des troubles qui désolaient la France, pendant la folie de Charles VI, il revint à Ingolstadt, espérant y trouver le repos. Mais à peine fut-il de retour que de nouvelles contestations s'élevèrent entre lui et Henri, au sujet de la propriété de quelques domaines, et la discorde se ralluma entre les deux princes, avec d'autant plus de violence qu'elle était attisée par un grand nombre de nobles qui avaient cherché, auprès de Louis, un refuge contre les violences de Henri.

Le plus courageux et le plus rusé d'entre eux, était Gaspard Von Thoringen, grand veneur héréditaire de Bavière. A l'instigation de ce seigneur qui avait été dépouillé par Henri de tous ses biens, et chassé de son château avec sa femme et son enfant, Louis porta enfin

28

plainte à l'empereur Sigismond qui se trouvait au Concile de Constance. Il dénonça Henri comme un prince déprédateur et perturbateur de la paix publique, et invoqua contre lui la juste sévérité de l'empereur et des représentans de l'église.

Henri offensé résolut de tirer une vengeance éclatante de cet affront, et fixa le 12 novembre 1417 pour l'exécution de son projet. Debout de grand matin, il revêtit sa cuirasse, ceignit son épée, monta à cheval, et se dirigea, accompagné de quatre hommes d'armes, vers l'habitation de l'évêque de Hohenlohe. Un dejeûner splendide avait réuni, chez ce prélat, l'empereur Sigismond, le duc Louis et quelques autres seigneurs. Henri se posta au détour d'une rue voisine pour épier la sortie du duc. Son attente ne fut pas longue. Louis parut, suivi de trois pages, et tandis qu'il s'acheminait paisiblement vers son hotellerie, il fut assailli par Henri et ses quatre cavaliers, qui le désarçonnèrent et lui firent de larges blessures. Louis se défendit avec vigueur, arracha même l'épée à Henri, mais, accablé par le nombre, il succomba, et fut laissé pour mort sur la place. Henri, aussi lâche que cruel, prit immédiatement la fuite, et ne reparut plus

Cet évènement, considéré comme un abus criant de la force, produisit une sensation profonde. L'empereur donna à son général Gauthier Von Schwartzenberg l'ordre de poursuivre l'assassin, et se mit lui même sur ses traces avec un escadron de cavalerie. Mais toutes les recherches furent vaines, et l'empereur rentra en ville, sans avoir atteint le fugitif.

Le Concile, toujours assemblé, intervint dans cette sanglante querelle, et déclara Henri *félon*, perturbateur du repos public, ennemi du saint Concile et de toute la Chrétienté, le dépouilla de ses droits et possessions, et le mit au ban de l'empire ; mais lorsque l'empereur voulut prononcer et faire exécuter cette sentence, le Margrave Fréderic de Brandebourg, beau-frère de Henri, se jeta à ses pieds, et parvint, par ses supplications et ses prières, à faire suspendre l'exécution du jugement, jusqu'à ce que l'on connût le résultat des blessures de Louis.

Cet ajournement fut un véritable deni de justice. La sentence tomba dans l'oubli, les exactions de Henri, devenu plus insolent par l'impunité, continuèrent, et le duc Louis vit échouer, contre l'indifférence de Sigismond, toutes ses tentatives pour obtenir réparation de l'attentat dont il avait failli être la victime. Un seul moyen extra-judiciaire lui restait encore. Otto Columna venait d'être élevé à la papauté, sous le nom de Martin V. Louis apprit cette nouvelle, et quoique malade et faible encore, il se fit porter à la rencontre du nouveau pape au moment où celui-ci se rendait à la cathédrale, accompagné d'un cortége de princes, se jeta à ses genoux, et demanda justice contre le déprédateur et l'assassin. Le pape, touché de ses malheurs, lui promit aide et secours, et le renvoya avec des paroles de consolation, qui, mieux que tous les baumes, accélérèrent la guérison de Louis.

Mais le pape n'était pas plus disposé que l'empereur à faire exécuter la sentence du Concile. Cédant probablement aux sollicitations de Sigismond, il envoya, peu de temps après, son légat Branda à Regensburg, pour rétablir, s'il était possible, la concorde entre Henri et Louis, qui se faisaient une guerre plus acharnée que jamais. Cette mission ne fut pas sans fruit. Le légat parvint à faire conclure par les deux princes une trève temporaire qu'il se flatta de voir convertir un jour en un traité de paix durable. Mais il fut trompé dans ses calculs. Louis, irrité de la faiblesse des dépositaires du suprême pouvoir de l'église et de l'empire, résolut enfin d'invoquer la justice des tribunaux vhémiques, qui étaient alors si universellement redoutés, et se porta l'accusateur de Henri.

Henri paraît avoir été l'objet d'un double procès vhémique. De la première action, il reste le jugement avec tous les actes qui l'ont suivi ; de la seconde, il reste la plainte, les citations, et d'autres actes préparatoires. Sans entrer dans tous les détails de ces procédures, nous allons en exposer la marche, et pour rester fidèles à l'histoire, nous présenterons les faits tels qu'ils se sont passés. La nouveauté en compensera l'aridité.

Au mois de mai 1429, Gaspard Von Thoringen, muni de pleins pouvoirs par le duc Louis, comparut devant le Franc Comte, Albert Swinde, à Bodelswinck, pour demander justice de la trahison dont le duc Henri s'était rendu coupable tant à son égard qu'envers son seigneur suzerain. La plainte fut reconnue comme pouvant servir de fondement à une action vhémique, et le duc Henri fut cité, pour la première fois par deux Francs Juges, pour la deuxième fois par quatre Francs Juges, et, pour la troisième fois par le Franc Comte Henri Christian et six Francs Juges, à l'effet de venir se justifier d'une aussi grave accusation.

D'un autre côté, on envoya à Henri un avertissement officieux, pour l'engager à terminer le différend à l'amiable, et à ne pas s'exposer à la vindicte du terrible tribunal.

Mais Henri ayant fait défaut, un grand nombre de Francs Comtes et de Francs Juges se réunirent le jour de St. Jean 1429 (1), en la cour franche de Limbourg, pour prononcer, sous la présidence du Franc Comte de Dortmund, Conrard Von Lindenhorst, un jugement contre Henri. Le tribunal, qui se composait de quarante et un Francs Juges de la noblesse, parmi lesquels on distinguait Albert Swinde, Jean Von Issen, Lambert Nedendick, et d'une foule d'autre Francs Juges, aujourd'hui inconnus, siégeait dans un vallon écarté, sur un tertre ombragé d'une aubépine (2), et autour d'une vaste table en pierre bleue qui offrait aux regards un lacet et un glaive, posés en croix. On s'assura si aucun profane n'assistait à *la tenue*, et après l'accomplissement de cette formalité, qui se terminait quelquefois par la mort du malheureux qu'une imprudente curiosité avait attiré, mais qui, dans le cas actuel, ne fut suivie d'aucune

(1) Les dénominations de *Francs* comtes, de *Francs* juges d'*initiés*. L'emblème du *glaive*, l'usage adopté par les tribunaux *vhémiques* de se réunir, pour juger les causes importantes, le jour de *la fête de St. Jean*, jour consacré à la célébration de la fête de l'ordre des *Francs-Maçons*, nous semblent démontrer l'existence de relations assez intimes entre cet *ordre* et l'institution des tribunaux vhémiques *secrets*.

(2) Cet arbre existe encore aujourd'hui, mais il n'offre plus qu'un tronc vide presqu'entièrement dépouillé de son branchage. Aux environs de Dortmund, sur une éminence, on voit également deux tilleuls et quelques débris de bancs de pierre qui ne laissent pas le moindre doute sur le lieu anciennement affecté aux réunions du tribunal *vhémique*.

exécution de ce genre, la séance s'ouvrit, et Gaspard
Von Thoringen parut devant le tribunal.

Il demanda d'abord qu'on lui donnât un prélocuteur
(avocat) choisi parmi les initiés, et la Cour lui ayant
accordé sa demande, il exposa l'objet de sa plainte.
Puis les débats proprement dits s'ouvrirent, et voici en
quels termes les pièces authentiques du procès en rendent compte :

Alors Gaspard prénommé nous pria, au nom de Dieu,
au nom du Saint Empire Romain, et au nom du bon
droit, de faire pleine justice du duc Henri, et de lui
adjuger, à lui Gaspard, les fins de sa plainte, en vertu
des *documens* déposés, invitation à laquelle nous étions
tenus de déférer d'après nos sermens, et conformément
aux devoirs que nous imposait l'*allégeance* qui nous liait
au Saint Empire. C'est pourquoi, moi Franc Comte
Albert Swinde, j'ai demandé si le *document* et la lettre
cachetée que Gaspard a produits et exhibés, si les citations et les ordonnances délivrées par d'autres tribunaux
qui avaient autorisé la poursuite d'après les droits du
Saint Empire et de la *vheme*, étaient suffisantes pour
permettre à la cour de recevoir la plainte de Gaspard,
et si le *document* produit était valable, régulier et digne
de créance. Sur ce, le *document* fut ouvert par les Francs
Juges, inspecté et lu, et il en résulta clairement que
le duc Henri avait été cité, une première fois par deux
Francs Juges, une deuxième fois par quatre Francs
Juges, et une troisième fois par six Francs Juges et
par le Franc comte Henri Chrétien Von Sograve de
Nordenau, le tout conformément aux usages du tribunal
secret. Le *document* portait le sceau du Franc Comte
Henri Chrétien qui lui-même avait intimé l'assignation,

ainsi qu'il fut attesté par le comte héréditaire Conrard et le Franc Comte Albert Swinde.

Ensuite un homme irréprochable, apte à porter les armes, chevalier sans conteste, déclara *pour droit* que, puisque deux Francs Comtes disent et reconnaissent que le duc Henri a été assigné à comparaître à Bodelswingh, en vertu de l'ordonnance délivrée par six Francs Juges et un Franc comte conformément aux règles du tribunal secret, et puisque Gaspard Von Thoringen produit des lettres scellées qui l'autorisent à porter sa plainte devant nous, le tribunal vhémique est duement saisi de la cause du duc Henri, et peut y statuer.

Alors, moi Franc Comte Albert, j'ai demandé si quelqu'un voulait prendre la défense de l'honneur et des droits de Henri, et j'ai réitéré cette question une deuxième et une troisième fois, et comme personne ne se présentait pour défendre Henri, Gaspard Von Thoringen a demandé, par l'organe de son prélocuteur, que la Cour fit pleine justice de Henri, qui s'était rendu coupable d'une méchanceté horrible tant à l'égard du duc Louis qu'à l'égard du pays et de la noblesse.

Sur ce, moi Franc Comte Albert, et les autres Francs Comtes qui siègent avec moi, pour rendre bonne justice, nous avons demandé si Gaspard Von Thoringen était prêt à appuyer sa plainte et à en démontrer le fondement d'après les prescripts du tribunal.

Alors Didier Von Wickede, brave homme, apte à porter les armes, et vrai chevalier, prononça *pour droit* que Gaspard avait à justifier et à démontrer par témoins les fondemens de sa plainte, le tout conformément aux usages du tribunal.

Alors Gaspard demanda, par l'organe de son prélocuteur, qu'on lui indiquât juridiquement la manière de
justifier sa plainte, et aussitôt un Franc Juge déclara,
pour droit, que Gaspard lui-même et avec lui six Francs
Juges d'une réputation irréprochable, et jouissant de la
plénitude de leurs droits, devaient attester, sous la foi
du serment, que le duc Henri s'était rendu coupable à
l'égard du duc Louis, de Gaspard et d'autres, de la
félonie qu'on lui reprochait, et que, cette preuve four-
nie, on aurait à adjuger à Gaspard les fins de sa plainte
contre Henri, dont il obtiendrait ainsi pleine justice,
d'après les droits et les statuts du Saint Empire romain,
en matière de justice secrète.

En conséquence, Gaspard et son prélocuteur deman-
dèrent à être admis à produire les témoins conformément à la marche qu'on venait de leur tracer.

Ainsi le même Gaspard se présenta devant nous Francs
Comtes, siégeant en cour vhémique, et produisit six
Francs Juges qui étaient disposés à l'appuyer de leur
témoignage, et à affirmer sous serment que Henri s'était
rendu coupable du crime repris à la plainte, et pour
lequel Gaspard l'avait dénoncé au tribunal.

Alors, moi Franc Comte Albert, j'ai demandé au
tribunal, aux simples chevaliers et aux Francs Juges
présens, s'il était à la connaissance de l'un ou de l'autre
d'entre eux, que les personnes qui suivaient Gaspard,
et qui venaient lui apporter le secours de leur témoignage, eussent jamais forfait à l'honneur. Cette demande
ayant été réitérée deux et trois fois, tous les Francs Juges
répondirent qu'ils n'avaient jamais appris ou entendu
dire autre chose si ce n'est que c'étaient des hommes
honorables, probes, *et entiers dans leurs droits.*

Alors, moi Franc-Comte Albert, j'ai demandé si cette preuve était satisfaisante et complète, et si les témoins étaient réellement intègres et irréprochables, et le Franc Juge Didier Vonderreke a répondu que la preuve était satisfaisante, et que, puisque ces témoins étaient irréprochables, *et entiers dans leurs droits*, leur témoignage était suffisant pour faire adjuger au plaignant les fins de sa demande, et qu'ainsi les faits par lui allégués devaient être considérés comme prouvés en droit.

En conséquence, Gaspard, assisté de son prélocuteur, se présenta devant nous Francs Comtes siégeant en cour vhémique, et produisit ses témoins, gens honorables, probes, irréprochables, et jouissant de tous leurs droits, ainsi qu'il a été dit et vérifié, lesquels s'agenouillèrent devant la Majesté Royale, représentée par le tribunal où nous Francs Comtes prénommés nous siégeons en vertu de l'autorité Souveraine, et affirmèrent sous serment que le méfait dont on a parlé avait été commis par Henri, au mépris de Dieu, de l'honneur, du droit et du Saint Empire romain.

La plainte étant ainsi confirmée devant nous et le tribunal secret, et le duc Henri étant endurci dans le crime, et n'ayant dans une affaire aussi grave produit aucun acte en réponse, ce à quoi l'honneur et le droit l'obligeaient.

D'après ces motifs :

Moi Franc Comte Albert, aidé et assisté des Francs Comtes prénommés qui occupent avec moi le siége,

Déclare que Henri, qui s'intitule Comte Palatin du Rhin et Duc de Bavière, a encouru les censures du souverain et de la cour vhémique;

Qu'il sera retranché du nombre des grands pour

passer dans celui des déchus, du nombre des justes
pour passer dans celui des injustes, du nombre des élus
pour passer dans celui des maudits ;

Que l'usage des quatre élémens que Dieu a donnés
pour consolation à l'homme, lui est interdit, que son
corps ne se mêlera à ces élémens que pour être anéanti
par eux, en expiation de son crime, et que les fiefs
qu'il tient du Saint Empire seront confisqués au profit
de l'empire et du roi ;

Et Henri prénommé, qui se dit Comte Palatin du
Rhin et Duc de Bavière, est en outre condamné par le tribunal comme méprisable, haïssable, infame, perturbateur du repos public, indigne de toute protection,
ayant encouru l'indignation de la cour vhémique, mé-
ritant qu'on le traite comme tout autre homme qui
aurait subi pareille condamnation, et même avec plus
de rigueur, attendu que, plus le rang du coupable est
élevé, plus sa chute est profonde ;

Et à l'avenir il ne sera et il ne s'appellera plus *Prince*,
et il ne possédera plus ni droits ni justice ;

Et nous Francs Comtes susnommés ordonnons à tous
Rois, Princes, Nobles, Chevaliers, Ecuyers, et à tous
ceux qui sont soumis à l'Empire, qui en dépendent et
qui sont Francs Juges, et en général à tous Francs Juges, en vertu du serment qu'ils ont fait et prêté au
Saint Empire et au tribunal secret, de veiller à l'exécution de notre sentence, sans céder à des considérations
de parenté ou d'alliance, de peine ou de plaisir, d'or
ou d'argent, de crainte de vie ou de mort, afin que
Henri, qui se dit Comte Palatin du Rhin et Duc de
Bavière, soit justicié de corps et de biens, le tout conformément aux droits du Saint Empire et des cours
vhémiques.

Nous les requérons également de réparer , autant qu'il est en eux , les dommages essuyés, les pertes éprouvées, et les douleurs souffertes par le duc Louis , ainsi que les maux qu'on a fait endurer à ses sujets et vassaux , en pillant, dévastant et incendiant le pays , le tout d'après ce que requiert la dignité du Duc; de réparer aussi , envers Gaspard Von Thoringen , les chevaliers et le pays , conformément aux usages admis , les torts qui leur ont été faits , par Henri, qui se dît Duc de Bavière , au mépris de Dieu, de l'honneur et du Saint Empire;

Et Henri , qui se dit Duc, ne jouira plus à l'avenir de priviléges , de liberté , de sauf-conduit , si ce n'est dans les lieux saints , attendu que toute cette procédure a été examinée par nous avec maturité, et en observant toutes les formes prescrites par les lois du Saint Empire, pour les tribunaux secrets (1).

Immédiatement après que ce jugement fut rendu par le tribunal vhémique , les Francs Comtes qui y avaient participé firent inviter, par écrit, tous les Francs Juges à contribuer, dans la mesure de leurs pouvoirs , à l'exécution de la sentence (2).

La lettre que les Francs Comtes Conrard Von Linden-

---

(1) La traduction de ces pièces, dont les originaux sont en *bas saxon*, a offert à l'auteur de l'article l'occasion de faire une remarque assez intéressante : c'est qu'il existe , entre le patois flamand qu'on parle aujourd'hui à *Maestricht* , et le *bas saxon* tel qu'on le parlait au XV° siècle, une analogie et une affinité telles que celui qui comprend l'un , comprend également l'autre sans difficulté.

(2) L'Allemagne, à cette époque, en comptait *cent mille*. La ville d'Ausbourg seule en renfermait trente-six.

borst et Albert Swinde écrivirent au chevalier Wolfsterner, qui habitait la Bavière, a été conservée et
porte ce qui suit :

Au Franc Juge D. Von Wolfsterner,

Comme nous n'avons pas le Duc Henri sous la main,
et que vous autres vous demeurez dans son pays, nous
vous exhortons, en vertu du serment que vous avez
prêté à la *Sainte Vheme*, et au nom de la puissance
royale dont l'exercice nous est attribué, à poursuivre le
Duc Henri de toutes vos forces, et à requérir à votre
tour les Princes, Seigneurs, Chevaliers, Ecuyers, et
tous ceux qui sont Francs Juges, de vous prêter aide
et secours, afin que l'infame subisse le châtiment qu'il
a mérité. Tout initié qui ne vous prêtera point secours
sera déchu de la Vheme. En outre nous vous exhortons,
en vertu de la même autorité, à faire connaître à tout
Seigneur, soit ecclésiastique, soit laïc, Comte, Chevalier, Ecuyer, à tout habitant des villes, villages ou
bourgs, qui aurait juré fidélité à Henri, qu'ils sont
relevés de leur serment, et à les engager à lui refuser
obéissance et hommage. Tout ce que vous aurez fait
dans cette affaire, l'aura été par nous et pour nous,
et nous vous donnerons aide et secours ainsi qu'il conviendra.

Les Francs Comtes, etc.

Ils firent aussi écrire à différens vassaux du Duc Henri
pour les engager à lui refuser l'hospitalité et à se soustraire à son allégeance. Parmi les documens du procès
se trouve le modèle d'une pareille circulaire qui se termine en ces termes :

« C'est pourquoi nous vous ordonnons, sur l'honneur
et sur la vie, de ne donner ni aide ni protection au Duc

Henri, de ne point lui obéir, de ne point lui donner asile, et de lui refuser toute consolation humaine; si vous ne déférez point à cet avertissement, et que nous fussions informés de votre désobéissance, votre vie et votre honneur seraient en péril. »

Enfin les Francs Comtes communiquèrent également à l'empereur Sigismond la sentence prononcée contre Henri, et le chargèrent de la faire mettre à exécution. Dans la lettre qu'ils envoyèrent à cet effet, ils rappelèrent à l'empereur l'atrocité du crime de Henri, crime, disaient-ils, qui faisait saigner tout cœur chrétien. Le tribunal vhémique l'avait donc condamné avec justice, et maintenant il était du devoir de l'empereur de faire exécuter la sentence, afin qu'un exemple salutaire fût donné, et que le bon droit et le tribunal vhémique ne fussent pas accusés d'impuissance.

Il est douteux que cette lettre soit parvenue à Sigismond, mais ce qui ne l'est point, c'est que le Duc Henri parvint à se soustraire à l'exécution de la sentence.

En effet, l'an 1430, une seconde plainte, ayant pour objet quelques-uns des mêmes faits pour lesquels Henri avait déjà été condamné, fut portée devant le tribunal vhémique, par un nouvel accusateur. Cette fois, l'empereur Sigismond tenta d'évoquer la cause, mais le tribunal vhémique lui opposa ses anciens priviléges, et répondit à ses instances réitérées, par l'organe d'un de ses Francs Comtes, ce qui suit :

A Sa Majesté l'Empereur et Roi,

Quoique votre grace royale soit infiniment sage, je dois cependant l'informer que j'ai montré les lettres qu'Elle nous a écrites à beaucoup de sages Comtes et de

juges éclairés, auxquels j'ai demandé conseil, et que
leur avis, conforme aux anciens usages de la Vheme, a
été que chaque Franc Juge est obligé·par son serment
à porter devant une de nos cours toute affaire qui, de
sa nature, est vhémique; qu'il y doit jurer de poursuivre la plainte et de se présenter au jour indiqué, et
que si alors la partie assignée fait défaut, le plaignant
est obligé de solliciter sentence contre le délinquant.
L'attaque insidieuse dont le Duc Louis a été l'objet de
la part du Duc Henri ne permettrait pas d'ailleurs que
quelqu'un entreprît de procéder avec le coupable en
justice ordinaire. Nos sermens aussi ne nous permettent
pas de nous dessaisir de la cause avant la sentence
finale, et votre Grace Royale considérera que ce serait
en vain qu'un Empereur, un Roi, ou un Prince tente-
rait de venir au secours d'un homme souillé d'un pareil
forfait. Un prince qui prétendrait le faire me semblerait
porter atteinte aux institutions du grand Empereur
Charles. Votre Grace Royale nous écrit qu'Elle est le
juge suprême dans tous les tribunaux soit secrets, soit
publics, ce que je reconnais ; mais on m'a toujours
appris que vous ne pouviez exercer ce pouvoir que
sous la distinction suivante : « Le Roi des Romains est
»bien le juge suprême de la vheme, mais s'il veut juger
»en personne, il doit le faire dans un tribunal vhémi-
»que, et là, tout Franc Comte doit lui céder son fau-
»teuil; mais il n'est permis à aucun Empereur de juger
»une cause vhémique dans un autre siége que dans
»une de nos cours que l'Empereur Charles a instituées
»et organisées d'après l'inspiration divine. » Or, puisque
dans l'espèce il s'agit d'une cause vhémique, j'ose sup-
plier votre Grace Royale de laisser à la justice son cours,

et de ne pas empêcher les Francs Comtes de faire droit,
ainsi qu'il convient. Si votre Majesté voulait se rendre
en Westphalie en temps utile, je me soumettrai, comme
il est de mon devoir de le faire, à la sentence qu'elle
prononcerait du haut du siége vhémique.

Au nom du tribunal vhémique,

Le Franc Comte S.

On ignore quelles furent les suites de ce procès.
En tout cas, Henri parvint à échapper à la nouvelle
condamnation qui l'attendait, et vécut jusqu'en 1460.

Cependant le mode d'exécution des sentences vhémiques était aussi expéditif que terrible. Le premier
initié qui rencontrait le condamné était obligé de s'emparer de lui, ou, si ses forces ne le lui permettaient
pas, de le suivre et de le surveiller jusqu'à ce qu'avec
le secours d'autres initiés il pût se rendre maître de sa
personne. Le coupable saisi était pendu à un arbre en
plein champ, ou le long d'une route, et l'exécuteur de
la sentence plantait son couteau dans l'écorce, pour
faire connaître que la justice vhémique avait passé
par-là.

TH. WEUSTENRAAD.

POÉSIE.

Dans notre dernier N°, nous avons émis un jugement assez sévère sur un recueil de poésies publié par M. A. Motte, sous le titre de *Préludes poétiques et religieux*. Malgré les taches nombreuses que l'on y remarque, on y découvre cependant un véritable talent de poète. Ce n'est ni la verve ni l'inspiration qui manquent à M. Motte ; sa pensée est forte, suave, abondante, mais l'expression claire, correcte, harmonieuse lui fait souvent défaut. A l'appui de notre opinion nous aurions pu citer différentes pièces contenues dans son Recueil ; nous ne l'avons pas fait, parce que nous nous attendions à trouver bientôt l'occasion de publier des productions plus achevées. Notre espoir n'a pas été trompé. Nous reproduisons aujourd'hui une pièce de vers du même auteur qui se distingue par la religieuse tendresse des sentimens et la grace touchante de l'expression.

Un Souvenir.

> La giroflée y cache un seul nom sous ses gerbes,
> Un nom que nul écho n'a jamais répété.
> LAMARTINE.

C'était comme aujourd'hui la saison triste et sombre
    Où l'arbre commence à jaunir,
Où l'oiseau va quitter ses bois dépouillés d'ombre,
Où l'on entend pleurer des mendians sans nombre
    Sur leurs misères à venir.
Hélas! que cette époque a de mélancolie
    Dans son aspect chauve et déteint!
Qu'elle va bien au cœur la poignante harmonie
Qui monte des vallons comme un chant d'agonie
    De la nature qui s'éteint....

J'aime alors la pelouse où les feuilles fanées
    Bruissent sous mes pas errans,
Les pointes de granit de brume couronnées,
Et les vastes forêts par le vent inclinées,
    Et les jours ternes et mourans.
J'aime alors à m'asseoir au bord de la fontaine
    Seul à seul avec mon ennui,
A regarder au loin les pâtres dans la plaine,
Ou le chasseur qui va, sa carnassière pleine,
    Ses chiens en laisse autour de lui.
C'est qu'alors dans mon cœur monte une triste image,
    Un souvenir noyé de pleurs;
C'est que ce deuil qui plane au front du paysage
De mes jours écoulés me rappelle une page
    Dont chaque ligne a ses douleurs.

—

Pauvre amie! Oh! toujours je me souviendrai d'elle !
    Fille suave du printemps,
Quand un ange envieux l'effleura d'un coup d'aile,
Quand la mort sur mon cœur brisa son cœur fidèle,
    Hélas! Elle avait dix-huit ans !...

—

Un soir. — le vent pleurait dans les joncs du rivage,
Comme pour m'annoncer l'heure de mon veuvage
Et m'apprendre à gémir le psaume des douleurs;
Hélas ! mon ame encore était vide de pleurs,
Rien ne venait plisser mon front aujourd'hui sombre,
Ni dans mon jour brillant jeter l'ombre d'une ombre.
L'avenir m'appelait de ce cri décevant
Dont la mère anxieuse appelle son enfant;
Un cortège céleste au sentier de la vie
Conduisait par la main ma jeunesse hardie,
Et quand le moindre obstacle à ma course s'offrait,
Une route plus large et plus douce s'ouvrait.
C'étaient partout des fleurs, nulle part des épines,
Et mon sein, tout gonflé d'illusions divines,
N'avait de seul accent qu'une note d'amour
Où l'Espérance et Dieu frémissaient tour-à-tour.

Elle était près de moi, sur mon bras appuyée,
Sa main que je serrais à la mienne liée.
Elle écoutait, — les yeux attachés à mes yeux —
De ma bouche tomber des mots mystérieux,
Ces mots brûlans et purs que l'ame jette à l'ame,
Et qui font à la fois la plaie et le dictame.
Puis, sur la mousse humide, assis à son côté,
Je demeurai longtemps muet et transporté.
Qu'elle était belle, hélas! dans l'ombre graduée
Qui nous tombait du ciel d'étoiles mariée,
Et semblait pas à pas chasser vers l'occident
Les dernières clartés de la mer débordant.
La côte devant nous se plongeait droite et rase
Dans l'onde qui lavait le varech de sa base,
Et le bruit sourd des flots jusqu'en haut parvenu,
Roulait dans la forêt, sinistre, continu,
Imitant par momens le canon de détresse
Du navire perdu sur l'écueil qui se dresse,
Ou bien le son plaintif de l'airain dans les cieux
Du chrétien qui se meurt exhalant ses adieux.
— Vois-tu, me disait-elle, ami, dans les nuages
Courir en souriant de célestes images
Qui me tendent la main comme pour m'appeler?
Vois-tu ma blanche étoile obscurcie et déteinte,
Mourir dans les vapeurs comme une lampe éteinte
     Où l'huile a cessé de couler?
— Je ne vois dans le ciel qu'un rideau vaste et sombre
Qui jette autour de nous sa tristesse et son ombre,
Si douces à mon amour quand je suis près de toi;
Et l'étoile qui plane au milieu de la brume
Dorant de ses clartés les tourbillons d'écume
     Que le vent chasse devant moi.
— Vois-tu sur les flots noirs passer par intervalles,
Quand bruit dans mes cheveux le souffle des rafales,
Ces êtres inconnus au vol mélodieux?
Pourquoi donc leur front pâle est-il chargé de roses?
Pourquoi ces tristes voix sur les vagues écloses

Et qui vont mourir dans les cieux ?

— Je ne vois sur la mer qu'une rouge étincelle
Qui le long des ressifs avec l'onde ruisselle,
Comme un phare au pêcheur battu par l'aquilon ;
Le reflet argenté des mouettes qui passent,
Et les sillons fumans qui roulent et s'effacent
  L'un après l'autre à l'horizon.

— N'ai-je pas entendu dans le vent qui s'élève
Le sanglot de la cloche expirer sur la grève,
Avec les chants sacrés et les pieux regrets ?
Est-ce l'esprit des bois qui, le soir abandonne
Sa couche, et vient cueillir la pâle fleur d'automne
  Dans l'eau dormante des marais ?

— C'est l'écho qui gémit dans la forêt profonde
Au murmure étouffé de la vague qui gronde
En venant se briser au fond du golfe étroit ;
C'est l'oiseau qui s'envole effrayé par l'orage,
Et cherche pour asile un reste de feuillage
  Ou le nid à l'ombre d'un toit.

— Mais pourquoi dans mon cœur cette amère pensée ?
Ce froid pressentiment dans mon ame oppressée ?
Ces larmes dans mes yeux et dans mon souvenir ?
Pourquoi donc n'ai-je plus que des chants d'agonie ?
Et mon espoir, flottant indécis sur ma vie,
  A-t-il douté de l'avenir ?

Quand je voudrais chanter, ma voix involontaire,
Au lieu d'une harmonie exhale une prière ;
Et quand je pense à toi, c'est Dieu que j'ai nommé !
Si je sens sur mon front ton haleine enivrante,
Je songe au long baiser qu'au front de la mourante
  Grave en pleurant le bien-aimé.

Oh ! jadis près de toi tout me faisait sourire.
Et mon ame, pareille au socle d'une lyre,
Rendait sous ton regard des sons toujours joyeux ;
Ma vie étincelait comme un golfe où les cieux
Jettent, dans le repos d'une nuit embaumée,
Ainsi que d'autres cieux leur image enflammée ;

Quand le vent qui s'en va laisse aux agrès polis
La voile retomber flottante à larges plis,
Et, berçant la gondole à son dernier murmure,
Les vagues s'endormir dans leur lit de verdure,
J'étais heureuse alors, — dans ton amour, — ici!
Pourquoi donc maintenant n'en est-il plus ainsi?

—

Pauvre amie! Oh! toujours je me souviens d'elle!
    Fille suave du printemps,
Quand un ange envieux l'effleura d'un coup d'aile,
Quand la mort sur mon cœur brisa son cœur fidèle,
    Hélas! elle avait dix-huit ans!...

—

Voyez dans le vallon l'oiseau frêle et timide
Aux rayons d'un beau jour sous la feuillée humide
Folâtrer dans la mousse éclatante de fleurs;
Dans les gouttes d'azur il trempe, plein de joie,
Son aile diaprée où l'arc-en-ciel déploie
    Tout le brillant de ses couleurs.
Sa voix mélodieuse, à l'écho balancée,
Sur les vapeurs du soir mollement élancée,
Verse à flots l'harmonie au silence des bois,
Soit que l'oiseau sanglote un hymne de tristesse,
Ou qu'en sons palpitants il peigne son ivresse
    A la compagne de son choix.
Mais que le frais zéphir s'endorme sur les roses,
Que l'air moite et plus lourd sèche les fleurs écloses,
Que la feuille remue annonçant l'aquilon,
Qu'à l'horizon terni se déroule un nuage,
L'oiseau prendra son vol, bien avant qu'un nuage
    Ait éclaté sur le vallon.
Ainsi, sans s'arrêter devant sa vie éteinte,
Sans effrayer mon cœur d'un soupir, d'une plainte,
Doucement résignée elle ferma les yeux,
Et bénissant mon nom remonta vers les cieux.
Elle n'a point jeté dans son passé de femme,
Dévoré tout entier par l'ardeur de mon ame,

Une larme, un regard, un triste souvenir.
Pour elle mon amour était tout l'avenir!...
Mourir! en me pressant les deux mains dans les siennes,
Mourir! en me parlant, ses lèvres sur les miennes,
Mourir! en me disant un dernier mot d'oubli...
Hélas! c'était son vœu!... Ce vœu s'est accompli.

. . . .

. . . .

Elle dort! et moi seul, fidèle à sa pensée,
Vivante dans mon ame où le temps l'a laissée,
Souvent je vais prier sur la pierre sans nom
Que mes mains ont scellée en un coin du vallon.
Tout le jour en sifflant l'indifférent y passe,
L'agneau pour y brouter s'écarte de sa trace,
Et parfois un vieillard fatigué de marcher
Vient, au plus chaud du jour, sur le bord se coucher.
Une fleur solitaire, humble, triste, petite,
Y naît chaque printemps pour se flétrir bien vite,
Pareille au souvenir qui dans le cœur distrait,
Pendant une heure ou deux éveillant un regret,
D'une larme épuisé, s'éteint dans un sourire
Avant qu'autour du mort le dernier psaume expire.

Je n'ai point de mes dons paré l'humble tombeau,
Ma douleur n'y va pas endolorir l'écho,
Mes pleurs n'y coulent plus. — dans sa couche d'argile
Je ne l'éveille pas d'une plainte inutile;
Mais des hauteurs du ciel qu'Elle a pris pour séjour,
Dans mon cœur elle lit mon deuil et mon amour....

—

Pauvre amie! Oh! toujours je me souviendrai d'elle!
    Fille suave du printemps,
Quand un ange envieux l'effleura d'un coup d'aile,
Quand la mort sur mon cœur brisa son cœur fidèle,
    Hélas! Elle avait dix-huit ans!...

ALFRED MOTTE.

MÉLANGES.

CHEMIN DE FER BELGE.

Nous croyons faire chose agréable à nos lecteurs en publiant dans la *Revue*, le rapport fait à la Chambre des Représentans, par M. le ministre des travaux publics, sur le chemin de fer de l'état. Le *Moniteur* est le seul journal qui ait publié en entier ce document si intéressant pour nous.

Messieurs,

Après une discussion dont le pays a gardó le souvenir, vous avez, sur la proposition du Roi, décidé qu'il sera établi, aux frais de l'État, un système de grandes communications par des chemins de fer (1).

Vous n'avez pas voulu que ces grandes communications pussent tomber dans le domaine des concessions privées; vous les avez rattachées à l'existence même de la Belgique.

Cette idée était audacieuse peut-être, mais il n'y a pas de grande idée sans audace.

Les chemins de fer qui constituent ce nouveau système de communications ont pour point central Malines et se dirigent, à l'Est, vers la frontière de Prusse, par Louvain, Liége et Verviers; au Nord sur Anvers; à l'Ouest, sur Ostende, par Termonde, Gand et Bruges; au Midi sur Bruxelles, et de Bruxelles vers la frontière de France, par le Hainaut.

Les travaux ont été commencés immédiatement après la promulgation de la loi.

Trois sections ont été livrées à la circulation.

Le 5 mai 1835, celle de Malines à Bruxelles, d'un développement de 20,350 mètres;

Le 3 mai 1836, celle de Malines à Anvers, d'un développement de 23,680 mètres;

(1) Loi du 1er mai 1834.

Et le 2 janvier 1837, celle de Malines à Termonde, d'un développement de 26,750 mètres.

Ces sections présentent réunies 70,780 mètres ; c'est-à-dire plus de 14 lieues de 5,000 mètres.

L'exploitation offre donc trois périodes : durant la première, de *douze mois*, une seule section a été exploitée ; durant la seconde, de *huit mois*, deux l'ont été ; enfin durant la troisième, commencée le 2 janvier, trois le seront.

Sur chacune de ces sections le transport des voyageurs est seul organisé.

Six sections, dont plusieurs, nous l'espérons, pourront être ouvertes avant la fin de 1837, sont en exécution.

Ce sont les sections :

	Mètres.
De Louvain à Tirlemont.	18,900
De Tirlemont à Waremme	23,260
De Malines à Louvain	25,700
De Termonde à Gand	28,340
De Waremme à Ans	19,670
De Gand à Bruges	40,460

Les études de trois sections sont achevées et les opérations préparatoires terminées, au point de permettre la prochaine mise en adjudication des travaux. Ce sont les sections de Bruxelles à Tubise, d'Ans à la Meuse, et de Liége à Verviers.

Les opérations préparatoires se poursuivent sur deux autres sections : celle de Bruges à Ostende, et de Verviers à la frontière de Prusse.

Il est des obstacles qui sont inhérents à l'exécution matérielle : ceux-là l'art doit les vaincre.

Il en est d'autres, qui sont inhérents au choix des tracés, au choix des stations et aux acquisitions des terrains ; obstacles antérieurs à toute exécution matérielle et qui entraînent souvent de notables retards.

Quant au choix des tracés, la question la plus grave qui ait arrêté jusqu'à présent l'Administration, est celle que souleva la direction de l'embranchement du Hainaut : deux directions sont proposées pour atteindre Mons ; l'une partant de Bruxelles à la gauche, l'autre à la droite du canal de Charleroy; l'une par Ronquières, les Écaussines et les charbonnages du Centre; l'autre par Soignies et Castiau.

Quant au choix des stations, le Gouvernement pense que le chemin de fer doit se tenir en dehors du système d'imposition et de police municipale, dût ce principe momentanément contrarier certains intérêts locaux.

Quant aux acquisitions des terrains, nous pouvons, en général, nous féliciter des facilités que nous avons rencontrées; une section entière, celle de Tirlemont à Waremme, a été mise à exécution sans intervention judiciaire; malheureusement, au-delà de Liége, la concession de la route de la Vesdre prépare peut-être les plus sérieuses difficultés à l'Administration.

Les six sections en exécution et les cinq sections à l'étude forment, avec les trois sections ouvertes, l'objet de la loi du 1er mai 1834.

Un premier complément que nous devons dès aujourd'hui considérer comme indispensable, est la section de Gand vers Lille par Courtrai, avec un embranchement sur Tournay; l'avant-projet de cette section est très-avancé; prochainement vous serez appelés à donner cette première extension à la loi du 1er mai 1834.

Les Chambres, en abandonnant au Gouvernement la direction exclusive d'une aussi vaste entreprise, lui ont imposé l'obligation de présenter chaque année un compte détaillé de toutes les opérations.

Mon honorable prédécesseur vous a fait, le 4 août 1835, un rapport qui s'arrête au 1er juillet 1835.

J'aurais pu me borner à vous présenter un résumé des opérations à partir de cette époque.

D'après les instructions données par mon prédécesseur, j'ai cru devoir remonter jusqu'aux premiers travaux, et réunir, dans un rapport général, tous les renseignements, tant sur l'exécution que sur l'entretien et l'exploitation, depuis la promulgation de la loi du 1er mai 1834, jusqu'aux premiers jours de janvier 1837.

Ce rapport se divise en deux parties.

L'une comprend tout ce qui est relatif aux frais d'établissement, tant pour la construction de la route, que pour le matériel nécessaire à son exploitation, et tout ce qui concerne les frais d'entretien des sections successivement livrées à la circulation.

L'autre offre tous les renseignements sur le mode et sur les frais de perception, sur le montant des recettes et le mouvement des voyageurs.

PREMIÈRE PARTIE.

Frais d'établissement, d'entretien et de transport.

Cette partie du rapport est l'ouvrage des deux Ingénieurs en chef Directeurs des travaux ; ils ont fait précéder ce compterendu de considérations générales sur lesquelles je crois devoir appeler toute l'attention des Chambres.

Les dépenses d'entretien, comme celles de construction, ont été imputées sur le produit des bons du trésor et de l'emprunt.

Ces dépenses néanmoins sont présentées comme distinctes dans les comptes ; les *dépenses d'établissement* forment l'objet du Titre Ier ; les *dépenses d'entretien* celui du Titre II ; quelques *dépenses mixtes* sont réunies dans le Titre III, mais il y est renvoyé dans les deux titres précédents.

Cette distinction n'ayant jamais été perdue de vue, il est facile, quoique les imputations se soient faites indistinctement sur un fonds commun, de distinguer la nature des dépenses, et de savoir, de la manière la plus certaine et la plus précise, ce qui a été dépensé pour l'exécution proprement dite, et ce qui a été consacré aux frais d'entretien.

Les frais d'entretien et de perception, devant à l'avenir être imputés sur le budget ordinaire des dépenses de l'État, et les frais d'exécution et de premier établissement seuls sur les fonds de l'emprunt, la distinction des dépenses, qui n'était qu'une précaution administrative, sera désormais une obligation légale.

Les dépenses comprennent donc les frais de construction des trois sections achevées, les frais des travaux sur les sections

en construction, les frais d'études et d'opérations préparatoires
sur les sections en projet; enfin les frais d'entretien et d'exploitation des trois sections livrées à la circulation.

Les trois sections achevées ont coûté respectivement,

La section de Malines à Bruxelles. . .	fr.	1,290,381 00
Celle de Malines à Anvers. . . .		2,222,817 00
Celle de Malines à Termonde . .		1,618,435 00
Total pour les trois sections ouvertes . .		5,131,633 00

L'Administration n'a pas toujours pu se borner à exproprier
ce qui lui était rigoureusement nécessaire; il existe en quelque sorte des excédants d'emprises : terrains qui ont même
quelquefois augmenté de valeur par la proximité du chemin
de fer. Sans égard à cette augmentation de prix, ces terrains
le long des sections achevées, sont évalués à plus de 200,000 fr.,
somme qu'on pourra un jour déduire, au moins en partie,
du total des dépenses d'établissement.

A ces dépenses il faudra, d'autre part, ajouter une partie
des frais du matériel de transport et d'établissement des stations, frais dont le total s'élève à fr. 1,848,855.

Il se peut donc que pour les trois sections ouvertes, les
frais de construction soient réduits à cinq millions; à cette
somme il faut, dès à présent, ajouter environ un million pour
le matériel nécessaire à l'exploitation.

Toutefois, ce chiffre de six millions ne peut être considéré
comme définitif, le matériel nécessaire au transport des marchandises n'y étant point compris, et les stations n'étant
encore que provisoires ou insuffisantes.

Les sommes suivantes ont été dépensées pour les sections
en construction :

Louvain à Tirlemont	fr.	2,348,011 00
Tirlemont à Waremme . . . . . ·		1,657,828 00
Malines à Louvain		1,140,723 00
Termonde à Gand		849,238 00
Waremme à Ans		596,150 00
Gand à Bruges		12,000 00
Ensemble pour les sections en construction.	fr.	6,603,950 00

Il a été dépensé pour les sections en projet :

Bruxelles à Tubise	fr.	7,000 00
Ans à la Meuse		9,000 00
Liége à Verviers.		25,000 00
Bruges à Ostende et Mons à la frontière.		7,500 00
Gand sur Lille et Tubise à Mons . . .		6,500 00
Total pour les sections en projet . .	fr.	55,000 00

Les dépenses d'entretien et d'exploitation se répartissent de la manière suivante :

1° *Entretien et police de la route proprement dite.*

Section de Malines à Bruxelles {	du 1er mai 1835 au 1er mai 1836 fr.	54,646 70
	du 1er mai 1836 au 1er janv. 1837	37,326 56
Section de Malines à Anvers, {	du 1er mai 1836 au 1er janv. 1837	49,554 22

Section de Malines à Termonde (*pour mémoire*).

A cette première catégorie de dépenses il faut ajouter l'entretien des stations et des dépenses fixes, à savoir :

Du 1er mai 1835 au 1er mai 1836. . . .	1,260 14
Du 1er mai 1836 au 1er janvier 1837 . . .	564 76
Total. .	143,352 38

2° *Frais de transport.*

Du 1er novembre 1834 au 1er mai 1835. . .	4,151 50
Du 1er mai 1835 au 1er mai 1836.	121,485 59
Du 1er mai 1836 au 1er janvier 1837. . . .	167,560 77
Total. . . fr.	293,197 86

Cette deuxième catégorie de dépenses comprend les frais de transport, tant pour la consommation que pour l'entretien des locomotives.

A ces deux catégories de dépenses d'exploitation, il faut en ajouter une troisième : *les frais de perception.*

Cette troisième catégorie de dépenses est l'objet de la deuxième partie du compte-rendu

DEUXIÈME PARTIE.

Mode et frais de perception ; montant des recettes et mouvement
des voyageurs.

Il n'est pas fait mention des frais de perception dans le
compte-rendu par les deux Ingénieurs en chef Directeurs, cette
partie de l'exploitation se faisant sans leur intermédiaire.

Les frais de perception consistent dans les traitements du
Contrôleur, des commis attachés à son bureau, des Receveurs,
des commis attachés aux bureaux des recettes, des facteurs,
messagers et portiers des stations ; enfin dans les frais de papier
et d'impression.

Il faut encore comprendre dans les frais de perception, les
frais de surveillance des convois, dépenses qui consistent dans
les traitements des gardes préposés à ce service.

Voici quels ont été les frais de perception :

De mai 1835 à mai 1836 :

	fr.	
Traitements	13,502 80	
Papiers et impressions. .	4,726 50	18,229 30

De mai à décembre 1836.

			fr.
Traitements . . .	16,847 43		
Papiers et impressions. .	8,247 75	25,095 18	43,324 48

Il a été dépensé pour frais de surveillance
des convois :

De mai 1835 à mai 1836. . .	5,238 38	
De mai à décembre 1836. . .	11,496 61	16,734 99
		60,059 47

Réunissons toutes ces dépenses dans une récapitulation
générale.

Dépenses d'établissement.

		fr.	
Sections achevées, fr. au nombre de trois. 5,131,633 00			
Stations et matériel des transports. 1,848,855 00	13,639,498 00		
Sections en construction. . . 6,603,950 00			
Sections en projet. 55,000 00			

fr.
14,136,047 71

Entretien et exploitation des trois sections achevées.

Entretien de la route proprement dite. 143,352 38		
Frais de transport. 293,197 86	496,609 71	
Frais de perception. 60,059 47		

Il faudrait ajouter à ce total 470,691 fr. , pour fournitures en magasin et qui attendent leur destination , et 58,917 fr. pour dépenses extraordinaires ; la somme dépensée ou engagée serait alors de 14,665,655 fr. 71.

La somme intégrale de 14,665,655 fr. 71 a été imputée sur les crédits ouverts par les lois du 1er mai 1834 et du 18 juin 1836.

Si les frais quelconques d'entretien et d'exploitation avaient pu être imputés sur le budget ordinaire de l'Etat, la somme disponible sur les fonds spéciaux destinés aux travaux d'exécution serait plus considérable d'un demi-million environ ; c'est une circonstance qu'il ne faut pas perdre de vue.

Tout en faisant supporter aux fonds de construction les frais d'entretien et d'exploitation , le Gouvernement a fait verser au trésor public la recette entière , fr. 1,094,130 35 , montant du produit du 5 mai 1835 au 31 décembre 1837.

Nous avons vu , qu'en anticipant sur l'année 1837 , il faut distinguer trois périodes dans l'exploitation ; c'est d'après cette distinction qu'il est nécessaire d'examiner les deux tableaux suivans, dont l'un est relatif au *montant des recettes*, l'autre au *mouvement des voyageurs :* aucune de ces périodes n'offre d'expérience complète ; nous sommes réduits à compléter les résultats par des conjectures.

RECETTES.

PREMIÈRE PÉRIODE. — *Douze mois.*

EXPLOITATION D'UNE SECTION.

Malines à Bruxelles.

1835. Mois de mai . . . . fr.	21,588 05
juin	36,260 40
juillet	49,109 45
août	44,097 15
septembre	45,371 15
octobre	32,658 00
novembre	20,973 25
décembre	18,940 05
1836. Mois de janvier	19,288 10
février	20,195 65
mars	22,065 05
avril	28,847 85

DEUXIÈME PÉRIODE. — *Huit mois.*

EXPLOITATION DE DEUX SECTIONS.

Malines à Bruxelles et à Anvers.

1836. Mois de mai . . . . fr.	107,848 65
juin	104,443 20
juillet	110,189 55
août	116,820 50
septembre	105,615 40
octobre	85,999 90
novembre	55,080 30
décembre	48,738 70

TROISIÈME PÉRIODE.

EXPLOITATION DE TROIS SECTIONS.

Malines à Bruxelles, Anvers et Termonde.

1837. Mois de janvier.	1re dizaine . . . . fr.	18,106	00
	2e dizaine	18,143	45
	3e dizaine	21,427	35
Mois de février.	1re dizaine	20,654	65
	2e dizaine	19,416	00
	3e dizaine (8 jours).	15,802	45
Mois de mars.	1re dizaine	22,085	90
	2e dizaine	23,065	45

MOUVEMENT DES VOYAGEURS.

1re PÉRIODE. — *Section de Malines à Bruxelles.*

MOIS.	BRUXELL.	MALINES.	TOTAL.	
1835. Mai	17,210	16,077	33,287	
Juin.	26,794	25,849	52,443	
Juillet	39,841	37,961	77,802	
Août	36,964	35,417	72,381	
Septembre . . .	36,922	35,600	72,522	
Octobre. . . .	26,146	24,683	50,829	563,210 pour un an.
Novembre . . .	16,764	16,423	33,187	
Décembre . . .	14,701	14,287	28,988	
1836. Janvier. . . .	14,767	13,942	28,709	
Février. . . .	15,887	14,972	30,759	
Mars.	17,692	17,015	34,707	
Avril	24,105	23,391	47,496	

2ᵉ PÉRIODE. — *Sections de Malines à Bruxelles et à Anvers.*

MOIS.	BRUXELL.	MALINES.	ANVERS.	TOTAL.	
1836. Mai . .	43,749	25,561	32,169	101,479	
Juin . .	42,425	23,753	32,351	98,529	
Juillet .	46,427	30,395	36,015	112,837	
Août . .	48,619	31,590	39,545	119,754	729,545 pour huit mois.
Septembre.	43,967	28,455	30,674	103,096	
Octobre .	35,608	26,180	28,652	90,440	
Novembre .	20,084	20,994	15,028	56,106	
Décembre .	21,307	13,760	12,237	47,304	

3ᵉ PÉRIODE. — *Sections de Malines à Bruxelles, à Anvers et à Termonde.*

MOIS.	BRUXELL.	MALINES.	ANVERS.	TERMONDE	TOTAL.	
1837. Janv., 1ʳᵉ diz.	7,400	5,543	4,225	1,162		
2ᵉ diz.	7,017	5,132	4,046	1,071	56,713	
3ᵉ diz.	8,582	6,464	4,814	1,257		
Févr., 1ʳᵉ diz.	8,306	6,460	5,172	1,393		
2ᵉ diz.	7,987	5,577	4,572	1,272	55,466	
3ᵉ diz.	5,870	4,398	3,563	896		
Mars, 1ʳᵉ diz.	8,459	6,539	5,282	1,660		
2ᵉ diz.	9,077	6,643	5,526	1,702	44,888	

Ce deuxième tableau est défectueux en ce que l'on a négligé
d'indiquer les voyageurs d'après la distance à parcourir; les

éléments d'une statistique de ce genre se trouvent dans les comptes-rendus de dizaine en dizaine ; mais ce serait un travail immense, que de faire aujourd'hui ce dépouillement.

Durant la 1re période (*mai 1835 à mai 1836 — 12 mois*), la seule section de Malines à Bruxelles a rapporté fr. 459,394 15 ; elle a été parcourue, en tout ou en partie, par 563,210 voyageurs.

Durant la 2e période (*mai à décembre* 1836 — 8 *mois*), les deux sections de Malines à Bruxelles et à Anvers ont rapporté fr. 734,736 20, et ont été parcourues, en tout ou en partie, par 729,545 voyageurs.

On remarquera en premier lieu, que pendant la seconde période le montant de la recette en francs a été à peu près égal au nombre des voyageurs ; de sorte que l'on pourrait supposer que chaque voyageur, sans égard à la distance parcourue, a payé 1 fr.

La troisième période, commencée au 2 janvier de cette année, offre le même résultat.

On remarquera, en second lieu que, *durant les douze mois* formant la *première période*, du 5 mai 1835 au 3 mai 1836, où la section de Malines à Bruxelles a été seule ouverte, environ 500,000 voyageurs ont parcouru cette section ; que, durant la *seconde période de huit mois*, ce nombre se serait au moins doublé, si la période avait atteint le terme d'une année ; on peut supposer que, pendant la *troisième période*, ouverte le 2 janvier 1837, le nombre doit se tripler, et regarder le service actuel comme organisé pour transporter, par an et par section, 500,000 voyageurs.

Les dépenses d'entretien et d'exploitation du chemin de fer forment l'objet du chapitre V du *budget des Travaux Publics* ; d'après des évaluations fondées sur l'expérience des huit derniers mois de 1836, l'on a supposé que ces dépenses seraient les suivantes pour le *service actuel* de l'année 1837, sur les trois sections de Malines à Bruxelles, Anvers et Termonde, *à raison de* 500,000 *voyageurs sur chacune :*

1° Entretien et police de la route proprement dite. 200,000
2° Dépenses de transport. 425,000
3° Frais de perception. 120,000

Total. 745,000

Nous avons vu que les trois sections avec le matériel nécessaire à leur exploitation *actuelle*, ont coûté environ six millions.

Ces six millions *de capital réel* représentent dans l'emprunt négocié à raison de 92, *un capital nominal* de fr. 6,480,000.

Ces 6,480,000 fr. nécessitent pour l'intérêt à 4 p. %. . . . . fr. 259,200

Et pour l'amortissement à raison de 1 p. %. 64,800

Total. . . . . . . fr. 324.000

1,069,000

Les frais d'entretien et d'exploitation, l'intérêt et l'amortissement du capital d'établissement, exigent donc une somme annuelle de 1,069,000 fr.

Pour qu'il n'y ait point de perte, il faut que la recette des trois sections ouvertes, exploitées pour le transport des voyageurs à raison de 500,000 sur chacune, s'élève annuellement à 1,069,000 fr.

C'est le *minimum* à demander à la recette.

Tout fait supposer que ce *minimum* sera dépassé.

En prenant pour base la première période de 12 mois, où une seule section était exploitée, et, en supposant que pendant la troisième période où trois sections le seront, les produits soient mois par mois triplés, la recette totale approchera pour l'année, de 1,500,000 fr., somme qu'il faut toutefois considérer comme un *maximum*, la section de Malines à Termonde ne pouvant être pleinement productive que prolongée jusques à Gand.

Tout ce qui excédera fr. 1,069,000 doit donc être considéré comme formant le fonds de réserve et le bénéfice.

La recette s'est jusqu'anjourd'hui effectuée par les soins du

Département chargé des travaux publics; et il ne peut en être autrement; la communication décrétée par la loi du 1er mai 1834 n'a pas encore reçu tout son développement, et sur les sections achevées le service se borne au transport des voyageurs. Lorsque le système de communications existera dans son ensemble, et que le double transport des voyageurs et des marchandises sera organisé, il y aura lieu de rechercher si cette administration doit être remise au Département des Finances, ou demeurer dans une catégorie à part, comme celle des postes.

Les chemins de fer, dans leur entier développement, toucheront par deux points à la frontière française, par deux points à la mer du Nord et à l'Escaut, et par un point à la frontière de Prusse.

Ils traverseront six provinces, les provinces d'Anvers, de Brabant, des deux Flandres, du Hainaut et de Liége; ils relieront les principales villes de la Belgique.

Trois provinces en sont provisoirement exclues: les provinces de Namur, du Luxembourg et du Limbourg.

Malgré cette exclusion, la loi du 1er mai 1834 établit le plus vaste système de communication intérieure et extérieure conçu dans aucun pays.

L'expérience commencée le 5 mai 1835 est encore incomplète.

Elle est incomplète, parce que les trois sections exploitées ne forment qu'une partie du nouveau système de communication.

Elle est incomplète, parce que ces trois sections ne sont encore exploitées que pour le transport des voyageurs.

Elle est incomplète, parce que plusieurs influences du chemin de fer sont encore inconnues ou non appréciables.

C'est ainsi, par exemple, que nous ignorons de quel secours sera le chemin de fer pour la poste, à laquelle il offre un rapide moyen de transport, en facilitant merveilleusement la distribution des lettres à l'intérieur et en attirant dans le pays le transit des lettres de l'étranger; placés entre la France, l'Angleterre, l'Allemagne et la Hollande, notre position à cet égard peut devenir unique.

Enfin, l'expérience est incomplète, parce qu'il est réservé à l'industrie privée d'achever sur plusieurs points, par des entre-

prises secondaires ou partielles, le nouveau système des grandes
communications de l'État.

Lorsque toutes les influences du chemin de fer seront connues et susceptibles d'appréciation, lorsque le système sera
complet en lui-même et par les accessoires que nous attendons
de l'industrie privée, lorsqu'au transport des voyageurs sera
venu se joindre celui des marchandises, lorsque les ports d'Ostende et d'Anvers seront à la distance, l'un de quatre, l'autre
de six heures de la frontière de Prusse, lorsque la plupart des
villes de la Belgique seront comme groupées autour de la capitale, lorsque tous ces résultats inhérents à l'exécution de la
loi du 1er mai 1834 seront obtenus, la grande question du
chemin de fer pourra être posée et résolue.

Et peut-être nous manquera-t-il encore un élément de solution; le chemin de fer belge ne doit être qu'une section du
chemin de fer européen. Au sortir de notre révolution, il nous
a été réservé de prendre sur le continent une initiative qui
n'était point sans danger; mais nés de la veille, en nous appro-
priant une des plus belles inventions modernes, nous faisions
acte de nationalité. Nous avons donné rendez-vous à nos frontières à deux puissantes nations; rendez-vous pacifique, le seul
digne de notre siècle. Que si le chemin de fer belge restait un
phénomène pour cette partie du continent, le problème serait
incomplet sans doute, mais il n'y aurait aucun mécompte pour
nous; quand même la communication ne serait qu'intérieure,
les résultats, ainsi restreints, justifieraient encore les législateurs
de 1834, et nous accepterions, non sans fierté, le monopole
que nous abandonneraient les peuples nos voisins.

En se détachant de la Hollande, la Belgique n'ignorait pas
qu'elle avait à se reconstituer politiquement et matériellement;
la reconstitution politique, elle l'a achevée sans compromettre
aucun principe essentiel d'ordre ni de liberté; la reconstitution
matérielle, elle l'a commencée au milieu de difficiles circonstances; elle la poursuit en supportant les énormes dépenses
qu'exige un armistice exécuté avec des arrières-pensées, bien
qu'accepté sans réserve. Quand ce peuple nouveau-né parmi
les peuples, aura accompli sa double tâche, il y aura folie à

lui contester le droit d'exister, crime à porter atteinte au fait de son existence. Lorsque l'enfant présumé non viable devient homme, qu'importent les querelles qui entouraient son berceau? Nous ne sommes en demeure de remplir aucun de nos devoirs de nation ; qu'on nous laisse faire ; nous ne demandons qu'une chose : la paix, dût-on nous oublier.

Bruxelles, le 1er mars 1837.

Le Ministre des Travaux Publics,
NOTHOMB.

PROJET D'ÉTABLISSEMENT

D'UNE ÉCOLE DE MUSIQUE A LIÉGE, EN L'AN VI.

PIÈCES INÉDITES.

Liége, le 19 nivôse, an VI.

Le jury d'instruction publique à l'administration Centrale du département de l'Ourthe.

Citoyens administrateurs,

Nous saisissons le moment de la suppression du clergé séculier, pour attirer votre attention sur un objet, dont l'importance n'échappera pas à votre sollicitude pour le bien public.

Il est inutile de rappeler ici que, depuis deux siècles, Liége a eu la réputation de renfermer dans son sein de nombreux et d'ex-cellens artistes musiciens; et qu'un grand nombre, dispersés dans toute l'Europe, ont encore donné un nouvel éclat aux artistes qui se sont distingués dans ce bel art.

Aujourd'hui la suppression du clergé anéantit la musique dans ce département, et plonge dans la misère une foule d'artistes attachés à la ci-devant cathédrale et à huit collégiales qui four-nissaient à leur entretien et à celui de leurs familles.

N'est-il pas de l'intérêt de l'administration centrale de faire quelques efforts pour ne pas laisser anéantir un art, qui jusqu'à l'époque actuelle a illustré notre pays? N'est-il pas dans sa sollicitude de s'occuper des moyens de venir au secours de tant d'infortunés qui languissent faute d'occupation?

La pénurie dans laquelle nous sommes ne permet pas de faire pour eux tout ce qu'on désirerait; les moyens sont bornés, les ressources presque nulles; cependant nous croyons que l'établissement d'une école de musique produirait encore un grand bien; elle ranimerait ce goût vif que les Liégeois ont toujours eu pour la musique; elle créerait ou perfectionnerait des talens recherchés partout. Nous avons une foule de jeunes gens, attachés aux ci-devant collégiales, qui annonçaient les plus heureuses dispositions, et cette jeunesse va absolument manquer de moyens pour développer ces dispositions, et acquérir des talens ou perfectionner ceux qu'ils ont déjà.

Ils sont perdus pour l'art, ils seront condamnés à l'indigence, tandis que l'établissement d'une école de musique les mettrait à même de se procurer partout des places avantageuses sous un gouvernement qui anime les fêtes républicaines par les charmes de la musique.

Vous savez qu'il n'y a pas de département dans la république, qui ait l'avantage de réunir autant d'artistes musiciens: la commune de Liége seule peut compter TROIS CENTS musiciens de profession ou environ; elle peut se vanter qu'après Rome et Naples, aucune ville n'a un meilleur orchestre, composé de musiciens distingués qui ont fait leurs études en Italie.

Nous n'osons dire qu'une école de musique réparera toutes les pertes et fournira à tous les artistes des moyens de subsistance; mais elle fera un grand bien aux jeunes gens qui ont déjà commencé des études; elle en fera aux hospices de bienfaisance où sont rassemblés tant d'orphelins, en procurant à ceux de ces enfans qui ont des dispositions, un talent qui sera très-utile un jour à la république pour fournir la musique des bataillons; elle en fera à plusieurs pères de famille, excellens musiciens, qui seraient chargés d'enseigner les enfans, au moyen d'appointemens modérés, chacun pour la partie de l'art où il s'est fait une réputation.

Vous sentez comme nous la nécessité de presser cet établissement; si l'on tarde trop il ne sera plus temps de l'organiser, et nos meilleurs artistes, ceux destinés à donner des leçons à la jeunesse, seront forcés de s'expatrier pour vivre; ils ne seront pas remplacés et l'art musical est perdu pour le département de l'Ourthe.

Nous sommes persuadés, citoyens administrateurs, que vous ne négligerez rien pour nous procurer un établissement aussi utile ; vous le demanderez au gouvernement avec toutes les instances que l'on doit attendre de votre patriotisme et de votre amour pour les sciences et les arts. Le gouvernement ne vous refusera pas ; il sait que la musique est encore un moyen d'augmenter l'amour de la patrie et de la liberté; il nous a prouvé de quel éclat s'embellissaient nos fêtes républicaines et la célébration du Décadi, lorsque des chants solennels excitaient tout un peuple à témoigner sa reconnaissance à nos armées républicaines.

Salut et respect.

HAMAL, VILETTE, SYMONS-PIRNÉA.

L'administration centrale, appréciant toute l'utilité d'un semblable projet, s'empressa d'adresser au gouvernement la demande qui suit :

RÉPUBLIQUE FRANÇAISE.

Liége, le 20 nivôse, VI année de l'ère républicaine.

L'administration Centrale du département de l'Ourthe au ministre de l'intérieur:

Citoyen ministre ,

Nous croyons être arrivés au moment de vous entretenir d'un objet infiniment intéressant, qui le devient davantage par des raisons dérivant de la position actuelle du département que nous administrons, et que nous allons vous présenter.

Ce n'est pas pour la première fois, citoyen ministre, que l'on parle de l'établissement d'une école de musique dans les départemens réunis, mais c'est peut-être au moment de la signature d'une paix glorieuse, qui va permettre de s'occuper efficacement de la prospérité intérieure de l'état, qu'on peut remettre cette idée en avant avec quelque espérance de succès ; vous verrez que nous avons été prévenus par des citoyens estimables dont nous vous transmettons le projet, nous y ajouterons quelques développemens qui doivent, ce nous semble, déterminer le gouvernement à l'accueillir.

Liége est le point central des contrées réunies à la France, sa population se porte habituellement au delà de 50,000 ames ; la langue française y est la seule en usage. Il existe d'ailleurs d'autres raisons qui doivent achever de déterminer le gouvernement à y placer une école de musique.

De tous les temps, Liége fut une pépinière de musiciens célèbres ; elle en possède plus en ce moment que tous les Pays-Bas.

Une douzaine de chapitres, qui tous entretenaient des musiciens, y nourrissaient le goût de ce bel art ; les Liégeois allaient en foule en Italie ; le pays avait un collége fondé à Rome pour y recevoir ses élèves. Ce collége appartient maintenant à la république.

Liége a toujours été renommé par le nombre d'amateurs et la multitude des concerts tant publics que particuliers qui s'y donnaient dans l'hiver et qui attiraient dans cette ville un grand nombre d'étrangers.

Liége a fourni à l'art des hommes distingués et justement célèbres ; c'est la patrie des Grétry, des Andrien, des Pascal Taskin, des Grewick et de tant d'autres ; elle a d'ailleurs des musiciens habiles dans tous les genres que n'ont aucune des villes qu'on voudrait lui préférer pour l'établissement proposé.

D'autres raisons également fortes, citoyen ministre, se joignent aux raisons précédentes ; la chute des corporations religieuses, auxquelles on doit à Liége ce goût pour la musique, le progrès qu'elle y a fait, et les succès éclatans qui en ont été la suite, a dû nécessairement jeter dans le besoin et la détresse une foule d'artistes estimables, incapables de se procurer leur substance autrement que par l'art qu'ils professent.

L'encouragement que l'on doit aux arts ne prescrirait pas d'une manière aussi formelle le secours qu'on propose de leur présenter, que la voix de la justice et de l'humanité le commanderait impérieusement: sans doute il était de toute justice, de toute équité, de procurer des moyens d'existence aux membres des corporations supprimées, incapables à leur âge de s'adonner à aucune nouvelle profession; mais croyez-vous, citoyen ministre, qu'il n'existe pas des raisons encore plus fortes, qui doivent engager le gouvernement à ne pas abandonner des hommes, peut-être plus malheureux et sûrement plus intéressans, puisqu'ils sont en grande partie pères de famille?

Nous laissons à votre sagacité, à votre sagesse, citoyen ministre, à pressentir les résultats heureux que doit avoir pour les départemens réunis une école de musique, et à prendre les moyens les plus prompts pour les en faire jouir.

Aucun Français n'ignore les prodiges dont la république est redevable à la musique; aucun homme éclairé ne peut disconvenir des résultats qu'elle a droit d'en espérer, si elle sait la porter au degré de perfection dont elle est susceptible.

Quant à nous, nous persistons à croire, citoyen ministre, que tout se réunit pour engager à fixer à Liége un établissement qui ne peut qu'y faire des progrès rapides, y conserver le goût de cet art précieux et le répandre promptement dans tous les environs; la langue qu'on parle à Liége, sa situation topographique, l'état actuel des artistes, l'intérêt de l'établissement et l'esprit de l'institution le commandent.

N'est-ce pas d'ailleurs un droit légitimement réclamé par la patrie de tant d'artistes célèbres, par la patrie de Grétry?

Signé, *les membres de l'administration centrale du département de l'Ourthe.*

Au citoyen André Grétry.

Mon cher ami,

Je vous envoie un mémoire avec un plan d'une école de musique que j'ai présenté au jury d'instruction qui la fait passer au département pour être envoyé au ministre de l'intérieur, je profite de l'occasion pour vous le faire passer, je ne doute aucunement que vous ne ferez tous vos efforts auprès de vos amis membres de l'institut national pour le faire approuver; c'est à la

sollicitation des malheureux artistes que j'ai tracé l'idée d'une
école primaire de musique qui pût s'accorder avec nos moyens
qui sont presque nuls. Elle serait sous l'inspection du jury central
d'instruction et de l'administration du département. Les élèves
les plus capables pourraient ensuite aller se perfectionner au Con-
servatoire de Paris qui est censé être l'école principale de la
république. L'établissement que je me suis proposé de faire à
Liége pourrait beaucoup mieux valoir que les conservatoires de
Naples qui sont dans le plus mauvais état et que j'ai vu de près
pendant un an. Il est si doux, mon ami, d'obliger de malheureux musiciens que je connais depuis trente ans ! j'ai résolu de
sacrifier le peu d'années qui me restent à les aider ; c'est à vous
à me seconder et qu'il est réservé de soutenir, à Paris, la gloire
de la musique de Liége que vous avez tant illustrée, et à moi de
faire mettre en pratique les excellens conseils que vous donnez
dans votre ouvrage que je ne cesse de lire. Au reste, si je ne
réussis pas dans mon projet, je n'aurai rien à me reprocher ;
j'aurai toujours la satisfaction de me dire que j'ai fait tout mon
possible pour obliger mes concitoyens. Mais vous et moi ne verrions pas sans peine tomber l'art musical dans notre commune
patrie où il a eu tant de succès jusqu'à présent.

H. HAMAL, membre du jury d'instruction.

Liége, an VI.

Au citoyen Henri Hamal à Liége.

L'administration centrale du département de l'Ourthe, mon
cher concitoyen, m'avait déjà envoyé votre mémoire ; je ne puis
que vous louer du zèle qui vous anime, et comme artiste né dans
le même pays que vous, mon ami, vous verrez dans la lettre que
j'écris à Bassenge par le même courrier, où en sont vos affaires,
et vous verrez que je n'avais pas entendu votre louable sollicitude
pour m'intéresser au sort des artistes liégeois.

Recevez mes salutations fraternelles.

GRÉTRY.

Paris, 8 pluviôse an VI.

MODE D'EXÉCUTION QUE NOTRE COLLÈGUE HAMAL NOUS A COMMUNIQUÉ SUR
L'ÉCOLE DE MUSIQUE.

Le. local. — Le convent des Dominicains, avec le dôme et
les salles qui règnent autour de la cour intérieure du côté du
jardin, serviraient d'écoles.

La salle de la bibliothèque serait destinée en hiver à la répétition décadaire, les chambres des religieux à la conservation du
dépôt de musique, d'instrumens et de cahiers particuliers des
professeurs. Le chœur serait séparé de l'église par une cloison,
il servirait, en y montant deux orgues, estrades et pupitres,
pour les répétitions d'été.

Pour les fêtes nationales, le dôme conviendrait très-bien en
établissant dans les chapelles des loges pour les autorités consti-
tuées, et contre le chœur un grand orchestre.

Aperçu des dépenses premières approximatives qu'il faudra
faire :

1° Pour les réparations des écoles, les deux salles de répétition et les chambres de professeurs.   3000

2° Pour l'achat des instrumens nécessaires à l'enseignement des élèves.   2200

3° Pour les livres élémentaires et musiques nécessaires. 7000

4° Pour les poêles.   300

5° Pour faire monter trois buffets d'orgues.   400

6° Pour balais, pinces, etc. etc.   100
                                                     ————
                                                            13000

DÉPENSES FIXES ET ANNUELLES.

Un directeur. — Un maître de prononciation.— Quatre professeurs pour le chant. — Trois pour le violon. — Un pour l'alto.
— Un pour le violoncelle. — Un pour la contrebasse. — Un pour
le haut-bois. — Un pour la clarinette. — Un pour le basson et le
serpent. — Un pour l'orgue. — Un pour le clavecin. — Un pour
le cor et pour la trompette.

Un souffleur d'orgues, un copiste de musique, un accordeur
d'instrumens, un portier, un frotteur, pour les cordes de violons,
basses et clavecins.

Pour les papiers de musique, plumes, encre.

Pour le bois, chauffage, chandelles, huiles et l'entretien de la maison.

Le tout pourrait monter à   20,000 frs.

Observations.

L'administration centrale croit devoir ajouter par forme d'observation qu'il existe des artistes liégeois, non compris dans la note ci-dessus, qui méritent l'attention du gouvernement; ils se sont acquis depuis longtemps l'espérance et la reconnaissance de leurs concitoyens.

L'un est le citoyen *Moreau*, maître de la chapelle St-Paul, premier maître de Grétry et digne d'un tel élève. Moreau a obtenu d'être nommé correspondant de l'institut national; la suppression des chapîtres le réduit à la misère; il mérite la bienveillance du gouvernement pour ses sentimens patriotiques, qui lui ont valu des persécutions.

L'autre est le citoyen *Hamal*, maître de la chapelle de la cathédrale, aussi ardent ami des arts que de la liberté; il mérite la reconnaissance des bons citoyens et du gouvernement pour le zèle avec lequel il a concouru à l'établissement de l'école centrale du département, en sa qualité de membre du jury de l'instruction publique.

Le troisième est le citoyen *Bodson*, compositeur, musicien habile, rempli de talens et d'un goût distingué. Il est père d'une nombreuse famille et est également réduit à la misère par la suppression des chapîtres; il mérite la bienveillance du gouvernement par son patriotisme et les œuvres de musique qu'il a quelquefois fait entendre dans nos concerts. C'est en Italie qu'il a acquis ses connaissances musicales.

***

SOUVENIRS ET CROYANCES POPULAIRES EN BELGIQUE (1).

VII. *Inhumations.* A Wilsbeeck, Vyve-Saint-Bavon, et autres villages aux environs de Courtrai, il existe une coutume sin-

(1) V. *Revue Belge*, t. III p. 259.

gulière, qui s'est peut-être conservée encore, mais avec des modifications, dans d'autres localités de la Belgique. Lorsqu'une personne meurt, le clergé de l'endroit, comme partout ailleurs, vient chercher processionnellement le corps pour l'enterrer. Le cercueil est ordinairement porté par quatre amis ou parens du défunt. Arrivés à un point de la route où se rejoignent quatre chemins, les porteurs déposent un instant leur fardeau, s'agenouillent en silence et font une courte prière. Cette halte est renouvelée aussi souvent que l'on rencontre un carrefour. Le motif de cette bizarre station réside dans une vieille superstition dont l'origine se rattache à l'idée de la résurrection des morts. Les paysans croient que ceux qui sont sortis de ce bas monde peuvent bien parfois y revenir. Cependant comme un semblable retour n'est pas toujours sans danger, les crédules campagnards prient dans les carrefours afin que, s'il prenait fantaisie au mort qu'ils accompagnent, de ressusciter, ce dernier puisse retrouver le chemin qui mène à son logis et ne soit point fourvoyé ou détourné de la bonne route par de mauvais génies : *kwaede geesten*. — Dans le même canton existe encore un autre usage : si c'est un grand fermier qui vient à décéder, les quatre plus proches parens s'asseyent aux coins du chariot qui transporte le cercueil. Au moment de l'inhumation dans le cimetière de la paroisse, la foule laisse une place vide autour de la fosse, afin que les abords en soient occupés par les mêmes parens. — A Oostmallen, non loin de Turnhout, il existe une coutume bien plus extraordinaire encore : si le mari est décédé, sa veuve s'assied à califourchon sur le cercueil, jusqu'à l'endroit où s'arrête le chariot.

VIII. A Maestricht il existait naguères encore, dans les fortifications de la porte de Bois-le-Duc, une petite poterne appelée vulgairement *eysere juffrouw*, qui est restée l'épouvantail des enfans. La tradition rapporte que cette poterne était l'entrée d'un tribunal secret, nommé autrefois *Veem-Gericht* où l'on jugeait les grands criminels qu'on voulait faire disparaître sans bruit. Lorsque ceux-ci étaient d'un rang élevé, les juges, afin de leur épargner la honte d'une exécution publique, avaient inventé un

supplice aussi prompt que terrible. Dans une niche de la salle
du tribunal était placée une statue de fer. Le coupable une
fois condamné, on lui ordonnait d'aller embrasser cette statue.
Il s'approchait, touchait la fatale statue, et aussitôt par un
ingénieux mécanisme, cette dernière écartait les bras, qui
étaient garnis au dedans de lames très-tranchantes, puis, comme
pour étreindre le criminel, elle les ramenait violemment sur
eux-mêmes, et coupait ainsi le corps en deux morceaux. De
cette manière le coupable mourait tout-à-coup sans pressentir
son sort; c'est pourquoi on appelait cette statue *eysere juffrouw*, dame de fer !

FIN DU TOME CINQUIÈME.

TABLE DES MATIÈRES

DU TOME CINQUIÈME.

Pages.

Biographie Belge ; N. H. J. De Fassin. — F. A. Van Hulst. 5

Fragmens d'un ouvrage sur l'état de l'instruction primaire
en Belgique et sur les moyens de l'améliorer. — Ed.
Ducpetiaux 29

Assassinat de Charles-le-Bon , comte de Flandre, scène du
XIIe siècle. — M. L. Polain. 65

Des Sociétés anonymes. — V. Godet. . . . . . 83 et 136

Poésie. — Mme Mar.. Kum... 113

Promenade historique sur les bords de la Vesdre et de
l'Ourthe. — Excursion à Spa. — B... 173

Un club en 1830. — Félix Rey. 203

Législation. — D'une loi sur le duel. — Nihon. . . . 251

La Madelène de village. — Toussaint. 280

Lettres sur l'histoire de la Belgique, pendant les années
1791 à 1795 ; quatrième lettre. — A. Borgnet. . . 322

Souvenirs de vacances. — F. H. Colson. 363

Politique internationale. — Le droit d'aubaine. — (Deuxième
article.) — Adelson Castiau. 393

La Belgique en 1577 et Marguerite de Navarre. — (Premier fragment.) — Ch. Faider. 410

Tribunaux vhémiques. — Procès et condamnation de Henri-
le-Riche, duc de Bavière. 1429. — Th. Weustenraad. 423

Poésie. — Un souvenir. Alfred Motte. 442

Analyses critiques. . . . . 114, 227 et 354

Mélanges . . . . 126, 241 et 448

Lightning Source UK Ltd.
Milton Keynes UK
UKHW012243110219
337137UK00006B/986/P

9 780260 547040